Die gerichtliche Genehmigung des Musterfeststellungsvergleichs

Schriften zum internationalen Privat- und Verfahrensrecht

Herausgegeben von Rainer Hausmann, Astrid Stadler und Michael Stürner

Band 30

PETER LANG

Berlin - Bruxelles - Chennai - Lausanne - New York - Oxford

Kay Arne David Klein

Die gerichtliche Genehmigung des Musterfeststellungsvergleichs

PETER LANG
Berlin - Bruxelles - Chennai - Lausanne - New York - Oxford

Bibliografische Information der Deutschen Nationalbibliothek
Die Deutsche Nationalbibliothek verzeichnet diese Publikation in der Deutschen Nationalbibliografie; detaillierte bibliografische Daten sind im Internet über http://dnb.d-nb.de abrufbar.

Zugl.: Bayreuth, Univ., Diss., 2023

D 703
ISSN 1862-099X
ISBN 978-3-631-91460-1 (Print)
E-ISBN 978-3-631-91464-9 (E-PDF)
E-ISBN 978-3-631-91465-6 (EPUB)
DOI 10.3726/b21550

Published by Peter Lang GmbH, Berlin,
Deutschland

info@peterlang.com- www.peterlang.com

Diese Publikation wurde begutachtet.

Meiner Familie

Herzlich danken möchte ich zunächst meinem geschätzten Doktorvater, Herrn Universitätsprofessor Dr. Robert Magnus, Inhaber des Lehrstuhls für Bürgerliches Recht, deutsches und internationales Zivilverfahrensrecht an der Universität Bayreuth.

Herr Professor Dr. Magnus hat den Impuls zur Auseinandersetzung mit dem Thema dieser Arbeit gegeben und hat mich während des gesamten Prozesseses bis zur Veröffentlichung der Dissertation hervorragend betreut. Die immer dagewesene Hilfsbereitschaft, die er in zahlreichen Gesprächen und mit konstruktivem Rat gezeigt hat, hat mir bei der Erstellung dieser Arbeit sehr geholfen. Ich hätte mir keinen besseren Doktorvater vorstellen können.

Ich danke sehr Frau Universitätsprofessorin Dr. Ruth Janal, LL.M für die Bereitschaft die Aufgabe der Zweitkorrektorin zu übernehmen, die schnelle Erstellung des Zweitgutachtens und das angenehme Kolloquium.

Herrn Universitätsprofessor Dr. Martin Schmidt-Kessel möchte ich dafür danken, dass er so freundlich war dem Prüfungsausschuss meiner Disputation vorzusitzen.

Weiterer Dank gilt Herrn Professor Dr. Rainer Hausmann, Frau Professorin Dr. Dr. h.c. Astrid Stadler und Herrn Professor Dr. Michael Stürner, M. Jur. für die Aufnahme meiner Dissertation in die Schriftenreihe: „Schriften zum internationalen Privat- und Verfahrensrecht".

Großen Dank möchte ich auch meinen Eltern, Sylvia und Arnulf Klein für ihre immer da gewesene Unterstützung in allen Belangen aussprechen. Im Zusammenhang mit dieser Arbeit insbesondere für die Bereitschaft meinen Ausführungen und Argumentationen zuzuhören und diese mit mir zu diskutieren. Meinem Vater bin ich besonderen Dank dafür verpflichtet, dass er sich der Arbeit des Korrekturlesens angenommen hat.

Unendlicher Dank gilt meiner geliebten Frau, Natalie Klein für ihr Verständnis, ihre Geduld und dafür, dass sie mir immer den Rücken freigehalten hat, damit ich mich in Ruhe meiner Arbeit widmen konnte. Für die vielen Diskussionen im Rahmen meiner Arbeit, bei denen sie sich die größte Mühe gab, nie gelangweilt zu wirken und im besonderen Maße dafür, dass sie dazu beigetragen hat, dass ich nie den Spaß daran verloren habe meine Dissertation zu schreiben.

Inhaltsverzeichnis

Abkürzungsverzeichnis

a.A.	andere Ansicht
abl.	ablehnend
Abs.	Absatz
abw.	abweichend
AcP	Archiv für civilistische Praxis
a.E.	am Ende
AG	Aktiengesellschaft
AktG	Aktiengesetz/Die Aktiengesellschaft (Zeitschrift)
a.M.	am Main
Anm.	Anmerkung
AnwBl.	Anwaltsblatt
AP	Arbeitsrechtliche Praxis
Art.	Artikel
Aufl.	Auflage
Az.	Aktenzeichen
BAGE	Sammlung der Entscheidungen des Bundesarbeitsgerichts
BauGB	Baugesetzbuch
BayHintG	Bayerisches Hinterlegungsgesetz
BB	der Betriebsberater
Bd.	Band
BeckRS	Beck-Rechtsprechung
Beschl.	Beschluss
BFH	Bundesfinanzhof
BGB	Bürgerliches Gesetzbuch
BGBl.	Bundesgesetzblatt
BGH	Bundesgerichtshof
BGHZ	Entscheidungssammlung des BGH in Zivilsachen
BKR	Zeitschrift für Bank- und Kapitalmarktrecht
BMJV	Bundesministerium der Justiz und für Verbraucherschutz
BRAO	Bundesrechtsanwaltsordnung
BR-Drs.	Bundesrat Drucksache

bsph.	beispielhaft
bspw.	beispielsweise
BT-Drs.	Bundestagsdrucksache
BVerfG	Bundesverfassungsgericht
BVerfGE	Entscheidungen des Bundesverfassungsgerichts
BVerwG	Bundesverwaltungsgericht
BW	Burgerlijk Wetboek
bzw.	beziehungsweise
Cal	California
C.D.	Central District
Cir.	Circuit
D.	District
DAV	Deutscher Anwaltsverein
DAR	Deutsches Autorecht
DB	Der Betrieb
D.C.	District of Columbia
d.h.	das heißt
ders.	derselbe
dies.	dieselbe; dieselben
DiskE	Diskussionsentwurf
DRV	Deutsche Rentenversicherung
e.A.	einer Ansicht
ECLI	European Case Law Identifier
Einl.	Einleitung
Et al.	und andere
EU	Europäische Union
EuZW	Europäische Zeitschrift für Wirtschaftsrecht
EWiR	Entscheidungen zum Wirtschaftsrecht
f., ff.	folgende
F., F.2d	Federal Reporter (Sammlung von Entscheidungen der Bundesberufungsgerichte, 1. & 2. Serie)
FamFG	Gesetz über das Verfahren in Familiensachen und in den Angelegenheiten der freiwilligen Gerichtsbarkeit
FAZ	Frankfurter Allgemeine Zeitung
FGO	Finanzgerichtsordnung
Fla.	Florida
Fn.	Fußnote

FRCP	Federal Rules of Civil Procedure
F.R.D.	Federal Rules Decisions
FS	Festschrift
gem.	gemäß
GG	Grundgesetz
GHAMS	Gerechtshof Amsterdam
G.o.A.	Geschäftsführung ohne Auftrag
GKG	Gerichtskostengesetz
GRUR	Gewerblicher Rechtsschutz und Urheberrecht
GRUR Int.	Gewerblicher Rechtsschutz und Urheberrecht, Internationaler Teil
GVG	Gerichtsverfassungsgesetz
GVRZ	Zeitschrift für das gesamte Verfahrensrecht
GWR	Gesellschafts- und Wirtschaftsrecht
h.M.	herrschende Meinung
Hrsg.	Herausgeber
Hs.	Halbsatz
IPRax	Praxis des internationalen Privat- und Verfahrensrechts
i.S.d.	im Sinne des
i.S.v.	im Sinne von
i.V.m.	in Verbindung mit
JA	Juristische Arbeitsblätter
jM	Die Monatszeitschrift
JR	Juristische Rundschau
JuS	Juristische Schulung
JZ	Juristische Zeitung
KapMuG	Kapitalanleger-Musterverfahrensgesetz
KHHG	Kölner Handbuch Handels- und Gesellschaftsrecht
KK	Kölner Kommentar
LG	Landgericht
lit.	littera
LM	Lindenmaier-Möhring (Kommentierte BGH-Rechtsprechung)
LTD	Die Limited (entspricht der deutschen UG)
m.a.W.	mit anderen Worten
MDR	Monatsschrift für Deutsches Recht

MFK	Musterfeststellungsklage
MMR	Multimedia und Recht
MüKo	Münchener Kommentar
m.w.N.	mit weiteren Nachweisen
N.D.	Northern District
Nev.	Nevada
NJ	Neue Justiz
NJW	Neue Juristische Wochenschrift
NJW-RR	Neue Juristische Wochenschrift, Rechtsprechungsreport
NL	Niederlande
Notre Dame L. Rev.	Notre Dame Law Review
Nr.	Nummer
N.Y.	New York
NZG	Neue Zeitschrift für Gesellschaftsrecht
NZKart	Neue Zeitschrift für Kartellrecht
NZM	Neue Zeitschrift für Miet- und Wohnungsrecht
OLG	Oberlandesgericht
PharmR	Fachzeitschrift für das gesamte Arzneimittelrecht
QEWV	Verordnung zu qualifizierten Einrichtungen und qualifizierten Wirtschaftsverbänden
RGZ	Entscheidung des Reichsgerichts in Zivilsachen
RIW	Recht der internationalen Wirtschaft
Rn.	Randnummer
Rspr.	Rechtsprechung
RVG	Rechtsanwaltsvergütungsgesetz
S.	Seite
S.D.	Southern District
SGB	Sozialgesetzbuch
stRspr.	ständige Rechtsprechung
SVR	Straßenverkehrsrecht
Tz.	Textziffer
sog.	sogenannt(e)
u.a.	unter anderem
UKlaG	Gesetz über Unterlassungsklagen bei Verbraucherrechts- und anderen Verstößen, Deutschland
Urt.	Urteil

U.S.	United States/Sammlung der Entscheidungen des Supreme Courts (United States Reports)
USA	Vereinigte Staaten von Amerika
u.U.	unter Umständen
UWG	Bundesgesetz gegen den unlauteren Wettbewerb
v.	versus
VersR	Versicherungsrecht
vgl.	vergleiche
Vorb.	Vorbemerkung
VSBG	Verbraucherstreitbeilegungsgesetz
VuR	Verbraucher und Recht, Baden-Baden
VW	Volkswagen AG
vzbv	Verbraucherzentrale Bundesverband
WCAM	Wet collectieve afwikkeling massaschade
W.D.	Western District
WL	Westlaw (inoffizielle Rechtsprechungssammlung)
WM	Wertpapier-Mitteilung
WuW	Wirtschaft und Wettbewerb
ZAP	Zeitschrift für die anwaltliche Praxis
z.B.	zum Beispiel
ZBB	Zeitschrift für Bankrecht und Bankwirtschaft
ZEuP	Zeitschrift für Europäisches Privatrecht
ZfPW	Zeitschrift für die gesamte Privatrechtswissenschaft
ZHR	Zeitschrift für das gesamte Handelsrecht und Wirtschaftsrecht
ZIP	Zeitschrift für Wirtschaftsrecht
ZJS	Zeitschrift für das Juristische Studium
ZPO	Zivilprozessordnung
ZRP	Zeitschrift für Rechtspolitik
ZVglRWiss	Zeitschrift für Vergleichende Rechtswissenschaft
ZZP	Zeitschrift für Zivilprozess

Teil I: Einleitung

A. Der Gegenstand der Untersuchung

Die massenhafte Betroffenheit der Verbraucher vom sog. Dieselskandal[1] führte dem Gesetzgeber im Jahr 2018 endgültig vor Augen, dass der bis dato nur außerhalb der Zivilprozessordnung bekannte kollektive Rechtsschutz, zum Schutz der Verbraucherrechte nicht ausreichte.[2] Es fehlte innerhalb der Zivilprozessordnung (ZPO) eine zivilprozessuale Möglichkeit, um Ansprüche einer Vielzahl gleichartig geschädigter Verbraucherinnen und Verbraucher wirksam gerichtlich zu verfolgen. Mit Wirkung zum 01.11.2018 führte der Gesetzgeber in den §§ 606 ff. ZPO deshalb die Musterfeststellungsklage ein,[3] welche als Mittel der kollektiven Rechtsverfolgung in allgemeinen Verbraucherstreitsachen dienen soll. Dabei wird ein zweistufiges Rechtsschutzmodell verfolgt.[4] Zugunsten einer Mindestzahl von 50 betroffenen Verbraucherinnen und Verbrauchern ist es ausgewählten Verbraucherschutzverbänden mithilfe der Musterfeststellungsklage nun möglich, zentrale Voraussetzungen für das Bestehen oder Nichtbestehen von Ansprüchen oder Rechtsverhältnissen feststellen und Rechtsfragen klären zu lassen.[5] In den anschließend weiterhin notwendigen Individualklagen zwischen den angemeldeten Verbrauchern und dem beklagten Unternehmen werden die Gerichte dann an die Feststellungen im Musterfeststellungsurteil gebunden.[6]

Zwar erscheint die Bindung der Gerichte in den Folgeverfahren an das Musterfeststellungsurteil zunächst als primäres Ziel der Musterfeststellungklage; die Konzeption der Musterfeststellungsklage deutet allerdings darauf hin, dass der Gesetzgeber noch größere Hoffnungen in die Erledigung zukünftiger Musterfeststellungsverfahrenen mithilfe des Musterfeststellungsvergleiches setzte.[7]

---

1 *Sievers,* DAR Extra 2018, 730: Deutschlandweit waren ca. 2,5 Millionen Kraftfahrzeuge betroffen.

2 *Augenhofer,* NJW 2021, 113; *Braunroth,* VuR 2018, 455; *Hakenberg,* NJOZ 2021, 673; *Riesner,* ZIP 2019, 1507, 1508.

3 Gesetz zur Einführung einer zivilprozessualen Musterfeststellungsklage v. 12.07.2018, BGBl. 2018 I 1151.

4 *Fuhrmann/Kurka,* NJW 2020, 3414; *Lühmann,* NJW 2020, 1706; *Thole,* NZI 2020, 411 f.

5 *Wolf/Freudenberg,* ZRP 2018, 183, 185.

6 BT-Drs. 19/2439, 15 f.; *Geissler/Ströbel,* NJW 2019, 3414, 3417.

7 BT-Drs. 19/2507, 16; *Bellinghausen/Erb,* AnwBl 2018, 698, 699; *Langheid,* VersR 2020, 789, 792; *Magnus,* NJW 2019, 3177; *Stadler,* in: Musielak/Voit, ZPO, § 611 Rn. 1.

Der Vergleich in kollektiven Rechtsschutzverfahren hat sich international, aufgrund der mit diesen Verfahren regelmäßig einhergehenden Komplexität und den damit verbunden Schwierigkeiten zur Findung eines gerichtlichen Urteils, als probates und beliebtes Mittel zur Beendigung dieser Prozesse erwiesen.[8] In einigen Ländern, wie den Niederlanden,[9] sieht der kollektive Rechtsschutz sogar die Abwicklung von Fällen, in denen eine Vielzahl von Betroffenen existieren, nur mithilfe eines Vergleiches vor.[10] Die generellen Vorteile eines Vergleiches,[11] wie die gegenüber einem Urteil, schnellere Kompensation von Schäden, wiegen in Fällen von Kollektivklagen noch schwerer, da Verfahren des kollektiven Rechtsschutzes typischerweise deutlich längere Zeit in Anspruch nehmen, bis es zu einem Urteil kommt, als reguläre Zwei-Personen-Prozesse. Hierbei ist es rechtsordnungsübergreifend Usus, dass derartige Vergleiche der Genehmigung des zuständigen Gerichts bedürfen.[12] Dem dahingehenden internationalen Konsens hat sich auch der deutsche Gesetzgeber angeschlossen und in § 611 Abs. 3 S. 1 ZPO geregelt, dass der Musterfeststellungsvergleich der gerichtlichen Genehmigung bedarf.

Voraussetzung für die gerichtliche Genehmigung des Musterfeststellungsvergleiches ist nach § 611 Abs. 3 S. 2 ZPO, dass das Gericht „ihn unter Berücksichtigung des bisherigen Sach- und Streitstandes als angemessene gütliche Beilegung des Streits oder der Ungewissheit über die angemeldeten Ansprüche oder Rechtsverhältnisse erachtet." Auch in der Ausgestaltung der Genehmigungsvoraussetzungen hat sich der deutsche Gesetzgeber insofern von der Praxis der Rechtsordnungen, die auf eine längere Tradition des kollektiven Rechtsschutzes zurückblicken, inspirieren lassen. So finden sich auch in anderen Rechtsordnungen unbestimmte Rechtsbegriffe im Zusammenhang mit der Genehmigung der

---

8 *Bruns*, NJW 2018, 2753, 2757; *Merkt/Zimmermann*, VuR 2018, 363, 369; In den USA wird der größte Teil der Sammelklagen mit einem Vergleich beendet: *Eichholtz*, 202; *Haider*, 205, 361; *van den Bergh/Keske*, in: Casper/Janssen/Pohlmann/Schulze (Hrsg.), 2009, 17, 30; *Weiss/Beckermann*, The Yale Law Journal 1995, 2053, 2064; *Zirngibl*, 88.

9 Im Jahr 2005 wurde in den Niederlanden das Gesetz über die kollektive Abwicklung von Masseschäden („Wet collectieve afwikkeling van massaschades, kurz WCAM") eingeführt.

10 *Meller-Hannich*, Gutachten 72. DJT, A, 73 f.; *Stadler*, ZHR 2018, 624 ff.; *dies*. JZ 2018, 793, 799.

11 *Augenhofer*, NJW 2021, 113, 116; *Schmitt*, NZS 2020, 649; *Schöpflin*, JR 2003, 485, 488 ff.

12 *Stadler*, in: Musielak/Voit, ZPO, § 611 Rn. 1 f.; siehe bsph. nachfolgende Fußnote.

Vergleiche,[13] die es den Gerichten erlauben, die Voraussetzungen für eine Genehmigung näher zu konkretisieren.

Während allerdings in anderen Rechtsordnungen, vor allem in den USA, im Laufe der Zeit durch das Zusammenspiel von Literatur und Rechtsprechung, die Bedeutung dieser Begriffe für die gerichtliche Genehmigung fortgehend detailliert ausgestaltet wurden und u.a. durch Kriterienkataloge versucht wurde, die Voraussetzungen für die gerichtliche Genehmigung zu vereinheitlichen,[14] muss in Deutschland ein solches erst noch erfolgen.

Vorteilhaft für die Konkretisierung der Genehmigungsvoraussetzungen im deutschen Recht ist nun freilich, dass aus den zum kollektiven Rechtsschutz gemachten Erfahrungen der anderen Rechtsordnungen gelernt werden kann und die dort gewonnenen Erkenntnisse u.U. auf die Genehmigungsvoraussetzungen übertragen werden können. Insbesondere die zum Vergleich im Kapitalanleger-Musterverfahrensgesetz (KapMuG), der zwar eine erst jüngere Geschichte hat, ergangene Literatur und Rechtsprechung erweist sich als wichtige Informationsquelle zur Konkretisierung der Genehmigungsvoraussetzungen des Musterfeststellungsvergleiches. Bereits aufgrund derselben Rechtsordnung ist der KapMuG-Vergleich, als „nächster Verwandter" des Musterfeststellungsvergleiches, als Auslegungshilfe der Vorschriften zum Musterfeststellungsvergleich prädestiniert. Dies gilt umso mehr, da das KapMuG-Verfahren als Vorbild für das Musterfeststellungsverfahren dienen sollte[15] und der Wortlaut der beiden Gesetze in Bezug auf einen großen Teil der relevanten Vorschriften übereinstimmt.[16]

B. Der Anlass der Betrachtung

Die großen Unterschiede zu den ausländischen Rechtsordnungen[17] sowie zwischen dem KapMuG-Verfahren und dem Musterfeststellungsverfahren machen eine eigenständige Konkretisierung der Genehmigungsvoraussetzungen des Musterfeststellungsvergleiches jedoch weiterhin erforderlich.[18] Während

---

13 Nach Rule § 23 (e) (2) FRCP ist ein *class action* Vergleich nur genehmigungsfähig, wenn dieser „fair, reasonable, and adequate" ist. Der WCAM muss nach 7:907 Abs. 3 lit. b BW „redlijk" sein.

14 Siehe hierzu: *Eggers*, 171; *Rubenstein*, Newberg on Class Actions, § 13:48 (dort Fn. 3).

15 *Magnus*, NJW 2019, 3177.

16 Vgl. u.a. den Wortlaut des § 611 Abs. 3 S. 2 ZPO zu § 18 KapMuG.

17 *Gsell/Meller-Hannich*, Die Umsetzung der neuen EU-Verbandsklagerichtlinie, 16; *Horn*, ZVglRWiss 2019, 314.

18 *Kähler*, in: Asmus/Waßmuth, § 611 Rn. 111.

innerhalb des KapMuG-Verfahrens beispielsweise (bspw.) die Geschädigten Beteiligte des Verfahrens sind, ist eine Beteiligtenstellung der angemeldeten Verbraucher im Musterfeststellungsverfahren nicht vorgesehen.[19] Die sich daraus ergebenden fehlenden Rechte im Musterfeststellungsverfahren wirken sich auch auf die Stellung der Verbraucher im Musterfeststellungsvergleich aus. Bereits aus diesem Grund erscheint eine differenzierte Betrachtung der Genehmigungsvoraussetzungen notwendig.

Trotz der bereits vergangenen Zeit und der vom Gesetzgeber prognostizierten Anzahl an Musterfeststellungsklagen, ausgegangen wurde von 450 Stück pro Jahr,[20] konnten sich aus der Rechtsprechung bislang keine detaillierteren Genehmigungsvoraussetzungen herauskristallisieren. Der Grund dafür ist, dass neben der generell deutlich geringeren tatsächlichen Nutzung der Musterfeststellungsklage,[21] die Rechtsprechung bislang auch keine Gelegenheit zur Prüfung der Angemessenheit eines Musterfeststellungsvergleiches erhalten hat.[22] In der Literatur wurde sich dagegen bereits intensiver mit dem Musterfeststellungsvergleich und dessen Genehmigungsvoraussetzungen auseinandergesetzt und diverse wissenschaftliche Diskurse wurden geführt. Zu den im Zusammenhang mit der Genehmigung des Musterfeststellungsvergleiches diskutierten Fragen gehören u.a.: Wessen Interessen sind in die Abwägung des Gerichts einzubeziehen?[23] Welche Arten von Vergleichen sind genehmigungsfähig?[24] Welche Kriterien sind in die Abwägung miteinzubeziehen?[25] Welche Befugnisse hat das Gericht innerhalb der Angemessenheitsprüfung?[26] Werden die aus dem regulären Zwei-Personen-Prozess bekannten Prozessmaxime eingehalten oder muss von ihnen zugunsten eines weitreichenden Verbraucherschutzes abgewichen werden?[27]

---

19 BT-Drs. 19/2507, 16; *Heigl/Normann,* in: Nordholtz/Mekat, § 2 Rn. 12; *Menges,* in: MüKo, ZPO, § 606 Rn. 21.

20 BT-Drs. 19/2439, 3.

21 *Röthemeyer,* jM 2022, 178, 179 f.

22 In der Musterfeststellungsklage gegen VW einigten sich die Parteien auf außergerichtliche Vergleiche und die Klage wurde zurückgenommen. Die außergerichtlichen Vergleiche unterliegen jedoch nicht der gerichtlichen Genehmigung. *Augenhofer,* NJW 2021, 113, 114; *Feldhusen,* ZIP 2020, 2377; *Gurkmann/Jahn,* VuR 2020, 243; *Hirsch,* VuR 2020, 454.

23 Siehe hierzu: 131 ff.

24 Siehe hierzu: 94 ff.

25 Siehe hierzu: 148 ff.

26 Siehe hierzu: 234 ff.

27 Siehe hierzu ebenfalls: 234 ff.

Die Herausforderung der eigenständigen Bestimmung der Genehmigungsvoraussetzungen des Musterfeststellungsvergleiches resultiert jedoch nicht ausschließlich aus der Verwendung des unbestimmten Rechtsbegriffs „angemessen",[28] sondern hängt insbesondere auch mit der unumgänglichen Verknüpfung des Musterfeststellungsvergleiches mit der Konzeption der Musterfeststellungsklage und der übrigen ZPO zusammen.[29] Zur sinnvollen Umsetzung dieses kollektiven Rechtschutzinstruments wurde nämlich mit bislang im Zivilprozess geltenden Prinzipien gebrochen. Im Wege der Musterfeststellungsklage ist es bspw. nunmehr möglich einzelne abstrakte Tatsachenfragen und Rechtsfragen zum alleinigen Gegenstand einer Klage zu machen, was mit den bis dahin bekannten zivilprozessualen Klagearten in dieser Form nicht möglich war.[30]

Die in den Musterfeststellungsverfahren ergehenden Entscheidungen erwachsen in materielle Rechtskraft. Die Gerichte, welche über die, einem Musterfeststellungsurteil nachfolgenden Klagen entscheiden müssen, werden an die festgestellten Tatsachen und Rechtsansichten des Musterfeststellungsgerichts gebunden.[31] Während eine derartige Bindungswirkung für das Musterfeststellungsurteil ausdrücklich erwünscht ist, stellt sich die Frage, ob ein Musterfeststellungsvergleich dieselbe Bindung der Folgegerichte hervorrufen kann. Schließlich könnte es somit den Parteien mit dem Musterfeststellungsvergleich möglich sein die Prüfungskompetenz des Gerichts in den Folgeverfahren in einer unzulässigen Weise einzuschränken. Zur Beurteilung, welcher Vergleich genehmigungsfähig ist, ist dementsprechend die Bestimmung des zulässigen Inhalts des Musterfeststellungsvergleiches notwendig. Anders als innerhalb eines Vergleiches in einem Zwei-Personen-Prozess, in welchem es den Parteien grundsätzlich möglich ist, den Inhalt des Vergleiches frei zu verhandeln,[32] stellt sich die Dispositionsbefugnis der Parteien im Musterfeststellungsvergleich als nicht unproblematisch dar.

Die in § 611 Abs. 1 ZPO niedergeschriebene Möglichkeit, Leistungen an die angemeldeten Verbraucher zum Inhalt des Vergleiches machen zu können, die vermutlich die eingangs geschilderten Hoffnungen in den Musterfeststellungsvergleich nährten,[33] erweist sich als weitere Schwierigkeit für den

28 *Weinland*, Rn. 174.
29 BT-Drs. 19/2507, 15; *de Lind van Wijngaarden*, in: Nordholtz/Mekat, § 6 Rn. 1 ff.
30 *Jacobs*, 201, 206 f.
31 *Asmus*, in: Asmus/Waßmuth, § 610 Rn. 1.
32 *Fischer*, in: BeckOK, BGB, § 779 Rn. 15.
33 *Magnus*, NJW 2019, 3177.

Prüfungsumfang der gerichtlichen Genehmigung. Die Verteilung von Leistungen mithilfe des Vergleiches ist dem Verfahren der Musterfeststellungsklage, die eigentlich nur auf Feststellungen abzielt, eigentlich fremd.[34] Die Gerichte werden, sofern ein Leistungsvergleich im Musterfeststellungsverfahren zustande kommt, vor die Aufgabe gestellt, die Angemessenheit eines Vergleiches zu überprüfen, dessen Inhalt nur bedingt Gegenstand des von dem Gericht geleiteten Verfahrens war. Aufgrund der mangelnden Informationsgrundlage der Gerichte wird gerade in diesen Konstellationen über die Kompetenzen des Gerichts diskutiert. Es stellt sich die Frage, ob innerhalb der Angemessenheitsprüfung vom Beibringungsgrundsatz abgewichen werden muss und stattdessen der Untersuchungsgrundsatz gelten soll[35] oder ob dem Gericht eine andere Informationsquelle zur Verfügung steht, die eine ausreichende Entscheidungsgrundlage gewährleistet.[36]

Die zuvor angesprochenen Fragen, die nur einen Teil der im Zusammenhang mit der gerichtlichen Genehmigung des Musterfeststellungsvergleiches zu klärenden Fragen darstellen, geben Anlass für eine intensivere wissenschaftliche Auseinandersetzung mit dem Thema der gerichtlichen Genehmigung des Vergleichs. Zwar gibt es bereits zahlreiche wissenschaftliche Arbeiten, die sich mit dem kollektiven Rechtsschutz und auch einige, die sich mit der gerichtlichen Genehmigung von Kollektivvergleichen auseinandersetzen. Eine wissenschaftliche Arbeit, die ihren Fokus auf die Analyse der Eigenheiten der gerichtlichen Genehmigung des Musterfeststellungsvergleichs im Kontext der Zivilprozessordnung setzt, existierte zum Zeitpunkt der vorliegenden Bearbeitung jedoch nicht.

Die nachfolgende Arbeit widmet sich deshalb dem gerichtlichen Verfahren der Genehmigung des Musterfeststellungsvergleiches im deutschen Zivilprozessrecht.

Im zweiten Teil dieser Arbeit sollen zunächst die wichtigsten Aspekte der Musterfeststellungsklage, die sich auf den Musterfeststellungsvergleich auswirken, angesprochen werden. Die Darstellung erfolgt zum größten Teil in der gebotenen Kürze, um die Zusammenhänge und Auswirkungen der Musterfeststellungsklage auf den Musterfeststellungsvergleich nachvollziehen zu können. Die vorgezogene Betrachtung der Musterfeststellungsklage erleichtert das spätere Verständnis der Argumentation im Rahmen der Diskussionen zur gerichtlichen Genehmigung des Musterfeststellungsvergleichs.

34 *Meller-Hannich*, WuM 2021, 1, 3.

35 *Eggers*, S. 287 ff.

36 *Augenhofer*, in: BeckOK, ZPO, § 611 Rn. 8b; *Beckmann/Waßmuth*, WM 2019, 89, 91.

Anschließend wird im dritten Teil, der den eigentlichen Schwerpunkt dieser Arbeit darstellt, versucht, die Aufgabe des Gerichts bei der gerichtlichen Genehmigung des Vergleichs zu ergründen. Der Fokus liegt hierbei auf der Positionierung der gerichtlichen Genehmigung im System der Musterfeststellungsklage und auf der Integration der gerichtlichen Genehmigung in die übrige ZPO. Die in diesem Zusammenhang aufkommenden Probleme werden herausgearbeitet und es wird mithilfe eines rechtsdogmatischen Ansatzes, der allerdings in Teilbereichen um eine Rechtsvergleichung erweitert wurde, versucht, eine eigenständige Lösung dieser Probleme zu finden.

Im vierten Teil der Arbeit wird die Frage behandelt, ob eine gerichtliche Genehmigung auch bei anderen Parteidispositionen im Musterfeststellungsverfahren notwendig ist.

Im fünften Teil dieser Arbeit werden, aufgrund der in dieser Arbeit gewonnen Erkenntnisse, einige Vorschläge zur Verbesserung des bestehenden Rechts gemacht.

Die Arbeit endet mit einer Zusammenfassung der Arbeit (Teil VI) und einem abschließenden Fazit zur gerichtlichen Genehmigung des Musterfeststellungsvergleiches (Teil VII).

In einem nachträglich eingefügten Teil VIII soll ein kurzer Ausblick auf die künftige Rechtslage gegeben werden.

Teil II: Die Musterfeststellungsklage

A. Einleitung

Angestoßen vom sogenannten Diesel-Skandal, der in den USA zu mehreren Gruppenverfahren, sog. class actions, führte, die überwiegend mit Vergleichen endeten, wurde das zuvor von der Bundesregierung skeptisch beäugte Thema der Reformierung des kollektiven Rechtsschutzes aufgegriffen und in einem eiligen Gesetzgebungsverfahren ein weiteres Element des kollektiven Rechtsschutzes in das deutsche Prozessrecht eingeführt.[37] Am 01.11.2018 trat das Gesetz zur Einführung einer zivilprozessualen Musterfeststellungsklage in Kraft, durch welches die sogenannte Musterfeststellungsklage in den §§ 606–614 ZPO, als eigenständige zivilprozessuale Klageart, implementiert wurde. Der Gesetzgeber erweiterte damit den kollektiven Rechtsschutz für Verbraucher, mit der Intention, diesen die Rechtsdurchsetzung bei Massenschäden zu erleichtern.[38]

Der Gesetzgeber entschied sich, womöglich auch aufgrund der zu beachtenden Hürden des Verfassungsrechts,[39] gegen den kollektiven Rechtsschutz in Form einer Leistungsklage und für eine Durchsetzung der Verbraucherrechte in einem zweigeteilten Verfahren.[40] Die neu geschaffene Musterfeststellungsklage soll es ermöglichen, dass die von einer qualifizierten Einrichtung in den Prozess eingebrachten Feststellungsziele für alle angemeldeten Verbraucher verbindlich für die Folgeprozesse festgestellt werden können. Die eigentliche Durchsetzung der Ansprüche muss dann weiterhin von den Verbrauchern im Folgeverfahren betrieben werden.[41]

I. Die Entstehung des Gesetzes

Die Verbesserung des Verbraucherschutzes hat in der Europäischen Union (EU) eine über 30-jährige Tradition. Die EU-Kommission brüstet sich sogar in der Einleitung zu den, unter dem Titel „New Deal for Consumers", angekündigten Maßnahmen zur Stärkung der Verbraucherrechte damit, dass in der EU

37 *Magnus*, NJW 2019, 3177; *Hettenbach*, WM 2019, 577.

38 *Nordholtz/Mekat*, in: Nordholtz/Mekat, Vorwort.

39 *Gluding*, 256; *Merkt/Zimmermann*, VuR 2018, 363, 364.

40 *Magnus*, NJW 2019, 3177.

41 *Hettenbach*, WM 2019, 577, 578; *Witte/Wetzig*, WM 2019, 52, 53.

seit 1987 die strengsten Verbrauchervorschriften weltweit gelten.[42] Die von der europäischen Kommission in dieser Zeit getätigten Bemühungen, Verbrauchern einen besseren Zugang zum Recht zu ermöglichen, erwiesen sich allerdings als nicht sonderlich erfolgreich. Ein Versuch, die Durchsetzung von Verbraucherrechten in kollektiven Gerichtsverfahren zu verbessern fand auf europäischer Ebene bereits 2008 statt. Die von der Kommission vorgebrachten Ansätze wurden jedoch von vielen Mitgliedsstaaten, aufgrund der Befürchtung es könnten Verhältnisse wie bei den US-amerikanischen Sammelklagen („class actions“) geschaffen werden, abgelehnt.[43] Fünf Jahre später, im Jahr 2013 wurde dann eine Empfehlung der Kommission veröffentlicht, in der die Mitgliedsstaaten aufgefordert wurden, innerstaatliche kollektive Rechtsschutzverfahren für Unterlassungs- und Schadensersatzklagen einzuführen.[44] Obwohl diese Empfehlung innerhalb von zwei Jahren umgesetzt werden sollte, erfolgte bei Nichtbeachtung der Mitgliedsstaaten keine Sanktionierung. Die ursprünglichen Bestrebungen der Kommission wurden durch den Diesel-Skandal neu entfacht, sodass die Kommission im Jahr 2018 durch einen Richtlinienentwurf die kollektive Rechtsdurchsetzung voranbringen wollte.[45]

Der deutsche Gesetzgeber entschied sich nach langem Zögern, dass die deutsche Zivilprozessordnung, die vorrangig nur auf Individualprozesse angelegt war,[46] aufgrund der Entwicklung des Wirtschaftslebens, welches immer stärker durch standardisierte Massengeschäfte geprägt ist,[47] einer Reformierung des kollektiven Rechtsschutzes bedurfte. Dieser existierte bis zur Einführung der Musterfeststellungsklage nur in Spezialgesetzen wie dem Kapitalanleger-Musterverfahrensgesetz (KapMuG), sowie dem Unterlassungsklagengesetz (UKlaG) und ermöglichte Muster- bzw. Verbandsverfahren nur in besonderen, in diesen Gesetzen vorgesehenen Konstellationen.[48] Eine von Spezialgebietsbezügen losgelöste eigenständige Klageart, in Form der Musterfeststellungsklage, sollte als Lösung dienen, um die Rechte der Verbraucher zu stärken.

---

42 Mitteilung der Kommission vom 11.04.2018, COM (2018) 183 final, 1; *Augenhofer*, EuZW 2019, 5.

43 *Krausbeck*, VuR 2018, 287; *Röthemeyer*, Teil I, Rn. 60; *Schneider*, BB 2018, 1986, 1987.

44 *Feldhusen*, ZIP 2020, 2377, 2378 f.; *Kilian*, ZRP 2018, 72; *Röthemeyer*, Teil I, Rn. 60.

45 *Gsell*, BKR 2021, 521, 522; *Halfmeier/Rott*, VuR 2018, 243; *Meller-Hannich/Krausbeck*, DAR-Extra 2018, 721 f.; *Röthemeyer*, Teil I, Rn. 61; *Sievers*, DAR-Extra 2018, 731.

46 *Nordholtz*, in: Nordholtz/Mekat, § 1, Rn. 64.

47 BT-Drs. 19/2439, 1.

48 BT-Drs. 19/2507, 15; *Röthemeyer*, Teil I, Rn. 65 f.

Bereits am 28.09.2015, nachdem man sich intensiv mit der Empfehlung der europäischen Kommission aus dem Jahr 2013 auseinandergesetzt hatte, wurde durch den damaligen Staatssekretär Gerd Billen ein erstes Konzept zur Musterfeststellungsklage vorgestellt.[49] Der Ende 2016 entwickelte Referentenentwurf zur Musterfeststellungsklage schaffte es jedoch, wegen Abstimmungsproblemen innerhalb der Bundesregierung, nicht offiziell in die Diskussion mit den Verbänden und den Ländern.[50] Erst die Initiative der Verbraucherschutzministerinnen und -minister der Länder im April 2017 und der Justizministerinnen und -minister der Länder im Juni 2017 für eine Stärkung des kollektiven Rechtsschutzes für Verbraucherinnen und Verbraucher, führte dann dazu, dass im Juli 2017 ein Diskussionsentwurf zur Einführung einer Musterfeststellungsklage vorgelegt wurde.[51]

Das eigentliche Gesetzgebungsverfahren zur Implementierung einer derartigen Klageart in die deutsche Zivilprozessordnung und damit die Ausweitung des kollektiven Rechtsschutzes ging, betrachtet man das zuvor eher zurückhaltende Verhalten des Gesetzgebers, insbesondere im Hinblick auf die von der europäischen Kommission getätigten Versuche, außerordentlich schnell.[52] Die Einführung der Musterfeststellungsklage wurde deshalb sogar als eine der schnellsten ZPO-Reformen aller Zeiten bezeichnet.[53]

Das Thema erlangte, aufgrund des Diesel-Skandals, im Bundestagswahlkampf im Jahr 2017 besondere politische Brisanz und führte dazu, dass dieses letztlich auch in den neuen Koalitionsvertrag aufgenommen wurde.[54] Mit Blick auf den Diesel-Skandal,[55] in dessen Zusammenhang vielen, zuvor öffentlichkeitswirksam diskutierten,[56] Ansprüchen von Dieselkäufern die Verjährung drohte, wurde das erforderliche Gesetzgebungsverfahren dann im Eiltempo durchgeführt.[57] Nachdem im Juni 2018 von der Bundesregierung ein Gesetzesentwurf

---

49 *Billen*, Kollektive Rechtsdurchsetzung für mehr Fairness und Effizienz im Verbraucherschutz, 28.09.2015; Vgl. *Keßler*, ZRP 2016, 2; *Röthemeyer*, Teil I, Rn. 69.

50 *Röthemeyer*, Teil I, Rn. 70; *Halfmeier*, ZRP 2017, 201; *Schneider*, BB 2018, 1986; *Stadler*, VuR 2018, 83.

51 *Habbe/Gieseler*, BB 2017, 2188; *Merkt/Zimmermann*, VuR 2018, 363; *Kilian*, ZRP 2018, 72/73; *Leupold*, VuR 2018, 201 spricht von „Schlag auf Schlag".

52 *Witte/Wetzig*, WM 2019, 52; *Lühmann*, NJW 2020, 1706.

53 *Hettenbach*, WM 2019, 577.

54 *Waßmuth/Asmus*, ZIP 2018, 657.

55 *Hakenberg*, NJOZ 2021, 673; *Wais*, IPRax 2022, 141.

56 *Röthemeyer*, Teil I, Rn. 79; *Mansel*, WM 2019, 1621.

57 *Augenhofer*, VuR 2019, 83; *Beck*, ZIP 2018, 1915; *Heese*, NZV 2019, 273, 275.

an den Bundestag übermittelt wurde, erfolgte, im Anschluss an drei im Akkord durchgeführte Lesungen, die Veröffentlichung des Gesetzes im Juli 2018 im Bundesgesetzblatt.[58] Am 01.11.2018 trat dann schließlich das Gesetz zur Einführung einer zivilprozessualen Musterfeststellungsklage in Kraft.[59]

II. Die Ziele der Musterfeststellungsklage

Die Ziele, die der Gesetzgeber mit der Musterfeststellungsklage verfolgt hat, lassen sich aus den Gesetzesmaterialien zur Entstehungsgeschichte der Musterfeststellungklage entnehmen. Aus den Gesetzesmaterialien gehen drei primär vom Gesetzgeber verfolgte Zwecke hervor.[60]

1. Die Stärkung der Verbraucherrechte

Die Stärkung der Verbraucherrechte ist das übergeordnete Ziel des Gesetzgebers.[61] Dies lässt sich sowohl den Gesetzesmaterialien entnehmen als auch an der Umsetzung des Gesetzes erkennen. Deutlich wird dies zunächst dadurch, dass letztlich die Musterfeststellungsklage nur für Verbraucher als Kläger konzipiert wurde, obwohl in früheren Konzepten eine Klage für alle ZPO-Streitigkeiten vorgesehen war.[62] Ausdrücklich ist dieses Ziel auch in der Gesetzesbegründung genannt, wonach „die Regierungskoalition es sich zum Ziel gesetzt hat, durch die Einführung einer Musterfeststellungsklage die Rechtsdurchsetzung für Verbraucherinnen und Verbraucher zu verbessern."[63] Darüber hinaus ist die Bedeutung des Verbraucherschutzes dem Umstand zu entnehmen, dass die Bundesregierung das Gesetz in dieser Eile durch das Gesetzgebungsverfahren gebracht hat, damit es noch zum 01.11.2018 in Kraft treten konnte. Durch dieses Vorgehen wurde für die Verbraucher die Möglichkeit geschaffen, die drohende Verjährung ihrer aus dem Diesel-Skandal stammenden Ansprüche zu verhindern.[64]

Hierbei soll auch die Konzeption der Musterfeststellungsklage helfen. Mit der Möglichkeit des einzelnen Verbrauchers, sich kostenlos im Klageregister

---

58 *Röthemeyer*, Teil I, Rn. 81 f.; *Weinland*, Rn. 11; *Merkt/Zimmermann*, VuR 2018, 363; *Witte/Wetzig*, WM 2019, 52.

59 *Hirsch*, VuR 2020, 454.

60 *Hettenbach*, WM 2019, 577.

61 *Lutz*, in: BeckOK, ZPO, § 606 Rn. 5; *Grzeszick*, NJW 2019, 3269, 3271.

62 *Röthemeyer*, Teil I Rn. 69.

63 BT-Drs. 19/2439, 1.

64 *Merkt/Zimmermann*, VuR 2018, 363.

anmelden zu können, soll ihm das Prozesskostenrisiko genommen werden[65] und dadurch die Rechtsdurchsetzung verbessert werden. Durch diese Ausgestaltung soll auch dem sogenannten „rationalen Desinteresse“ der Verbraucher entgegengewirkt werden.[66] Unter dieser Begrifflichkeit ist das Verhalten der Verbraucher zu verstehen, Schadensersatz- oder Erstattungsansprüche nicht zu verfolgen, wenn sie den damit verbundenen Aufwand als unverhältnismäßig hoch erachten.[67] Die Möglichkeit zur Anmeldung zu einer bereits erhobenen Klage soll diese bestehende Hürde reduzieren.[68] Ein solches Verhalten ist hauptsächlich in Fällen von Streu- und Bagatellschäden zu beobachten, weil es sich in diesen Fällen um Kleinstschäden handelt, deren Verfolgung für Verbraucher, auch aufgrund des Prozessrisikos, nicht vernünftig erscheint.[69] Und auch wenn die Frage, ob eine Kompensation solcher Schäden überhaupt Aufgabe des Zivilrechts sei, nicht unumstritten ist,[70] war dieses Problem, wie sich an der Häufigkeit der Anführung der Terminologie: „rationales Desinteresse“ in der Gesetzesbegründung erkennen lässt, von zentraler Bedeutung für den Gesetzgeber für die Einführung der Musterfeststellungsklage. Gerade weil dieses Thema ein solch entscheidendes für die Gesetzgebung gewesen ist, wurde es in der Literatur allerdings auch kritisch betrachtet.[71]

2. Die Stärkung des Wettbewerbs

Die besondere Bedeutung der Behebung des Problems des „rationalen Desinteresses“ ergibt sich nicht nur aus der Stärkung der Verbraucherrechte, sondern darüber hinaus aus der Stärkung des Wettbewerbs. Die Lethargie der Verbraucher, Ansprüche zu verfolgen, die vor allem dann auftritt, wenn der durch das schädigende Ereignis erlittene Nachteil für den Verbraucher individuell gering ist, sieht der Gesetzgeber auch als Nachteil im deutschen Zivilprozessrecht für

---

65 BT-Drs. 19/2439, 16; *Wasmuth/Asmus*, ZIP 2018, 657; *Nordholtz*, in: Nordholtz/Mekat, § 1 Rn. 21; *Röthemeyer*, Teil I. Rn. 4; *Weinland*, Rn. 13; *Deiß/Graf/Salger*, BB 2019, 1674, 1676.

66 *Braunroth*, VuR 2018, 455, 456; *Meller-Hannich*, 13, 14.

67 BT-Drs. 19/2439, 1; Röthemeyer, Teil I, Rn. 4; *Habbe/Gieseler*, BB 2017, 2188; *Geissler*, GWR 2018, 189; *Schneider*, BB 2018, 1986; *Killian*, ZRP 2018, 72; *Zimmer/Weigl*, BB 2019, 183, 184; *Rotter*, VuR 2019, 283, 288, *Witte/Wetzig*, WM 2019, 52.

68 *van den Bergh/Keske*, in: Casper/Janssen/Pohlmann/Schulze (Hrsg.), 17 m.w.N.

69 *Merkt/Zimmermann*, VuR 2018, 363; *Krausbeck*, VuR 2018, 287, 288.

70 *Merkt/Zimmermann*, VuR 2018, 363, 364; *Balke/Liebscher/Steinbrück*, ZIP 2018, 1321, 1322.

71 *Stadler*, VuR 2018, 83, 84.

den Wettbewerb.[72] Während nämlich der individuelle Schaden jedes einzelnen Verbrauchers gering ist, summiert sich durch die Nichtverfolgung vieler geringer Schäden der unrechtmäßige Gewinn desjenigen Unternehmens,[73] welches wegen seines Fehlverhaltens eigentlich schadensersatzpflichtig wäre. Es besteht damit die Gefahr, dass Unternehmen, wegen des sich daraus ergebenden Wettbewerbsvorteils gegenüber pflichtgemäß handelnden Unternehmen, einen Rechtsbruch einkalkulieren.[74]

Eine solche Wettbewerbsverzerrung könnte durch die Musterfeststellungsklage verhindert werden, weil damit für das Unternehmen die realistische Gefahr besteht, dass Verbraucher auch geringere Schäden geltend machen. Bereits durch die Möglichkeit der Verbraucher die Musterfeststellungsklage wahrnehmen zu können, könnte die Kalkulation der Unternehmen bezüglich eines Rechtsbruchs anders ausfallen und ein fairer Wettbewerb gesichert werden.[75]

3. Die Verbesserung der Verfahrenseffizienz

Die Musterfeststellungsklage soll darüber hinaus auch ein effizientes Verfahren darstellen.[76] Dies zum einen im Hinblick auf die Rechtsdurchsetzung von Verbraucherrechten, zum anderen jedoch auch mit Blick auf die Entlastung der Gerichte.[77] Insbesondere erstinstanzliche Gerichte werden in der heutigen Zeit mit einer Vielzahl von Individualverfahren belastet, denen gleichartige Rechtsfragen zugrunde liegen,[78] welche nunmehr auf ressourcenschonende Art bewältigt werden sollen und ohne die Gefahr divergierender Feststellungsergebnisse.[79] Für die Verbraucher soll im Rahmen des Musterfeststellungsverfahrens die Durchsetzung ihrer Rechte beschleunigt werden. Dies insbesondere durch die Möglichkeit, die Musterfeststellungsklage mit einem Vergleich abzuschließen. Die Vergleichsbereitschaft der Parteien im Rahmen des

---

72 *Mekat,* in: Nordholtz/Mekat, § 7 Rn. 9; *Lutz,* in: BeckOK, ZPO, § 606 Rn. 5.

73 *Gurkmann,* in: Brönneke/Willburger/Bietz (Hrsg.), 69, 71.

74 *Mekat,* in: Nordholtz/Mekat, § 7 Rn. 9; *Röthemeyer,* Teil I Rn. 6; *Krausbeck,* VuR 2018, 287, 288.

75 *Merkt/Zimmermann,* VuR 2018, 363, 364.

76 BT-Drs. 19/2439, 17; *Lutz,* in: BeckOK, ZPO, § 606 Rn. 5; *Balke/Liebscher/Steinbrück,* ZIP 2018, 1321, 1324.

77 *Heese,* NZV 2019, 273, 275.

78 *Kranz,* NZG 2017, 1099, 1100; *Krausbeck,* VuR 2018, 287, 288; *Geissler,* GWR 2018, 189, 191.

79 *Mansel,* WM 2019, 1621.

Musterfeststellungsverfahrens, oder aufgrund dieses, soll zudem die Entlastung der Gerichte noch verstärken. Der Gesetzgeber ging davon aus, dass die Parteien entweder im Verfahren einen Vergleich schließen oder aufgrund des Musterfeststellungsurteils anschließend im jeweiligen Individualverfahren ein Vergleich stattfindet und damit der Streit schneller beendet wird.[80]

4. *Weitere allgemeine Ziele*

Über die bereits genannten Ziele hinaus, besteht beim Gesetzgeber die Intention, mit dem Musterfeststellungsverfahren ein transparentes Verfahren zu schaffen, welches dem Rechtsfrieden und der Rechtsakzeptanz dient.[81] Die Transparenz soll dadurch sichergestellt werden, dass die klageberechtigten Einrichtungen regelmäßig dahingehend überprüft werden, ob sie die Voraussetzungen als qualifizierte Einrichtung erfüllen.[82] Zur Transparenz beitragen soll zudem, dass Verbraucher durch das Klageregister die Möglichkeit erhalten, auf Informationen aus dem Musterverfahren zugreifen zu können.[83] Der Rechtsfrieden und die Rechtsakzeptanz sollen, neben der Tatsache, dass ein effektives Mittel zur Rechtsdurchsetzung besteht, durch die Option geschaffen werden, dass das Verfahren im Wege des Vergleichs abgeschlossen werden kann.[84]

Weiter soll durch die Konzeption der Musterfeststellungsklage die Schaffung von US-amerikanischen Verhältnissen im deutschen kollektiven Rechtsschutz vermieden werden.[85] Die vor allem damit gemeinte Verhinderung der Etablierung einer kommerziellen Klageindustrie in Deutschland soll dadurch sichergestellt werden, dass die Vertretung der Verbraucher im Musterfeststellungsverfahren ausschließlich durch die in § 606 Abs. 1 ZPO genannten klageberechtigten Einrichtungen erfolgen darf[86] und nicht durch Einrichtungen mit Gewinnerzielungsabsicht.[87]

---

80 BT-Drs. 19/2439, 17; *Nordholtz*, in: Nordholtz/Mekat, § 1 Rn. 25 f.

81 BT-Drs. 19/2439, 19, 23; *Nordholtz*, in: Nordholtz/Mekat, § 1 Rn. 27 f.

82 BT-Drs. 19/2439, 22 f.

83 BT-Drs. 19/2439, 24; *Nordholtz*, in: Nordholtz/Mekat, § 1 Rn. 27.

84 BT-Drs. 19/2439, 19; *Nordholtz*, in: Nordholtz/Mekat, § 1 Rn. 28.

85 *Schneider*, BB 2018, 1986, 1987; *Nordholtz*, in: Nordholtz/Mekat, § 1 Rn. 60; *Schmidt-Kessel*, Stellungnahme, 4; *Fiebig*, GRUR Int. 2016, 313, 315, der von der Abneigung der EU spricht; m.w.N. zur Ablehnung einer Klageindustrie, *Basedow*, EuZW 2018, 609, 614.

86 *Fuhrmann/Kurka*, NJW 2020, 3414; *Nordholtz*, in: Nordholtz/Mekat, § 1 III. Rn. 22.

87 BT-Drs. 19/2439, 16; *Geissler*, GWR 2018, 189, 190.

B. Der Anwendungsbereich

I. Der persönliche Anwendungsbereich

Aufgrund der Besonderheit der Musterfeststellungsklage, Bindungswirkung für die Feststellungsziele für alle angemeldeten Verbraucher herbeiführen zu können und unter Berücksichtigung der Zielsetzungen der Musterfeststellungsklage wurde, abweichend von dem ansonsten der ZPO immanenten Prinzip, die Klagebefugnis an eine materielle Rechtsposition zu binden,[88] gemäß § 606 Abs. 1 S. 1 ZPO die Klagebefugnis auf qualifizierte Einrichtungen beschränkt.[89] Man entfernte sich insoweit von dem zuvor geäußerten Gedanken, dass die Klage auch von Gruppen von individuell Betroffenen eingeleitet werden könnte, weil dadurch die Gefahr einer „Klageindustrie" erhöht werden würde.[90] Eine Verwendung der Musterfeststellungklage als Geschäftsmodell, um mit ihr Gewinne zu erwirtschaften, sollte verhindert werden. Die Gefahr, dass durch die Einschränkung der Klagebefugnis andererseits die praktische Bedeutung der Musterfeststellungsklage hinter den hohen Erwartungen an dieses Institut zurückbleiben könnte, wurde hingegen bewusst hingenommen.[91]

In § 606 Abs. 1 S. 2 ZPO wird konkretisiert, was unter einer qualifizierten Einrichtung im Sinne der Musterfeststellungsklage verstanden werden darf. Dabei wurden die bereits für qualifizierte Einrichtungen nach dem Unterlassungsklagengesetz bestehenden Anforderungen, nochmals verschärft. Qualifizierte Einrichtungen im Sinne von § 606 Abs. 1 S. 1 ZPO sind demnach die in § 3 Abs. 1 S. 1 Nr. 1 des Unterlassungsklagengesetzes (UKlaG) bezeichneten Stellen, die die weiteren in § 606 Abs. 1 S. 2 ZPO aufgeführten Bedingungen erfüllen.

Die Einrichtungen müssen somit die in § 606 Abs. 1 S. 2 ZPO und die in § 3 Abs. 1 S. 1 UKlaG genannten Voraussetzungen kumulativ erfüllen, um klagebefugt zu sein.[92] Die Verschärfung der Anforderungen soll gewährleisten, dass nur solche Einrichtungen klagen können, die mit der ausschließlichen Motivation handeln, die Interessen der Verbraucher zu verfolgen.[93]

---

88 *Merkt/Zimmermann*, VuR 2018, 363, 364; *Geissler*, GWR 2018, 189, 190; *Hettenbach*, WM 2019, 577, 579.

89 *Heigl/Normann*, in: Nordholtz/Mekat, § 2 Rn. 1.

90 *Halfmeier*, ZRP 2017, 201; *Meller-Hannich*, WuM 2021, 1; *Riesner*, ZIP 2019, 1507, 1508.

91 *ADAC*, Stellungnahme, 3; *Gludig*, S. 140; *Voit*, JR 2021, Band 2, 73, 77.

92 *Die Deutsche Kreditwirtschaf*, Stellungnahme, S. 2; *Gluding*, 145.

93 *Gluding*, 137.

Dabei soll die Konzeption des § 606 Abs. 1 S. 2 ZPO sicherstellen, dass die jeweilige Einrichtung unabhängig von anderweitigen Interessen und losgelöst vom individuellen Fall handelt.[94] Eine Einwirkung Dritter auf die Einrichtung soll vermieden werden.[95]

Dass diese Voraussetzungen von den jeweiligen Einrichtungen tatsächlich erfüllt werden, wird dadurch garantiert, dass das Bundesamt für Justiz von Amts wegen halbjährlich die Liste der qualifizierten Einrichtungen nach § 4 UKlaG überprüft und im Fall, dass diese nicht mehr als solche zu qualifizieren wäre, der Einrichtung diesen Status gemäß § 4 Abs. 2 S. 4 UKlaG entzieht.[96] Weiter besteht die Möglichkeit für das Gericht gemäß § 606 Abs. 1 S. 3 ZPO bei ernsthaften Zweifeln darüber, ob die Voraussetzungen des § 606 Abs. 1 S. 2 Nr. 4 oder 5 vorliegen, vom Kläger zu verlangen, seine finanziellen Mittel offen zu legen.

Ob die gewählte Variante, die Klagebefugnis auf qualifizierte Einrichtungen zu beschränken, geeignet ist, dem Interesse des Gesetzgebers, eine Klageindustrie US-amerikanischer Verhältnisse zu verhindern,[97] Rechnung zu tragen, wird aufgrund europarechtlicher Verzweigungen bezweifelt.[98] Da aufgrund der EU-Unterlassungsrichtlinie[99] eine Klagebefugnis für qualifizierte Einrichtung in den Mitgliedstaaten besteht, die einzelnen Mitgliedstaaten jedoch unter Umständen niedrigere Anforderungen an eine solche Einrichtung stellen,[100] besteht die theoretische Möglichkeit, die hohen deutschen Anforderungen zu umgehen.[101]

---

94 BGH NJW 2021, 1014, 1015, Rn. 19; BT-Drs. 19/2439, 23; *Heigl/Normann*, in: Nordholtz/Mekat, § 2 Rn. 3–6; *Schneider*, BB 2018, 1986, 1988, 1990; *Felgentreu/Gängel*, VuR 2019, 323, 330.

95 *Haider*, 167; *Schäfer*, in: Basedow/Hopt/Kötz/Baetge (Hrsg.), 67, 88.

96 BT-Drs. 19/2507, 22; *Heigl/Normann*, in: Nordholtz/Mekat, § 2 Rn. 4; *Rotter*, VuR 2019, 283, 287.

97 BT-Drs. 19/2507, 15, 22; *Witte/Wetzig*, WM 2019, 52, 53.

98 *Wernicke*, BB 2017.

99 Aufgrund Art. 21 der Richtlinie (EU) 2020/1828 mit Wirkung vom 25.06.2023 aufgehoben. Die Klagebefugnis qualifizierter Einrichtungen anderer Mitgliedsstaaten besteht allerdings fort, vgl. Erwägungsgründe 28 ff. Richtlinie (EU) 2020/1828.

100 *Bevh*, Stellungnahme, 2; *Netzwerk Compliance*, Anhörung, 3; *VDA*, Position zum BMJV-Entwurf, 10; *Wernicke*, BB 2017, I.

101 *Merkt/Zimmermann*, VuR 2018, 363, 366; *Schneider*, BB 2018, 1986, 1990.

II. Der sachliche Anwendungsbereich

Der sachliche Anwendungsbereich der Musterfeststellungsklage wird in § 606 Abs. 1 S. 1 ZPO definiert. Danach besteht durch die Musterfeststellungklage die Möglichkeit, Feststellungen des Vorliegens oder Nichtvorliegens von tatsächlichen und rechtlichen Voraussetzungen für das Bestehen oder Nichtbestehen von Ansprüchen oder Rechtsverhältnissen (sog. Feststellungsziele) zwischen Verbrauchern und einem Unternehmen zu erlangen. Der prozessuale Verbraucherbegriff wurde für die Musterfeststellungsklage neu in § 29c Abs. 2 ZPO bestimmt.[102] Verbraucher ist nach § 29c Abs. 2 ZPO demnach jede natürliche Person, die bei dem Erwerb des Anspruchs oder der Begründung des Rechtsverhältnisses nicht überwiegend im Rahmen ihrer gewerblichen oder selbstständigen beruflichen Tätigkeit handelt.[103] Feststellungsfähig sind somit, dem Gedanken des kollektiven Rechtsschutzes Rechnung tragend, anspruchsbegründende, sowie anspruchsausschließende Voraussetzungen, die von grundsätzlicher Bedeutung für eine Vielzahl gleichgelagerter Fälle sind.[104] Darüber hinaus können bei gleicher Ausgangslage auch reine Rechtsfragen Gegenstand der Musterfeststellungsklage sein.[105] Daraus ist zu schließen, dass Fragen die nicht die erforderliche Breitenwirkung erzielen, sondern lediglich auf individuell Betroffene abstellen, nicht Feststellungziel einer Musterfeststellungsklage sein können.[106] Zu diesen gehören beispielsweise die Kausalität zwischen einer Rechtsgutsverletzung und dem Schaden, sowie der Schaden und die damit verbundene Schadenshöhe im Einzelfall.[107] Der Verbraucher muss deshalb, wie vom Gesetzgeber vorgesehen, seine Ansprüche im Anschluss an den Musterfeststellungsprozess noch in einem Individualverfahren durchsetzen.[108]

III. Der zeitliche Anwendungsbereich

Der Anwendungsbereich der Musterfeststellungsklage ist zeitlich nicht beschränkt.[109]

---

102 *Braunroth,* VuR 2018, 455, 457.
103 § 29c Abs. 2 ZPO.
104 BT-Drs. 19/2439 22; *Krausbeck,* VuR 2018, 287, 291.
105 BT-Drs. 19/2507 S. 21; *Witte/Wetzig,* WM 2019 52, 53.
106 BT-Drs. 19/2507, 16; *Braunroth,* VuR 2018, 455, 457; *Beck,* 409.
107 *Kruis,* ZIP 2019, 393, 402 f.; *Heigl/Normann,* in: Nordholtz/Mekat, § 2 Rn. 45; *Habbe/Gieseler,* BB 2017, 2188, 2189, *Oehring,* S. 66 f., 77
108 *Beckmann/Waßmuth,* WM 2019, 45, 48.
109 *Heigl/Normann,* in: Nordholtz/Mekat, § 2 Rn. 66.

C. Das Verfahren

I. Die Erhebung der Musterfeststellungsklage

Die Einleitung des Verfahrens geschieht, wie im Zivilprozess üblich, durch Einreichung einer Klageschrift bei Gericht (§ 606 Abs. 1 S. 1, Abs. 2 S. 1 ZPO). Sachlich zuständige Gerichte für die Musterfeststellungsklagen sind in erster Instanz die Oberlandesgerichte gemäß § 119 Abs. 3 Gerichtsverfassungsgesetz (GVG). Die örtliche Zuständigkeit ergibt sich aus § 32c ZPO, danach ist das Gericht am allgemeinen Gerichtsstand des Beklagten ausschließlich örtlich zuständig.[110]

Die einzig klagebefugten qualifizierten Einrichtungen im Sinne des § 606 Abs. 1 S. 2 ZPO, haben gemäß § 606 Abs. 2 S. 1 ZPO dafür Sorge zu tragen, dass in der Klageschrift Angaben und Nachweise enthalten sind, dass es sich bei ihnen um qualifizierte Einrichtungen handelt und von den Feststellungszielen die Ansprüche oder Rechtsverhältnisse von mindestens zehn Verbrauchern abhängen. Die besonderen Anforderungen, die an die Klageschrift gestellt werden, sollen dem Umstand Rechnung tragen, dass es sich bei der Klage um ein Verfahren des kollektiven Rechtsschutzes handelt. Es soll sichergestellt werden, dass die Klage nicht lediglich einem individuellen Interesse dient, sondern die notwendige Breitenwirkung besitzt.[111]

Weiter soll die Klageschrift gemäß § 606 Abs. 2 S. 2 ZPO, für den Zweck der Bekanntmachung im Klageregister, eine kurze Darstellung des vorgetragenen Lebenssachverhalts enthalten. Aus der Formulierung, dass dies nur geschehen soll und nicht muss, ergibt sich, dass es sich dabei nicht um eine zwingende Zulässigkeitsvoraussetzung der Klage handelt. Darüber hinaus bleibt § 253 Abs. 2 ZPO, der den notwendigen Inhalt einer regulären Klageschrift regelt,[112] unberührt, ist also weiter zu beachten.

Nicht fest steht hingegen, ob die Klageschrift nach dem Zugang bei Gericht auch unmittelbar dem beklagten Unternehmen zugestellt wird, oder ob zunächst die Klageschrift vom Gericht darauf überprüft wird, ob der nach § 606 Abs. 2 S. 1 ZPO notwendige Inhalt enthalten ist.[113]

---

110 *Fölsch,* DAR Extra 2018, 736.

111 BT-Drs. 19/2507, S. 23; *Beck,* in: Husemann/Korves/Rosenkranz, (Hrsg.), 409; *Hettenbach,* WM 2019, 577, 581.

112 *Becker-Eberhard,* in: MüKo, ZPO, § 253 Rn. 45.

113 Ausführlich hierzu im nachfolgenden Punkt: Öffentliche Bekanntmachung.

II. Die öffentliche Bekanntmachung der Musterfeststellungsklage

Als nächsten Verfahrensschritt sieht das Gesetz vor, dass das Gericht gemäß § 607 Abs. 2 ZPO innerhalb von 14 Tagen nach Klageerhebung die öffentliche Bekanntmachung veranlasst, wenn die Klageschrift die nach § 606 Abs. 2 S. 1 ZPO vorgeschriebenen Anforderungen erfüllt. Eine Veröffentlichung der Klage im Klageregister darf daher nur erfolgen, wenn die Klage erhoben wurde *und* die Voraussetzungen nach § 606 Abs. 2 S. 1 ZPO vorliegen.[114] Die ursprünglich noch in dem Entwurf, in der Fassung vom Januar 2017, vorgesehene Anhörung des Beklagten vor der öffentlichen Bekanntmachung, wurde nicht in das Gesetz aufgenommen.[115]

Die öffentliche Bekanntmachung der Klage hat, wie im Folgenden dargestellt werden wird, eine erhebliche Bedeutung für das Verfahren und wirkt sich auch entscheidend auf die Beurteilung des Prüfungsumfanges des Musterfeststellungsvergleiches aus. Da die Anforderungen, die an die öffentliche Bekanntmachung gestellt werden, in der Literatur und in der Rechtsprechung umstritten sind und die divergierenden Auffassungen unmittelbare Konsequenzen für die Angemessenheitsprüfung des Musterfeststellungsvergleichs haben, war eine tiefergehende Auseinandersetzung mit der Problematik notwendig. Die Frage, ob vor oder erst nach der öffentlichen Bekanntmachung der Musterfeststellungsklage eine inhaltliche Prüfung der Klageschrift erfolgt, wirkt sich auf den Schutz des beklagten Unternehmens aus. Erfolgt bereits vor der öffentlichen Bekanntmachung eine inhaltliche Überprüfung der Klageschrift durch das Gericht, so ist die Schutzbedürftigkeit des beklagten Unternehmens innerhalb des Vergleichs geringer einzuschätzen. Die Befassung mit der Thematik erfolgt bereits an dieser Stelle und nicht erst in den Ausführungen zur Genehmigung des Vergleiches, weil die Auswirkungen der anschließend dargestellten Streitentscheidung vorrangig verfahrensbezogen und losgelöst von einem eventuell noch zu schließenden Vergleich sind. Das Ergebnis des Streits stellt eine Argumentationshilfe für die Ausführungen innerhalb der Angemessenheitsprüfung dar. Umgekehrt tragen die im späteren Abschnitt gewonnenen Erkenntnisse aber nicht zur Beantwortung der Frage bei, welche Anforderungen an die öffentliche

---

114 *Vollkommer*, in: Zöller, ZPO, § 607 Rn. 2; *Lutz*, in: BeckOK, ZPO, § 607 Rn. 10; *Menges*, in: MüKo, ZPO, § 607 Rn. 3; *Stadler*, in: Musielak/Voit, ZPO, § 607 Rn. 2.

115 *Stadler*, VuR 2018, 83; *Stadler*, in: Musielak/Voit, ZPO, § 607 Rn. 4; *Geissler*, GWR 2018, 189, 190; *Geissler/Ströbel*, NJW 2019, 3414, 3417.

Bekanntmachung zu stellen sind, sodass eine Darstellung innerhalb des Genehmigungsteils aus dem Kontext gerissen gewesen wäre.

1. Der Zweck der öffentlichen Bekanntmachung

Die öffentliche Bekanntmachung der Klage im Klageregister dient mehreren Zwecken. Zum einen werden die Verbraucher durch diese über die Rechtshängigkeit einer Musterfeststellungsklage informiert. Zum anderen ist sie auch Durchführungsvoraussetzung für die weitere Zulässigkeit der Klage, da erst nach der Veröffentlichung der Klage im Klageregister die Möglichkeit für die Verbraucher besteht, sich in diesem anzumelden und dadurch das nach § 606 Abs. 3 Nr. 2 ZPO erforderliche Quorum von mindestens 50 angemeldeten Verbrauchern zu erreichen.[116] Zudem kann sie auch als Schutzbarriere, sowohl für die Verbraucher, als auch für das beklagte Unternehmen angesehen werden.[117] Die Verbraucher werden durch die öffentliche Bekanntmachung dadurch geschützt, dass eine solche nur erfolgt, wenn die Klageschrift zumindest Angaben und Nachweise nach § 606 Abs. 2 ZPO enthält, sodass für sie ein geringeres Risiko besteht, sich einer Musterfeststellungsklage anzuschließen, die später als unzulässig abgewiesen wird.[118]

Für das beklagte Unternehmen stellt die gerichtliche Prüfung vor der öffentlichen Bekanntmachung der Musterfeststellungsklage im Klageregister ebenfalls einen Schutz dar, da bereits mit der öffentlichen Bekanntmachung der Klage ein rufschädigender Effekt für das beklagte Unternehmen eintritt. Insofern hat die Nichtbekanntmachung der Musterfeststellungsklage, nicht zuletzt, weil dadurch das weitere Verfahren insgesamt verhindert wird, ein erhebliches Gewicht für das beklagte Unternehmen.

Die Reichweite des von der öffentlichen Bekanntmachung für die Verbraucher und das beklagte Unternehmen ausgehenden Schutzes hängt davon ab, welche Voraussetzungen an eine Veröffentlichung der Klage gestellt werden.

2. Die Bedingungen der öffentlichen Bekanntmachung

Die öffentliche Bekanntmachung ist nach § 607 Abs. 2 ZPO an zwei Bedingungen geknüpft. Erstens die Erhebung der Klage und zweitens, dass die Klageschrift die nach § 606 Abs. 2 S. 1 ZPO vorgeschriebenen Anforderungen erfüllt.

---

116 BT-Drs. 19/2507, 21; *Boese/Bleckwenn*, in: Nordholtz/Mekat, § 4 Rn. 2 ff.

117 *Boese/Bleckwenn*, in: Nordholtz/Mekat, § 4 Rn. 20 ff.

118 *Mekat*, GWR 2019, 92.

a) *Klageerhebung*

Hinsichtlich der ersten Bedingung der Veröffentlichung, der Klageerhebung, wird man zunächst auf den eindeutigen Wortlaut der Vorschrift abstellen können. Da die Frist erst nach Klageerhebung beginnen soll, ist erforderlich, dass dem beklagten Unternehmen gemäß § 253 Abs. 1 ZPO die Klage zugestellt wurde.[119] Insofern wird auf einen Zustellungsnachweis des beklagten Unternehmens zu warten sein, bevor eine Veröffentlichung erfolgen kann. Wurde die Klage erhoben, so ist grundsätzlich innerhalb von 14 Tagen die Veröffentlichung zu veranlassen, wobei an eine Überschreitung dieser Frist keine Rechtsfolgen geknüpft sind.[120] Eine Veröffentlichung kann mithin erst deutlich nach der Erhebung erfolgen, auch weil das Gericht dem Beklagten vor der Veröffentlichung rechtliches Gehör gewähren kann.[121]

Im Zusammenhang mit der Zustellung stellt sich allerdings die Frage, ob bereits vor, oder erst nach der Zustellung der Klage an das beklagte Unternehmen überprüft wird, ob die Klageschrift die nach § 606 Abs. 2 S. 1 ZPO erforderlichen Angaben und Nachweise enthält.

aa) *Prüfung vor Zustellung*

Nach einer Auffassung müsse bereits eine erste Prüfung der Angaben und Nachweise nach § 606 Abs. 2 S. 1 ZPO vor der Zustellung der Klage an das beklagte Unternehmen erfolgen. Eine Zustellung dürfe demnach nicht erfolgen, wenn die Klage überhaupt keine der geforderten Angaben und Nachweise enthält. In diesem Fall wäre die Klage unwirksam i.S.v. § 253 ZPO[122] und deshalb mit förmlichem Beschluss zurückzuweisen.[123]

Sind Angaben und Nachweise in der Klage enthalten, bestehen jedoch weiterhin Zweifel über das Bestehen der Klagebefugnis oder die Abhängigkeit der Ansprüche von den Feststellungszielen, so sei nach der Zustellung der Klageschrift an den Beklagten, aber vor der öffentlichen Bekanntmachung, entweder abgesondert darüber zu verhandeln (§ 280 Abs. 1 ZPO) oder nach Anhörung der Parteien die Musterfeststellungsklage durch Beschluss als unzulässig abzuweisen.[124]

---

119 *Augenhofer*, VuR 2019, 83; *Hartmann*, VersR 2019, 528.

120 *Lutz*, in: BeckOK, ZPO, § 606 Rn. 10.

121 *Lutz*, in: BeckOK, ZPO, § 610 Rn. 4; *Stadler*, in: Musielak/Voit, ZPO, § 607 Rn. 2.

122 *Vollkommer*, in: Zöller, ZPO, § 606 Rn. 19, 29, § 607 Rn. 1; *G. Vollkommer*, MDR 2019, 536, 537; *Meller-Hannich*, in: BeckOGK, BGB, § 204 Rn. 109.

123 *Vollkommer*, in: Zöller, ZPO, § 607 Rn. 1.

124 *Vollkommer*, in: Zöller, ZPO, § 607 Rn. 4 f.

bb) Prüfung nach Zustellung

Nach anderer Auffassung erfolgt erst nach der Zustellung der Klage an das beklagte Unternehmen, aber vor der Veröffentlichung der Klage im Klageregister eine Überprüfung des Gerichts, ob die Klage die in § 606 Abs. 2 S. 1 ZPO vorausgesetzten Angaben und Nachweise enthält.[125] Sind die erforderlichen Angaben und Nachweise in der Klageschrift nicht enthalten und bessert die Klägerin auf Hinweis des Gerichts nicht nach, so ist die Nichtbekanntmachung durch Beschluss anzuordnen.[126]

cc) Stellungnahme

Zwar wirkt sich der Zeitpunkt der Zustellung der Klageschrift unmittelbar auf die Verbraucher aus, die ihre Ansprüche bei einer Musterfeststellungsklage anmelden wollen. Die Verbraucher profitieren grundsätzlich von der Erhebung der Musterfeststellungsklage, da ab dem Zeitpunkt der Erhebung der Klage die Verjährung ihrer Ansprüche nach § 204 Abs. 1 Nr. 1a ZPO gehemmt wird. Eine förmliche Zurückweisung der Klage, ohne dass die Rechtshängigkeit einträte, würde ihnen dagegen die Verjährungshemmung nehmen. Die Entscheidung darüber, wann eine Zustellung erfolgt, kann mithin dazu führen, dass Ansprüche der Verbraucher bereits verjährt sind bevor sie diese im Klageregister anmelden können, weshalb der Streit praktische Bedeutung haben kann. Die tatsächliche Relevanz dieses Streits ist allerdings begrenzt, da nur Streit um den Zeitpunkt der Zustellung besteht, sofern überhaupt keine Angaben und Nachweise in der Klageschrift enthalten sind, was in der Praxis selten bis gar nicht vorkommen dürfte. Sind Angaben und Nachweise in der Klageschrift enthalten, erfolgt nach beiden Auffassungen eine Zustellung der Klageschrift an den Beklagten.

Eine tiefergehende Stellungnahme und Streitentscheidung kann jedoch mangels weiterer Bedeutung für diese Arbeit ohnehin entfallen. Entscheidend ist, dass der für die weitere Bearbeitung dieser Arbeit relevante Zeitpunkt der öffentlichen Bekanntmachung nicht von der Entscheidung über den Zeitpunkt der Zustellung abhängt.

Die öffentliche Bekanntmachung erfolgt unstreitig erst,[127] wenn die beiden Voraussetzungen des § 607 Abs. 2 ZPO kumulativ gegeben sind, sodass insoweit nach beiden Auffassungen der gleiche Zeitpunkt für eine Veröffentlichung

---

125 *Lutz*, in: BeckOK ZPO, § 610 Rn. 3, § 607 Rn. 11.

126 *Lutz*, in: BeckOK ZPO, § 607 Rn. 11.

127 *Vollkommer*, in: Zöller, ZPO, § 607 Rn. 2; *Lutz*, in: BeckOK, ZPO, § 607 Rn. 10; *Menges*, in: MüKo, ZPO, § 607 Rn. 3; *Stadler*, in: Musielak/Voit, ZPO, § 607 Rn. 2; *Oehmig*, 41.

vorliegt. Es spielt zeitlich keine Rolle, ob die Überprüfung der Angaben und Nachweise vor oder im Anschluss an die Zustellung erfolgt. Die Veröffentlichung der Klage erfolgt nach beiden Auffassungen erst, wenn die Klageschrift von dem Gericht darauf überprüft wurde, ob sie die nach § 606 Abs. 2 S. 1 ZPO notwendigen Angaben und Nachweise enthält. Dementsprechend wird zumindest durch den Zeitraum bis zur öffentlichen Bekanntmachung nach § 607 Abs. 2 ZPO die, nachfolgend noch zu bestimmende und für die gerichtliche Genehmigung bedeutende, Prüfungstiefe in Bezug auf die Erfüllung der nach § 606 Abs. 2 S. 1 ZPO vorgeschriebenen Anforderungen nicht beeinflusst. Das Gericht kann sich somit für die Überprüfung der nach § 606 Abs. 2 S. 1 ZPO notwendigen Angaben so viel Zeit nehmen, wie es für erforderlich hält, denn die 14 Tages Frist des § 607 Abs. 2 ZPO beginnt während der gerichtlichen Überprüfung nicht zu laufen.

b) Die Erfüllungen der nach § 606 Abs. 2 S. 1 ZPO vorgeschriebenen Anforderungen

Für den Prüfungsumfang der gerichtlichen Genehmigung des Vergleichs von erheblicher Relevanz ist die zweite Voraussetzung für die öffentliche Bekanntmachung der Klage: die Erfüllung der nach § 606 Abs. 2 S. 1 ZPO vorgeschriebenen Anforderungen. Die sich aus dieser Voraussetzung ergebende Prüfungspflicht des Gerichts vor der Veröffentlichung der Klage wirkt sich nämlich unmittelbar auf die für die gerichtliche Genehmigung bedeutende Frage aus, ob die Interessen des beklagten Unternehmens in der Angemessenheitsprüfung des Gerichts zu berücksichtigen sind.[128]

Im Hinblick auf die Erfüllung der nach § 606 Abs. 2 S. 1 ZPO vorgeschriebenen Anforderungen entstanden in der Praxis erste Unsicherheiten in der Ausführung des Gesetzes. Problematisch erscheint für die Gerichte die Frage zu sein, wann die Klageschrift die nach § 606 Abs. 2 S. 1 ZPO vorgeschriebenen Anforderungen erfüllt und damit einhergehend, welcher Prüfungsumfang sie bereits vor der Veröffentlichung der Klage trifft.

Die unterschiedliche Auslegung des § 606 Abs. 2 S. 1 ZPO führte konkret dazu, dass verschiedene Oberlandesgerichte die Frage, ob die Klägerin die Voraussetzungen einer qualifizierten Einrichtung i.S.d. § 606 Abs. 1 ZPO erfüllt, an unterschiedlichen Stellen im Verfahren behandelten. Während das OLG Braunschweig im Fall der Musterfeststellungsklage durch die Schutzgemeinschaft für Bankkunden durch Beschluss vom 12.12.2018 entschied, dass die Klage nicht

---

128 Siehe hierzu: 142 ff.

im Klageregister bekanntzumachen ist, weil es die Klagebefugnis der Klägerin bezweifelte, veröffentlichte das OLG Stuttgart die Klage der selben Klägerin und wies die Klage erst nach dem ersten Termin als unzulässig ab.[129] Das OLG Braunschweig hielt somit das Vorliegen der Klagebefugnis als Bedingung für die öffentliche Bekanntmachung.[130] Das OLG Stuttgart dagegen sah dies anders und prüfte die Klagebefugnis erst nachdem sie die Klage öffentlich bekannt gemacht hat.[131]

Der Grund für die unterschiedliche Bewertung des Prüfungszeitpunktes könnten dabei das Verhältnis der §§ 606 Abs. 2 ZPO, 606 Abs. 3 ZPO und § 607 Abs. 2 ZPO zueinander sein.[132] Während § 606 Abs. 2 ZPO spezielle Anforderungen an die Klageschrift eines Musterfeststellungsverfahrens festlegt, bestimmt § 606 Abs. 3 ZPO wann eine Klage nur zulässig sein soll. Ausgangspunkt der Problematik könnte sein,[133] dass im regulären Zwei-Personen-Prozess die ordnungsgemäße Klageerhebung, die grundsätzlich Teil der Zulässigkeit einer jeden Klage ist, erst im Zeitpunkt der letzten mündlichen Verhandlung vorliegen muss.[134] Im Musterfeststellungsverfahren hingegen müssen die Voraussetzungen des § 606 Abs. 2 S. 1 ZPO, als Teil einer ordnungsgemäßen Klageerhebung, wegen des § 607 Abs. 2 ZPO bereits zu einem vorherigen Zeitpunkt, nämlich vor Bekanntmachung der Klage vorliegen. Es ergibt sich insofern vermeintlich eine gesetzliche Vorverlagerung, wann ein Teil der Zulässigkeitsvoraussetzungen vorliegen muss.

Die Regelung des § 606 ZPO vermag nun in der Hinsicht zu verwirren, dass der Abs. 3 den Wortlaut des Abs. 2 partiell aufgreift, aber § 607 Abs. 2 ZPO nur § 606 Abs. 2 S. 1 ZPO als Voraussetzung für die Veröffentlichung der Musterfeststellungsklage vorsieht. Insofern stellt sich die Frage, welche Prüfung noch unter § 606 Abs. 2 S. 1 ZPO fällt und welche darüber hinaus geht, unter § 606 Abs. 3 ZPO zu subsumieren ist und deshalb erst nach der Veröffentlichung der Klage vom Gericht zu prüfen ist.

---

129 *Fuhrmann/Kurka*, NJW 2020, 3414; *Geissler/Ströbel*, NJW 2019, 3414, 3417; *Rotter*, VuR 2019, 283, 294; *Riesner*, ZIP 2019, 1507, 1511.

130 OLG Braunschweig, Beschl. v. 12.12.2018 – 4 MK 2/18.

131 OLG Stuttgart, Urt. v. 20.03.2019 – 6 MK 1/18.

132 So auch *Boese/Bleckwenn*, in: Nordholtz/Mekat, § 4 Rn. 35.

133 Eine Begründung, warum die genannten Gerichte die Prüfung der Klagebefugnis an der jeweiligen Stelle im Musterfeststellungsverfahren vornahmen, erfolgte natürlich nicht; der Aufbau der Begründung wird von dem Gericht nicht begründet.

134 *Becker-Eberhard*, in: MüKo ZPO, Vorbemerkung zu § 253 Rn. 16.

Auch innerhalb der Literatur wird das Problem diskutiert und führt zu unterschiedlichen Auffassungen.

aa) Keine inhaltliche Prüfung der Klageschrift

Nach einer Ansicht bedarf es vor der öffentlichen Bekanntmachung der Musterfeststellungklage im Klageregister keiner inhaltlichen Prüfung der Angaben und Nachweise nach § 606 Abs. 2 S. 1 ZPO.[135] Es sei ausreichend, wenn in der Klageschrift Angaben und Nachweise gemäß § 606 Abs. 2 S. 1 ZPO enthalten sind. Nicht erforderlich sei es, dass von den Gerichten vor der Veröffentlichung der Klage geprüft werde, ob es sich bei der Klägerin tatsächlich um eine qualifizierte Einrichtung nach § 606 Abs. 1 ZPO handele, oder die Ansprüche tatsächlich von den Feststellungszielen abhängen. Diese Ansicht stützt sich auf den Wortlaut der § 607 Abs. 2 ZPO und § 606 Abs. 2 ZPO. Da § 607 Abs. 2 ZPO explizit nur auf § 606 Abs. 2 S. 1 ZPO verweist, seien auch nur dessen Voraussetzungen zu erfüllen. Nach dem Wortlaut des § 606 Abs. 2 S. 1 ZPO sei lediglich gefordert, dass die Klageschrift Angaben und Nachweise über die in Nr. 1 und Nr. 2 näher konkretisierten Tatsachen enthält.[136] Eine weitergehende Prüfung sei bei „komplexen Klagen in der kurzen Zeit auch nicht anders möglich“[137]. Dies bestätige auch die Gesetzesbegründung, die lediglich davon spricht, dass Angaben und Nachweise „beigefügt“ sein sollen, sowie eine Antwort der Bundesregierung auf eine kleine Anfrage, die dies bestätigte.[138] Ausreichend sei insofern, dass die Klageschrift substantiierten Vortrag und Nachweise zu den Voraussetzungen der Klagebefugnis nach § 606 Abs. 1 S. 2 ZPO, sowie substantiierten Vortrag und Nachweise bezüglich der Abhängigkeit der Ansprüche oder Rechtsverhältnisse von zehn Verbrauchern von den Feststellungszielen enthalte.[139]

---

135 *Röthemeyer,* VuR 2020, 130, 134; *Rathmann,* in: Saenger, ZPO, § 606 Rn. 13, § 608 Rn. 5.

136 *Vollkommer,* in: Zöller, ZPO, § 607 Rn. 2, 3, § 606 Rn. 18; *Stadler*, in: Musielak/Voit, ZPO § 607 Rn. 2; *Lutz*, in: BeckOK, ZPO, § 607 Rn. 12, § 606 Rn. 48, 50; *Röthemeyer*, § 606 Rn. 49, 69.

137 *Stadler,* in: Musielak/Voit, ZPO § 607 Rn. 2 (Fn. 1).

138 BT-Drs. 19/2507, 24; BT-Drs. 19/2294, 12 (zu Frage 34); *Röthemeyer,* § 607 Rn. 7.

139 *Lutz,* in: BeckOK ZPO, § 606 Rn. 43–45, § 607 Rn. 12; Nicht ganz eindeutig: *Stadler*, in: Musielak/Voit, ZPO, § 606 Rn. 15, § 607 Rn. 2, 4 (Bei § 607 Rn. 2 wird eine Prüfung der Schlüssigkeit der Klage abgelehnt. Bei § 607 Rn. 4 wird eine Prüfung der Unterlagen nach § 606 Abs. 1 S. 2 ZPO angenommen. Sofern nur eine Prüfung der Schlüssigkeit der Klage und nicht der Schlüssigkeit der abhängigen Ansprüche abgelehnt wird, spricht § 607 Rn. 4 sogar für eine weiterreichende Prüfung vor Veröffentlichung).

bb) Inhaltliche Prüfung der Klageschrift erforderlich

Nach der Gegenansicht hat vor Veröffentlichung der Klage im Klageregister, wie auch vom Deutschen Anwaltsverein (DAV) gefordert,[140] eine inhaltliche Prüfung zu erfolgen.[141] Diese Ansicht argumentiert hauptsächlich mit dem allgemeinen Sinn und Zweck der Musterfeststellungsklage. Die Musterfeststellungsklage sei dazu geschaffen worden, um den Interessen der Verbraucher zu dienen. Diesem Interesse sei allerdings nur gedient, wenn nur solche Musterfeststellungsklagen veröffentlicht werden würden, die kein Defizit aufweisen. Dazu zähle auch die Unzulässigkeit der Klage.[142] Darüber hinaus wollte der Gesetzgeber die Gefahr des Missbrauchs der Musterfeststellungsklage[143] durch die Beschränkung der Klagebefugnis auf qualifizierte Einrichtungen eindämmen, weshalb eine Überprüfung der Voraussetzungen des § 606 Abs. 1 S. 2 ZPO durch das Gericht bereits vor Veröffentlichung der Klage erforderlich sei.[144]

cc) Stellungnahme

Die vorangegangenen Ausführungen haben aufgezeigt, dass sowohl in der Literatur als auch in der Rechtsprechung Uneinigkeit besteht, was das Gericht bereits vor der Veröffentlichung der Musterfeststellungsregister im Klageregister zu prüfen hat. Es stellt sich die Frage, ob das Gericht bereits vor der Veröffentlichung der Klage prüft, ob die Klagebefugnis vorliegt und von den Feststellungszielen die Ansprüche oder Rechtsverhältnisse von mindestens zehn Verbrauchern abhängen, oder ob diese Prüfung erst innerhalb der Zulässigkeitsprüfung erfolgt.[145]

---

140 *DAV*, Stellungnahme, 10.

141 Wohl so zu verstehen: *Eggers*, 237; *Felgentreu/Gängel*, VuR 2019, 323, 324; *Boese/Bleckwenn*, in: Nordholtz/Mekat, § 4 Rn. 29; *Beckmann/Waßmuth*, WM, 45, 47 f.; *Jahn*, in: Brönneke/Willburger/Bietz (Hrsg.), 141, 148; *Kilian*, ZRP 2018, 72, 74; *Meller-Hannich*, WuM 2021, 1, 3; *Vollkommer*, in: Zöller, ZPO, § 607 Rn. 4; *Vollkommer*, MDR 2018, 536, 537; *Waßmus/Asmus*, ZIP 2018, 657, 660.

142 *Beck*, in: Husemann/Korves/Rosenkranz, (Hrsg.) 410; wohl so zu verstehen: *Schneider*, BB 2018, 1986, 1991 a.E., 1997; *Kilian*, ZRP 2018, 72, 74; *Boese/Bleckwenn*, in: Nordholtz/Mekat, § 4 Rn. 36 f.

143 *Stadler*, ZHR 2018, 623, 636 ff.

144 *Boese/Bleckwenn*, in: Nordholtz/Mekat, § 4 Rn. 34.

145 Diese Prüfung, ob die Klagebefugnis vorliegt und von den Feststellungszielen die Ansprüche oder Rechtsverhältnisse von mindestens zehn Verbrauchern abhängen, wird als „inhaltliche Prüfung“ bezeichnet. Diese Terminologie wird auch nachfolgend verwendet.

Nachfolgend wird deshalb untersucht, welche Prüfung von dem Gericht bereits vor der öffentlichen Bekanntmachung der Musterfeststellungsklage im Klageregister zu erfolgen hat.

In einem ersten Schritt soll unter der Überschrift „Vorabüberlegungen“ zunächst erörtert werden, was die inhaltliche Prüfung des Gerichts umfasst, da auch der Umfang der inhaltlichen Prüfung, unabhängig von ihrem Prüfungszeitpunkt, umstritten ist. Die Beantwortung der strittigen Frage, wie das Gericht zu prüfen hat, ob von den Feststellungszielen die Ansprüche oder Rechtsverhältnisse von mindestens zehn Verbrauchern abhängen, wirkt sich auf die Argumentation aus, zu welchem Zeitpunkt eine inhaltliche Prüfung zu erfolgen hat,[146] weshalb sie vorweg geklärt werden muss.

Anschließend erfolgt, aufbauend auf dem Ergebnis der „Vorabüberlegungen“, die Auslegung der §§ 606–608 ZPO dahingehend, welche Prüfung von dem Gericht nach § 607 Abs. 2 ZPO gefordert wird.

(1) Vorabüberlegungen

Kern des Streits ist es, dass unterschiedlich beurteilt wird, ob eine inhaltliche Prüfung des Gerichts bereits vor öffentlicher Bekanntmachung zu erfolgen hat. Wie die inhaltliche Prüfung, unabhängig ob vor oder nach der öffentlichen Bekanntmachung, konkret durchzuführen wäre, wird dabei nur teilweise angerissen. Eine genauere Analyse erscheint, aufgrund des infrage stehenden Verhältnisses von § 606 Abs. 2 ZPO zu § 606 Abs. 3 ZPO, als sinnvoll.

Während hinsichtlich der Klagebefugnis der Prüfungsumfang durch § 606 Abs. 1 S. 2 ff. ZPO relativ genau vorgefertigt erscheint und durch die Rechtsprechung[147] auch bereits teilweise konkretisiert wurde, bietet sich bezüglich der Abhängigkeit der Ansprüche und Rechtsverhältnisse von den Feststellungszielen der Musterfeststellungsklage ein anderes Bild. Wie die Abhängigkeit durch das Gericht überprüft werden muss wird unterschiedlich beurteilt. Dabei steht im Vordergrund die Frage, ob durch das Gericht eine Schlüssigkeitsprüfung zu erfolgen hat oder nicht.

(a) Schlüssigkeitsprüfung erforderlich

Die Vertreter der Ansicht, die eine Schlüssigkeitsprüfung für erforderlich halten, argumentieren mit der Vorgreiflichkeit der Feststellungsziele. Notwendig sei,

---

146 Siehe hierzu: 69 ff.

147 Vgl. BGH NJW, 2021, 1014, 1015 Rn. 18.

dass ein Anspruch im Falle einer für den Kläger positiven Feststellung bestehen würde.[148]

(b) Schlüssigkeit nicht erforderlich

Die Gegenauffassung lehnt eine Schlüssigkeitsprüfung mit der Argumentation ab,[149] dass diese nicht innerhalb der Zulässigkeit geprüft werden dürfte, sondern „Gegenstand der Begründetheit der Musterfeststellungsklage“[150] und zudem „auch kaum zu leisten“[151] sei.

(c) Streitentscheid

Um zu der im Streit stehenden Frage zu dem richtigen Ergebnis zu gelangen, ist es zunächst notwendig, ein einheitliches Verständnis von Schlüssigkeit zu haben. „Schlüssig ist eine Klage, wenn das tatsächliche Vorbringen des Klägers, als richtig unterstellt, den Klageantrag rechtfertigt, ihn also begründet erscheinen lässt. Es fehlt daher an der Schlüssigkeit, wenn der Kläger selbst anspruchshindernde oder anspruchsvernichtende Tatsachen vorträgt oder aber der Vortrag schlichtweg unvollständig ist.“[152] Des Weiteren ist es notwendig, zwischen der Schlüssigkeit der Musterfeststellungsklage und der Schlüssigkeit der Ansprüche oder Rechtsverhältnisse, die von den Feststellungszielen abhängen sollen, zu unterscheiden. Eine Schlüssigkeitsprüfung der Musterfeststellungsklage würde bedeuten, dass das Gericht bereits prüfen würde, ob die begehrten Feststellungsziele nach dem Vorbringen des Klägers gegeben wären. Eine derartige Prüfung wäre Gegenstand der Begründetheit und ist, entgegen teilweise vertretener Auffassung,[153] nicht von § 606 Abs. 2 S. 1 Nr. 2 ZPO bzw. § 606 Abs. 3 Nr. 2 ZPO gefordert. Die sich daraus ergebende Schlüssigkeitsprüfung bezieht sich nur auf die vermeintlich abhängigen Ansprüche, die in ihrer Gesamtheit nicht Gegenstand des Musterfeststellungsverfahrens und damit auch nicht Gegenstand der Begründetheit sind. Es handelt sich, wie *Lutz* ausführt, um eine „modifizierte Schlüssigkeitsprüfung“[154], weil lediglich das Vorbringen des Klägers in Bezug

---

148 *de Lind van Wijngaarden*, in: Nordholtz/Mekat, § 6 Rn. 23; *Schneider*, BB 2018, 1986, 1992; *Boese/Bleckwenn*, in: Nordholtz/Mekat, § 4 Rn. 36 ff.

149 *Röthemeyer*, VuR 2020, 130, 134.

150 *Vollkommer*, in: Zöller, § 606 ZPO Rn. 18 a.E.

151 *Röthemeyer*, § 606 Rn. 77.

152 *Groh*, in: Creifelds, Rechtswörterbuch, 24. Edition 2020; m.a.W.: *Prütting*, in: MüKo, ZPO, § 331 Rn. 10 a.E.; *Stadler*, in: Musielak/Voit, ZPO, § 331 Rn. 7.

153 *Boese/Bleckwenn*, in: Nordholtz/Mekat, § 4 Rn. 36 ff.

154 *Lutz*, in: BeckOK, ZPO, § 606 Rn. 51.

auf die Tatbestandsvoraussetzungen, die neben dem Feststellungsziel/den Feststellungszielen der Musterfeststellungsklage zur Begründung eines Anspruchs vorliegen müssen, überprüft wird. Schlüssigkeit läge somit vor, wenn das tatsächliche Vorbringen des Klägers im Hinblick auf die Tatbestandsvoraussetzungen, welche nicht Gegenstand des Musterfeststellungsverfahrens sind, als richtig unterstellt, zusammen mit dem/n hypothetisch positiv beschiedenen Feststellungsziel/en einen Anspruch begründen würden.

Bei einem derartigen Verständnis ist das Argument, dass eine Schlüssigkeitsprüfung kaum zu leisten sei, aufgrund der offenen Dauer des Musterfeststellungsverfahrens abzulehnen. Würde man die Schlüssigkeitsprüfung zumindest als Voraussetzung für die Zulässigkeit der Klage nach § 606 Abs. 3 ZPO ansehen, so könnte diese bis zum letzten Tag der mündlichen Verhandlung stattfinden. Für einen generellen Ausschluss der Schlüssigkeitsprüfung greift dieses Argument, anders als im Fall der anschließend zu thematisierenden Frage, ob diese vor der öffentlichen Bekanntmachung zu erfolgen hat, somit nicht.

Prinzipiell für eine Schlüssigkeitsprüfung spricht zumindest der Wortlaut des § 606 Abs. 3 ZPO. Bereits aufgrund der Formulierung „abhängen", der die Bedeutung „durch etwas bedingt/auf etwas angewiesen"[155] sein beigemessen wird, liegt eine Schlüssigkeitsprüfung sehr nahe. Würde man für die weiteren Tatbestandsvoraussetzungen des Anspruches, der mithilfe der streitgegenständlichen Feststellungsziele seine Geltung erlangen soll, keine Schlüssigkeit verlangen, so wäre nicht sichergestellt, dass der Anspruch durch die/das Feststellungsziel/e bedingt oder auf diese/n angewiesen wäre. Eine Abhängigkeit bestünde nur, wenn der Anspruch mit dem streitgegenständlichen Feststellungsziel steht oder fällt. Können die übrigen Tatbestandsvoraussetzungen vom Kläger aber bereits nicht schlüssig dargelegt werden, so bestünde der Anspruch auch ohne die Feststellungsziele schon nicht. Der Anspruch wäre somit nicht mehr von diesen abhängig.

Im Hinblick auf § 606 Abs. 3 ZPO gilt dies umso mehr, da die Glaubhaftmachung der den Anspruch stützenden Tatsachen verlangt, dass zuvor die Schlüssigkeit des Anspruchs festgestellt wurde, da erst im Anschluss daran feststeht, welche Tatsachen überhaupt der Glaubhaftmachung bedürfen.[156] Dies wird auch aus der zivilprozessrechtlichen Relationstechnik deutlich, die mit der Klägerstation begonnen wird, in welcher die Schlüssigkeit des Klägervorbringens

155 https://www.duden.de/rechtschreibung/abhaengig
156 *Drescher*, in: MüKo, ZPO, § 935 Rn. 12.

überprüft wird. Ist die Klage bereits nicht schlüssig, so bedarf es keiner weiteren Prüfung, insbesondere nicht des Beweises über Tatsachen.

Dies bestätigt auch eine systematische Betrachtung. Vergleicht man den Wortlaut des § 606 Abs. 3 Nr. 2 ZPO[157], mit dem des § 3 Abs. 1 Nr. 1 KapMuG, so ist eine Ähnlichkeit erkennbar. Mithin kann man, insbesondere, weil das KapMuG auch als Vorbild des Musterfeststellungsklagegesetzes gedient hat,[158] davon ausgehen, dass der Gesetzgeber an § 606 Abs. 3 Nr. 2 ZPO die gleichen Anforderungen stellen wollte, wie an § 3 Abs. 1 Nr. 1 KapMuG. Nach § 3 Abs. 1 Nr. 1 KapMuG liegt die Abhängigkeit der Ansprüche vor, wenn die Möglichkeit besteht, dass die festzustellenden Tatsachen oder Rechtsfragen *entscheidungserheblich* werden.

Nicht notwendig ist es, dass sämtliche sonstigen, bis auf die Feststellungsziele, erheblichen tatsächlichen oder rechtlichen Fragen geklärt sind.[159] Erforderlich ist damit zwar nicht Entscheidungsreife i.S.d. § 300 ZPO, welche vorliegt, sofern die vollständige Klärung des Sachverhalts und die Erschöpfung der angeboten Beweise gegeben ist, sowie weiteres Parteivorbringen nicht mehr zuzulassen bzw. zurückzuweisen ist. Liegt Entscheidungsreife allerdings vor, fehlt es an der Entscheidungserheblichkeit.[160]

Bei der daraus resultierenden Frage, wann die Feststellungsziele entscheidungserheblich sind, kann zunächst negativ abgegrenzt werden. Nicht entscheidungserheblich sind die Feststellungsziele, wenn sie sich nicht in den Anspruchsvoraussetzungen des geltend gemachten Anspruchs wiederfinden. Eine Entscheidungserheblichkeit müsste logischerweise auch dann ausgeschlossen sein, wenn der Anspruch mangels des Vorliegens von anderen Anspruchsvoraussetzungen nicht besteht, da somit auch die Feststellungsziele diesem Anspruch nicht zum Bestehen verhelfen könnten, ergo sich nicht auf den Anspruch auswirken. Da ein Anspruch auch ohne die Feststellungsziele nicht besteht, sind diese für den Anspruch nicht erheblich.

Eine Abhängigkeit kann somit nur angenommen werden, wenn der Anspruch im Falle des Vorliegens der Feststellungsziele bestehen würde. Dabei wird von

---

157 Sowie § 606 Abs. 2 S. 1 Nr. 2 ZPO.

158 *Waßmuth/Asmus*, ZIP 2018, 657; *Habbe/Gieseler*, BB 2017, 2188, 2189; *Halfmeier*, ZRP 2017, 201; *Kranz*, NZG 2017, 1099, 1100; *Schneider*, BB 2018, 1986, 1987; *Hettenbach*, WM 2019, 577, 580.

159 *Halfmeier*, in: Prütting/Gehrlein, KapMuG, § 3 Rn. 2; *Stender/Radtke-Rieger*, in: Vorwerk/Wolf, KapMuG 2. Aufl., § 3 Rn. 5.

160 *Stender/Radtke-Rieger*, in: Vorwerk/Wolf, KapMuG 2. Aufl., § 3 Rn. 5.

§ 3 Abs. 1 Nr. 1 KapMuG nicht gefordert, dass der Sachverhalt des infrage stehenden Anspruchs vollständig geklärt ist oder die angebotenen Beweismittel vollständig erschöpft sind, vielmehr ist „der Vortrag zu den anderen Voraussetzungen des Anspruchs oder der Einwendung als wahr zu unterstellen".[161] Entscheidungsreife liegt somit vor, wenn die Klagebegründung[162] unschlüssig ist.[163] Weshalb nach § 3 Abs. 1 Nr. 1 KapMuG ebenfalls eine Schlüssigkeitsprüfung erforderlich ist.

Auch die Ausgestaltung der Anmeldung weiterer Verbraucher in das Klageregister gemäß § 608 ZPO spricht für eine Schlüssigkeitsprüfung der abhängigen Ansprüche oder Rechtsverhältnisse. Die Verbraucher, die von der Musterfeststellungsklage profitieren wollen, können gemäß § 608 Abs. 1 ZPO Ansprüche oder Rechtsverhältnisse, die ebenfalls von den Feststellungszielen abhängen, im Klageregister anmelden. Voraussetzung für die Wirksamkeit der Anmeldung ist gemäß § 608 Abs. 2 S. 1 Nr. 4 ZPO unter anderem, dass der Verbraucher den Gegenstand und Grund des Anspruchs oder Rechtsverhältnisses angibt. Anforderung an diese Angaben ist nur, dass sie das Recht des Verbrauchers individualisieren, die Schlüssigkeit der Angaben ist hingegen nicht erforderlich.[164] Dies kann aus dem Umstand geschlossen werden, dass der Wortlaut des § 608 Abs. 2 S. 1 Nr. 4 ZPO mit dem des § 253 Abs. 2 Nr. 2 ZPO übereinstimmt;[165] für § 253 Abs. 2 Nr. 2 ZPO reicht es jedoch gleichfalls aus, dass der Sachverhalt den Anspruch von anderen Ansprüchen abgrenzt.[166]

Die Tatsache, dass für die Anmeldung von Ansprüchen nach § 608 ZPO, § 608 Abs. 2 S. 3 ZPO ausdrücklich bestimmt, dass keine inhaltliche Prüfung zu erfolgen hat,[167] spricht stark dafür, dass an die Zulässigkeit der Klage nach § 606 ZPO ein anderer Maßstab gesetzt wird als bei § 608 ZPO; eine Schlüssigkeitsprüfung der abhängigen Ansprüche oder Rechtsverhältnisse somit notwendig

---

161 *Stender/Radtke-Rieger*, in: Vorwerk/Wolf, KapMuG 2. Aufl., § 3 Rn. 5, 7.

162 Klagebegründung dürfte sich dabei auf die Individualklagen beziehen und nicht auf das Musterverfahren.

163 BGH, Beschl. v. 30.04.2019 – XI ZB 13/18, Rn. 21 ff.; NZG 2019, 1108/1109; *Stender/Radtke-Rieger*, in: Vorwerk/Wolf, KapMuG 2. Aufl., § 3 Rn. 8.

164 *Vollkommer*, in: Zöller, ZPO, § 608 Rn. 4.

165 BR-Drs. 176/18, 23 (Die von Vollkommer in Zöller als andere Meinung bezeichnet wird, jedoch auf § 253 Abs. 2 ZPO abstellt und damit ebenfalls nicht die Schlüssigkeit voraussetzt.).

166 *Greger*, in: Zöller, ZPO, § 253 Rn. 10; *Geisler*, in: Prütting/Gehrlein, ZPO, § 253 Rn. 25.

167 *Stadler*, in: Musielak/Voit, ZPO § 608 Rn. 3; *Sievers*, DAR-Extra 2018, 732; *Meller-Hannich*, WuM 2021, 1, 3.

ist. Wäre eine inhaltliche Prüfung in § 607 Abs. 2 ZPO nicht gewollt, hätte der Gesetzgeber dort ebenfalls einen Passus aufnehmen können, dass keine inhaltliche Prüfung der Klageschrift gefordert ist, wie dies in § 608 Abs. 2 S. 3 ZPO explizit erfolgte.

Schlussendlich sprechen auch der Sinn und Zweck des § 606 Abs. 2 ZPO für eine Schlüssigkeitsprüfung. Auf den Sinn und Zweck wird aber im Detail anschließend innerhalb der Frage, wann eine inhaltliche Prüfung zu erfolgen hat, eingegangen, da dort auch problematisiert wird, wie der Sinn und Zweck bestmöglich erfüllt werden kann.[168]

Im Ergebnis kann damit vorab festgestellt werden, dass eine Schlüssigkeitsprüfung im Hinblick auf die von den Feststellungszielen abhängigen Ansprüche oder Rechtsverhältnisse zumindest innerhalb der Zulässigkeit der Klage zu erfolgen hat. Die Schlüssigkeitsprüfung bezieht sich dabei allerdings nur auf diejenigen Tatbestandsvoraussetzungen, die nicht Feststellungsziele der Musterfeststellungsklage sind.

Es stellt sich damit nur noch die, anschließend zu beantwortende Frage, zu welchem Zeitpunkt die gerade dargestellte Schlüssigkeitsprüfung zu erfolgen hat. Hat diese vor der öffentlichen Bekanntmachung der Musterfeststellungsklage im Klageregister zu erfolgen oder erst innerhalb der Zulässigkeitsprüfung?

(2) Wortlaut

Ausgehend vom Wortlaut der Vorschrift des § 607 Abs. 2 ZPO ist eine weitere Voraussetzung neben der Erhebung der Klage, dass die Klageschrift die nach § 606 Abs. 2 S. 1 ZPO vorgeschriebenen Anforderungen erfüllt. Eine Verweisung besteht dem Wortlaut nach nur auf § 606 Abs. 2 S. 1 ZPO, sodass für eine Auslegung des § 607 Abs. 2 auch die Auslegung des § 606 Abs. 2 S. 1 ZPO, wie im Folgenden ausgeführt werden wird, unverzichtbar ist.

§ 606 Abs. 2 S. 1 ZPO setzt voraus, dass in der Klageschrift sowohl Angaben und Nachweise darüber enthalten sind, dass die in § 606 Abs. 1 S. 2 ZPO genannten Voraussetzungen vorliegen, als auch darüber, dass von den Feststellungszielen die Ansprüche oder Rechtsverhältnisse von mindestens zehn Verbrauchern abhängen. Der Begriff des „Nachweises" wird in der Norm nicht weitergehend konkretisiert.[169] Aufgrund der in § 606 Abs. 2 S. 1 ZPO getroffenen Wortwahl „muss Angaben und Nachweise darüber enthalten" könnte die Regelung so verstanden werden müssen, dass vom Gericht einzig überprüft werden muss, ob

168 Siehe dazu: 69 ff.

169 *Menges*, in: MüKo, ZPO, § 606 Rn. 34.

derartige Angaben und Nachweise in der Klageschrift vorliegen. Nicht erforderlich könnte es demgegenüber sein, dass das Gericht bereits zu diesem Zeitpunkt prüft, ob die in § 606 Abs. 1 S. 2 ZPO genannten Voraussetzungen vorliegen und von den Feststellungszielen die Ansprüche oder Rechtsverhältnisse von mindestens zehn Verbrauchern tatsächlich abhängen. Es könnte mithin für die Veröffentlichung ausreichend sein, dass lediglich das in der Klageschrift vorhanden sein muss, was später Grundlage der Überprüfung des Gerichts wird.

Anderseits könnte wegen des Wortes „Nachweise" der § 606 Abs. 2 S. 1 ZPO jedoch auch so verstanden werden, dass durch das Gericht eine Überprüfung der in § 606 Abs. 1 S. 2 ZPO genannten Voraussetzungen, sowie der Abhängigkeit bereits unmittelbar nach Einreichung der Klageschrift zu erfolgen hat. Dies deshalb, weil das Gericht prüfen muss, ob die Klageschrift die jeweiligen Nachweise enthält.

(a) Der allgemeine Sprachgebrauch

Hierbei ist der Begriff des Nachweises ausschlaggebend. Dieser bedeutet laut Duden: „Darlegung, durch die das Sosein eines Sachverhalts, die Richtigkeit einer Behauptung, Vermutung bestätigt wird; eindeutige Feststellung der Richtigkeit, des Vorhandenseins einer Sache".[170] Danach liegt ein Nachweis nur vor, wenn durch die Darlegung die Richtigkeit einer Behauptung bestätigt wird. Um eine solche Bestätigung annehmen zu können, sind allerdings denklogisch die Darlegungen in der Klageschrift zu überprüfen, da es sich ansonsten nur um eine Vermutung der Richtigkeit handeln würde.

Das Gericht kann mit anderen Worten nur entscheiden, ob die Klageschrift Nachweise enthält, dass die in § 606 Abs. 1 S. 2 ZPO genannten Voraussetzungen vorliegen, wenn es die vermeintlichen Nachweise überprüft. Gleiches gilt für die Abhängigkeit der Ansprüche und Rechtsverhältnisse von den Feststellungszielen. Auch diesbezüglich muss das Gericht überprüfen, ob die dazu dargelegten Dokumente oder ähnliches die behauptete Abhängigkeit bestätigen. Die Nachweise sind insofern unzertrennlich verbunden mit den Behauptungen, über die der Nachweis erbracht werden soll. Ein Nachweis kann nur vorliegen, wenn durch das Gericht überprüft wurde, ob die getätigten Angaben dazu in der Lage sind, die konkrete Behauptung zu bestätigen.

---

170 https://www.duden.de/rechtschreibung/Nachweis

(b) Verhältnis zum zivilprozessualen Beweis

Insofern besteht begriffliche Nähe des Nachweises zum zivilprozessualen Beweis. Der Beweis im Zivilprozess ist das Ergebnis der richterlichen Beweiswürdigung und liegt vor, wenn nach dem jeweils erforderlichen Beweismaß von der Wahrheit einer Tatsachenbehauptung auszugehen ist.[171] Anders als für den Nachweis, ist für den Beweis allerdings ein rechtlicher Rahmen vorhanden. Für diesen ist im Gesetz vorgeben, wann ein solcher vorliegt und was einem Beweis zugänglich ist. So erfordert die richterliche Beweiswürdigung, dass der gesamte Inhalt der Verhandlung in die Würdigung einfließt.[172]

Aufgrund des vermeintlich gleichen Ziels des Nachweises und des Beweises, der Bestätigung der Richtigkeit bzw. Wahrheit einer Behauptung, stellt sich die Frage, ob und worin der Unterschied der beiden Begrifflichkeiten liegt. Die Beantwortung dieser Frage ist deshalb relevant, weil sich daraus ergibt, ob an den Nachweis andere Voraussetzungen gestellt werden, als an den Beweis.

Durchsucht man die juristische Literatur zu dem Begriff des Nachweises, so fällt auf, dass dieser zumindest teilweise[173] als Synonym für den Begriff des Beweises verwendet wird. Dies kann daran liegen, dass sprachlich die beiden Terminologien eine Ähnlichkeit aufweisen und der Leser regelmäßig, wie auch von den jeweiligen Autoren gewollt, diesen die gleiche Bedeutung zukommen lassen wird. Die Nutzung der unterschiedlichen Wörter stellt in diesen Fällen nur ein sprachliches Mittel dar, die häufige Wiederholungen desselben Wortes zu vermeiden und dadurch dem Text ein ansprechenderes Gewand zu verleihen. Eine derartige Verwendung vermag aber nicht den Zweifel zu beseitigen, dass den Begrifflichkeiten, rechtlich gesehen, unterschiedliche Bedeutungen zukommen können.

Um zu überprüfen, ob dem Begriff des Nachweises eine eigenständige rechtliche Bedeutung zukommt, ist es somit notwendig, die Literatur und Rechtsprechung zumindest zu einigen Vorschriften, welche den Begriff „Nachweis“ aufweisen, auszuwerten. Eine Gegenüberstellung der jeweiligen Literatur und Rechtsprechung zu den verschiedenen Vorschriften soll es ermöglichen, die dem Begriff „Nachweis“ beigemessene Bedeutung festzustellen. Herangezogen wurden hierfür § 69 Bürgerliches Gesetzbuch (BGB), landesrechtlich Art. 19 Abs. 2

171 *Prütting*, in: MüKo, ZPO, § 284 Rn. 7, § 286 Rn. 19; *Saenger*, in: Saenger, ZPO, § 284 Rn. 1.

172 *Reichhold*, in: Thomas/Putzo, ZPO, § 286 Rn. 6.

173 Bsph.: *Spindler*, in: MüKo, AktG 5. Aufl. 2019, § 93 Rn. 203 ff.; *Brock/Hierl*, PharmR 2018, 225; *Walter*, in: BeckOGK, StVG § 7 Rn. 129.1.

Nr. 3, 20 Abs. 1 Bayerisches Hinterlegungsgesetz (BayHintG), sowie § 246a Abs. 2 Nr. 2 AktG (Aktiengesetz). Aus den Vorschriften selbst ergibt sich, wie bei § 606 Abs. 2 ZPO, weder unmittelbar eine Unterscheidung des Beweises zum Nachweis, noch die rechtliche Bedeutung des Nachweises. Allerdings ergibt sich aus diesen Vorschriften, im Unterschied zu § 606 Abs. 2 ZPO, wie der Nachweis grundsätzlich zu erbringen ist.

Für § 69 BGB wird der Nachweis des Vereinsvorstands durch ein Zeugnis des Amtsgerichts über die Eintragung geführt. Hierbei besteht das Verständnis, dass es sich um eine Beweiserleichterung handelt, der Nachweis aber auch auf andere Weise bspw. durch Zeugenvernehmung oder Urkunde erfolgen kann.[174] Für Art. 19 Abs. 2 Nr. 3, 20 Abs. 1 BayHintG wird ausgeführt, dass für den Nachweis der Empfangsberechtigung die notwendigen Voraussetzungen dargelegt und ggf. bewiesen werden müssen. Dabei wird mit Art. 20 Abs. 3 BayHintG der Hinterlegungsstelle die Möglichkeit eröffnet, im Einzelfall nach pflichtgemäßen Ermessen für den Nachweis die Vorlage besonders beweiskräftiger Urkunden zu verlangen.[175] § 246a AktG legt dagegen fest, dass der Nachweis nur durch Urkunden erbracht werden kann, wobei strittig ist, ob Urkundenqualität i.S.v. §§ 415, 416 ZPO notwendig ist.[176] Aus der Urkunde müssen sich inhaltlich die Zahl der gehaltenen Aktien und der Name des Aktionärs ergeben.[177] Dafür reicht eine Depotbescheinigung oder bei Namensaktien ein Auszug aus dem Aktienregister.[178] Darüber hinaus sollen auch sonstige zur unmittelbaren Beweisführung geeignete Urkunden in Betracht kommen.[179] Entscheidend ist, dass sich aus der Urkunde ergibt, dass wirksam Aktien erworben wurden und diese bei Einleitung des Verfahrens noch gehalten wurden.[180]

---

174 OLG Hamm, Beschl. v. 10.10.1977 – 15 W 362/77, Rn. 11; *Geißler*, in: BeckOGK, BGB, § 69 Rn. 2; *Schöpflin*, in: BeckOK, BGB § 69 Rn. 1; *Leuschner*, in: MüKo, BGB, § 69 Rn. 1.

175 BayObLG (Zivilsenat), Beschl. v. 25.06.2020 – 1 VA 43/20, Rn. 26.

176 Gegen Urkundenqualität: *Drescher*, in: Henssler/Strohn, AktG, § 246a Rn. 7; Für Urkundenqualität: OLG Frankfurt a.M., Beschl. v. 30.03.2010 – 5 Sch 3/09 (NZG 2010, 824); Weitere Nachweise NZG 2016 Kraft, 1370/1371: Fn. 6.

177 *Drescher*, in: Henssler/Strohn, AktG, § 246a Rn. 7.

178 *Vatter*, in: BeckOGK, AktG, § 246a Rn. 27; *Hüffer*, in: Koch, AktG, § 246a Rn. 20c.

179 *Schäfer*, in: MüKo, AktG, § 246a Rn. 24.

180 OLG Hamm, Beschl. v. 06.07.2011 – 8 AktG 2/11, 1032.

(c) Zwischenergebnis

Betrachtet man die verschiedenen Vorschriften und die in diesen dem Begriff Nachweis zugemessene Bedeutung in Literatur und Rechtsprechung, so ist zunächst keine rechtliche Unterscheidung zum Beweis erkennbar. In allen Vorschriften hat der Nachweis einer Behauptung (Legitimation als Vorstand, Empfangsberechtigung, Halten eines anteiligen Betrags von mindestens 1.000 €) mit Hilfe eines Beweismittels zu erfolgen. Mit anderen Worten die Wahrheit/ Richtigkeit der Behauptung muss, wie im regulären Beweisverfahren ebenfalls üblich, durch Beweismittel bewiesen werden.

Der Unterschied zum Beweis scheint jedoch der zu sein, dass in den Fällen des Nachweises die Bestätigung der Behauptung sich aufgrund eines Beweismittels ergeben kann und nicht einer Gesamtwürdigung verlangt. In allen verglichenen Vorschriften ist vorbestimmt, dass sich der Beweis über eine Behauptung aus einem einzelnen Beweismittel ergeben kann, wenn dieses die notwendigen inhaltlichen Anforderungen erfüllt. Ob diese inhaltlichen Anforderungen erfüllt sind, ist von der jeweils zuständigen Stelle zu überprüfen, bei welcher der Nachweis erbracht werden muss.[181]

Der Nachweis stellt somit einen vorläufigen Beweis dar, der nicht eines regulären Beweisverfahrens bedarf. Die konkrete Vorgabe, wie der Beweis erbracht werden kann, stellt hierbei eine Erleichterung für den Beweisbelasteten dar, schließt aber nicht die Möglichkeit aus, den Beweis auf andere Weise zu erbringen. Für eine solche Bedeutung des Wortes Nachweis spricht, dass in denen durch die verglichenen Vorschriften geregelten Situationen, sowie im Fall des § 606 Abs. 2 S. 1 ZPO, jeweils nur einseitig der Beweis zu erbringen ist und es sich nicht um einen Beweis in einem streitigen Verfahren handelt. Insofern werden keine Gegenbeweise, also Beweise der nichtbeweisbelasteten Partei, die dazu dienen die Überzeugung des Gerichts von der Wahrheit einer beweisbedürftigen Tatsache zu erschüttern,[182] erbracht und eine Gesamtwürdigung ist nicht erforderlich.

Bei § 606 Abs. 2 S. 1 ZPO stellt sich allerdings das Problem, dass selbst wenn man dem Begriff des Nachweises diese Bedeutung zusprechen will, sich aus den Vorschriften zur Musterfeststellungsklage nicht ergibt, welche inhaltlichen Anforderungen an ein Beweismittel zu stellen wären, damit dadurch

---

181 BayObLG (Zivilsenat), Beschl. v. 25.06.2020 – 1 VA 43/20 Rn. 26; OLG Hamm, Beschl. v. 06.07.2011 – 8 AktG 2/11, 1032/1033; *Schöpflin*, in: BeckOK, BGB, § 69 Rn. 2; *Leuschner*, in: MüKo, BGB, § 69 Rn. 2.

182 BGH, LM § 286 (B) ZPO Nr. 50 = NJW 1983, 1740 L.; *Laumen*, NJW 2002, 3739, 3741.

ein Nachweis gegeben wäre. Notwendig wäre eine gesetzliche Regelung oder zukünftige Rechtsprechung[183] die diese Anforderungen bestimmt.

Unabhängig davon, dass diese Erleichterung im Rahmen der Musterfeststellungsklage zumindest noch nicht besteht, kann aus den gewonnen Erkenntnissen zur Bedeutung des Nachweises für die hier streitgegenständliche Frage, welche Anforderungen die Klageschrift gemäß § 606 Abs. 2 S. 1 ZPO erfüllen muss, festgestellt werden, dass ein Nachweis nur vorliegt, wenn sich aus dem Beweismittel unmittelbar[184] ergibt, dass die Behauptung richtig ist. Dafür notwendig ist die Überprüfung durch die zuständige Stelle, gegenüber der der Nachweis erbracht werden muss. Im Fall der Musterfeststellungsklage hat somit die Überprüfung durch das Gericht zu erfolgen.

Zusammenfassend kann somit festgestellt werden, dass der Wortlaut für eine inhaltliche Prüfung vor der öffentlichen Bekanntmachung der Klage im Klageregister spricht, da ohne eine inhaltliche Prüfung das Gericht nicht entscheiden kann, ob die Klageschrift die notwendigen Beweismittel enthält, aus denen sich ergibt, dass die in § 606 Abs. 1 S. 2 ZPO genannten Voraussetzungen vorliegen und von den Feststellungszielen die Ansprüche oder Rechtsverhältnisse von mindestens zehn Verbrauchern abhängen.

(3) Systematik

(a) Das Verhältnis von § 606 Abs. 2 ZPO zu § 606 Abs. 3 ZPO

Gegen eine Überprüfung der Abhängigkeit der Ansprüche und der Qualifikation als qualifizierte Einrichtung vor der öffentlichen Bekanntmachung der Musterfeststellungsklage im Klageregister könnte eine systematische Auslegung sprechen. Aufgrund der Tatsache, dass die Wortlaute des Absatzes zwei und drei des § 606 ZPO sich unterscheiden, muss man davon ausgehen, dass diese einen eigenständigen Regelungsgehalt haben. Der § 606 Abs. 3 Nr. 1 ZPO, der nicht nur verlangt, dass Angaben und Nachweise vorliegen, sondern der für die Zulässigkeit der Klage voraussetzt, dass die Klage von einer qualifizierten Einrichtung erhoben wird, könnte insofern über die Regelung des § 606 Abs. 2 S. 1 Nr. 1 ZPO hinausgehen und nicht lediglich die darin getroffene Regelung verdeutlichen. Gleiches gilt für § 606 Abs. 3 Nr. 2 ZPO der, anstelle von Angaben und Nachweisen wie in § 606 Abs. 2 Nr. 2 ZPO, die Glaubhaftmachung verlangt, dass von den Feststellungszielen die Ansprüche oder Rechtsverhältnisse von mindestens

---

183 Wie bei § 246a AktG: *Drescher*, in: Henssler/Strohn, AktG, § 246a Rn. 7.

184 OLG Hamm, Beschl. v. 06.07.2011 – 8 AktG 2/11, NZG 2011, 1031/1033; *Schäfer*, in: MüKo, AktG, § 246a Rn. 24.

zehn Verbrauchern abhängen. Auch diesbezüglich könnte die Regelung in § 606 Abs. 3 ZPO weiter gehen als die des § 606 Abs. 2 ZPO. Glaubhaft gemacht sind die Tatsachenbehauptungen der Klägerin erst, wenn das Gericht aufgrund der Beweismittel der Klägerin nach § 294 Abs. 1 ZPO die Abhängigkeit für überwiegend wahrscheinlich hält.[185] Wäre eine derartige Beweisführung und Abwägung bereits nach § 606 Abs. 2 ZPO gefordert, so könnte die Bedeutung des § 606 Abs. 3 Nr. 2 ZPO entfallen. Für eine solche Auslegung spricht auch, dass es einer Glaubhaftmachung grundsätzlich nur bedarf, wenn die Behauptungen bestritten sind.[186] Im Zeitpunkt der Einreichung der Klageschrift, können die darin enthaltenen Behauptungen allerdings noch nicht bestritten sein, weshalb es einer Glaubhaftmachung nicht bedürfte.

Aus der Feststellung, dass die beiden Absätze jeweils einen eigenständigen Regelungsgehalt haben und § 606 Abs. 3 ZPO über den Regelungsgehalt des § 606 Abs. 2 ZPO hinausgeht, folgt allerdings nicht, dass eine gerichtliche Überprüfung der Behauptungen, dass eine qualifizierte Einrichtung vorliegt und zehn Ansprüche von den Feststellungszielen abhängen, nur nach der öffentlichen Bekanntmachung erfolgen muss bzw. darf. Vielmehr liegt mit der Überprüfung der Nachweise nach § 606 Abs. 2 ZPO nur eine vorläufige Prüfung der Behauptungen vor, die einzig aufgrund der vom Kläger eingebrachten Beweismittel entschieden wird. Im Rahmen des weiteren Verfahrens besteht für den Beklagten die Möglichkeit, in einem regulären Beweisverfahren Beweismittel einzubringen, die dazu führen können, dass die Klage wegen Unzulässigkeit abgewiesen wird.[187] Hat der Beklagte beispielsweise Gegenbeweise, dass es sich bei der Klägerin nicht um eine qualifizierte Einrichtung handelt, so wird das Gericht diese in seine Gesamtwürdigung einbeziehen. § 606 Abs. 3 ZPO bestimmt insoweit auch unmittelbar, welche Anforderungen an das Beweismaß bezüglich der Zulässigkeitsvoraussetzungen zu stellen sind. Während das Gericht, wie sich aus der Glaubhaftmachung ergibt, bei § 606 Abs. 3 Nr. 2 ZPO die Abhängigkeit der Ansprüche lediglich für überwiegend wahrscheinlich halten muss, bedarf es hinsichtlich der Eigenschaft als qualifizierte Einrichtung nach § 606 Abs. 3 Nr. 1 ZPO, da hier nicht nur Glaubhaftmachung verlangt wird, der vollen richterlichen Überzeugung.[188] Stehen die Voraussetzungen im Anschluss an

---

185 *Prütting*, in: MüKo, ZPO, § 294 Rn. 2.
186 *Prütting*, in: MüKo, ZPO, § 294 Rn. 12.
187 *Vollkommer*, MDR 2019, 536, 537.
188 *Prütting*, in: MüKo, ZPO, § 294 Rn. 24, § 286 Rn. 41.

die Gesamtwürdigung nicht nach der jeweils erforderlichen Überzeugung des Gerichts fest, so muss die Klage abgewiesen werden.

Die beiden Absätze enthalten somit einen sich unterscheidenden Regelungsgehalt, welcher den verschiedenen Phasen des Verfahrens Rechnung trägt. Mit Einreichung der Klageschrift stehen dem Gericht nur die darin enthaltenen Angaben und Nachweise zur Überprüfung zur Verfügung. Eine positive Entscheidung zur öffentlichen Bekanntmachung aufgrund dieser begrenzten Entscheidungsgrundlage kann dem Beklagten allerdings nicht das Recht zur Führung des Gegenbeweises,[189] dass es sich bei der Klägerin nicht um eine qualifizierte Einrichtung handelt, entziehen.

Ein Widerspruch zu der Auffassung, dass bereits eine Überprüfung vor der öffentlichen Bekanntmachung erfolgen muss, ergibt sich auch nicht aus dem in § 606 Abs. 3 Nr. 2 ZPO geforderten Beweismaß. Der Umstand, dass in § 606 Abs. 3 Nr. 2 ZPO, anders als bei § 606 Abs. 2 S. 1 Nr. 2 ZPO „nur" Glaubhaftmachung gefordert wird, beeinflusst die Frage: Ob vor der öffentlichen Bekanntmachung überprüft werden muss, nicht. Zum einen könnte man überlegen, ob das geforderte Beweismaß, d.h. der Grad an Überzeugung, auf den Nachweis nach § 606 Abs. 2 ZPO zu übertragen ist. Für den Nachweis der Abhängigkeit der Ansprüche in der Klageschrift könnte somit nicht mehr gefordert werden, als letztlich für die Zulässigkeit notwendig wäre. Ausreichend wäre für den Nachweis damit, dass das Gericht die Abhängigkeit der Ansprüche für überwiegend wahrscheinlich hält.

Zum anderen kann man einen Widerspruch aber auch deshalb ablehnen, weil sich die Beweissituation vor der öffentlichen Bekanntmachung wesentlich von derjenigen innerhalb des Verfahrens unterscheidet. Vor öffentlicher Bekanntmachung ist die Klägerin einzig dazu verpflichtet das Gericht von ihren Behauptungen zu überzeugen. Da das Gericht zu diesem Zeitpunkt noch keine Gegenbeweise der Beklagten berücksichtigen kann, stellt die Überzeugungsleistung für die Klägerin somit eine leichtere dar, als dies im Verfahren der Fall wäre, weshalb eine Anpassung an das Beweismaß der Glaubhaftmachung nicht zwangsläufig notwendig erscheint.

Ein weiteres Argument für eine Überprüfung vor einer öffentlichen Bekanntmachung stellt die in § 606 Abs. 3 Nr. 1 ZPO getroffene Wortwahl dar. Danach ist die Musterfeststellungklage nur zulässig, wenn sie von einer qualifizierten Einrichtung im Sinne des § 606 Abs. 1 S. 2 ZPO *erhoben wird*. Durch diese

---

189 BGH, Urt. v. 14.04.1978 – V ZR 10/77, BeckRS 1978 30391630; *Prütting*, in: MüKo, ZPO, § 284 Rn. 20–22; *Foerste*, in: Musielak/Voit, ZPO, § 284 Rn. 6.

Formulierung wird in zeitlicher Hinsicht festgelegt, wann die Eigenschaft als qualifizierten Einrichtung vorliegen muss, nämlich im Zeitpunkt der Erhebung der Klage, damit spätestens im Zeitpunkt der Zustellung der Klage an das beklagte Unternehmen und damit vor der öffentlichen Bekanntmachung. Insofern würde es sich auch nicht als unverhältnismäßig erweisen bereits in dem Zeitpunkt, in dem diese Eigenschaft vorliegen muss, den Nachweis dafür vom Kläger zu verlangen.

(b) Der Verweis auf das Unterlassungsklagengesetz

Deutlich für eine inhaltliche Überprüfung vor der öffentlichen Bekanntmachung der Klage im Klageregister spricht zudem § 606 Abs. 1 S. 2 ZPO. § 606 Abs. 1 S. 2 ZPO verweist für die Anforderungen, die an die in der Musterfeststellungsklage klagebefugten qualifizierten Einrichtungen gestellt werden, auf die qualifizierten Einrichtungen im Sinne von § 3 Abs. 1 S. 1 Nr. 1 UKlaG. Nach § 3 Abs. 1 S. 1 Nr. 1 UKlaG sind u.a. die qualifizierten Einrichtungen klagebefugt, die in der Liste nach § 4 UKlaG eingetragen sind. Eine Eintragung in diese Liste durch das Bundesamt für Justiz erfolgt nach § 4 Abs. 2 S. 1 UKlaG auf Antrag allerdings nur, sofern es sich bei dem Antragssteller um einen eingetragenen Verein handelt, der die in § 4 Abs. 2 S. 1 UKlaG gestellten Voraussetzungen erfüllt. Vor der Eintragung in die Liste der qualifizierten Einrichtungen prüft das Bundesamt für Justiz dementsprechend, ob der eingetragene Verein die notwendigen Qualifikationen hat, um eingetragen werden zu könne. Die Mitwirkungs- und Nachweispflichten der Vereine im Verfahren zur Eintragung in die Liste nach § 4 UKlaG wurden durch die Verordnung zu qualifizierten Einrichtungen und qualifizierten Wirtschaftsverbänden (QEWV) vom 07.06.2021 konkretisiert. So wird durch § 1 Abs. 1 QEWV bestimmt, dass der schriftliche Antrag die in diesem Paragraphen genannten und in den folgenden Paragraphen weiter ausgeführten Angaben enthalten muss.

Bereits vor der Eintragung in die Liste der qualifizierten Einrichtungen ist damit eine Überprüfung der Mindestangaben des antragstellenden Vereins zwingend erforderlich.

Entscheidend ist nun, dass § 1 Abs. 4 QEWV bestimmt, dass das Bundesamt für Justiz vom Antragsteller zur Prüfung und zum Nachweis der Eintragungsvoraussetzungen ergänzende Angaben und Unterlagen anfordern *kann*, insbesondere die Angaben und Unterlagen nach § 2 Abs. 2 und Abs. 3 S. 2 und 3, § 3 Abs. 1 S. 3, Abs. 3 S. 2 und Abs. 4, § 4 Abs. 2, § 5 Abs. 2 und § 6 Abs. 2 QEWV. Das Bundesamt für Justiz kann beispielhaft nach § 2 Abs. 2 QEWV vom Verein verlangen, dass er die Mitgliedschaft von 75 der in der Liste aufgeführten natürlichen Personen oder von drei der in der Liste aufgeführten Verbände durch aktuelle schriftliche Beitrittserklärungen oder aktuelle schriftliche Bestätigungen der Mitgliedschaft durch die Mitglieder nachweist.

§ 606 Abs. 2 S. 1 ZPO führt demgegenüber aus, dass die Klageschrift Angaben *und Nachweise* darüber enthalten *muss*, dass die in § 606 Abs. 1 S. 2 ZPO genannten Voraussetzungen vorliegen und von den Feststellungszielen die Ansprüche oder Rechtsverhältnisse von mindestens zehn Verbrauchern abhängen. Anders als bei der Antragsstellung zur Eintragung in die Liste der qualifizierten Einrichtungen ist nach dem Wortlaut des § 606 Abs. 2 S. 1 ZPO damit erforderlich, dass die Klägerin bereits mit der Klageschrift nicht nur die für die Eintragung bestehenden Mindestangaben nach § 1 Abs. 1 S. 2 QEWV, sondern auch schon die zur Prüfung und zum Nachweis der Eintragungsvoraussetzungen ergänzenden Angaben und Unterlagen für die Prüfung nach § 1 Abs. 4 QEWV macht.

Da die Angaben und Nachweise nach § 1 Abs. 4 QEWV explizit der tiefergehenden inhaltlichen Überprüfung durch das Bundesamt für Justiz dienen, ob der eingetragene Verein die Voraussetzungen einer qualifizierten Einrichtung erfüllt, ist davon auszugehen, dass diese Angaben und Nachweise in der Musterfeststellungsklage den gleichen Zweck erfüllen sollen. Durch die ausdrückliche Verpflichtung zur Beibringung dieser Angaben und Nachweise bereits in der Klageschrift nach § 606 Abs. 2 S. 1 ZPO und die Verweisung des § 607 Abs. 2 ZPO auf den § 606 Abs. 2 S. 1 ZPO wird deutlich, dass diese tiefergehende Prüfung bereits vor der öffentlichen Bekanntmachung erfolgen muss. Andernfalls hätte es nämlich ausgereicht, wenn man, entsprechend den Voraussetzungen zur Eintragung in die Liste der qualifizierten Einrichtungen, in der Klageschrift lediglich Angaben und nicht auch Nachweise zu den in § 606 Abs. 2 S. 1 ZPO genannten Voraussetzungen fordern würde. Wäre eine inhaltliche Überprüfung durch das Gericht vor der öffentlichen Bekanntmachung nicht gewollt gewesen, so hätte man diese Nachweise nicht bereits zwingend in der Klageschrift, sondern innerhalb des Verfahrens gefordert.

Zumal gerade Voraussetzung für die klagende qualifizierte Einrichtung im Musterfeststellungsverfahren sein kann, dass diese nach § 606 Abs. 1 S. 2 Nr. 2 mindestens vier Jahre in der Liste nach § 4 des UKlaG eingetragen ist. Insofern muss ihr als in der Liste eingetragene qualifizierte Einrichtung bewusst sein, dass sie für den Nachweis der Erfüllung der Voraussetzungen als qualifizierte Einrichtung ggf. weitere Angaben und Unterlagen nachreichen muss. Diese Tatsache spricht dafür, dass die Vereine die entsprechenden Angaben und Unterlagen eigentlich bereits bei der Antragsstellung zur Eintragung in die Liste der qualifizierten Einrichtungen vorrätig haben, um die Eintragung nicht zu gefährden. Zumindest aber die halbjährliche Überprüfung, ob die in der Liste eingetragenen qualifizierten Einrichtungen tatsächlich noch die Voraussetzung zur Eintragung erfüllen, die von Amts wegen durch das Bundesamt der Justiz zu erfolgen hat,[190] sollte sicherstellen, dass die Verbände die entsprechenden Angaben und Nachweise erbringen können. Liegen die notwendigen Angaben und Unterlagen für den erforderlichen Nachweise bei den qualifizierten Einrichtungen vor, so stellt eine Überprüfung dieser Angaben und Unterlagen vor der öffentlichen Bekanntmachung der Klage im Klageregister somit zudem weder für die Klägerin, noch für das Gericht eine übermäßige Beanspruchung dar.

(c) § 608 Abs. 2 S. 3 ZPO

Für eine inhaltliche Prüfung vor der Bekanntmachung der Musterfeststellungsklage im Klageregister spricht auch die Vorschrift des § 608 ZPO. § 608 ZPO regelt die Anmeldung zur Eintragung von Ansprüchen oder Rechtsverhältnissen der Verbraucher. § 608 Abs. 2 S. 1 ZPO schreibt für die Wirksamkeit der Anmeldung vor, dass die Anmeldung, die in § 608 Abs. 2 S. 1 ZPO weiter konkretisiert, Angaben enthalten muss. Zu diesen Angaben gehört die Versicherung der Richtigkeit und Vollständigkeit der Angaben. Nach § 608 Abs. 2 S. 3 ZPO werden die Angaben der Anmeldung ohne inhaltliche Prüfung in das Klageregister eingetragen.[191] Durch die Regelung des § 608 Abs. 2 S. 3 ZPO soll insbesondere die Prüfung der Abhängigkeit der Ansprüche von den Feststellungszielen entfallen.[192]

Die Formulierung des § 608 Abs. 2 S. 1 ZPO enthält, anders als § 606 Abs. 2 ZPO, nur das Wort Angaben. Nachweise zu den Angaben muss die Anmeldung zur Eintragung ins Klageregister nicht enthalten. Zudem schreibt § 608 Abs. 2 S. 3 ZPO ausdrücklich vor, dass eine inhaltliche Prüfung nicht erfolgt. Ausreichend ist nach § 608 Abs. 2 S. 1 Nr. 5 ZPO, dass die Anmeldung die Versicherung der Richtigkeit und Vollständigkeit der Angaben enthält

Bereits der, über die Formulierung des § 608 Abs. 2 S. 1 ZPO hinausgehende, Wortlaut des § 606 Abs. 2 S. 1 ZPO spricht dafür, dass der Gesetzgeber von höheren Anforderungen an die Klageschrift ausging, als die bloße Darlegung von Angaben. Hätte der Gesetzgeber nicht gewollt, dass die Klägerin auch den Nachweis über die in § 606 Abs. 2 S. 1 ZPO enthaltenen Behauptungen erbringt, so hätte er das Wort Nachweis in § 606 Abs. 2 S. 1 ZPO, wie in § 608 Abs. 2 ZPO

---

190 BT-Drs. 19/2507, S. 21.

191 Vgl. § 608 ZPO; *Stadler*, in: Musielak/Voit, ZPO, § 608 Rn. 3; *Mallmann/Erne*, NZKart 2019, 77, 79.

192 *Boese/Bleckwenn*, in: Nordholtz/Mekat, § 5 Rn. 38.

weglassen können. Denn ohne die inhaltliche Prüfung der Behauptung handelt es sich bei dem vermeintlichen Nachweis, ebenfalls nur um eine Angabe.

Die Notwendigkeit einer inhaltlichen Prüfung wird allerdings noch deutlicher durch § 608 Abs. 2 S. 3 ZPO. Indem der Gesetzgeber ausdrücklich festlegte, dass eine inhaltliche Prüfung der Angaben zur Anmeldung der Verbraucher vor der Eintragung in das Klageregister nicht erfolgt, machte er deutlich, dass er bei dem Erfordernis einer inhaltlichen Prüfung unterscheidet. Für § 608 Abs. 2 stellt er klar, dass dieses Bedürfnis nicht besteht. Wäre der Gesetzgeber davon ausgegangen, dass eine inhaltliche Prüfung vor der öffentlichen Bekanntmachung ebenfalls nicht notwendig ist, hätte er dies ebenfalls ausdrücklich gesetzlich bestimmen können. Da er allerdings weder in § 606 Abs. 2 S. 1 ZPO, noch in § 607 Abs. 2 ZPO normierte, dass keine inhaltliche Prüfung vorzunehmen ist, kann der Umkehrschluss gezogen werden, dass eine inhaltliche Prüfung vor der Bekanntmachung im Klageregister zu erfolgen hat.

Für diese Auffassung kann über die vorangegangene Argumentation auch der § 608 Abs. 2 S. 1 Nr. 5 ZPO herangezogen werden. Die in § 608 Abs. 2 S. 1 Nr. 5 ZPO geregelte Versicherung der Richtigkeit und Vollständigkeit der Angaben dient nach dem Willen des Gesetzgebers der Verhinderung des Missbrauchs der Anmeldung.[193] Das Risiko des Missbrauchs besteht im Fall der Anmeldung zur Eintragung, weil eine inhaltliche Prüfung der Angaben nicht erfolgt und die Anmeldung kostenlos ist.[194] Würde man nun annehmen, dass nach § 607 Abs. 2 ZPO keine inhaltliche Prüfung der Klagebefugnis und der Abhängigkeit der Ansprüche erforderlich wäre, so würde der Schutz vor dem Missbrauch der Musterfeststellungsklage, mangels Versicherung der Richtigkeit der Angaben in § 606 Abs. 2 S. 1 ZPO, kaum existieren. Das bloße Vorhandensein von vermeintlichen Nachweisen stellt keinen ausreichenden Schutz vor Missbrauch dar. Da der Gesetzgeber mit der Regelung des § 608 Abs. 2 S. 1 Nr. 5 ZPO jedoch einen Schutz gegen missbräuchliche Anmeldungen geschaffen hat, ist davon auszugehen, dass er auch gegen die missbräuchliche Erhebung der Musterfeststellungsklage einen Schutz schaffen wollte. In Anbetracht der für den Gesetzgeber besonderen Bedeutung der Verhinderung einer Klageindustrie,[195] erscheint insofern nur die inhaltliche Prüfung einen geeigneten Schutz zu bieten.

---

193 BT-Drs. 19/2507, 24; *Boese/Bleckwenn*, in: Nordholtz/Mekat, § 5 Rn. 30.

194 *Boese/Bleckwenn*, in: Nordholtz/Mekat, § 5 Rn. 30.

195 BT-Drs. 19/2507, 22; *Röthemeyer*, VuR 2020, 130, 131; *Waßmuth/Asmus*, ZIP 2018, 657, 664.

(4) Sinn und Zweck

Zur Ermittlung des Sinn und Zwecks des § 607 Abs. 2 ZPO kann die Vorschrift des § 607 Abs. 2 ZPO nicht ohne den § 606 Abs. 2 S. 1 ZPO betrachtet werden. Durch die Verweisung des § 607 Abs. 2 ZPO auf § 606 Abs. 2 S. 1 ZPO besteht zwischen den beiden Vorschriften eine Verknüpfung, die auch für die Beantwortung der Frage des Sinns und Zwecks des § 607 Abs. 2 S. 1 ZPO berücksichtigt werden muss. Dementsprechend soll zunächst der Sinn und Zweck des § 606 Abs. 2 S. 1 ZPO ermittelt werden, um aus diesem Rückschlüsse für den Sinn und Zweck des § 607 Abs. 2 ZPO ziehen zu können.

(a) § 606 Abs. 2 S. 1 ZPO

Grundsätzlich dient eine reguläre Klageschrift nach § 253 ZPO der Klageerhebung durch den Kläger und ist damit Ausdruck der Dispositionsmaxime.[196] Eine ordnungsgemäße Klagerhebung sorgt dafür, dass der Prozess eine feste Grundlage hat, aufgrund derer das Gericht diesen führen kann und sie ermöglicht es, dass eine doppelte Inanspruchnahme eines Gerichts unterbleibt, da sie die Identität des Prozesses festlegt. Da die Klageschrift allerdings nur als Grundlage des Verfahrens dient, ist es ausreichend, dass der geltend gemachte Anspruch identifizierbar ist. Nicht erforderlich ist dagegen, dass in der Klageschrift bereits der maßgebende Lebenssachverhalt vollumfassend dargestellt wurde, oder der Klageanspruch schlüssig oder substantiiert dargelegt worden ist.[197] Für den Beklagten ist sie notwendig, um eine entsprechende Verteidigung vorzubereiten.[198] Eine ordnungsgemäße Klageerhebung als allgemeine Prozessvoraussetzung muss, wie oben bereits erwähnt,[199] prinzipiell erst im Zeitpunkt der letzten mündlichen Verhandlung gegeben sein.[200]

§ 606 Abs. 2 ZPO erweitert für das Musterfeststellungsklage die Anforderungen, die an eine ordnungsgemäße Klageerhebung gestellt werden, ohne die allgemeinen Anforderungen an eine Klageschrift entsprechend § 253 ZPO zu berühren (§ 606 Abs. 2 S. 3 ZPO).[201] § 606 Abs. 2 ZPO führt vielmehr neue, über die reguläre Klageschrift nach § 253 ZPO hinausgehende und speziell an

---

196 *Becker-Eberhard*, in: MüKo, ZPO, § 253 Rn. 1.

197 *Bacher*, in: BeckOK, ZPO, § 253 Rn. 53.

198 *Becker-Eberhard*, in: MüKo, ZPO, 253 Rn. 4; *Foerste*, in: Musielak/Voit, ZPO, § 253 Rn. 1.

199 Siehe: 48 ff.

200 *Bacher*, in: BeckOK, ZPO, § 253 Rn. 80.

201 *Lutz*, in: BeckOK, ZPO, § 606 Rn. 42; *Stadler*, in: Musielak/Voit, ZPO, § 606 Rn. 15.

das Musterfeststellungsverfahren angepasste Voraussetzungen für eine ordnungsgemäße Musterfeststellungsklageerhebung ein. Mit der Klageschrift im Musterfeststellungsverfahren sollen bereits die Transparenz über das Vorliegen der Voraussetzungen der Klagebefugnis sowie die notwendige Breitenwirkung der Klage gewährleistet werden. Zudem sollen die Anforderungen an die Klageschrift auch als gesetzgeberisch intendierter Missbrauchsfilter dienen,[202] da bereits im Vorfeld die Befürchtung geäußert wurde, dass die Klagen nicht nur im Interesse der Verbraucher, sondern aus wirtschaftlichem Eigeninteresse bspw. von Anwaltskanzleien erhoben werden könnten.[203] Die Verhinderung einer Klageindustrie ist ein ausgewiesenes Ziel des Gesetzgebers.[204]

(b) § 607 Abs. 2 ZPO

Wie bereits eingangs dargestellt dient § 607 Abs. 2 ZPO zum einen dazu, dass eine zeitnahe Veröffentlichung der Musterfeststellungsklage im Klageregister und dadurch eine frühestmögliche Information der Betroffenen geschieht, sodass diese die Möglichkeit haben, Ansprüche oder Rechtsverhältnisse, die von den Feststellungszielen abhängen, zur Eintragung in das Klageregister anzumelden.[205] Zum anderen gibt § 607 Abs. 2 ZPO allerdings auch vor, dass die Klageschrift die nach § 606 Abs. 2 S. 1 ZPO vorgeschriebenen Anforderungen erfüllen muss, bevor eine Veröffentlichung erfolgen darf, sodass § 607 Abs. 2 ZPO ebenfalls eine Kontrollfunktion inne hat.[206] Der Umfang der Kontrollfunktion resultiert nun aus dem Zusammenspiel von § 607 Abs. 2 ZPO und § 606 Abs. 2 S. 1 ZPO.

In diesem Zusammenhang muss zunächst berücksichtigt werden, dass § 607 Abs. 2 ZPO bestimmt, dass die besonderen Voraussetzungen der Klageschrift der Musterfeststellungsklage, anders als die übrigen Voraussetzungen einer ordnungsgemäßen Klageerhebung, nicht erst im Zeitpunkt der letzten mündlichen Verhandlung gegeben sein müssen, sondern zu einem deutlich früheren Zeitpunkt, nämlich vor der öffentlichen Bekanntmachung der Klage im Klageregister. Die Kontrolle, ob die nach § 606 Abs. 2 S. 1 ZPO gestellten Anforderungen

---

202 BT-Drs. 19/2507, 22; *Lühmann*, NJW 2020, 1706, 1707; *Rohls*, in: Nordholtz/Mekat, § 3 Rn. 41; *Röthemeyer*, VuR 2020, 130, 135.

203 *Balke/Liebscher/Steinbrück*, ZIP 2018, 1321, 1327; *Kilian*, ZRP 2018, 72, 73; *Würtenberger/Freischem*, GRUR 2017, 1101, 1102.

204 Siehe bereits: 40.

205 BT-Drs. 19/2507, 23.

206 *Boese/Bleckwenn*, in: Nordholtz/Mekat, § 4 Rn. 20 ff.

erfüllt wurden, soll zu einem frühen Zeitpunkt im Verfahren erfolgen und nicht erst bis zum letzten Tag der mündlichen Verhandlung. Dem Gesetzgeber war es mithin wichtig, die Missbrauchskontrolle möglichst früh im Verfahren zu implementieren.

Dem Entgegenwirken eines Missbrauchs durch die unredliche Erhebung einer Musterfeststellungsklage wäre am meisten gedient, wenn das Gericht bereits vor der Veröffentlichung eine Prüfung dahingehend vornehmen würde, ob durch die in der Klageschrift enthaltenen Angaben und vermeintlichen Nachweise auch der tatsächliche Nachweis erbracht ist.[207] Mithin das Gericht überzeugt wäre, dass es sich bei der Klägerin um eine qualifizierte Einrichtung nach § 606 Abs. 1 S. 2 ZPO handelt und von den Feststellungszielen Ansprüche und Rechtsverhältnisse von mindestens zehn Verbrauchern abhängen. Eine Überprüfung der Klageschrift lediglich auf das „Beigefügt sein“ von Angaben und Nachweisen, würde nur einen Minimalschutz bedeuten, der hinter dem in dieser Situation tatsächlich Möglichen zurückbleiben würde. Sofern die Angaben und Nachweise nicht auch inhaltlich überprüft werden, wäre der Missbrauchsschutz vor der öffentlichen Bekanntmachung quasi nicht vorhanden.

Im Hinblick auf die Interessen der Verbraucher verhält sich die inhaltliche Prüfung vor einer öffentlichen Bekanntmachung als zweischneidiges Schwert. Da die öffentliche Bekanntmachung Voraussetzung für eine Anmeldung von den betroffenen Verbrauchern ist, werden die Verbraucher durch die Überprüfung der Anforderungen davor geschützt, sich für eine Klage anzumelden, die später unter Umständen nach § 606 Abs. 3 ZPO unzulässig ist, weil die Klagebefugnis oder die notwendige Abhängigkeit nicht gegeben ist.[208] Andererseits könnten die Verbraucher auch ein schützenwertes Interesse an einer inhaltlichen Überprüfung der Angaben und Nachweise erst im Anschluss an die öffentliche Bekanntgabe haben. Die Verbraucher profitieren letztlich von der öffentlichen Bekanntmachung, weil ansonsten für sie keine Möglichkeit besteht, sich zur Musterfeststellungsklage anzumelden und damit die Verjährungshemmung nach § 204 Abs. 1 Nr. 1a ZPO herbeizuführen.[209] Erfolgt bspw. keine öffentliche Bekanntmachung, weil das Gericht nach zeitintensiver inhaltlicher Prüfung die öffentliche Bekanntmachung ablehnt, kann es sein, dass die Ansprüche der

---

207 *Madaus*, ZEuP 2012, 99, 111, der die frühestmögliche Entscheidung über eine gerichtliche Zulassung der Klage als wichtigstes Instrument gegen einen Missbrauch erachtet.

208 *Boese/Bleckwenn*, in: Nordholtz/Mekat, § 4 Rn. 38.

209 *Meller-Hannich*, in: BeckOGK, BGB, § 204 Rn. 110; Vgl. zur Verjährungshemmung insgesamt, *Rüsing*, NJW 2020, 2588 ff.

Verbraucher im Zeitpunkt der Erhebung einer neuen Musterfeststellungsklage bereits verjährt sind.[210] Aufgrund des Wortlauts des § 204 Abs. 1 Nr. 1a BGB dürfte eine Hemmung der Verjährung ab dem Zeitpunkt der Erhebung der, später nicht veröffentlichten, Musterfeststellungsklage, auch nicht bestehen, wenn die betroffenen Verbraucher sich zu einer später veröffentlichten Musterfeststellungsklage mit dem gleichen Streitgegenstand anmelden. Entscheidend ist, dass die Verjährung nur gehemmt wird „für einen Anspruch, den ein Gläubiger *zu dem zu der Klage geführten Klageregister wirksam angemeldet hat…*“[211] § 204 Abs. 1 Nr. 1a BGB erfordert aufgrund seines Wortlauts für die Hemmung dementsprechend eine Konnexität zwischen der erhobenen Musterfeststellungsklage und dem angemeldeten Anspruch eines Verbrauchers. Die Hemmung der Verjährung tritt nur für die jeweils nach § 608 Abs. 2 ZPO wirksam angemeldeten Ansprüche ein.[212]

Zwar war die Verjährungshemmung bei der Implementierung der Musterfeststellungsklage ein wichtiges Anliegen der Regierung, weil die Ansprüche der vom VW-Dieselskandal betroffenen Verbraucher zu verjähren drohten.[213] Daraus kann jedoch nicht geschlossen werden, dass das Interesse der Verbraucher an einer weitreichenden Verjährungshemmung das generelle Interesse an der Verhinderung einer missbräuchlichen Klageerhebung überwiegt.[214] Zumal die Situation der drohenden Verjährung, wie im Fall des VW-Dieselskandals, nicht der Regelfall sein dürfte und die inhaltliche Prüfung nicht so zeitintensiv sein dürfte, wie dies teilweise angeführt wird.

Als weiteres Argument kann angeführt werden, dass die mit § 607 Abs. 2 ZPO konstituierte ausdrückliche Vorverlagerung der Prüfung der Anforderungen des § 606 Abs. 2 S. 1 ZPO zudem keinen Sinn ergeben würde, wenn nur geprüft werden müsste, ob die Angaben und Nachweise enthalten sind. Würden diese Angaben und Nachweise lediglich als Grundlage für eine Prüfung, und nicht für eine tatsächliche Prüfung vor der öffentlichen Bekanntmachung im Klageregister dienen, so wäre eine Vorverlagerung des Zeitpunktes ihres Vorliegens nicht notwendig, es würde ausreichen, wenn die Grundlagen erst bis zum Zeitpunkt der Prüfung vorlägen. Nach den allgemeinen Grundsätzen zu § 253 ZPO

---

210 *Vollkommer,* MDR 2022, 482, 483; *Waßmuth,* in: Asmus/Waßmuth, § 606 Rn. 61.

211 § 204 Abs. 1 Nr. 1a BGB.

212 *Mekat/Nordholtz,* NJW 2019, 411, 413.

213 Siehe: S. 33; Anmerkung *Magnus,* BGH-NJW 2021, 3250, 3255, *Rüsing,* NJW 2020, 2588.

214 *Beck,* 410, der ein schutzwürdiges Interesse der Verbraucher an einer unzulässigen Klage teilzunehmen, ablehnt.

würde es dementsprechend ausreichen, wenn die Angaben und Nachweise im Zeitpunkt der letzten mündlichen Verhandlung vorlägen.

Nur mit einer inhaltlichen Prüfung vor der öffentlichen Bekanntmachung der Klage wäre auch die Legitimation der Musterfeststellungsklage, als Verfahren des kollektiven Rechtsschutzes, welches grundsätzlich Breitenwirkung erfordert, gegeben.[215] Ist nicht nachgewiesen, dass die Abhängigkeit der Ansprüche oder Rechtsverhältnisse von mindestens zehn Verbrauchern besteht, so gibt es auch keinen Anlass die Musterfeststellungsklage im Klageregister zu veröffentlichen.[216] Schafft die Klägerin es nicht, die Abhängigkeit von zehn Ansprüchen nachzuweisen, so ist nicht davon auszugehen, dass weitere Ansprüche oder Rechtsverhältnisse von der Klage abhängen. Es wäre deshalb sinnvoll das Vorliegen oder Nichtvorliegen dieser, der Natur der Klage inhärenten, Voraussetzungen bereits festzustellen, bevor man die Klage überhaupt veröffentlicht.

(c) Zwischenergebnis

Die nach § 607 Abs. 2 ZPO erforderliche Prüfung der Anforderungen nach § 606 Abs. 2 ZPO dient der Verhinderung der missbräuchlichen Nutzung der Musterfeststellungsklage. Dieser Missbrauchsschutz wird nur ausreichend erfüllt, wenn eine inhaltliche Prüfung der in § 606 Abs. 2 S. 1 ZPO genannten Angaben und Nachweise vor der öffentlichen Bekanntmachung der Musterfeststellungsklage im Klageregister erfolgt.

Würde durch § 607 Abs. 2 ZPO die inhaltliche Prüfung nicht auf den Zeitpunkt vor der öffentlichen Bekanntmachung vorverlagert, hätte das Gericht die Klagebefugnis und die Abhängigkeit der Ansprüche von den Feststellungszielen erst bei der Entscheidung über die Zulässigkeit der Klage zu prüfen. Der Zeitpunkt der Zulässigkeitsprüfung erweist sich allerdings als zu spät, um einen Missbrauch durch eine Klageerhebung zu vermeiden.

Bevor das Gericht überhaupt zur Prüfung der Zulässigkeit der Klage gekommen sein könnte, könnte sich das beklagte Unternehmen genötigt gefühlt haben, einen Vergleich mit der Klägerin zu schließen. Zwar könnte die gerichtliche Angemessenheitsprüfung theoretisch das beklagte Unternehmen schützen,[217] handelt es sich jedoch lediglich um einen außergerichtlichen Vergleich, der die Verbraucher nicht binden soll, so bedarf es nicht der Genehmigung nach § 611

215 *Beckmann/Waßmuth,* WM 2019, 45, 49; *Röß,* NJOZ 2021, 1569, 1570 f.

216 *Balke/Liebscher/Steinbrück,* ZIP 2018 1328, 1329.

217 Zur Frage, ob die Interessen des beklagten Unternehmens überhaupt innerhalb der Angemessenheitsprüfung Berücksichtigung finden, ausführlich: 133 ff.

Abs. 3 S. 2 ZPO und damit der Angemessenheitsprüfung durch das Gericht. Das beklagte Unternehmen wäre damit einer missbräuchlichen Musterfeststellungsklage schutzlos ausgeliefert.[218]

(5) Historische Auslegung

Für eine inhaltliche Überprüfung, insbesondere eine Schlüssigkeitsprüfung vor der öffentlichen Bekanntmachung der Musterfeststellungsklage im Klageregister, spricht die Koalitionsvereinbarung der gesetzgebenden Regierung (CDU, CSU und SPD) vom 07.02.2018. In dieser wird auf Seite 124 ausdrücklich davon gesprochen, dass diese „… für die Einleitung des Verfahrens die schlüssige Darlegung und Glaubhaftmachung einer Mindestzahl von zehn individualisierten Betroffenen … festsetzen, um die Effektivität des Verfahrens für Gerichte und Parteien zu gewährleisten".[219] Zwar spricht der Wortlaut dieser Vereinbarung stark für eine Schlüssigkeitsprüfung vor der öffentlichen Bekanntmachung, da diese bereits für die Einleitung des Verfahrens erforderlich ist. Man wird jedoch die Koalitionsvereinbarung im Zusammenhang mit der weiteren Gesetzesentstehung und dem fertigen Gesetz betrachten müssen, um feststellen zu können, ob der ursprüngliche, im Koalitionsvertrag hervorgetretene Wille auch bis zum Ende Bestand hatte und umgesetzt wurde.

In der Gesetzesbegründung zur Musterfeststellungsklage heißt es, dass die öffentliche Bekanntmachung nur dann erfolgen dürfte, „wenn die Klageschrift die nach § 606 Abs. 2 S. 2 ZPO vorgeschriebenen Anforderungen erfüllt, also die entsprechenden Angaben und Nachweise zu den Voraussetzungen des § 606 Abs. 1 S. 2 ZPO und zu der Glaubhaftmachung der zehn betroffenen Verbraucher nach § 606 Abs. 3 Nr. 2 ZPO beigefügt sind".[220] Zu § 606 Abs. 2 ZPO wird ausgeführt, dass die Klageschrift „bereits Angaben und Nachweise zum Vorliegen der besonderen Voraussetzungen für die Klagebefugnis enthalten" muss. „Dieses Erfordernis gewährleistet von vornherein Transparenz über das Vorliegen der Voraussetzungen für die Klagebefugnis der klagenden Einrichtung". Weiter soll durch § 606 Abs. 2 S. 1 Nr. 2 ZPO sichergestellt werden, „dass die Klageschrift bereits bei Einreichung Angaben und Nachweise zu der Glaubhaftmachung (von mindestens zehn betroffenen Verbrauchern) enthält".[221] Die

---

218 Vgl. auch *Madaus*: ZEuP 2012, 99, 111 f.

219 https://www.cdu.de/system/tdf/media/dokumente/koalitionsvertrag_2018.pdf?file=1 (zuletzt abgerufen am 24.10.2022).

220 BT-Drs. 19/2507, 23.

221 BT-Drs. 19/2507, 22.

Gesetzesbegründung gibt insofern zum größten Teil das wieder, was letztlich Gesetzeswortlaut geworden ist und trägt mithin nicht entscheidend zur Aufklärung des Streits bei.

Gegen eine inhaltliche Prüfung könnte das, bereits von der ablehnenden Auffassung aufgeführte, Wort „beigefügt" sprechen. Dieses könnte man so verstehen, dass die Klageschrift lediglich die, später zu prüfenden, Angaben enthalten muss. Gegen ein derartiges Verständnis spricht allerdings, dass die Gesetzesbegründung, wie das Gesetz auch, neben Angaben auch fordert, dass Nachweise beigefügt, bzw. enthalten sein müssen. Diesbezüglich fällt es schwer, unter Verweis auf die Ausführungen zum Wortlaut der Vorschrift,[222] einen Nachweis als beigefügt anzusehen, ohne dass dieser geprüft wurde.

Für eine Interpretation des Gesetzes hinsichtlich einer inhaltlichen Prüfung vor öffentlicher Bekanntmachung der Klage kann die Aussage zur Gewährleistung der Transparenz von „vornherein" herangezogen werden, da nur durch die Prüfung vor öffentlicher Bekanntmachung der Klage zum frühestmöglichen Zeitpunkt Klarheit geschaffen werden würde, ob die Klagebefugnis der Klägerin auch tatsächlich gegeben ist.

Aus den Materialien zum Entwurf eines Gesetzes zur Einführung einer zivilprozessualen Musterfeststellungsklage wird daher eine Abkehr bzw. eine nicht weitergehende Aufrechterhaltung des aus der Koalitionsvereinbarung hervorgehenden Willens zumindest nicht eindeutig ersichtlich. Betrachtet man das Gesetz insgesamt, insbesondere die aus der Gesetzesbegründung hervorgehenden Zwecke der Musterfeststellungsklage, so wirkt eine inhaltliche Überprüfung vor öffentlicher Bekanntmachung überzeugender. Nur so werden die Effektivität des Verfahrens bestmöglich erreicht, die Missbrauchsmöglichkeit am zweckmäßigsten eingeschränkt, sowie die Breitenwirkung des Verfahrens und der Verbraucherschutz frühestmöglich sichergestellt.

(6) Zwischenergebnis

Die Auslegung des § 607 Abs. 2 ZPO spricht insgesamt für eine inhaltliche Prüfung der Klageschrift vor der öffentlichen Bekanntmachung der Klage im Klageregister. Bereits der Wortlaut der Vorschrift zeichnet in diesem Sinne ein deutliches Bild, da es für den Nachweis der Richtigkeit einer Behauptung notwendigerweise der Überprüfung dieser Behauptung bedarf.[223] Dieses Verständnis wird sowohl von einer systematischen Auslegung, als auch von dem Sinn

---

222 Vgl. 57 ff.

223 BGH, Beschl. v. 30.07.2019 – VI ZB 59/18 Rn. 12; NJW 2020, 341/342.

und Zweck und der Gesetzeshistorie der Vorschrift getragen. § 606 Abs. 2 S. 1 ZPO gibt dem Gericht (nur) die Möglichkeit, die Angaben und Nachweise des Klägers zu prüfen und sich dadurch eine Überzeugung zu bilden, verhindert es aber nicht, wie durch § 606 Abs. 3 ZPO verdeutlicht wird, dass sich innerhalb des Verfahrens eine andere Überzeugung des Gerichts aufgrund der Beweise des Beklagten ergeben kann. Die frühestmögliche Überprüfung der Klagebefugnis und der Abhängigkeit der Ansprüche stellt, trotz einseitiger Überzeugungsbildung oder vielleicht sogar gerade deshalb, ein notwendiges Vehikel dar, um die Zwecke der Musterfeststellungsklage zu erfüllen. Gelingt es dem Kläger zu einem Zeitpunkt, in dem das Gericht seine Überzeugungsbildung nur auf seine Klageschrift stützt, nicht, dieses davon zu überzeugen, dass die Mindestanforderungen der Zulässigkeit der Klage erfüllt sind, so wird es ihm auch nicht zu einem späteren Zeitpunkt gelingen, in dem der Beklagte einen Gegenbeweis führen kann.

Auch der Einwand, eine inhaltliche Prüfung sei bei komplexen Klagen innerhalb der kurzen Zeit nicht möglich, trägt nicht zu einem anderen Ergebnis bei. Zwar bestimmt § 607 Abs. 2 ZPO einen Zeitraum von 14 Tagen nach Erhebung der Musterfeststellungsklage innerhalb der das Gericht die öffentliche Bekanntmachung der Musterfeststellungsklage veranlassen soll. Darüber hinaus soll allerdings eine Veröffentlichung nach § 607 Abs. 2 ZPO nur erfolgen, wenn die Klageschrift die vorgeschriebenen Anforderungen erfüllt. Der Wortlaut der Vorschrift muss insofern so interpretiert werden, dass die Frist erst zu laufen beginnt, wenn die Klage erhoben wurde *und* die Klageschrift die nach § 606 Abs. 2 S. 1 ZPO vorgeschriebenen Anforderungen erfüllt.[224] Ist innerhalb der 14 Tage nach Klageerhebung nämlich nicht sichergestellt, dass die vorgeschriebenen Anforderungen gegeben sind, so darf eine öffentliche Bekanntmachung nicht erfolgen. Eine Veröffentlichung der Klage kann mithin auch erst deutlich später als 14 Tage nach Klageerhebung erfolgen, sofern die notwendigen Angaben und Nachweise nach § 606 Abs. 2 ZPO in der Klageschrift zunächst nicht in ausreichendem Umfang enthalten waren und die Klägerin diese erst später dem Gericht bereitstellt.

Doch auch wenn man die Frist einzig an die Erhebung der Musterfeststellungsklage knüpft, so wäre eine inhaltliche Prüfung nicht ausgeschlossen. Da es sich bei § 607 Abs. 2 ZPO lediglich um eine Sollvorschrift handelt und damit ein Überschreiten der Frist keine Konsequenzen für das Gericht hätte,[225] bestünde

---

224 *Lutz*, in: BeckOK, ZPO, § 607 Rn. 10; *Röthemeyer*, § 607 Rn. 6; a.A. *Stadler*, in: Musielak/Voit, ZPO, § 607 Rn. 4; *Weinland*, Rn. 74.

225 *Lutz*, in: BeckOK, ZPO, § 607 Rn. 10; *Mekat*, GWR 2019, 92.

auch nach einer inhaltlichen Prüfung, die erst später als 14 Tage nach Erhebung der Musterfeststellungsklage abgeschlossen wäre, noch die Möglichkeit die Klage öffentlich bekannt zu machen. Dafür spricht auch eine historische Auslegung. Die noch im Diskussionsentwurf des Bundesministeriums der Justiz und für Verbraucherschutz in § 608 Abs. 2 S. 2 ZPO-E enthaltene Regelungen, dass die öffentliche Bekanntmachung zwei Monate nach Rechtshängigkeit erfolgen soll und im Fall von Verzögerungen, diese zu begründen seien, wurde nicht in die endgültige Fassung des Gesetzes übernommen.[226] Das Gesetz setzt nun für die Veröffentlichung der Klage nicht nur die Rechtshängigkeit voraus, sondern auch, dass die Klageschrift die Voraussetzungen nach § 606 Abs. 2 S. 1 ZPO erfüllt. Dies spricht dafür, dass auch die Frist zur Veröffentlichung an die zusätzliche Voraussetzung geknüpft ist.

Der Umstand, dass § 608 Abs. 2 S. 2 ZPO-E vollständig entfallen ist, kann zum einen bedeuten, dass Verzögerungen nun lediglich nicht mehr zu begründen sind. Zum anderen könnten allerdings auch mit Einführung des § 607 Abs. 2 Hs. 2 ZPO die ursprünglichen Ursachen einer Verzögerung,[227] nämlich die Prüfung, ob die Abhängigkeit der Ansprüche und eine qualifizierte Einrichtung nach § 606 Abs. 1 S. 2 ZPO bestehen, entfallen sein. Der Wegfall des § 608 Abs. 2 S. 2 ZPO-E und die Einführung des § 607 Abs. 2 Hs. 2 ZPO würden insofern dafür sprechen, dass der Gesetzgeber, anstelle der Möglichkeit zur Rechtfertigung einer zeitlichen Verzögerung der Bekanntmachung, sowohl erstens die Ursache dieser Verzögerung unmittelbar im Gesetz berücksichtigt hat und zweitens konsequenterweise einbezogen hat, dass eine ordnungsgemäße Prüfung zeitintensiv ist und dementsprechend die Frist erst anschließend zu laufen beginnen kann. Mit anderen Worten: durch § 607 Abs. 2 Hs. 2 ZPO wurde sowohl die inhaltliche Prüfung der Klageschrift vor der öffentlichen Bekanntmachung eingeführt als auch der Fristbeginn an den Abschluss dieser geknüpft.

Für diese Auffassung lässt sich letztendlich auch die Gesetzesbegründung heranziehen. Nach dieser soll die Regelung des § 607 Abs. 2 ZPO dazu dienen, dass die Betroffenen frühzeitig über die Musterfeststellungsklage informiert werden, indem das Gericht die öffentliche Bekanntmachung spätestens 14 Tage nach Rechtshängigkeit der Klage veranlasst. Weiter wird allerdings ausgeführt,

---

226 Diskussionsentwurf des Bundesministeriums der Justiz und für Verbraucherschutz 3; https://www.bmjv.de/SharedDocs/Gesetzgebungsverfahren/Dokumente/DiskE_Musterfeststellungsklage.pdf?__blob=publicationFile&v=3 (zuletzt abgerufen am 24.10.2022).

227 *Waßmuth/Asmus*, ZIP 2018, 657, 660.

dass die Veröffentlichung zugleich nur erfolgen darf, wenn die Klageschrift die notwendigen Anforderungen erfüllt. „Die öffentliche Bekanntmachung erfolgt *sodann unverzüglich*… (§ 609 Abs. 2 S. 1)".[228] Der Gesetzgeber zeigt in der Gesetzesbegründung damit auf, dass von zwei unterschiedlichen Fristen ausgegangen wurde. In Fällen, in denen unklar ist, ob die Klageschrift die notwendigen Anforderungen erfüllt, hat die Veröffentlichung demnach ohne schuldhaftes Zögern zu erfolgen, nachdem festgestellt wurde, dass die Klageschrift die Voraussetzungen nach § 606 Abs. 2 S. 1 ZPO erfüllt.

Einzig durch eine derartige Interpretation des § 607 Abs. 2 ZPO kann auch eine von der Musterfeststellungklage ausgehende, in den Stellungnahmen zum Gesetzesentwurf kritisierte,[229] Prangerwirkung minimiert werden.[230]

Die vorangegangenen Ausführungen zur inhaltlichen Prüfung vor einer öffentlichen Bekanntmachung der Klage im Klageregister werden nun auch durch einen Beschluss des BGH,[231] in welchem dieser zur Frage der Voraussetzungen der öffentlichen Bekanntmachung der Klageschrift Stellung beziehen musste, gestützt. Der BGH entschied über die Rechtsbeschwerde der Musterklägerin (Schutzgemeinschaft für Bankkunden), welche mit ihrer vom OLG zugelassenen Rechtsbeschwerde ihr Begehren weiterverfolgte, die, von ihr vor dem OLG Braunschweig erhobene und von diesem nicht öffentlich bekanntgemachte,[232] Musterfeststellungsklage im Klageregister öffentlich bekannt zu machen. Der BGH entschied, dass die Rechtsbeschwerde unbegründet sei, weil das OLG die öffentliche Bekanntmachung der Musterfeststellungsklage im Klageregister im Ergebnis zu Recht abgelehnt hatte. Der BGH sah die öffentliche Bekanntmachung durch das OLG Braunschweig als zu Recht abgelehnt, weil die der Klageschrift beigefügten Angaben und Nachweise nicht dazu geeignet waren, das Vorliegen der Voraussetzungen nach § 606 Abs. 2 S. 1 Nr. 1, Abs. 1 S. 2 ZPO und der Glaubhaftmachung der Betroffenheit von mindestens zehn Verbrauchern nach § 606 Abs. 2 S. 1 Nr. 2, Abs. 3 Nr. 2 ZPO nachzuweisen.

Hierbei führte er für die Rechtsbeschwerde zunächst maßgeblich aus, dass bereits die Angaben der Musterklägerin nicht schlüssig dahingehend seien, dass die Musterklägerin mindestens 350 natürliche Personen als Mitglieder habe (§ 606 Abs. 2 Nr. 1, Abs. 1 S. 2 Nr. 1 ZPO), da die Musterklägerin vorgetragen

---

228 BT-Drs. 19/2507, 23.

229 *DRV*, Stellungnahme, 3, *Netzwerk Compliance*, Anhörung, 3.

230 *Boese/Bleckwenn*, in: Nordholtz/Mekat, § 4 Rn. 30.

231 BGH NJW 2021, 1018 ff.

232 Dazu bereits: S. 51.

hatte, dass sie lediglich „180 Vollmitglieder“ und zusätzlich 206 nicht stimmberechtigte „Internetmitglieder“ habe. Für den BGH waren aufgrund dieses Vortrags die Voraussetzung der Mindestmitgliederzahl nach § 606 Abs. 2 Nr. 1, Abs. 1 S. 2 Nr. 1 ZPO nicht gegeben. Die Klageschrift der Musterfeststellungsklägerin enthielt damit nicht die Angaben, dass die in § 606 Abs. 1 S. 2 ZPO genannten Voraussetzungen vorliegen, sodass eine öffentliche Bekanntmachung nach § 607 Abs. 2 ZPO i.V.m. § 606 Abs. 2 S. 1 Nr. 1 ZPO vom OLG Braunschweig abzulehnen war.

Der BGH sah es demnach schon in Bezug auf die in der Klageschrift enthaltenen Angaben als notwendig an, dass diese auf ihre Schlüssigkeit hin überprüft werden. Mithin geht auch der BGH davon aus, dass eine vorweggenommene inhaltliche Prüfung der Angaben erfolgen soll, ob diese Angaben die Voraussetzungen nach § 606 Abs. 2 S. 1 ZPO tragen.

Weiter stellte der BGH klar, dass die Musterklägerin durch die Vorlage einer anonymisierten Mitgliederliste zudem nicht den Nachweis erbringen könne, dass die Voraussetzungen des § 606 Abs. 1 S. 2 Nr. 1 ZPO erfüllt sind. Eine anonymisierte Mitgliederliste reiche nicht dazu aus, die Behauptung der Klägerin, sie verfüge über die gesetzliche Mindestmitgliederanzahl, dar zu tun. Grund dafür sei, dass eine anonymisierte Mitgliederliste dem Gericht nicht ermöglicht, zu überprüfen, ob die in § 606 Abs. 1 S. 2 Nr. 1 ZPO geregelte Voraussetzung der Klagebefugnis für die Musterfeststellungsklage gegeben ist. Aus einer anonymisierten Mitgliederliste lasse sich nicht entnehmen, ob die in der Liste nicht identifizierbaren Personen tatsächlich Mitglieder des Vereins seien, sodass auch die Anzahl der tatsächlichen Vereinsmitglieder nicht durch das Gericht feststellbar sei.[233]

Die Ausführungen des BGH zeigen, dass es für die öffentliche Bekanntmachung nach § 607 Abs. 2 ZPO gerade nicht ausreicht, dass Angaben und vermeintliche Nachweise in der Klageschrift nur beigefügt sind, sondern dass die enthaltenen Angaben und Nachweise die von der Klägerin getätigten Behauptungen in Bezug auf die Voraussetzungen des § 606 Abs. 2 S. 1 ZPO auch tragen. Erforderlich ist dementsprechend, dass das Gericht die Angaben auf ihre Schlüssigkeit hin überprüft und dass die Angaben von der Klägerin in der Klageschrift nachgewiesen werden. Nur wenn das Gericht aufgrund der Angaben und Nachweisen der Klägerin von dem Vorliegen der Klagebefugnis überzeugt ist, wird es die Klage öffentlich bekannt machen.

233 Vgl. BGH NJW 2021, 1018, 1019 Rn. 18 ff.

Zwar resultiert aus der Entscheidung des BGH nicht unmittelbar, wie der Nachweis in Bezug auf die Voraussetzungen des § 606 Abs. 2 S. 1 ZPO zu führen ist, d.h. welches Beweismittel in welcher konkreten Art geeignet ist, den erforderlichen Nachweis zu erbringen, denn der BGH begründet lediglich, warum die Angaben und Nachweise nicht die Voraussetzungen nach § 606 Abs. 2 S. 1 ZPO erfüllen. Aus der Begründung des BGH lassen sich jedoch Rückschlüsse ziehen, welche Qualität ein Beweismittel haben muss, um zukünftig als tauglicher Nachweis für die Voraussetzungen nach § 606 Abs. 2 S. 1 ZPO zu dienen.

Die Ablehnung der anonymisierten Mitgliederliste als Nachweis zeigt, dass es erforderlich ist, dass das Gericht aufgrund des Beweismittels unmittelbar von der Richtigkeit der zu beweisenden Behauptung überzeugt werden kann. Kann das Gericht anhand des beigefügten Beweismittels, wie anhand einer anonymisierten Mitgliederliste, nicht überprüfen, ob die in den Angaben getätigte Behauptung in den Augen des Gerichts der Wahrheit entspricht, so stellt das angebotene Beweismittel keinen tauglichen Nachweis dar.

Aus der Begründung des BGH kann man daher zunächst den Schluss ziehen, dass für den Nachweis der Mindestmitgliederzahl bei natürlichen Personen nach § 606 Abs. 1 S. 2 Nr. 1 Hs. 2 ZPO ein Beweismittel erforderlich ist, aus welchem mindestens 350 namentlich genannte und stimmberechtigte Mitglieder hervorgehen. Ob für die Identifikation der natürlichen Personen als tatsächliche Mitglieder weitere Angaben, wie bspw. eine ladungsfähige Anschrift oder das Beitrittsdatum erforderlich sind, lässt sich der Begründung zwar nicht ausdrücklich entnehmen. Die Bezugnahme des BGH auf die Rechtsprechung zu den Voraussetzungen der Klagebefugnis zu § 13 Abs. 2 Nr. 2 UWG in der bis zum 19.08.1997 geltenden Fassung,[234] kann man allerdings so interpretieren, dass der BGH an den Nachweis der Klagebefugnis für die Musterfeststellungsklage die gleichen Anforderungen stellt, wie sie auch heute für die Klagebefugnis im UWG gelten.

Nach der heute geltende Regelung zur Klagebefugnis im UWG, § 8 Abs. 3 UWG, sind nach u.a. § 8 Abs. 3 Nr. 3 UWG die qualifizierten Einrichtungen, die in der Liste der qualifizierten Einrichtungen nach § 4 des UKlaG eingetragen sind, klagebefugt. Wie bereits zuvor ausgeführt,[235] ist das Verfahren zur Eintragung in die Liste der qualifizierten Einrichtungen, samt eventuell erforderlicher und konkret dargestellter Nachweise zur Erfüllung der Voraussetzungen einer qualifizierten Einrichtung, in der Verordnung zu qualifizierten Einrichtungen

234 BGH NJW 2021, 1018, 1020, Rn. 21.
235 Siehe: S. 62.

und qualifizierten Wirtschaftsverbänden vom 07.06.2021 detailliert geregelt. Zwar war die Verordnung im Zeitpunkt der Verkündung des Beschlusses am 17.11.2020 noch nicht in Kraft, die generelle Bezugnahme des BGH auf den Nachweis der Klagebefugnis im UWG im Zusammenhang mit dem Nachweis der Klagebefugnis in der Musterfeststellungsklage lässt jedoch den Schluss zu, dass die in der Verordnung präzise geregelten Angaben und Nachweise auch in dieser Gestalt in der Klageschrift der Musterfeststellungsklage enthalten sein müssen, um die Voraussetzungen des § 606 Abs. 2 S. 1 ZPO zu erfüllen.[236]

Für die Musterfeststellungsklage würde das bedeuten, dass bspw. für das Vorliegen der Voraussetzung nach § 606 Abs. 1 S. 2 Nr. 1 ZPO, der Mindestmitgliederzahl an natürlichen Personen, einerseits eine aktuelle Mitgliederliste in der Klageschrift enthalten sein müsste, in der mindestens 350 natürliche Personen, mit Vor- und Nachnamen, Geburtsdatum und ladungsfähiger Anschrift als Mitglieder aufgeführt sind. Und andererseits müssten zum Nachweis der Richtigkeit dieser Angaben aktuelle schriftliche Beitrittserklärungen, ggf. im Original[237], dieser Mitglieder, oder aktuelle schriftliche Bestätigungen der Mitgliedschaft durch die Mitglieder in der Klageschrift enthalten sein.

Auch entschied der BGH am selben Tag des Beschlusses über die Revision der Schutzgemeinschaft für Bankkunden gegen das Urteil des OLG Stuttgarts, in welchem das OLG die Musterfeststellungsklage der Schutzgemeinschaft für Bankkunden als unzulässig abwies.[238] Der BGH urteilte, dass die Revision unbegründet sei, da das OLG zu Recht angenommen hatte, dass die Musterfeststellungsklage unzulässig sei. Diese Entscheidung steht allerdings nicht im Widerspruch zu der hier vertretenen Auffassung, dass eine inhaltliche Prüfung vor der öffentlichen Bekanntmachung der Musterfeststellungsklage im Klageregister zu erfolgen hat. Das Urteil des BGH zeigt lediglich, dass es sich bei der Klagebefugnis nach § 606 Abs. 1 S. 2 ZPO weiterhin um eine Prozessvoraussetzung handelt, die von Amts wegen zu prüfen ist und spätestens im Zeitpunkt der letzten mündlichen Verhandlung in der Tatsacheninstanz vorgelegen haben muss.

Das Urteil des BGH entspricht insofern der hier vertretenen Auffassung, dass zwar eine inhaltliche Prüfung vor der öffentlichen Bekanntmachung zu erfolgen hat, die Zulässigkeit der Musterfeststellungsklage jedoch weiterhin im Musterfeststellungverfahren zu prüfen ist.

---

236 Für eine strenger Kontrolle der Klagebefugnis im Musterfeststellungsverfahren: *Gluding*, S. 158.

237 *Micklitz/Rott*, in: MüKo, UKlaG, § 4 Rn. 31.

238 BGH, Urt. v. 17.11.2020 – XI ZR 171/19, WM 2019, 1055 ff.

dd) Fazit

Die öffentliche Bekanntmachung der Musterfeststellungsklage im Klageregister nach § 607 Abs. 1 ZPO erfordert nach § 607 Abs. 2 ZPO i.V.m. § 606 Abs. 2 S. 1 ZPO, dass das Gericht vor der öffentlichen Bekanntmachung überprüft, ob die Klägerin in der Klageschrift die Voraussetzungen nach § 606 Abs. 2 S. 1 ZPO schlüssig dargestellt und nachgewiesen hat.

Bei der Schlüssigkeitsprüfung handelt es sich um die bereits aus dem regulären Zwei-Personen-Prozess bekannte Prüfung. Aus den Angaben der Klägerin innerhalb der Klageschrift muss sich dementsprechend einerseits die Klagebefugnis ergeben. Andererseits muss die Klägerin in der Klageschrift dazu vortragen, dass die Ansprüche oder Rechtsverhältnisse von mindestens zehn Verbrauchern bestehen würden, sofern die Musterfeststellungsklage zumindest in Bezug auf ein Feststellungsziel begründet wäre.

Die inhaltliche Prüfung vor der öffentlichen Bekanntmachung der Musterfeststellungsklage im Klageregister entbindet das Gericht jedoch nicht davon, die im Musterfeststellungsverfahren von Amts wegen vorzunehmende Zulässigkeitsprüfung durchzuführen. Erst in der Zulässigkeitsprüfung können regelmäßig Einwände des beklagten Unternehmens einbezogen werden.

Das Gericht muss insofern aufgrund der Angaben und Nachweise der Klägerin davon überzeugt sein, dass die Klägerin nach § 606 Abs. 2 S. 1 ZPO klagebefugt ist und von jedem einzelnen Feststellungsziel mindestens zehn Ansprüche oder Rechtsverhältnisse von Verbrauchern abhängen.

Im Hinblick auf den Nachweis des Vorliegens der in § 606 Abs. 1 S. 2 ZPO genannten Voraussetzungen nach § 606 Abs. 2 S. 1 Nr. 1 ZPO kann auf die Anforderungen an den Nachweis für die Eintragung der qualifizierten Einrichtungen in die Liste der qualifizierten Einrichtungen gem. § 4 UKlaG abgestellt werden, die in der Verordnung zu qualifizierten Einrichtungen und qualifizierten Wirtschaftsverbänden (QEWV) vom 07.06.2021 konkretisiert werden.

III. Die Sperrwirkung

Ist die Musterfeststellungsklage rechtshängig, so ist ab diesem Tag gemäß § 610 Abs. 1 ZPO die Erhebung einer weiteren Musterfeststellungsklage mit demselben Streitgegenstand ausgeschlossen. Die in der Literatur zu diesem Punkt geäußerten Befürchtungen, es könnte aufgrund dieser Sperrwirkung zu einem „Windhundrennen“[239] zwischen den qualifizierten Einrichtungen kommen, mit

239 *Merkt/Zimmermann*, VuR 2018, 363, 371; *Schneider*, BB 2018, 1986, 1988, 1991; *Ullrich*, Plenarprotokoll 19/37 vom 08.06.2018, 3604; *Waclawik*, NJW 2018, 2923;

dem Ziel, als Erstes Klage zu erheben, hat sich bis zu diesem Zeitpunkt nicht bestätigt.[240] Da für die qualifizierte Einrichtung, abgesehen von der Wahrung und Verwirklichung der Interessen der Verbraucher, kein wirklicher Anreiz zur Erhebung besteht, die Klage aber mit erheblichen Kosten verbunden sein kann, scheint ein solches Rennen in den meisten Fällen auch nicht als sonderlich wahrscheinlich. Dafür spricht auch ein Vergleich mit der Gewinnabschöpfungsklage nach § 10 UWG, die von den nach § 4 UKlaG ebenfalls finanziell beschränkten qualifizierten Einrichtungen erhoben werden kann. Eine solche Klage erfolgte allerdings nur in wenigen Fällen, obwohl die Erfolgsaussichten für diese Klagen in weiteren Fällen als gut einzuschätzen waren.[241]

Für die Verbraucher tritt ebenfalls eine Sperrwirkung ein.[242] Sobald ein Verbraucher Ansprüche oder Rechtsverhältnisse, die von den Feststellungszielen abhängen, zur Eintragung in das Klageregister angemeldet hat (§ 608 Abs. 1 ZPO), kann er gegen den Beklagten eine Klage, deren Streitgegenstand denselben Lebenssachverhalt und dieselben Feststellungsziele betrifft, nicht mehr erheben (§ 610 Abs. 3 ZPO).

IV. Die Anmeldung im Klageregister

Die Musterfeststellungsklage ist, aufgrund der Gefahr der Verletzung des rechtlichen Gehörs,[243] als sog. Opt-In Klage ausgestaltet, d.h. die Bindungswirkung eines Musterfeststellungsurteils oder eines Musterfeststellungsvergleiches trifft betroffene Verbraucher nur, wenn diese angemeldet sind. Die Möglichkeit zur Anmeldung ihrer Ansprüche im Klageregister besteht für diese im Anschluss an die Veröffentlichung der Klage. Gemäß § 608 Abs. 1 ZPO können sie eine Anmeldung zur Eintragung ihrer Ansprüche oder Rechtsverhältnisse bis zum Beginn des ersten Termins vornehmen, wobei die Ansprüche oder Rechtsverhältnisse ebenfalls von den Feststellungszielen abhängen müssen.

Eine wirksame Anmeldung gemäß § 608 Abs. 2 ZPO führt zum einen dazu, dass sich die Bindungswirkung des Urteils auch auf die Angemeldeten erstreckt

---

Kritisch zum Windhundprinzip insgesamt: *Klever, Schwamberger,* GVRZ 2019, 4 Rn. 27.

240 Die Zahl der erhobenen Musterfeststellungsklagen deutlich hinter der prognostizierten Zahl an Musterfeststellungsklagen zurückgeblieben ist, *Röthemeyer,* jM 2022, 178, 179 f.

241 *Rotter,* VuR 2019, 283, 289.

242 *Röß,* NJW 2020, 953.

243 *Habbe/Gieseler,* GWR 2018, 227, 229.

und zum anderen wird die Verjährung der Ansprüche der Verbraucher gemäß § 204 Abs. 1 Nr. 1a BGB ab dem Zeitpunkt der Klageerhebung gehemmt.[244] Der Bindungswirkung des Urteils kann sich der Verbraucher jedoch gemäß § 608 Abs. 3 ZPO noch entziehen, indem er spätestens bis zum Ende des ersten Tages der mündlichen Verhandlung im Musterfeststellungsverfahren, welcher nach §§ 136 Abs. 1, 220 Abs. 1 ZPO mit dem ersten Aufruf zur Sache und der Feststellung, wer von den bzw. für die Parteien erschienen ist beginnt,[245] seine Anmeldung zurücknimmt.[246]

Zudem führt die wirksame[247] Anmeldung, neben der zuvor beschriebenen Sperrwirkung, auch dazu, dass ein bereits rechtshängiges Individualverfahren bis zur rechtskräftigen Entscheidung oder sonstigen Erledigung der Musterfeststellungsklage oder wirksamen Rücknahme der Anmeldung, ausgesetzt wird (§ 613 Abs. 2 ZPO).

Zu Beginn des Musterfeststellungsverfahrens ist die Anmeldung der Verbraucher im Klageregister weitergehend für die Zulässigkeit der Klage von Bedeutung, weil nach § 606 Abs. 3 Nr. 3 ZPO zwei Monate nach der Bekanntmachung der Klage mindestens 50 Verbraucher sich im Klageregister wirksam angemeldet haben müssen, damit die Klage nicht als unzulässig verworfen wird.[248]

V. Die Beendigung des Verfahrens

1. *Durch Urteil*

Das Musterfeststellungsverfahren endet grundsätzlich mit einem Feststellungsurteil, dessen Rechtskraftwirkung sich nach den im Zivilprozessrecht allgemein geltenden Regeln nur inter partes auf die Parteien und damit auf die qualifizierte Einrichtung und das beklagte Unternehmen erstreckt. Eine Bindungswirkung des Urteils trifft den angemeldeten Verbraucher gemäß § 613 Abs. 1 ZPO

---

244 *Fölsch*, DAR-Extra 2018, 736, 739; *Müller*, GWR 2019, 399; Auf die umstrittene Frage, ob die Hemmungswirkung voraussetzt, dass der von den Verbrauchern im Klageregister angemeldete Anspruch im Zeitpunkt der Klageerhebung und im Zeitpunkt der Anmeldung des Anspruchs, nicht verjährt sein darf, wird aufgrund mangelnder Relevanz für diese Arbeit nicht näher eingegangen; dazu: *Mansel*, WM 2019, 1621, 1622 m.w.N.; *Mekat/Nordholtz*, NJW 2019, 411, 412; *Augenhofer*, VuR 2019, 83; *Deiß/Graf/Salger*, BB 2019 1676, *Tolani*, NJW 2019, 2751, 2753.

245 *Mansel*, WM 2019, 1621, 1622; *Gerken*, in: Wieczorek/Schütze, § 136 Rn. 5 f.

246 *Schneider*, BB 2018, 1986, 1989.

247 *Röß*, NJW 2020, 953 f.

248 *Braunroth*, VuR 2018, 455, 458.

allerdings mittelbar, indem das zur Entscheidung eines Rechtsstreits zwischen einem angemeldeten Verbraucher und dem Beklagten berufene Gericht an das rechtskräftige Urteil gebunden ist, soweit die Entscheidung die Feststellungsziele und den Lebenssachverhalt der Musterfeststellungsklage betrifft.[249]

2. Durch Vergleich

Als Alternative zum Urteil steht es den Parteien offen, den Prozess durch einen Vergleich zu beenden. Dieser spielt im kollektiven Rechtsschutz erfahrungsgemäß eine tragende Rolle.[250] Die Entscheidung des Gesetzgebers hin zu einer Musterfeststellungsklage, anstelle einer Sammelklage, führt dazu, dass der Fokus insbesondere auf diesen gerichtet ist. Die gesteigerte Relevanz gilt für den Musterfeststellungsvergleich umso mehr, weil durch diesen, im Gegensatz zum Urteil, die individuellen Ansprüche der Verbraucher befriedigt werden können, ohne dass hierfür ein weiterer Folgeprozess von Nöten wäre. Dementsprechend ist die gesetzliche Regelung auf die vergleichsweise Beilegung des Streits explizit ausgerichtet.[251] Ein Abschluss des Verfahrens durch Vergleich würde in besonderem Maße dem gesetzgeberischen Ziel, dass es sich bei dem Musterfeststellungsverfahren um ein effizientes Verfahren handelt, entsprechen.[252]

a) Die Ausgangslage

aa) Der Vergleich im Allgemeinen

Die Vorschriften die den Vergleich betreffen finden sich sowohl im Bürgerlichen Gesetzbuch als auch in der Zivilprozessordnung.[253] Aus diesen ergibt sich, dass ein Vergleich sowohl als außergerichtlicher Vergleich, als auch als gerichtlicher Vergleich (Prozessvergleich) zustande kommen kann.[254] Die Art des Zustandekommens hat dabei unterschiedliche Auswirkungen für die Beteiligten.

(1) Der außergerichtliche Vergleich

Der außergerichtliche Vergleich definiert sich dadurch, dass er nicht im Zusammenhang eines Prozesses geschlossen werden muss. Ausgangspunkt für diesen

---

249 *Schneider*, BB 2018, 1987, 1993; *Reiter/Methner/Schenkel*, DAR-Extra 2018, 733, 735.
250 *Stadler*, in: Musielak/Voit, ZPO, § 611 Rn. 1.
251 *Merkt/Zimmermann*, VuR 2018, 363, 370.
252 *Halfmeier*, ZRP 2017, 201, 203.
253 Siehe: *Habersack*, in: MüKo, BGB, § 779 Rn. 1.
254 *Huber*, JuS 2017, 1058.

ist die in § 779 Abs. 1 BGB enthaltene Legaldefinition des Vergleiches. Aus dieser ergibt sich, dass es sich bei dem Vergleich im Sinne des § 779 BGB um einen schuldrechtlichen Vertrag handelt, welcher geschlossen wird, um einen Streit oder die Ungewissheit der Parteien über ein Rechtsverhältnis im Wege gegenseitigen Nachgebens zu beseitigen.[255] Da es sich um einen Vergleichsvertrag handelt, finden insoweit auch die allgemeinen Regeln des bürgerlichen Rechts über Rechtsgeschäfte Anwendung.[256]

Voraussetzung für den außergerichtlichen Vergleich ist, dass das durch den Vergleich zu regelnde Rechtsverhältnis überhaupt einer privatautonomen Regelung zugänglich ist und sich der Inhalt des Vergleiches im Rahmen des dispositiven Rechts bewegt.[257]

Der Inhalt des Vergleiches richtet sich ansonsten grundsätzlich nach den subjektiven Bedürfnissen der Beteiligten,[258] muss jedoch davon geprägt sein, dass ein gegenseitiges Nachgeben vorliegt. Dafür ausreichend ist, dass sich die Parteien gegenseitig Zugeständnisse in irgendeiner Weise machen.[259] Mit Einigung wird der zwischen den Parteien bestehende, außergerichtliche Streit beigelegt und es tritt die im Vergleich bestimmte, disponible Rechtsfolge ein.[260] Auswirkungen auf einen Zivilprozess ergeben sich aus dem außergerichtlichen Vergleich hingegen unmittelbar keine.[261]

(2) Der Prozessvergleich

Für den Prozessvergleich gibt es, anders als für den materiell-rechtlichen Vergleich keine Legaldefinition, zudem sind auch die Voraussetzungen seines Zustandekommens und seine Rechtsfolgen nicht ausdrücklich gesetzlich geregelt.[262] Seit der ZPO-Reform von 2002 kann er entweder im Rahmen der mündlichen Verhandlung erfolgen, dann ist er nach den §§ 160 Abs. 3, Nr. 1, 162 Abs. 1, 163 ZPO zu protokollieren, oder er erfolgt außerhalb der mündlichen Verhandlung nach § 278 Abs. 6 ZPO. In zweitem Fall erfolgt die Feststellung

---

255 *Fischer*, in: BeckOK, BGB, § 779 Rn. 10; *Habersack*, in: MüKo, BGB, § 779 Rn. 2.
256 *Zeising*, NJ 2011, 353, 354.
257 *Habersack*, in: MüKo, BGB, § 779 Rn. 5; *Zeising*, NJ 2011, 353, 354.
258 *Habersack*, in: MüKo, BGB, § 779 Rn. 23.
259 *Habersack*, in: MüKo, BGB, § 779 Rn. 26.
260 *Habersack*, in: MüKo, BGB, § 779 Rn. 31–34.
261 *Habersack*, in: MüKo, BGB, § 779 Rn. 38.
262 *Zeising*, NJ 2011, 353.

des Vergleichs, nachdem entweder von den Parteien oder dem Gericht ein Vergleichsvorschlag ausging, durch das Gericht in Beschlussform.[263]

Beim Prozessvergleich handelt es sich nach heutiger Meinung[264] um einen Vertrag mit Doppelwirkung, der sowohl prozessuale als auch materiell-rechtliche Wirkung entfaltet.[265] Als Prozesshandlung beendet er den Rechtsstreit und als materiell-rechtlicher Vergleich, der an den Begriff des Vergleichsvertrages anknüpft,[266] regelt er das streitige Rechtsverhältnis in zuvor dargestellter Weise.[267] Zudem ist er gemäß § 794 Abs. 1 ZPO, sofern er einen vollstreckbaren Inhalt aufweist, vollstreckbar.[268] Ob es sich bei dem Prozessvergleich um einen zusammengesetzten Vertrag, bestehend aus einem materiell-rechtlichen Vergleich i.S.d. § 779 BGB und einem Prozessbeendigungsvertrag (sog. Theorie des Doppeltatbestands[269]), oder um ein hybrides Konstrukt (Lehre von der Doppelnatur[270]) handelt,[271] ist für diese Arbeit nicht von weitergehender Bedeutung, da beide Auffassungen zumindest das Vorliegen eines materiell-rechtlichen Vergleichs annehmen.

Der Prozessvergleich, der in der prozessbeendigenden Wirkung über den außergerichtlichen Vergleich hinausgeht, muss deshalb zusätzlich zu den materiell-rechtlichen Voraussetzungen auch den Anforderungen des Prozessrechts entsprechen.[272] Entscheidende Wirksamkeitsvoraussetzung ist dabei vor allem, dass der Prozessvergleich, je nach Art des Zustandekommens, entweder protokolliert oder in Beschlussform erfolgt ist.[273]

263 *Zeising*, NJ 2011, 353.

264 Nach früher vertretenen Auffassungen wurde der Prozessvergleich teilweise als ein rein privatrechtlicher Vertrag mit prozessualen Folgen, teilweise als reine Prozesshandlung angesehen: Siehe dazu: *Habersack*, in: MüKo, BGB, § 779 Rn. 74 m.w.N.; *Wagner*, 514.

265 BGH, NJW 2000, 1942, 1943; NJW 1993, 1995, 1996; *Armbrüster*, in: MüKo, BGB, § 119 Rn. 41 jew. m.w.N.; *Bork*, Der Vergleich, § 1.

266 *Habersack*, in: MüKo, BGB, § 779 Rn. 70; *Zeising*, NJ 2011, 353, 355.

267 *Zeising*, NJ 2011, 353, 354.

268 *Habersack*, in: MüKo, BGB, § 779 Rn. 80.

269 *Holzhammer*, in: FS Schima 217, 221 ff.; *Tempel*, in: FS Schiedermair, 517, 521 ff.; *Wagner*, 514 ff.; *Zeuner* zu AP § 794 ZPO Nr 8.

270 BGH MDR, 2006, 284; BAGE 4, 84 = NJW 57, 1157; BVerwG NJW 94, 2306; *G. Lüke*, JuS 1965, 482, 483; *Geimer*, in: Zöller, ZPO, § 794 Rn. 3; *Habersack*, in: MüKo, BGB, § 779 Rn. 74; *Neuner*, 146; *Niese*, 86 f.; *Schiedermair*, 186 ff.; *Hau*, in: Staudinger, BGB, § 779 Rn. 192 ff. m.w.N.

271 Vgl. *Wagner*, S. 515.

272 *Zeising*, NJ 2011, 353, 356.

273 *Zeising*, NJ 2011, 353, 356 f.

(3) Weitere Vergleichsformen

Um die Justiz zu entlasten bestehen in der ZPO weitere Vergleichsformen, die dem Defizit der Nichtvollstreckbarkeit eines regulären außergerichtlichen Vergleichs entgegenwirken. Der vollstreckbare Anwaltsvergleich nach § 796a Abs. 1 ZPO stellt einen unter Beteiligung von Rechtsanwälten zu schließenden Vergleichsvertrag dar, durch den sich der Schuldner der sofortigen Vollstreckung unterwirft.[274] Weitere Möglichkeit einen vollstreckbaren Titel nach § 794 Abs. 1 Nr. 4a ZPO zu erlangen, ist über einen Schiedsspruch mit vereinbartem Wortlaut nach § 1053 Abs. 2 S. 2 ZPO.[275]

bb) Der Vergleich im Musterfeststellungsverfahren

(1) Der Musterfeststellungsvergleich

(a) Allgemeines

Die bisherigen Formen des Vergleiches weisen, aufgrund der Ausgestaltung des Zivilprozesses, die Gemeinsamkeit auf, dass sie grundsätzlich auf den Zwei-Parteien-Prozess und nicht auf das Kollektivverfahren ausgerichtet sind.[276] Die gesetzliche Ausgestaltung der Musterfeststellungsklage, insbesondere die nicht unmittelbare Beteiligung der Verbraucher, machte es erforderlich, eine speziell auf dieses Verfahren zugeschnittene Regelung zu schaffen.

Dementsprechend wurde mit dem § 611 ZPO eine eigenständige gesetzliche Regelung für den Musterfeststellungsvergleich geschaffen, die den Besonderheiten des Musterfeststellungsverfahrens Rechnung tragen soll.[277]

Durch § 611 Abs. 1 ZPO wird zunächst die notwendige Voraussetzung für eine sinnvolle Beendigung des Verfahrens durch einen Musterfeststellungsvergleich, nämlich, dass der Vergleich für und gegen die Verbraucher wirken kann, klargestellt.[278] Ein Vergleich zwischen Kläger und Beklagtem, ohne dass dieser sich auf die Verbraucher auswirken würde, würde dem mit dem Vergleich verfolgten Zweck zuwiderlaufen.[279] Die Intention der Parteien wird es regelmäßig sein, mithilfe des Vergleiches den der Musterfeststellungsklage zugrundeliegenden Streit endgültig abzuschließen. Insofern bedurfte es aber der Vorschrift des

274 *Habersack*, in: MüKo, BGB, § 779 Rn. 99.

275 *Habersack*, in: MüKo, BGB, § 779 Rn. 102.

276 *Schneider*, BB 2018, 1986, 1987.

277 *Merkt/Zimmermann*, VuR 2018, 363, 370.

278 *Witte/Wetzig*, WM 2019, 52, 54; *Waclawik*, NJW 2018, 2921, 2924.

279 *Röthemeyer*, § 611 Rn. 4.

§ 611 Abs. 1 ZPO, da die Ausweitung des zwischen dem Kläger und Beklagten geschlossenen Vertrags einen Eingriff in die Privatautonomie der, nicht unmittelbar am Vergleich beteiligten, Verbraucher darstellt. Da der Vergleichsvertrag auch Rechte der Verbraucher einschränken oder ausschließen kann und damit einen grundsätzlich unzulässigen Vertrag zulasten Dritter darstellen würde,[280] war eine Regelung notwendig, die die Bindungswirkung ausdrücklich festlegt.[281]

Die Bindungswirkung der Verbraucher durch den Vergleich und ihre Stellung im Verfahren sind auch maßgebender Grund für die weiteren Bestimmungen des § 611 ZPO. So schreibt § 611 Abs. 3 ZPO vor, dass dieser der Genehmigung durch das Gericht bedarf. Diese erfolgt nur, wenn das Gericht den Vergleich als angemessen erachtet. Bereits durch das Erfordernis der Genehmigung des Vergleichs durch das Gericht wird die schwache Stellung der Verbraucher im Musterfeststellungsverfahren gestärkt, die schwache Stellung der Verbraucher findet jedoch erneut Berücksichtigung in § 611 Abs. 4 S. 2 ZPO. Danach steht dem Verbraucher das Recht zu, einen Monat nach Zustellung des genehmigten Vergleichs, seinen Austritt aus dem Vergleich zu erklären.

Der Vergleich kann letztlich gemäß § 611 Abs. 5 S. 1 ZPO nur wirksam werden, wenn weniger als 30 Prozent der Verbraucher ihren Austritt aus dem Vergleich erklären. Das Gericht stellt dann gemäß § 611 Abs. 5 S. 2 ZPO durch unanfechtbaren Beschluss die Wirksamkeit des genehmigten Vergleichs fest und veröffentlicht den Beschluss gemäß § 611 Abs. 5 S. 3 ZPO im Klageregister. Mit Bekanntmachung des Beschlusses tritt gemäß § 611 Abs. 5 S. 4 ZPO die Bindungswirkung gegenüber den angemeldeten Verbrauchern in Kraft.

(b) Der Inhalt des Vergleichs

Der Inhalt des Vergleichs dürfte grundsätzlich der freien Disposition der Parteien überlassen sein. Der Gesetzgeber hat in § 611 Abs. 2 ZPO zum Ausdruck gebracht, welche Regelungen der Vergleich enthalten soll. Insofern hat der Gesetzgeber mit § 611 Abs. 2 ZPO ausdrücklich die Gelegenheit geschaffen, in

---

280 *Mäsch*, in: BeckOGK, BGB, § 328 Rn. 123 f.; *Magnus*, NJW 2019, 3177, 3179.

281 Auf die umstrittene Frage, ob eine materiell-rechtliche Bindungswirkung für die Verbraucher besteht oder nicht, wird mangels Bedeutung für diese Arbeit nicht weitergehend eingegangen. Von Relevanz ist, dass auch die Meinung die eine materiell-rechtliche Bindung der Verbraucher ablehnt, zumindest einen materiell-rechtlichen Vertrag zwischen den Parteien annimmt. Vgl. *Magnus*, NJW 2019, 3177, 3180; *Stadler*, in: Musielak/Voit, ZPO, § 611 Rn. 4; *Röß*, NJW 2020, 2068 ff. (der eine materiell-rechtliche Bindung der Verbraucher, nicht jedoch der Parteien (Rn. 47), ablehnt.

den Vergleich Leistungen des Beklagten an die Verbraucher einzubeziehen und damit über den eigentlichen Gegenstand des Verfahrens hinauszugehen. Vertreten wird des Weiteren, dass die Parteien auch nur die Feststellungsziele zum Gegenstand des Vergleichs machen können, sodass im Anschluss an den Vergleich weiterhin Individualverfahren notwendig werden.[282]

Insbesondere die Alternative, mit Hilfe des Vergleiches die von den Feststellungszielen abhängigen Ansprüche zu befriedigen und damit die ansonsten notwendigen Folgeverfahren zu vermeiden, kann für alle Beteiligten positive Effekte mit sich bringen.[283] Aus prozessökonomischen Gründen wäre die Beendigung des Verfahrens in dieser Form die beste Lösung, weil die enorme Belastung der Gerichte in den Folgeverfahren entfallen würde. Die dadurch eingesparten Kosten, nimmt man als Beispiel allein den VW Prozess, bei welchem sich bis zu 470.000 Verbraucher angemeldet hatten und für die, im Fall eines Urteils, ein Folgeprozess erforderlich gewesen wäre, wären erheblich. Aber auch für den Beklagten und die Verbraucher wäre ein angemessener Vergleich die sinnvollste Lösung, weil diese sich u.a. Zeit und Geld sparen würden. Für beide Seiten würden die in den Folgeprozessen zu tragendende Kostenlast, bzw. das Risiko, die Kosten tragen zu müssen, wegfallen.

(c) Kritik

Aufgrund der vielen möglichen Vorteile des Musterfeststellungsvergleich und der deshalb mit dem Musterfeststellungsvergleich verbunden Hoffnung des Gesetzgebers,[284] war auch dieser Gegenstand kritischer Betrachtung in der Literatur. Es wird befürchtet, dass ein Vergleich, wie er derzeit rechtlich ausgestaltet ist, wenig Beachtung finden wird. Da das Gesetz nur einen Vergleich mit Bindungswirkung für alle Verbraucher innerhalb des Verfahrens und nicht auch im Anschluss an das Verfahren vorsieht, sei eine Vergleichsbereitschaft des beklagten Unternehmens entweder nicht zu erwarten oder wenn dann nur, um ein Urteil gegen sich zu vermeiden. Gegen die Vorstellung, dass der Vergleich besondere Bedeutung gewinnen könnte, spreche auch, dass durch das Verfahren die Anspruchsberechtigung der angemeldeten Verbraucher nicht sichergestellt werde. Das beklagte Unternehmen könne insofern wirtschaftliche Überlegungen in Bezug auf den Vergleich nicht ausreichend tätigen, weshalb es ihm nicht möglich sei, sinnvolle Vergleichsüberlegungen vorzunehmen.[285] Zudem

---

282 *Merkt/Zimmermann*, VuR 2018, 363, 370.

283 *Gluding*, 244; *Hartmann*, VersR 2019, 528, 529.

284 BT-Drs. 19/2439 S. 17; *Waclawik*, NJW 2018, 2921, 2924.

285 *Balke/Liebscher/Steinbrück*, ZIP 2018, 1321, 1325.

bestünde der nötige (wirtschaftliche) Druck, sich zu vergleichen, für den Beklagten durch das zweistufige Verfahren nicht. Es sei für diesen kostengünstiger, die, wenn überhaupt eintretenden, Folgeprozesse abzuwarten und sich dort mit den Klägern zu vergleichen.[286]

(2) Der außergerichtliche Vergleich im Musterfeststellungsverfahren

(a) Streit

Bereits im ersten rechtshängigen Musterfeststellungsverfahren wurde ein Präzedenzfall für einen außergerichtlichen Vergleich in einem Musterfeststellungsverfahren geschaffen.[287] Die Frage der rechtlichen Zulässigkeit dieses Vergleiches ist allerdings umstritten.[288] Problematisch ist in diesem Zusammenhang, ob auch der außergerichtliche Vergleich der gerichtlichen Genehmigung bedarf. Teilweise wird damit argumentiert, dass mit der Rücknahme der Musterfeststellungsklage durch die qualifizierte Einrichtung im Gegenzug für die Aussicht auf individuelle Vergleichsangebote des Beklagten mit den angemeldeten Verbrauchern, ein Teilvergleich im Musterfeststellungsverfahren vorliegt, weshalb dieser Vergleich unmittelbar der Regelung des § 611 ZPO unterworfen wäre.[289] Durch einen außergerichtlichen Vergleich werden die gesetzgeberisch vorgesehenen Sicherungsmechanismen des Musterfeststellungsvergleichs umgangen.[290] Die Gegenseite stellt hingegen darauf ab, dass sich der Wortlaut des § 611 ZPO nur auf den gerichtlichen und nicht auch auf den außergerichtlichen Vergleich bezieht und verweist darauf, dass sich die Voraussetzungen und Rechtsfolgen der beiden Vergleiche unterscheiden.[291]

---

286 *Stadler*, VuR 2018, 83, 87.

287 Außergerichtlicher Vergleich des Verbraucherzentrale Bundesverbandes mit VW (s. Pressemitteilung der Verbraucherzentrale Bundesverband e.V. v. 28.02.2020, abrufbar unter: https://www.vzbv.de/pressemitteilung/vzbv-und-vw-erzielen-vergleich-fuer-betrogene-kaeufer (zuletzt abgerufen am 24.10.2022).

288 Zulässigkeit bejahend: *Beckmann/Waßmuth*, WM 2019, 89, 90; *Gurkmann/Jahn*, VuR 2020, 243, 244 f.; *Kähler*, in: Asmus/Waßmuth, § 611 Rn. 12; *Waclawik*, NJW 2018, 2921, 2924; Zulässigkeit ablehnend: *Stadler*, VuR 2020, 163, 164; *Augenhofer*, in: BeckOK, ZPO, § 611 Rn. 21.

289 *Stadler*, VuR 2020, 163, 164; *Augenhofer*, in: BeckOK, ZPO, § 611 Rn. 21.

290 *Stadler*, VuR 2020, 163, 164.

291 *Gurkmann/Jahn*, VuR 2020, 243, 244 f.; vgl. *Augenhofer*, in: BeckOK, ZPO, § 611 Rn. 21.

(b) Stellungnahme

Die besseren Argumente sprechen für die Zulässigkeit eines außergerichtlichen Vergleichs ohne ein Genehmigungserfordernis nach § 611 Abs. 3 ZPO. Die Systematik des § 611 ZPO spricht dafür, dass sich die Genehmigungsbedürftigkeit des Vergleiches nach § 611 Abs. 3 ZPO nur auf den in § 611 Abs. 1 ZPO genannten gerichtlichen Vergleich bezieht. Gegen die Genehmigungsbedürftigkeit des außergerichtlichen Vergleiches ist auch der Grund des Genehmigungserfordernisses heranzuziehen. Der gerichtliche Vergleich bedarf der Genehmigung durch das Gericht, weil die Parteien mit dem Vergleich über die Rechtspositionen der angemeldeten Verbraucher disponieren und die Verbraucher hieran nach § 611 Abs. 1 ZPO gebunden werden.

Der zwischen den Parteien außergerichtlich geschlossene Vergleich führt hingegen zu keinem Eingriff in die Rechtspositionen der Verbraucher; die Verbraucher bestimmen über ihre subjektiven Rechte in den außergerichtlichen Individualvergleichen mit dem beklagten Unternehmen selbst.[292] Die Vereinbarung zur Rücknahme der Musterfeststellungsklage ist hingegen eine Entscheidung der Klägerin, die nicht der gerichtlichen Genehmigung bedarf.[293] Insofern stellt ein außergerichtlicher Vergleich zwischen den Parteien des Musterfeststellungsverfahrens, bei welchem die Verbraucher, nach denen in diesem Vergleich ausgehandelten Bedingungen, eigene Individualvergleiche schließen können und im Gegenzug die Klägerin ihre Musterfeststellungsklage zurücknimmt, ein rechtlich zulässiges Mittel dar.

Die sich daraus ergebende Umgehung des, an sich mit der Regelung des § 611 Abs. 2 ZPO bezweckten, Schutzes der Verbraucher,[294] lässt jedoch zweifeln, ob der Gesetzgeber einen außergerichtlichen Vergleich ohne das Erfordernis einer gerichtlichen Genehmigung auch so gewollt hatte. Auch wenn die finalen Entscheidungen über die eigenen Ansprüche mit den Individualvergleichen letztlich von den Verbrauchern getätigt werden, besteht in dieser Situation das gleiche Informationsdefizit der Verbraucher, wie bei einem Musterfeststellungsvergleich. Das Informationsdefizit aufgrund der fehlenden unmittelbaren Beteiligung wird jedoch ebenfalls für das Bedürfnis einer gerichtlichen Genehmigung angeführt.[295]

---

292 So auch: *Fölsing*, BB 2020, 1555, 1557, 1558.

293 Dazu ausführlich: S. 273.

294 *Meller-Hannich*, WuM 2021, 1, 5.

295 Siehe: S. 93.

Teil III: Die gerichtliche Genehmigung des Musterfeststellungsvergleichs

A. Einleitung

Aufgrund der gesetzlichen Ausgestaltung des Musterfeststellungsverfahrens, die den angemeldeten Verbrauchern keine formale Beteiligungsstellung und damit rechtlich keine unmittelbare Einflussmöglichkeit auf den Vergleichsinhalt zubilligt, bedurfte es zum Schutz der Interessen der Verbraucher einer Einbeziehung des Gerichts.[296] Eine derartige Ausgestaltung ist in international vergleichbaren Verfahren gängig und berücksichtigt, dass anders als in regulären Zwei-Parteien-Prozessen, in denen der Vergleich als Vertrag lediglich der Prozessautonomie der Parteien unterliegt, im Falle des Vergleiches im Musterfeststellungsverfahren eine Bindungswirkung für die beigetretenen Verbraucher entsteht.[297] Durch das Genehmigungserfordernis soll sichergestellt werden, dass die qualifizierte Einrichtung auch im Rahmen des Vergleichs die schutzwürdigen Interessen der Verbraucher in geeigneter Weise wahrnimmt.[298] Das den Verbrauchern nach § 611 Abs. 4 ZPO eingeräumte Recht, aus dem Vergleich auszutreten (Opt-Out Recht), gewährleistet für diese nur einen bedingten Schutz. Zwar gibt es ihnen grundsätzlich die Möglichkeit, der Bindungswirkung des Vergleiches zu entgehen, mangels direkter Beteiligung an dem Verfahren haben diese jedoch nur begrenzte Einblicke in das Verfahren und können sich dementsprechend nicht in dem nötigen Umfang eine Beurteilungsgrundlage schaffen, um Inhalt und Umfang des Vergleiches sinnvoll bewerten zu können.[299] Zudem besteht bei dem Austritt eines Verbrauchers für diesen die Gefahr, dass ein Musterfeststellungsvergleich mit verfahrensbeendender Wirkung weiterhin zustande kommt. In diesem Fall würde es nicht zu einem Feststellungsurteil kommen und der austretende Verbraucher müsste versuchen, seinen Anspruch individuell durchzusetzen, ohne von Feststellungen aus dem Musterfeststellungsverfahren zu profitieren. Vor diesem Hintergrund und unter Einbeziehung des „rationalen Desinteresses“[300] ist deshalb zu befürchten, dass die Verbraucher sich mit

296 *Mekat*, in: Nordholtz/Mekat, § 7 Rn. 33; *Kähler*, ZIP 2020, 293, 295.
297 *Stadler*, in: Musielak/Voit, ZPO, § 611 Rn. 2.
298 *Stadler*, in: Musielak/Voit, ZPO, § 611 Rn. 2; *Schneider*, BB 2018 1986, 1998.
299 *Stadler*, in: Musielak/Voit, ZPO, § 611 Rn. 2; *Halfmeier*, ZRP 2017, 201, 203.
300 BR-Drs. 176/18, 10.

niedrigeren als diesen eigentlich gebührenden Ersatzzahlungen zufriedenstellen lassen könnten und nicht aus dem Vergleich austreten.[301]

Durch die notwendige vorherige Überprüfung des Vergleiches auf seine Angemessenheit durch das Gericht und im Falle seiner Unangemessenheit durch die Nicht-Genehmigung des Vergleiches, soll mithin die schwache Stellung der Verbraucher im Musterfeststellungsvergleich ausgeglichen werden und der besonderen Bedeutung der vom Vergleich ausgehenden Wirkung Rechnung getragen werden.

Die Prüfung der Angemessenheit des Musterfeststellungsvergleiches stellt allerdings, auch wenn auf ihr regelmäßig der Fokus liegen dürfte, nicht die einzige Aufgabe des Gerichts innerhalb der Genehmigungsprüfung dar. Der Umstand, dass es sich bei dem Musterfeststellungsvergleich auch stets um einen materiell-rechtlichen Vertrag handelt und deshalb die Regelungen des allgemeinen Teils des BGB anwendbar sind, erfordert von dem Gericht auch, dass es den Vergleich darauf überprüft, ob dieser nach §§ 134, 138 BGB unwirksam sein könnte.[302] Das Gericht hat dementsprechend, losgelöst von der Angemessenheitsprüfung, die Genehmigungsfähigkeit des Vergleiches zu überprüfen.

B. Die Genehmigungsfähigkeit

Im Hinblick auf die generelle Genehmigungsfähigkeit des Musterfeststellungsvergleiches sind die Gründe zu erörtern, die, unabhängig von der Angemessenheit des Vergleiches, dazu führen, dass ein Musterfeststellungsvergleich nicht vom Gericht genehmigt werden darf. Neben den, aus dem BGB entstammenden, Unwirksamkeitsgründen, ist unter diesem Punkt auch die Zulässigkeit der unterschiedlichen Arten von Musterfeststellungsvergleichen anzusprechen.

I. Die Vergleichsarten

Die Terminologie „Musterfeststellungsvergleich" stellt den Oberbegriff für eine Vielzahl an unterschiedlichen Vergleichsarten dar, die im Rahmen des Musterfeststellungsverfahren als mögliches Mittel zur gütlichen Beilegung des Streits oder der Ungewissheit über die angemeldeten Ansprüche oder Rechtsverhältnisse dienen könnten. Die verschiedenen in Betracht kommenden Vergleichsarten gilt es nachfolgend zu klassifizieren und auf ihre Genehmigungsfähigkeit hin zu überprüfen.

---

301 *Beck*, in: Husemann/Korves/Rosenkranz (Hrsg.), 419.

302 *Augenhofer*, in: BeckOK, ZPO, § 611 Rn. 8; *Magnus*, NJW 2019, 3177, 3179.

1. *Der Feststellungsvergleich*

Bei einem Feststellungsvergleich handelt es sich um einen Vergleich dessen Inhalt sich nur auf eine Feststellung beschränkt, der den Verbrauchern aber noch keine Leistungen zuspricht. Um Leistungen zu erhalten, müssen die angemeldeten Verbraucher im Anschluss an diesen Vergleich entweder im Individualverfahren weiter gegen das Unternehmen vorgehen, oder einen weiteren Vergleich mit diesem schließen.

Grundsätzlich bestehen für einen Vergleichsvertrag als privatautonome Vereinbarung inhaltlich keine Schranken.[303] Es ist somit zunächst den Parteien überlassen, welche Regelungen sie innerhalb des Vergleichsvertrages treffen. Eingeschränkt werden kann diese Freiheit allerdings durch gesetzliche Vorgaben.[304] Hinsichtlich eines Vergleichs im Musterfeststellungsverfahren besteht Streit darüber, ob ein Feststellungsvergleich zulässig ist, oder ob ein Musterfeststellungsvergleich den Verbrauchern stets auch Leistungen zusprechen muss. Zur Beantwortung der Frage, ob die Dispositionsfreiheit der Parteien über einen Vergleich besteht, der sich inhaltlich nur auf die Feststellungsziele der Musterfeststellungsklage bezieht, ist deshalb zu erforschen, ob gesetzliche Vorschriften bestehen, die einen solchen Vergleich verbieten oder zumindest einschränken.

a) *Argumente für die Zulässigkeit des Feststellungsvergleichs*

Von den Vertretern, die einen Feststellungsvergleich für zulässig erachten, wird ausgeführt, dass die in § 611 Abs. 2 ZPO geschriebene Vorgabe, „der Vergleich solle gewisse Regelungen enthalten“, nicht zwingend ist, sodass zunächst der Wortlaut nicht gegen einen Feststellungsvergleich spricht. Für den Musterfeststellungsvergleich gelten die gleichen Freiheiten wie für einen regulären Prozessvergleich.[305] Weitergehend wird angeführt, dass Situationen entstehen können, die es sinnvoll erscheinen lassen, sich nur über Feststellungsziele zu einigen und die Durchsetzung der Ansprüche den Verbrauchern im Individualverfahren zu überlassen. Dies sei auch mit Blick auf das KapMuG überzeugend, da auch dort ein Feststellungsvergleich anerkannt sei.[306]

---

303 *J. F. Hoffmann*, in: BeckOGK, BGB, § 779 Rn. 2; *Kähler*, in: Asmus/Waßmuth, § 611 Rn. 3; *Mekat*, in: Nordholtz/Mekat, Musterfeststellungsklage, § 7 Rn. 9; *Vollkommer*, in: Zöller, § 611 Rn. 3.

304 *Mekat*, in: Nordholtz/Mekat, § 7 Rn. 9.

305 *Hartmann*, VersR 2019, 528, 529.

306 *Augenhofer*, in: BeckOK, ZPO, § 611 Rn. 7; *Beckmann/Waßmuth*, WM 2019, 89, 90; *Halfmeier*, in: Prütting/Gehrlein, ZPO, § 611 Rn. 3; *Kähler*, in: Asmus/Waßmuth, § 611

b) Argumente gegen die Zulässigkeit des Feststellungsvergleichs

Die Gegenauffassung[307] lehnt die Zulässigkeit eines Feststellungsvergleichs ab. Argumentiert wird teilweise ebenfalls mit einem systematischen Vergleich zum KapMuG. Aufgrund der Reform des KapMuG stellt eine vergleichende Betrachtung des KapMuG-Vergleichs, insbesondere aufgrund des Vorbildcharakters des KapMuG für die Musterfeststellungsklage, allerdings ein Argument gegen die Zulässigkeit eines Feststellungsvergleichs dar. Im Zuge der Reform wurde nämlich die Regelung zum KapMuG-Vergleich neu in § 17 KapMuG gefasst und vorgeschrieben, dass der Vergleichsabschluss im Musterverfahren zugleich auch eine Einigung über die in den Ausgangsverfahren geltend gemachten Ansprüche enthalten muss, § 17 Abs. 1 S. 1 KapMuG. Eine isolierte Beendigung des Musterverfahrens durch Vergleich ist hingegen nicht möglich.[308] Würde man die Regelung zum KapMuG-Vergleich auf den Musterfeststellungsvergleich übertragen, so wäre auch im Musterfeststellungsverfahren ein isolierter Feststellungsvergleich unzulässig.

Darüber hinaus sei ein Feststellungsvergleich zumindest dann ausgeschlossen, wenn sich die Feststellungsziele lediglich auf Rechtsansichten bezögen.[309] Den Parteien komme keine Ausschaltbefugnis zu, d.h. es solle diesen nicht möglich sein, die Rechtsansichten für die anschließenden Verfahren vorzugeben; es ist alleine Aufgabe des Gerichts, auf den gegebenen Sachverhalt das Recht anzuwenden.[310] Ein Vergleich über tatsächliche Feststellungen soll hingegen theoretisch in Betracht kommen, auch wenn in diesem Fall gleichfalls ein gerichtliches Geständnis nach § 288 ZPO möglich wäre.[311]

Rn. 137; *Mekat*, in: Nordholtz/Mekat, § 7 Rn. 9; *Röthemeyer*, § 611 Rn. 21; *Scholl*, ZfPW 2019, 317, 349; *Stadler*, in: Musielak/Voit, ZPO § 611 Rn. 6.

307 *Eggers*, 45 f.; *Merkt/Zimmermann*, VuR 2018, 363, 370; *Waclawik*, NJW 2018, 2921, 2924.

308 BT-Drs. 17/8799, 24; *Eggers*, 46; *Wigand*, in: Vorwerk/Wolf, KapMuG, § 17 Rn. 3.

309 Für das KapMuG: BT-Drs. 17/8799, 24; *Wigand*, in: Vorwerk/Wolf, KapMuG, § 17 Rn. 7; Für die MFK betreffend „reinen Rechtsfragen“: *Mekat*, in: Nordholtz/Mekat, § 7 Rn. 11.

310 BT-Drs. 17/8799, 24.

311 BT-Drs. 17/8799, 24; Ablehnend bezüglich Feststellungsvergleichen die sich auf Rechtsauffassung beziehen *Eggers*, 45 f.

c) Stellungnahme

Bei der Bestimmung der Zulässigkeit eines Feststellungsvergleichs im Musterfeststellungsverfahren sind zum einen die gesetzlichen Besonderheiten der Musterfeststellungsklage und zum anderen die allgemeinen zivilprozessrechtlichen Regelungen zu beachten. So können mit der Musterfeststellungsklage einzelne, wenn auch nicht alle, anspruchsbegründende oder anspruchsausschließende Voraussetzungen, festgestellt werden. Zudem kann Gegenstand der Musterfeststellungsklage auch einzig die Feststellung einer reinen Rechtsfrage oder einer Tatsache sein.[312] Durch die Musterfeststellungsklage wird insofern die Möglichkeit zur Feststellung von Dingen eingeräumt, die im bisher bekannten Zivilprozess so nicht bestand.[313] Insofern ist fraglich, ob alles, was Gegenstand der Musterfeststellungsklage ist, auch zum Inhalt eines Feststellungsvergleiches gemacht werden kann.

aa) Wortlaut

Der Wortlaut des § 611 ZPO schließt einen Feststellungsvergleich nicht ausdrücklich aus. Zwar soll nach § 611 Abs. 2 Nr. 1 ZPO der Vergleich Regelungen über die auf die Verbraucher entfallenden Leistungen enthalten, was gegen die Annahme eines Feststellungsvergleiches sprechen könnte. Andererseits handelt es sich bei dieser Vorschrift nur um eine „Soll-Vorschrift", aus der sich kein zwingender Inhalt des Vergleiches ergibt. Zudem ist der Vergleich nach § 611 Abs. 3 S. 2 ZPO vom Gericht zu genehmigen, wenn es ihn unter Berücksichtigung des bisherigen Sach- und Streitstands als angemessene gütliche Beilegung des Streits oder der Ungewissheit über die angemeldeten Ansprüche oder *Rechtsverhältnisse* erachtet. Insoweit spricht der Wortlaut des § 611 Abs. 3 S. 2 ZPO für die Zulässigkeit eines Feststellungsvergleiches,[314] da ein Rechtsverhältnis nicht auf Leistung gerichtet sein muss.

bb) Systematik

(1) Der Vergleich mit dem KapMuG

Mit dem Bezug darauf, dass ein Feststellungsvergleich im KapMuG anerkannt sei, lässt sich ein Feststellungsvergleich, nach der Reform des KapMuG, unterdessen nicht mehr begründen.[315] War bis zu der Reform ein Feststellungsvergleich

---

312 Siehe: 42 ff.

313 Betreffend das KapMuG: *Wolf*, in: Vorwerk/Wolf, KapMuG, 1. Aufl., § 14 Rn. 23.

314 *Augenhofer*, in: BeckOK, ZPO, § 611 Rn. 7.

315 Siehe: BT-Drs. 17/8799, 24.

noch anerkannt,[316] wenn auch nicht gängig, so ist im Anschluss an die Reform das Gegenteil der Fall. Nunmehr ist ein derartiger Vergleich wegen des Wortlautes des § 17 KapMuG, sowie des § 18 KapMuG ausgeschlossen. § 17 Abs. 1 S. 1 KapMuG schreibt nun ausdrücklich vor, dass der Vergleich zur „Beendigung des Musterverfahrens *und* der Ausgangsverfahren“ geschlossen werden muss. § 17 Abs. 2 KapMuG bekräftigt dies, wonach die dort aufgeführten Regelungen, darunter die vereinbarten Leistungen, *auch* enthalten sein sollen; sie stellen somit einen Mindestinhalt[317] dar. Gleiches geht aus § 18 KapMuG hervor, wonach eine Genehmigung nur erfolgen darf, sofern das Gericht den Vergleich als angemessene gütliche Beilegung der *ausgesetzten* Rechtsstreitigkeiten erachtet und nicht nur des Musterverfahrens.

Andererseits ließe sich in diesem Zusammenhang für einen Feststellungsvergleich damit argumentieren, dass trotz der Kenntnis der Thematik aus dem KapMuG und des dort ausdrücklich vorgenommen Ausschlusses eines Feststellungsvergleichs, innerhalb des Musterfeststellungsverfahrens keine vergleichbar präzise Wortwahl getroffen wurde, die einen solchen Vergleich ausschließt.[318] Hätte der Gesetzgeber für die Musterfeststellungsklage ebenfalls die Absicht gehabt, die Möglichkeit eines Feststellungsvergleiches auszuschließen, so hätte ein Ausschluss, wie im KapMuG, ausdrücklich erfolgen können. Insofern kann aus dem Umkehrschluss (argumentum e contrario) gefolgert werden, dass der Gesetzgeber die Möglichkeit eines Feststellungsvergleichs für die Musterfeststellungsklage aufrechterhalten wollte.

Dafür können auch die unterschiedlichen Anwendungsbereiche des KapMuG Verfahrens einerseits und der Musterfeststellungsklage andererseits angeführt werden. Ziel des KapMuG Verfahrens ist es, mehreren gleichgelagerten Schadensfällen, die aus dem Bereich des Kapitalanlegerrechts entstammen, die Möglichkeit der Interessenbündelung zu verschaffen.[319] Der Anwendungsbereich ist nach § 1 Abs. 1 KapMuG auf Schadensersatzansprüche und Erfüllungsansprüche aus Vertrag beschränkt. Dass der Anwendungsbereich des KapMuG sich nur auf Ansprüche beschränkt, wird auch aus § 10 Abs. 2 S. 1 KapMuG ersichtlich, wonach „innerhalb einer Frist von sechs Monaten ab der Bekanntmachung nach Absatz 1 … ein *Anspruch* schriftlich gegenüber dem Oberlandesgericht zum

---

316 *Vollkommer*, in: KK-KapMuG (1. Aufl. 2008), § 14 Rn. 47; *Wolf*, in: Vorwerk/Wolf, KapMuG, 1. Aufl., § 14 Rn. 21; *Schneider/Heppner*, BB 2012, 2703, 2704.

317 *Wigand*, in: Vorwerk/Wolf, KapMuG, § 17 Rn. 5.

318 *Beckmann/Waßmuth*, WM 2019, 45 f.

319 *Radtke-Rieger*, in: Vorwerk/Wolf, KapMuG, § 1 Rn. 1.

Musterverfahren angemeldet werden" kann. Nicht erfasst werden vom Anwendungsbereich des KapMuG, im Unterschied zum Musterfeststellungsverfahren, Rechtsverhältnisse.

Da dem KapMuG Verfahren stets Ansprüche zugrunde liegen müssen, erscheint es verständlich, dass im KapMuG Verfahren keine Feststellungsvergleiche zulässig sind. Ein Feststellungsvergleich könnte niemals zu einer von § 17 Abs. 1 S. 1 KapMuG geforderten Beendigung der Ausgangsverfahren führen, da die Ansprüche stets auf Leistung gerichtet sind. Für das Musterfeststellungsverfahren gilt etwas Anderes. Streitgegenstand eines Musterfeststellungsverfahrens kann nach § 606 Abs. 1 S. 1 ZPO theoretisch nur die Feststellung des Vorliegens oder Nichtvorliegens von tatsächlichen oder rechtlichen Voraussetzungen für das Bestehen oder Nichtbestehen eines Rechtsverhältnisses sein. Ein Rechtsverhältnis setzt allerdings, wie später noch ausführlicher dargestellt wird, als Rechtsfolge keine Leistung voraus.

So kann beispielsweise mit der Musterfeststellungsklage die Feststellung beantragt werden, dass das Vertragsverhältnis durch eine erklärte Kündigung oder Anfechtung des beklagten Unternehmens nicht beendet worden ist, wenn der Kläger die erklärte Kündigung oder Anfechtung für unwirksam hält.[320] Rechtsfolge des klärungsbedürftigen und feststellungsfähigen Rechtsverhältnisses: „Unwirksamkeit der Kündigung oder der Anfechtung", ist nur die abschließende Klärung, dass mit der ausgesprochenen Kündigung bzw. Anfechtung, der Vertrag nicht beendet wurde.

Bei dem, dem zuvor dargestellten theoretischen Beispielsfall, zugrundeliegenden realen Fall aus der Praxis führt das Rechtsverhältnis: „Unwirksamkeit der Kündigung eines Mietvertrages",[321] nicht zu einer Leistung. Aus der Unwirksamkeit der Kündigung folgt kein Handeln, Dulden oder Unterlassen. Insbesondere der Gebrauch der Mietsache folgt aus dem Anspruch aus § 535 Abs. 1 S. 1 BGB und resultiert nicht aus dem Rechtsverhältnis „Unwirksamkeit der Kündigung".

Auch im Hinblick auf die Wirksamkeit einer Anfechtung nach §§ 142, 143 BGB zeigt sich, dass die Rechtsfolge eines Rechtsverhältnisses keine Leistung sein muss. Die Rechtsfolge des Rechtsverhältnisses: „Anfechtung"[322] ist nach § 142 Abs. 1 BGB die Nichtigkeit des angefochtenen Rechtsgeschäfts von Anfang

320 BGH NJW 2008, 2178 Rn. 37; Vgl. *Bacher*, in: BeckOK, ZPO, § 256 Rn. 26.2, im Hinblick darauf, dass das Verständnis bezüglich der Terminologie „Rechtsverhältnis" dasselbe sein sollte.

321 BGH NJW 2008, 2178 Rn. 37.

322 *Bacher*, in: BeckOK, ZPO, § 256 Rn. 26.2.

an. Aus der Anfechtung erfolgt ebenfalls keine Leistung. Eine Leistung kann allerdings aus der Rechtsfolge der Anfechtung, der Nichtigkeit des Rechtsgeschäfts, folgen.

(2) Allgemeine zivilprozessuale Vorgaben (Die Ausschaltungsbefugnis)

Ein Grund, der gegen die Zulässigkeit der Beendigung des Verfahrens durch einen Feststellungsvergleich sprechen könnte, könnte sich aus einem Spannungsverhältnis zwischen dem Anwendungsbereich der Musterfeststellungsklage und den für das Vergleichsverfahren geltenden allgemeinen zivilprozessualen Vorgaben[323] ergeben. Hierbei sind die bereits zuvor erwähnte Dispositionsbefugnis der Parteien und ihre Reichweite im Vergleich von zentraler Bedeutung.

So könnte die von der Auffassung, die die Zulässigkeit eines Feststellungsvergleichs ablehnt, angeführte Ausschaltungsbefugnis dazu führen, dass ein Feststellungsvergleich ausgeschlossen ist. Unter der sog. Ausschaltbefugnis wird die Möglichkeit des Klägers oder beider Parteien verstanden, den Streitgegenstand auf bestimmte rechtliche Gesichtspunkte zu beschränken. Diese Befugnis wird von der h.M., genauso wie das Recht der Parteien, das Gericht an eine übereinstimmend vorgetragene Rechtsansicht zu binden, abgelehnt.[324] Aus § 253 Abs. 2 Nr. 2 ZPO soll hervorgehen, dass die Abgrenzung des Streitstandes ausschließlich durch die im Antrag der Klage bezeichnete Rechtsfolge erfolgt.[325] Die Ablehnung der Ausschaltungsbefugnis kann darauf gestützt werden, dass die Parteiherrschaft im Zivilprozess nicht grenzenlos bestehen soll. Die Dispositionsbefugnis der Parteien erstrecke sich lediglich auf das tatsächliche

323 BT-Drs. 19/2439 S. 27.

324 BGH NJW 1958, 1968; BGH JR 1969, 102, 103 = MDR 1969, 468 = LM BGB § 125 Nr. 29; *Vollkommer*, in: Zöller ZPO, Einl. Rn. 84; *Wolf*, in: Vorwerk/Wolf, KapMuG, 1. Aufl., § 14 Rn. 23; *Musielak*, in: MüKo, ZPO, § 308 Rn. 19; *Becker-Eberhard*, in: MüKO, ZPO, § 253 Rn. 66, 72, *Feskorn*, in: Zöller, ZPO, § 308 Rn. 5; Gottwald, in: Rosenberg/Schwab/Gottwald, ZPO, § 77 Rn. 10 f.; Jauernig/Hess, Zivilprozessrecht, § 25 Rn. 3; *Kern*, in: Stein/Jonas, ZPO, vor § 128 Rn. 190; *Henckel*, 272 ff.; *Rimmelspacher*, 242 ff.; *Georgiades*, 268 ff.; *Kion*, 120 f.; *Roth*, ZZP, 124 (2011), 3, 21; *Roth*, in: Stein/Jonas, vor § 253 Rn. 66; Nach der Gegenauffassung ist eine Beschränkung des Streitgegenstandes nicht zwingend ausgeschlossen. Der Streitgegenstand soll zumindest auf einzelne Ansprüche beschränkt werden könne, sofern ein echter prozessualer Verzicht auf die übrigen in Betracht kommenden Ansprüche vorliegt. Siehe dazu: *A. Blomeyer*, FS Lent, 1957, 43, 62; *Lüke*, JuS 1961, 41, 46; ders. NJW 1961, 1390, 1391; *Würthwein*, 61 ff., 153 ff.; *Schlosser*, 33 ff.

325 *Vollkommer*, in: Zöller, ZPO, Einl. Rn. 84.

Vorbringen im Verfahren, bei der Anwendung des Gesetzes auf den festgestellten Sachverhalt sei der Richter unterdessen frei.[326] Wodurch insofern den römischen Rechtsgrundsätzen: „iura novit curia[327] – Das Gericht kennt das Recht", sowie „da mihi factum, dabo tibi ius – Gib mir den Sachverhalt, ich werde dir das Recht geben", entsprochen wird.[328]

Würde man einen Feststellungsvergleich zulassen, so könnten die Parteien durch diesen die Prüfungskompetenz des Gerichts in den Folgeverfahren einschränken, was entsprechend der vorstehenden Auffassung nicht zulässig sein soll.

Zur Verdeutlichung folgender Beispielsfall:

Die Parteien vereinbaren in einem Feststellungsvergleich, dass die von den angemeldeten Verbrauchern gegenüber dem beklagten Unternehmen erklärte Kündigung der streitgegenständlichen Mietverträge wirksam war. Im Gegenzug nimmt die Klägerin die Klage zurück, mit welcher u.a. noch im Einzelnen festgestellt werden sollte, seit wann die Kündigungen wirksam waren. Über den Zeitpunkt der Kündigung konnte keine Einigung erzielt werden.

In den Folgeverfahren, die auf die Rückzahlung der zu viel gezahlten Mietzinsen gerichtet sind, wäre das Gericht an die vereinbarte Wirksamkeit der Kündigung gebunden und könnte sie nicht eigenständig überprüfen.

Das Gericht wäre damit nicht in der Anwendung des Gesetzes frei.

Der generelle Ausschluss der Dispositionsbefugnis der Parteien in Bezug auf das materielle Recht ist für den regulären Zivilprozess allerdings auch nicht unumstritten.[329] Schließlich stellt er einen Eingriff in die Privatautonomie der Parteien und damit in deren Grundrechte dar. Deshalb wird teilweise die Ansicht vertreten, dass ein Abweichen vom materiellen Recht durch die Parteien im Prozess generell möglich sein soll. Begründet wird diese Auffassung damit, dass sich dadurch allein die Parteien einem Risiko aussetzen würden und zudem nur so der Prozesszweck, der darin liegen soll, dass der zwischen den Parteien bestehende Konflikt gelöst wird, tatsächlich erreicht werden könnte.[330]

Sofern man nicht bereits, entsprechend der vorstehenden Ansicht, den Parteien generell das Recht einräumt den Prozess entsprechend ihrer Bedürfnisse

326 BGH, Urt. v. 13.12.1968 – V ZR 80/67, BeckRS 1968, 31174829; *Magnus*, ZfPW 2019, 283, 288.

327 *Prütting*, in: MüKo, ZPO, 5. Aufl. 2016, § 293 Rn. 2 ff. m.w.N.; *Würthwein*, 61.

328 *Melissinos*, 17, 81, 95 a.E.

329 *Wolf*, in: Vorwerk/Wolf, KapMuG, 1. Aufl., § 14 Rn. 23; *Schlosser*, 33.

330 *Würthwein*, S. 119 f., 128 ff.; *Schlosser*, 33 ff.; 96 ff.; *Grunsky*, 22; *Wagner*, 626.

einzuschränken, so soll eine Ausnahme zugunsten einer Ausschaltungs- oder Beschränkungsbefugnis der Parteien zumindest dann bestehen, sofern das materielle Recht eine inhaltliche Begrenzung des Prozesses zulässt.[331] Die im materiellen Recht bestehenden Freiheiten der Parteien dürften durch prozessuale Wertungen nicht eingeschränkt werden.[332] Für eine solche, bereits aus dem materiellen Recht folgende Einschränkung werden u.a. der Scheck, das Schuldversprechen oder das Schuldanerkenntnis aufgeführt.[333] Im Schrifttum nicht genannt, aber dem materiellen Recht zuzuordnen, ist der Vergleichsvertrag. Das vorstehend Geschriebene einbeziehend, könnte sich somit aus dem Vergleichsvertrag ebenfalls das Recht der Parteien ergeben, den Prozess inhaltlich zu begrenzen.

(a) Die Disposition durch Vergleich

Betrachtet man den materiell-rechtlichen Vergleichsvertrag nach § 779 BGB, so ist es den Parteien mithilfe des Vergleiches, anders als dem Gericht durch ein Urteil, gestattet, die materielle Rechtslage zu ändern.[334] Die Parteien können zur Beseitigung der, dem Vergleich zugrundeliegenden, Ungewissheit „schlicht vereinbaren, was fortan zwischen ihnen zu gelten hat."[335] Eine Beschränkung der Dispositionsbefugnis betreffend den Vergleichsinhalt besteht für Statusverhältnisse, bei einer Einbeziehung Dritter, oder bei Vergleichen, welche dingliche Wirkungen regeln sollen. Für Letztere ist eine vertragliche Vereinbarung der Parteien ausgeschlossen, in welcher eine von der tatsächlich bestehenden Rechtslage abweichende dingliche Wirkung geregelt wird. In diesen Fällen kann aus Verkehrsschutzgründen der Vergleich keine Wirkung gegenüber jedem entfalten, vielmehr müssen die notwendigen verfügungsrechtlichen Voraussetzungen erfüllt werden.[336] Die Parteien können jedoch auch in dieser Situation sich gegenseitig derart schuldrechtlich verpflichten, dass sie sich (inter partes) so behandeln lassen, als sei die dingliche Wirkung so eingetreten, wie sie es vereinbart haben.[337]

---

331 *Würthwein*, S. 42 ff., 99, 154; Grunsky, Grundlagen, § 20 I, ZZP 80 (1967), 55 ff.

332 *Wagner*, S. 626.

333 *Becker-Eberhard*, in: MüKo, ZPO, § 253 Rn. 72; *Musielak*, in: MüKo, ZPO, § 308 Rn. 19; *Melissinos*, Die Bindung des Gerichts an die Parteianträge, § 308 I ZPO, S. 88 ff.

334 *J. F. Hoffmann*, in: BeckOGK, BGB, § 779 Rn. 6.

335 *J. F. Hoffmann*, in: BeckOGK, BGB, § 779 Rn. 5; so auch: *Hau*, in: Staudinger, BGB, § 779 Rn. 77; *Bork*, Der Vergleich, 98.

336 *J. F. Hoffmann*, in: BeckOGK, BGB, § 779 Rn. 7.

337 BGH NJW 1986, 2948, 2949; *Fischer*, in: BeckOK, BGB, § 779 Rn. 34 ff.

Die grundsätzlich bestehende Beschränkung der Dispositionsbefugnis, aufgrund der Einbeziehung Dritter in den Vergleich,[338] wäre indes im Musterfeststellungsvergleich durch die ausdrückliche Bindungswirkung des Vergleiches für die Verbraucher nach § 611 Abs. 1, Abs. 5 S. 4 ZPO, sofern diese nicht austreten, nicht gegeben. Die gesetzliche Ausgestaltung des Musterfeststellungsvergleiches weicht insofern, dem Regelungszweck der Musterfeststellungsklage Rechnung tragend, von dieser ansonsten bestehenden Beschränkung ab. Der Wortlaut des § 611 Abs. 1 ZPO gibt unmissverständlich vor, dass der Vergleich im Musterfeststellungsverfahren selbst mit Wirkung gegen die angemeldeten Verbraucher geschlossen werden kann. Dadurch besteht für die qualifizierte Einrichtung im Musterfeststellungsverfahren grundsätzlich auch das Recht, einen Vergleichsvertrag zu schließen, der die Rechte der angemeldeten Verbraucher beschränkt, während ein solcher Vertrag andernfalls als Vertrag zulasten Dritter unwirksam wäre.[339] Anders als im regulären Zwei-Personen-Prozess ergibt sich deshalb für den Musterfeststellungsvergleich keine Beschränkung der Dispositionsbefugnis, weil dadurch die angemeldeten Verbraucher als Dritte in den Vergleichsvertrag einbezogen werden.

Folge des Vergleichsvertrages ist es, dass die getroffenen Bestimmungen die Parteien binden und zugleich dem Gericht die Möglichkeit einer anderweitigen rechtlichen Würdigung entziehen.[340] Dabei liegt es in der Hand der Parteien, in welchem Umfang sie sich vergleichen. Es steht ihnen u.a. frei, ob sie Regelungen bezüglich aller in Betracht kommender Ansprüche, einzelner Ansprüche, oder nur selbstständiger Punkte treffen wollen.[341]

Eine weitere Beschränkung der Dispositionsbefugnis der Parteien hinsichtlich des Vergleichsinhalts ergibt sich zudem aus dem Wortlaut des § 779 BGB, wonach der Streit oder die Ungewissheit der Parteien über ein *Rechtsverhältnis* beseitigt werden muss. Auch mithilfe des Vergleiches ist es den Parteien somit zumindest nicht erlaubt, vollständig frei zu disponieren, da der Inhalt des Vergleiches den Konflikt über ein Rechtsverhältnis lösen muss.

Unter Rechtsverhältnis ist eine bestimmte, rechtlich geregelte Beziehung einer Person zu einer anderen Person oder einer Person zu einer Sache zu verstehen, die ein subjektives Recht enthält oder aus der solche Rechte erwachsen

338 *Habersack*, in: MüKo, BGB, § 779, Rn. 30.

339 Siehe: S. 88.

340 *Habersack*, in: MüKo, BGB, § 779 Rn. 32.

341 *Fischer*, in: BeckOK, BGB, § 779 Rn. 15; *Habersack*, in: MüKo, BGB, § 779 Rn. 25; *Sprau*, in: Palandt, BGB, § 779 Rn. 2.

können.[342] Problematisch erweist sich die Differenzierung zwischen einem Rechtsverhältnis, welches Gegenstand eines Vergleichs und eines Anerkenntnisses sein kann, zu Elementen und Vorfragen eines Rechtsverhältnisses, bei welchen dies nicht zutrifft.[343] Der Grund hierfür liegt darin, dass den Umständen, die für ein Rechtsverhältnis relevant sein können, ihrerseits selbst die Qualität eines Rechtsverhältnisses zugesprochen werden kann.[344] Entscheidendes Kriterium zur Abgrenzung dürfte sein, dass für ein Rechtsverhältnis erforderlich ist, dass sich aus diesem unmittelbar bzw. eigenständig eine Rechtsfolge ergibt.[345] In der neueren Literatur wird der Begriff des Rechtsverhältnisses teilweise nicht mehr derart restriktiv gehandhabt, sondern aus Gründen eines effektiven Rechtsschutzes weiter gefasst, sodass u.a. die Wirksamkeit bzw. Unwirksamkeit einer Willenserklärung und die Rechts- oder Geschäftsfähigkeit Gegenstand einer Feststellungsklage, sowie eines Vergleiches oder eines Anerkenntnisses sein kann.[346] In der Rechtsprechung (Rspr.) werden unter anderem schuldrechtliche Vertragsverhältnisse,[347] wie Kauf,[348] Miete[349] oder Pacht[350] nach § 256 ZPO als feststellungsfähig und damit als Rechtsverhältnisse anerkannt, sofern ihre Wirksamkeit, Existenz oder Dauer in Frage stehen, bspw. aufgrund einer Kündigung oder einer Anfechtung.[351] So kann bspw. die Wirksamkeit einer Kündigung festgestellt werden.[352] Ebenfalls als Rechtsverhältnis anzusehen sind zudem Gestaltungsrechte, wie ein Kündigungsrecht. Bei einem Gestaltungsrecht handelt es sich um ein „Recht des rechtlichen Könnens“,[353] welches für die Zukunft die Rechtsänderung eines bestehenden Schuldverhältnisses herbeiführen kann.[354]

---

342 BGH NJW 2013, 1744 Rn. 16; BGH NJW 2009, 751 Rn. 10; BGH NJW 200, 2280, 2281; *Bork*, 101; *Ghassemi-Tabar/Eckner*, NZM 2011, 869, 870; *Greger*, in: Zöller, ZPO, § 256 Rn. 3.

343 BGH NJW 1984, 1556; 1982, 1878, 1879; *Trzaskalik*, 132 ff. m.w.N.; *Bork*, 102; *Jacobs*, 36.

344 *Becker-Eberhard*, in: MüKo, ZPO, § 256 Rn. 24.

345 BGH NJW 2013, 1744 Rn. 16; BeckRS 2013, 06253; *Bacher*, in: BeckOK, ZPO, § 256 Rn. 3; *Jacobs*, 245, 253 ff.; 515.

346 *Becker-Eberhard*, in: MüKo, ZPO, § 256 Rn. 27.

347 RGZ 147, 374.

348 BGH MDR 1967, 828.

349 BGH NJW 2001, 221, 222.

350 BGH DB 1965, 1854.

351 Vgl. insgesamt *Becker-Eberhard*, in: MüKo, ZPO, § 256 Rn. 11 m.w.N.

352 *Ghassemi-Tabar/Eckner*, NZM 2011, 869, 870.

353 RGZ 92, 1, 6.

354 *Ghassemi-Tabar/Eckner*, NZM 2011, 869, 872 m.w.N.

Legt man dies zu Grunde, so muss dem Wortlaut des § 779 BGB entsprechend, ein Vergleich der Parteien zumindest zulässig sein, sofern dadurch die Ungewissheit der Parteien über ein Rechtsverhältnis beseitigt wird.[355] Da Rechtsfolge des Rechtsverhältnisses, welches Gegenstand des Vergleiches ist, nicht unmittelbar eine Leistung sein muss, ergibt sich auch kein Zwang, dass ein Vergleich auf Leistung gerichtet sein müsste.[356] Übertragen auf das Musterfeststellungsverfahren bedeutet dies, dass ein Feststellungsvergleich auch dort zulässig sein muss, sofern die Ungewissheit über ein Rechtsverhältnis beseitigt wird.

(b) Die Disposition durch Anerkenntnis

Für eine Dispositionsbefugnis im zuvor genannten Sinne und damit für die Zulässigkeit eines Feststellungsvergleiches würde es sprechen, wenn das beklagte Unternehmen das Recht besäße, den gegen es geltend gemachten Anspruch nach § 307 ZPO anzuerkennen. In diesem Fall hätte ein Anerkenntnisurteil die gleiche Wirkung wie ein reguläres Musterfeststellungsurteil, nämlich die Bindungswirkung für den Beklagten in den Folgeprozesses nach § 613 Abs. 1 ZPO.[357] Im Unterschied zum regulären Musterfeststellungsurteil unterläge das Anerkenntnis und damit auch das Anerkenntnisurteil aber der Disposition des Beklagten. Insoweit weist das Anerkenntnis Ähnlichkeit zu einem Vergleich auf. Der Unterschied besteht einzig darin, dass beim Vergleich die Parteien den Prozess gemeinsam beschränken würden, während bei einem Anerkenntnis die Begrenzung alleine dem Beklagten obliegt. In beiden Fällen erfolgt jedoch eine Einschränkung des Prüfungsrechts des Gerichts des späteren Individualverfahrens.

Die Möglichkeit eines Anerkenntnisses wird für die Musterfeststellungsklage grundsätzlich[358] anerkannt,[359] sofern der prozessuale Anspruch keine reine Rechtsfrage betrifft.[360] Dafür spricht, dass ein ausdrücklicher Ausschluss des Anerkenntnisses nach § 307 ZPO durch den Gesetzgeber in den Regelungen zur Musterfeststellungsklage nicht vorgenommen wurde.[361] Trotz der Befürwortung der Möglichkeit eines Anerkenntnisses, erscheint dieses im Rahmen der

---

355 Vgl. *Bork*, 100; *Oertmann*, 78.

356 Vgl. *Bork*, 102.

357 *Röthemeyer*, § 612 Rn. 4.

358 Der Kläger soll im Fall der Widerklage des Beklagten nicht anerkennen dürfen: *de Lind van Wijngaarden*, in: Nordholtz/Mekat, Rn. 108 ff.

359 *de Lind van Wijngaarden*, in: Nordholtz/MekatRn. 107 ff.; *Röthemeyer*, § 610 Rn. 69.

360 *de Lind van Wijngaarden*, in: Nordholtz/Mekat, Rn. 110.

361 *de Lind van Wijngaarden*, in: Nordholtz/Mekat, Rn. 107.

Musterfeststellungsklage als nicht unproblematisch, weil sich die Feststellungsziele nach § 606 Abs. 1 S. 1 ZPO auch nur auf Anspruchsvoraussetzungen beziehen können. Das Anerkenntnis führt im regulären Prozess eigentlich dazu, dass das Gericht von seiner Verpflichtung zur Prüfung des Anspruchs entbunden ist, weil der Beklagte den Anspruch anerkannt hat und dieser somit als existent zu behandeln ist.[362] Im Fall der Anerkennung eines Feststellungsziels im Musterfeststellungsverfahren könnte dies jedoch dazu führen, dass eine ungeprüfte Tatbestandsvoraussetzung in das Urteil des Folgeverfahren miteinbezogen werden müsste, was eigentlich nicht zulässig sein soll.[363]

Allerdings wird bereits im regulären Verfahren von der h.M.[364] ein „eingeschränktes Anerkenntnis", d.h. ein Anerkenntnis des erhobenen Anspruchs unter gleichzeitiger Geltendmachung von materiell-rechtlichen Einwendungen oder Einreden, für zulässig erachtet. Dieses „eingeschränkte Anerkenntnis" hat zur Konsequenz, dass das Gericht den Grund des Anspruchs ganz oder teilweise, oder präjudizielle Rechtsverhältnisse ungeprüft in sein Urteil übernehmen muss.[365]

Die Gegenauffassung lehnt ein „eingeschränktes Anerkenntnis" mit der Begründung ab, dass dadurch die richterliche Kompetenz zur rechtlichen Prüfung eingeschränkt würde, was durch § 307 ZPO nicht gerechtfertigt sei. Dies selbst dann, wenn die anzuerkennenden Elemente Gegenstand einer selbstständigen Leistungs- oder Feststellungsklage sein könnten.[366] Teile eines Klageanspruchs sollen nach § 307 Abs. 1 ZPO nur Gegenstand eines Anerkenntnisses sein können, wenn diese die Voraussetzungen für den Erlass eines Teilurteils erfüllen,[367] oder sofern über sie eine Zwischenfeststellungsklage erhoben wurde.[368]

Folgt man der h.M., so wird man das Recht zum Anerkenntnis auch im Musterfeststellungsverfahren annehmen können, da das Anerkenntnis eines

---

362 *Musielak*, in: MüKo, ZPO, § 307 Rn. 11, 22.

363 *Musielak*, in: MüKo, ZPO, § 307 Rn. 10.

364 BGHZ 107, 142, 147 = NJW 1989, 1934; unklar BGH NJW 1986, 2948, 2949; *Arens*, ZZP 83 (1970), 356, 361; *Gottwald*, in: Rosenberg/Schwab/Gottwald, § 131 Rn. 43 (§ 307 analog); *Reichhold*, in: Thomas/Putzo, § 307 Rn. 2; *Schilken*, ZZP 90 (1977), 157, 182; ähnlich *Baur*, FS Bötticher, 1969, 1, 10; *Grunsky*, § 3 II, § 10I; *Wolf*, 64 ff.; *Würthwein*, 131 ff.; a.A. *Häsemeyer*, ZZP 85 (1972), 207, 228; *Hunke*, in: Anders/Gehle, § 307 Rn. 6.

365 *Musielak*, in: MüKo, ZPO, § 307 Rn. 9 ff.

366 *Musielak*, in: MüKo, ZPO, § 307 Rn. 10 f.

367 *Musielak*, in: MüKo, ZPO, § 307 Rn. 12.

368 *Musielak*, in: MüKo, ZPO, § 307 Rn. 11 a.E.

Feststellungsziels, die gleiche Konsequenz hätte wie ein „eingeschränktes Anerkenntnis“ im regulären Verfahren. In beiden Fällen wäre das Prüfungsrecht des Gerichts, in Bezug auf den Gegenstand des Anerkenntnisses, eingeschränkt. Und in beiden Fällen hätte eine weitergehende Prüfung durch das Gericht, unter Berücksichtigung des Anerkenntnisses, zu erfolgen.

Für die h.M. spricht, dass Gegenstand des Anerkenntnisses nach § 307 ZPO der prozessuale Anspruch[369] und nicht ein materiell-rechtlicher Anspruch ist. So kann insbesondere auch der prozessuale Anspruch einer Feststellungsklage anerkannt werden.[370] Das Anerkenntnis in einer Feststellungsklage kann jedoch ebenfalls dazu führen, dass nur ein Teil des materiellen Anspruchs der Überprüfung entzogen ist. So kann die Wirksamkeit eines Schuldverhältnisses Gegenstand einer Feststellungsklage sein[371] und anerkannt werden, was dazu führt, dass in einem weiteren Prozess die Wirksamkeit des Schuldverhältnisses ungeprüft vom Gericht in seine weitere Prüfung einbezogen werden muss.

Es erscheint somit nicht plausibel, ein „eingeschränktes Anerkenntnisses“ abzulehnen, sofern das Element, auf welches sich das Anerkenntnis bezieht, selbstständiger Gegenstand einer Feststellungsklage sein und dort anerkannt werden könnte und stattdessen ein Anerkenntnis nur bei erhobener Zwischenfeststellungsklage zuzulassen.[372] Für die Zwischenfeststellungsklage, mit deren Hilfe Rechtsverhältnisse festgestellt werden können, welche für die Entscheidung vorgreiflich sind und ansonsten nicht der objektiven Rechtskraft zugänglich wären,[373] gilt grundsätzlich das gleiche Verständnis in Bezug auf die Voraussetzungen für das Bestehen eines Rechtsverhältnisses, wie bei der regulären Feststellungsklage.[374] Sofern das anzuerkennende Element Gegenstand einer Zwischenfeststellungsklage sein kann und damit die Möglichkeit zur Erhebung einer solchen bestünde, wäre die tatsächlich Erhebung dieser nur ein unnötiger formaler Zwischenschritt. Die Notwendigkeit dieser wäre nicht gegeben, weil das „eingeschränkte Anerkenntnis“ die gleiche Bindungswirkung hätte. Ein „eingeschränktes Anerkenntnis“ muss insofern zulässig sein, sofern ein Rechtsverhältnis anerkannt wird.

---

369 *Reichold*, in: Thomas/Putzo ZPO, § 307 Rn. 2.

370 *Becker-Eberhard*, in: MüKo, ZPO, § 256 Rn. 74.

371 *Becker-Eberhard*, in: MüKo, ZPO, § 256 Rn. 11.

372 *Musielak*, in: MüKo, ZPO, § 307 Rn. 11 a.E.

373 *Bacher*, in: BeckOK, ZPO, § 256 Rn. 39.

374 BGH NJW 1877, 1288/1289 f.; *Bacher*, in: BeckOK, ZPO, § 256 Rn. 41.

Für die Musterfeststellungsklage muss letztlich auch die Gegenauffassung, die eigentlich ein „eingeschränktes Anerkenntnis" ablehnt, aufgrund der dort bestehenden Möglichkeit eines Teilurteils, regelmäßig zur Zulässigkeit eines Anerkenntnisses kommen. Werden mit der Musterfeststellungsklage mehrere Feststellungsziele verfolgt, so handelt es sich um eine objektive Klagehäufung, bei welcher ein Teilurteil grundsätzlich zulässig sein soll. Ein anderes soll sich nur ergeben, sofern dadurch die Gefahr einer widersprechenden Entscheidung in Bezug auf das Schlussurteil entsteht, was insbesondere bei einer „materiellrechtlichen Verzahnung", oder einer prozessualen Abhängigkeit der Ansprüche anzunehmen ist.[375] Besteht diese Gefahr im jeweiligen Musterfeststellungsprozess nicht, was theoretisch der Fall sein kann, so bestünde die Möglichkeit eines Teilurteils und damit auch die eines Anerkenntnisses.[376] Vorausgesetzt die speziellen Vorgaben der Musterfeststellungsklage, insbesondere die notwendige Anzahl an betroffenen Verbrauchern, sind gegeben, könnte jeder einzelne Streitgegenstand zum Gegenstand einer individuellen Musterfeststellungsklage gemacht werden. Sind insofern über die jeweiligen Streitgegenstände eigenständige Klagen und damit auch eigeständige Urteile möglich, so muss auch in einer Musterfeststellungsklage mit mehreren Streitgegenständen mithilfe von Teilurteilen entschieden werden können.

Die Tatsache, dass es dem beklagten Unternehmen somit freisteht, ob es einen gegen sich geltend gemachten prozessualen Anspruch, dessen Gegenstand ein Rechtsverhältnis ist, anerkennt, spricht auch für die Möglichkeit eines Feststellungsvergleiches im Musterfeststellungsverfahren. Bei Feststellungszielen, über deren Bestehen das beklagte Unternehmen eigenständig durch Anerkenntnis entscheiden kann, muss auch einvernehmlich durch die Parteien im Wege des Vergleiches verfügt werden können.

(c) Zwischenergebnis

Die sog. Ausschaltungsbefugnis und der Vergleich betreffen zwei unterschiedliche Regelungskomplexe, die sich gegenseitig nicht ausschließen. Die fehlende Möglichkeit zur Einschränkung des Streitgegenstandes durch den Kläger auf bestimmte rechtliche Gesichtspunkte hängt mit dem prozessualen Streitgegenstand zusammen und ist damit Gegenstand des Prozessrechts (formellen Rechts). Der Vergleichsvertrag nach § 779 Abs. 1 BGB ist hingegen, wie sich dem

---

375 BGH NJW 2004, 1662/1664 f.; BGH NJW 2018, 623 Rn. 7; *Elzer*, in: BeckOK, ZPO, § 301 Rn. 17.

376 *Elzer*, in: BeckOK, ZPO, § 307 Rn. 14.

Wortlaut der Norm ausdrücklich entnehmen lässt, ein privatrechtliches Rechtsgeschäft und damit dem materiellen Recht zuzuordnen.[377]

Das Prozessrecht und das materielle Recht stellen zwei getrennte Materien dar, die sich sowohl von ihrer Rechtsnatur, als auch von ihrem Gegenstand und ihrem Ziel grundlegend unterscheiden.[378] Die Differenzierung zwischen den beiden Materien, auch wenn sie aufeinander bezogen sind,[379] hat zur Konsequenz, dass sich die für das Zivilprozessrecht geltenden Bestimmungen, nicht auf das materielle Recht auswirken müssen.

Für die streitgegenständliche Frage, ob die, dem Zivilprozessrecht entstammende, Ausschaltungsbefugnis sich auf einen materiell-rechtlichen Vergleichsvertrag auswirkt, wird man zu dem Ergebnis gelangen müssen, dass eine Auswirkung nicht erfolgt. Anders als durch einen Klageantrag, in welchem der Kläger ausdrücklich verlangt, dass dieser Antrag nur unter gewissen rechtlichen Gesichtspunkten zu prüfen sei,[380] oder in einem Fall, in welchem die Parteien dem Gericht eine übereinstimmende Rechtsauffassung vorgeben wollen,[381] wird durch den Inhalt des Vergleichsvertrages der prozessuale Streitgegenstand nicht, eingeschränkt. Auch bei dem Bestehen eines Vergleichsvertrages prüft das Gericht die Klageanträge unter sämtlichen rechtlichen Gesichtspunkten.[382] Bei der Prüfung dieser rechtlichen Gesichtspunkte hat das Gericht allerdings die von den Parteien im Vergleich getroffenen Bestimmungen hinsichtlich der zwischen ihnen geltenden Rechtslage zu berücksichtigen,[383] sofern der Vergleich von einer Partei in den Prozess eingebracht wurde.[384] Insoweit nimmt der Vergleichsvertrag keinen unzulässigen Einfluss auf den prozessualen Streitgegenstand, sondern muss vielmehr als Teil des Streitgegenstands, nämlich als Element des vorgetragenen Lebenssachverhalts, in die gerichtliche Entscheidung einbezogen werden.[385] Das Gericht in den Folgeverfahren entscheidet mithin, auch bei Einbringung eines Vergleichsvertrages, über sämtliche in Betracht kommende

377 *Fischer*, in: BeckOK, BGB, § 779 Rn. 75; *J. F. Hoffmann*, in: BeckOGK, BGB, § 779 Rn. 1; *Habersack*, in: MüKo, BGB, § 779 Rn. 1

378 Vgl. *Zöllner*, AcP 1990, 190, 471.

379 *Zöllner*, AcP 1990, 190, 471; *Jacobs*, 1.

380 *Vollkommer*, in: Zöller, ZPO, Einl. Rn. 84.

381 BGH NJW 1958, 1968.

382 *Melissinos*, 61.

383 *Habersack*, in: MüKo, BGB, § 779 Rn. 34.

384 *Habersack*, in: MüKo, BGB, § 779 Rn. 39.

385 *Vollkommer*, in: Zöller, ZPO, Einl. 83; *Wolf*, in: Vorwerk/Wolf, KapMuG, 1. Aufl., § 14 Rn. 25.

materiell-rechtliche Ansprüche und damit über den gesamten Streitgegenstand. Somit würde sich auch die Rechtskraftwirkung eines Urteils in einem Folgeverfahren, in welchem ein Feststellungsvergleich eingebracht wurde, nicht von der eines Urteil, in welchem kein Feststellungsvergleich eingebracht wurde, unterscheiden.[386]

Die von dem Feststellungsvergleich ausgehenden Folgen für das Verfahren unterscheiden sich nicht von einem, den Zivilprozess zulässigerweise beschränkenden Schuldversprechen oder Schuldanerkenntnis.

Das nachfolgende Beispiel soll das Nebeneinanderbestehen von Ausschaltungsbefugnis und materiell-rechtlichem Vergleich verdeutlichen.

A und B schließen einen Vertrag, in welchem sich A verpflichtet Stromleitungen im Haus des B zu reparieren. In dem Vertrag erklärt A ausdrücklich, dass er einen Meister in Elektrotechnik gemacht habe. Aufgrund mangelhafter Ausführung der Arbeiten kommt es zu einem kleinen Brand, durch welchen die Couch des B im Wert von 2.000 € vollständig zerstört wird. Als B den A auf seine Unfähigkeit anspricht, gesteht dieser, dass er nie seinen Meister in Elektrotechnik gemacht habe, sondern sein Wissen durch YouTube Videos erlangt habe. A glaubt dem B nicht, dass seine Couch 2.000 € wert gewesen sein soll und ist der Meinung, dass er zumindest einen Anspruch auf Zahlung seines Lohnes für die bisher erbrachten Arbeiten habe. Die Beiden einigen sich in einem schriftlichen Vertrag, dass A sich verpflichtet nur 1.500 € für die zerstörte Couch zu bezahlen, dafür erklärt A in dem Vertrag, dass er B arglistig getäuscht hatte und die erfolgte Anfechtung des B wirksam sei.

Eine Woche später erhebt A, trotz des geschlossenen Vergleichs, beim zuständigen Amtsgericht Klage auf Zahlung seines ausstehenden Lohnes in Höhe von 3.000 €. In seiner Klageschrift führt A, der ein Semester Jura studiert hatte, aus, dass er seinen Anspruch nur auf § 823 Abs. 1 BGB stützen wolle, weil B durch die Nichtzahlung des vereinbarten Lohns den A in seinem Eigentum verletzt hätte. B stimmt der Klage des A zu.

Das Gericht wird im vorliegenden Fall, auch wenn B der Klage in dieser Form zugestimmt hat, den Anspruch des A auf Lohn nicht einzig unter Berücksichtigung des § 823 Abs. 1 BGB prüfen, sondern in seine Prüfung sämtliche, nach der Klagebegründung des A in Betracht kommende Ansprüche miteinbeziehen. Sofern eine der Parteien den Vergleichsvertrag in den Prozess einbringt, hat das Gericht die festgestellte Wirksamkeit der Anfechtung in seiner Entscheidung zu berücksichtigen. Dem Gericht ist deshalb bei seiner Prüfung eines vertraglichen Anspruchs die ex tunc Nichtigkeit des Vertrages vorgegeben.

Bei der Reichweite des Inhalts des Feststellungsvergleichsvertrages sind die Parteien an die allgemeinen Bestimmungen des Vergleiches gebunden. Ein

---

386 *Würthwein*, 156.

Vergleich ist insbesondere nur zulässig, soweit durch ihn ein Rechtsverhältnis abschließend geregelt wird.

So kann zwischen den Parteien beispielsweise innerhalb des Vergleichs vereinbart werden, dass ein Mietvertrag[387] oder, wie im vorangegangenen Beispielsfall, eine erfolgte Anfechtung[388] wirksam war.

Unzulässig ist demgegenüber ein Vergleich über ein Feststellungsziel, sofern dessen Inhalt ausschließlich auf die Feststellung einer Rechtsansicht abzielt.[389]

Die Parteien können beispielsweise nicht ausschließlich vereinbaren, dass eine vom BGH vertretene Ansicht für diese nicht gelten soll. Die Einigung über eine übereinstimmend vertretene Rechtsansicht führt für sich genommen nicht zu einer Rechtsfolge. Wollen die Parteien einvernehmlich von einer, vom BGH vertretenen Ansicht abweichen, so müssen die Parteien das gesamte Rechtsverhältnis, unter Zugrundelegung der einverständlich vertretenen Ansicht, regeln.

Gleiches gilt für einen Vergleich über Tatsachen, da sich aus dem Regelungsinhalt keine Rechtsfolgen ergeben.[390] Ein Vertrag, in dem sich die Parteien über das Vorliegen oder Nichtvorliegen von Tatsachen einigen und in dem sie sich verpflichten, Abweichendes weder prozessual noch außergerichtlich zu behaupten, sog. Geständnisvertrag, stellt, sofern man den Vertrag überhaupt als zulässig erachtet,[391] daher keinen Vergleich dar.[392]

Einigen sich die Parteien beispielsweise darüber, dass sie ein Schriftstück an einem bestimmten Tag unterschrieben haben, ergibt sich hieraus unmittelbar keine Rechtsfolge.

Insofern stimmt die Dispositionsbefugnis bezüglich der Inhalte des Vergleiches und des Anerkenntnisses, sowohl im regulären Verfahren als auch im Musterfeststellungsverfahren überein.

---

387 BGH NJW 2001, 221, 222; *Becker-Eberhard*, in: MüKo ZPO, § 256 Rn. 11.

388 *Ghassemi-Tabar/Eckner*, NZM 2011, 869, 872.

389 Für das KapMuG geht der Wille des Gesetzgebers zum Ausschluss eines Vergleiches über Rechtsfragen ausdrücklich aus der Gesetzesbegründung hervor, siehe: BT-Drs. 17/8799, 24.

390 *Habersack*, in: MüKo, BGB, § 779 Rn. 33; *Bork*, 105 ff.; *Jacobs*, 516.

391 Nach e.A. sind Geständnisverträge grundsätzlich unzulässig: *Frankenstein*, 18; *Hegler*, S. 124 ff., 130; *Lehmann*, 80; *Tägert*, 53 f.; Nach a.A. sind diese zulässig und führen dazu, dass ein dem Vertrag widersprechender Vortrag einer Partei im Prozess prozessual unzulässig bzw. rechtsmissbräuchlich und deshalb unbeachtlich ist. Vgl. *Bork*, 107; *Baumgärtel*, 248 ff., 255, 258; *Schiedermair*, 120 f.; Schlosser, 45; vgl. auch BGH NJW 1984, 805.

392 *Bork*, 105 ff.

cc) Sinn und Zweck

Gegen die Zulässigkeit des Abschlusses eines Feststellungsvergleiches könnte jedoch der Sinn und Zweck des Musterfeststellungsvergleiches sprechen. Der Vergleich soll grundsätzlich der einfachen, schnellen und damit prozessökonomischen Befriedigung gleichgelagerter Streitigkeiten dienen.[393] Zur Beantwortung der Frage, ob ein Feststellungsvergleich diesem Ziel zumindest nicht entgegensteht, dürfte von maßgeblicher Bedeutung sein, ob dieser einen Mehrwert für die Verbraucher haben kann.

Hierbei wird man einzelfallabhängig entscheiden müssen, ob die Vorteile eines Feststellungsvergleiches die Vorteile einer weiteren Geltendmachung der Feststellungsziele mithilfe der Musterfeststellungsklage überwiegen. Diese Beurteilung stellt jedoch einen Teil der Angemessenheitsprüfung dar[394] und spricht nicht gegen die generelle Zulässigkeit des Feststellungsvergleichs.

dd) Historische Auslegung

Die Gesetzesmaterialien zur Musterfeststellungsklage geben keine ergiebigen Hinweise zur Zulässigkeit bzw. Unzulässigkeit eines Feststellungsvergleiches. Zwar heißt es darin, dass die Parteien nach § 611 Abs. 2 ZPO bestimmte Inhalte zur Grundlage des Vergleichs machen sollen.[395] Wie jedoch bereits zuvor ausgeführt, handelt es sich bei § 611 Abs. 2 ZPO nicht um eine verpflichtende Regelung, sodass daraus keine Schlüsse gezogen werden können, ob ein Feststellungsvergleich zulässig ist.

d) Fazit

Ein Feststellungsvergleich im Musterfeststellungsverfahren ist grundsätzlich zulässig, sofern durch den Vergleich der Streit oder die Ungewissheit bezüglich zumindest eines Rechtsverhältnisses beseitigt wird. Da die Rechtsfolge eines Rechtsverhältnisses nicht eine Leistung sein muss, muss auch ein Musterfeststellungsvergleich nicht auf Leistung gerichtet sein.

So kann ein Feststellungsvergleich bspw. in Betracht kommen, wenn das Feststellungsziel einer Musterfeststellungsklage der Zeitpunkt der Wirksamkeit einer Kündigung ist. Einigen sich die Parteien in den Vergleichsverhandlungen auf einen Zeitpunkt, in welchem die Kündigung wirksam gewesen sein soll, so

---

393 BT-Drs. 19/2439, 17; Weinland, Rn. 163; *Stadler*, in: Musielak/Voit, ZPO, § 611 Rn. 1; *Mekat*, in: Nordholtz/Mekat, § 7 Rn. 2.

394 Dazu noch folgend in der Angemessenheitsprüfung zum Feststellungsvergleich: 221 ff.

395 BT-Drs. 19/2439, 27.

kann Inhalt des Feststellungsvergleichs die Unwirksamkeit des Schuldverhältnisses zum Zeitpunkt der Kündigung sein.

Ein Vergleich, in welchem die Parteien versuchen, die Ungewissheit über eine reine Rechtsansicht[396] oder über eine Tatsache beizulegen, scheidet hingegen aus. Selbst bei Einigkeit der Parteien besteht in Bezug auf reine Rechtsansichten oder Tatsachenfeststellungen somit keine Möglichkeit, eine Bindungswirkung für die Folgeverfahren herbeizuführen. Für reine Tatsachenfeststellungen gelangt man auch nicht zu einer Bindungswirkung über ein gerichtliches Geständnis nach § 288 ZPO. Zwar besteht die Wirkung des gerichtlichen Geständnisses für das gesamte Verfahren, wobei in der Revisionsinstanz weiterer Tatsachenvortrag ohnehin nicht zu berücksichtigen wäre.[397] In den Folgeverfahren bestünde die Geständniswirkung allerdings aufgrund des geänderten Streitgegenstands nicht fort, da der Zweck des Geständnisses, Tatsachen der Beweisbedürftigkeit zu entziehen, sich nicht auf eine Änderung des Streitgegenstandes erstreckt.[398]

2. *Teilvergleiche und Teilgruppenvergleiche*

Überwiegend wird vertreten, dass im Musterfeststellungsverfahren auch Teilvergleiche und Teilgruppenvergleiche möglich sein sollen.[399] Als Teilvergleichen werden Vergleiche bezeichnet, die nur einen abgrenzbaren Teil der insgesamt in Betracht kommenden Ansprüche oder Rechtsverhältnisse umfassen.[400] Teilgruppenvergleiche sollen demgegenüber Vergleiche sein, die sich auf eine bestimmte Gruppe betroffener Verbraucher beziehen.[401]

a) Die Zulässigkeit

Bezüglich der Zulässigkeit von Teilvergleiche im Allgemeinen, kann zunächst auf das für den Feststellungsvergleich Gesagte verwiesen werden. Auch der Vergleich nur einzelner Feststellungsziele wäre grundsätzlich nur zulässig, sofern die oben genannten Bedingungen erfüllt werden. Ein Vergleich über einen Teil der umstrittenen Tatsachen[402] ist demnach nicht möglich. Weitergehend wird

---

396 So auch *Eggers*, 219.

397 *Bacher*, in: BeckOK, ZPO, § 288 Rn. 16; *Prütting*, in: MüKo ZPO, § 288 Rn. 34.

398 *Prütting*, in: MüKo, ZPO, § 288 Rn. 34.

399 *Stadler*, in: Musielak/Voit, ZPO, § 611 Rn. 6; *Augenhofer*, in: BeckOK, ZPO, § 611 Rn. 4, 9; *Röthemeyer*, § 611 Rn. 13, 21 ff.; *Mekat*, in: Nordholtz/Mekat, § 7 Rn. 11, 31; *Hartmann*, VersR 2019, 528.

400 *Röthemeyer*, § 611 Rn. 22 f.; *Augenhofer*, in: BeckOK, ZPO, § 611 Rn. 9.

401 *Augenhofer*, in: BeckOK, ZPO, § 611 Rn. 4.

402 *Augenhofer*, in: BeckOK, ZPO, § 611 Rn. 9.

bei einem Teilvergleich, wie bei einem Teilurteil zu beachten sein, dass durch diesen nicht die Gefahr einer widersprechenden Entscheidung in Bezug auf das Schlussurteil entsteht.

Darüber hinaus ist sowohl für die Akzeptanz eines Teilvergleichs als auch für einen Teilgruppenvergleich in Erwägung zu ziehen, dass durch diese der Schutz und das Interesse der Gesamtheit der angemeldeten Verbraucher geschwächt werden können, weil das beklagte Unternehmen, strategisch überlegt, der Gesamtheit der Verbraucher das Druckpotential entziehen kann. Hierbei ist erneut das „rationale Desinteresse" von Relevanz. Ein Teilvergleich über nahezu sicher bestehende Ansprüche, sowie ein Vergleich mit einer Gruppe von Verbrauchern, deren Ansprüche gegen das beklagte Unternehmen tendenziell höher ausfallen, kann gezielt genutzt werden, um weitere Forderungen zu umgehen. Die verbleibenden Verbraucher, welche nicht von dem Vergleich profitieren konnten und deren Ansprüche auch nach einem Musterfeststellungsurteil ein gewisses Restrisiko beinhalten, sowie diejenigen deren Ansprüche zwar mit hoher Wahrscheinlichkeit bestehen, bei denen die Anspruchshöhe allerdings gering sein dürfte, könnten von einer weiteren Verfolgung im Wege des Individualverfahrens abgehalten sein.

Andererseits können für einen Teilvergleich und einen Teilgruppenvergleich ebenfalls gewichtige Argumente aufgeführt werden. So soll insbesondere die Verfahrenseffizienz für sie sprechen, da mit diesen zumindest ein Teil der Verbraucher befriedigt wird.[403] Der Umstand, dass es sich dabei nur um eine Teilbefriedigung handelt, soll dabei nachrangig sein, da die Musterfeststellungsklage, aufgrund ihrer Ausgestaltung als Opt-In Klage, grundsätzlich nur zu einer teilweisen Befriedigung führen könnte.[404] Gerade bei Musterfeststellungsklagen, zu denen sich auch ausländische Verbraucher angemeldet haben, weshalb die Rechtslage noch komplizierter wird, kann sich ein Teilgruppenvergleich anbieten.

Erheblich für die Zulässigkeit von Teilvergleichen und Teilgruppenvergleiche spricht zudem die bereits bei der Frage der Zulässigkeit von Feststellungsvergleichen angesprochene Argumentation. Da bei einer Musterfeststellungsklage regelmäßig eine objektive Klagehäufung vorliegen wird, d.h. mehrere Feststellungsziele mit einer Musterfeststellungsklage verfolgt werden, muss es möglich sein, über diese individuellen Streitgegenstände einzelne Vergleiche zu schließen. Zu beachten ist insbesondere, dass eine Abhängigkeit der Ansprüche oder

---

403 *Röthemeyer*, § 611 Rn. 23.

404 *Augenhofer*, in: BeckOK, ZPO, § 611 Rn. 4.

Rechtsverhältnisse der angemeldeten Verbraucher nicht im Hinblick auf jedes einzelne Feststellungsziel bestehen muss. Die Ansprüche oder Rechtsverhältnisse einzelner Verbraucher, aber auch von Gruppen von Verbrauchern können vielmehr auch nur von einem einzigen Feststellungsziel abhängen, auch wenn mit der Musterfeststellungsklage eine Vielzahl von Feststellungszielen verfolgt wird.[405] Erforderlich ist es für die Musterfeststellungsklage lediglich, dass die Mindestanzahl an abhängigen Ansprüchen oder Rechtsverhältnis nach § 606 Abs. 2 ZPO in Bezug auf jedes einzelne Feststellungsziel besteht, da diese einen eigenständigen Streitgegenstand bilden,[406] nicht hingegen, dass die Ansprüche oder Rechtsverhältnisse aller angemeldeten Verbraucher von sämtlichen Feststellungszielen abhängen.

Dazu folgendes Beispiel:

In einem Musterfeststellungsverfahren sind 1.000 Verbraucher angemeldet. Es existieren fünf Feststellungsziele. Die Ansprüche von je 200 angemeldeten Verbrauchern hängen von jeweils einem Feststellungsziel ab, von den anderen Feststellungszielen sind die jeweiligen Gruppen nicht betroffen.

Die einzelnen Feststellungsziele hätten in diesem Beispielsfall auch in individuellen Verfahren verfolgt werden können und auch eine Trennung der, mit der Musterfeststellungklage verfolgten, prozessualen Ansprüche (Feststellungsziele) nach § 145 Abs. 1 ZPO wäre möglich.

Einen Teilgruppenvergleich in diesem Fall nicht zuzulassen wäre deshalb unlogisch, weil nach einer Trennung des Verfahrens, sich die in dem abgetrennten Verfahren übrigen angemeldeten Verbraucher ebenfalls vergleichen könnten.

b) Die Durchführbarkeit

Unabhängig von der theoretischen Möglichkeit der vorgenannten Vergleichskonstellationen könnte die Durchführung von Teilvergleichen und Teilgruppenvergleichen, aufgrund der gesetzlichen Ausgestaltung des Musterfeststellungsverfahrens, an ihre Grenzen stoßen. Zwar dürfte der Wortlaut des § 611 Abs. 3 S. 2 ZPO diese zulassen, da sich die Angemessenheitsprüfung auf „den Vergleich" bezieht, sodass auch ein Teilvergleich oder Teilgruppenvergleich in gleicher Weise durch das Gericht überprüft werden könnte.[407] Aufgrund des

405 *de Lind van Wijngaarden*, in: Nordholtz/Mekat, § 6 Rn. 47.

406 BGH NJW 2020, 341; *Halfmeier*, EWiR 2019, 737 f.; *Lutz*, in: BeckOK, ZPO, § 606 Rn. 21; *Amreihn*, 123; *Stadler*, in: Musielak/Voit, ZPO, § 606 Rn. 15; *Weinland*, 2019 Rn. 64.

407 *Mekat*, in: Nordholtz/Mekat, § 7 Rn. 32.

weiteren Verfahrens bis zur Wirksamkeit eines Vergleiches dürften diese Vergleiche jedoch schwer durchzusetzen sein. Da nach § 611 Abs. 5 S. 1 ZPO der Vergleich nur wirksam wird, wenn weniger als 30 Prozent der *angemeldeten Verbraucher* ihren Austritt aus dem Vergleich erklärt haben, hängt die Wirksamkeit auch eines Teil- oder Teilgruppenvergleiches stets von der Zustimmung der Gesamtheit der angemeldeten Verbraucher ab.[408] Werden somit ein Großteil der angemeldeten Verbraucher nicht von dem Teil- oder Teilgruppenvergleich erfasst, besteht die reelle Gefahr, dass diese aus dem Vergleich austreten und damit die Wirksamkeit verhindern.

Eine Interpretation des Wortlautes des § 611 Abs. 5 S. 1 ZPO dahingehend, dass sich die 30 Prozent Hürde nur auf die angemeldeten Verbraucher bezieht, die in den Vergleich einbezogen werden sollen, erscheint ausgeschlossen. Zwar umfasst der Wortlaut des § 611 Abs. 5 S. 1 ZPO ebenfalls das Wort „Austritt", welches dafür angeführt werden könnte, dass nur 30 Prozent der angemeldeten Verbraucher gemeint sind, die auch von dem Vergleich betroffen sind. Ein derartiger Denkansatz erweist sich aber als Zirkelschluss, da gerade in Frage steht, welche angemeldeten Verbraucher von dem Vergleich umfasst sein müssen. Zudem sprechen Systematik und Sinn und Zweck der Norm dafür, dass für die 30 Prozent nach § 611 Abs. 5 S. 1 ZPO sämtliche angemeldeten Verbraucher relevant sind.

Nach § 611 Abs. 4 S. 1 ZPO wird „den zum Zeitpunkt der Genehmigung angemeldeten Verbrauchern (wird) der genehmigte Vergleich mit einer Belehrung über dessen Wirkung, über ihr Recht zum Austritt aus dem Vergleich sowie über die einzuhaltende Form und Frist zugestellt." Dem Wortlaut entsprechend, wird demnach ausdrücklich allen noch zum Zeitpunkt der Genehmigung angemeldeten Verbrauchern der Vergleich zugestellt und diesen das Recht zum Austritt gegeben. Indem man allen noch zum Zeitpunkt der Genehmigung des Vergleiches angemeldeten Verbrauchern dieses Recht einräumt, wird gesetzlich statuiert, dass auch bei einem Teil- oder Teilgruppenvergleich sämtliche Verbraucher über die Wirksamkeit des Vergleiches mitentscheiden. § 611 Abs. 4 S. 1 ZPO verdeutlicht demnach, dass sich die in § 611 Abs. 5 S. 1 ZPO genannten 30 Prozent auf sämtliche angemeldeten Verbraucher beziehen müssen.

Auch der Sinn und Zweck der Norm spricht für eine Einbeziehung der Gesamtheit der angemeldeten Verbraucher. § 611 Abs. 5 S. 1 ZPO dient der

---

408 *Stadler,* in: Musielak/Voit, ZPO, § 611 Rn. 18; *Scholl,* ZfPW 2019, 317, 349 f.; Auch im KapMuG kommt es für das Quorum auf die „Kopfzahl" an, vgl. *Kruis,* in: KHHG, Rn. 101.

Sicherstellung der befriedigenden Wirkung des Vergleiches[409] und damit dem wirksamen Schutz der Verbraucherrechte.[410] Käme es bei dem 30 Prozent Quorum nicht auf die Gesamtheit der angemeldeten Verbraucher an, sondern bezöge sich dieses nur auf die vom Vergleich betroffenen Verbraucher, so wäre eine befriedigende Wirkung und ein ausreichender Schutz für die nicht betroffenen Verbraucher gerade nicht sichergestellt. Das beklagte Unternehmen könnte durch die Aufteilung in Vergleichsgruppen, welche individuell und unterschiedlich befriedigt werden, bei einer solchen Auslegung die Hürde des 30 Prozent Quorums leicht umgehen. Das Quorum verlöre insofern seine Bedeutung, weil die Vergleichsgruppe so ausgewählt werden könnten, dass ein Austritt nicht zu erwarten ist. Gerade Verbrauchergruppen, die zwar einen großen Teil der angemeldeten Verbraucher ausmachen, für die allerdings aus Sicht des beklagten Unternehmens kein Vergleichsinteresse besteht, würden somit in ihrer Position geschwächt. Im Ergebnis könnte dies dazu führen, dass unter Umständen nur bezüglich fünf Prozent der angemeldeten Verbraucher ein Vergleich geschlossen würde, die restlichen 95 Prozent unterdessen zunächst das Musterfeststellungsurteil abwarten müssten und anschließend ihre Ansprüche im Folgeverfahren durchsetzen müssten. Eine Steigerung der Verfahrenseffizienz wäre somit nicht wirklich gegeben.

Für eine derartige Interpretation spricht auch die Gesetzesbegründung, wonach dem Vergleich keine befriedende Funktion beigemessen werden kann, sofern ein Großteil der angemeldeten Verbraucher sich ihm nicht unterwerfen möchten.[411]

Ein wahrscheinlich nur theoretisches Problem des 30 Prozent Quorum nach § 611 Abs. 5 S. 1 ZPO ergibt sich auch aus der Regelung des § 608 Abs. 2 S. 3 ZPO, wonach die Angaben der Anmeldungen der Verbraucher ohne inhaltliche Prüfung in das Klageregister eingetragen werden. Mangels Prüfung kann nicht ausgeschlossen werden, dass ein Teil der angemeldeten Verbraucher, entweder überhaupt nicht Verbraucher ist, keine Ansprüche oder Rechtsverhältnisse hat, die von den Feststellungszielen abhängen, oder dass eine Mehrfacheintragung vorliegt. Insofern könnten im Klageregister Angemeldete ihren Austritt erklären und damit Einfluss auf das Quorum haben, ohne dass diese überhaupt berechtigt wären, vom Musterfeststellungsvergleich zu partizipieren. In der Praxis dürfte dieses Problem allerdings nicht bestehen. Bei der 30 Prozent Hürde handelt es

---

409 *Röthemeyer*, § 611 Rn. 55.

410 *Augenhofer*, in: BeckOK ZPO, § 611 Rn. 13.

411 BT-Drs. 19/2439, 28.

sich um eine relativ hohe Hürde. Bei einer Musterfeststellungsklage, bei welcher mehrere hunderttausend vermeintliche Verbraucher angemeldet sind, dürften die fehlerhaften Anmeldungen nicht eine derartige Masse ausmachen, dass diese einen bedeutenden Einfluss auf das Quorum haben dürften. Sind beispielsweise 500.000 Anmeldungen im Klageregister eingetragen, müssten 150.000 fehlerhafte Anmeldungen vorliegen, um die Wirksamkeit zu verhindern. Bei einer großen Anzahl an Anmeldungen ist ein bedeutender Einfluss der fehlerhaften Anmeldungen somit nicht sonderlich wahrscheinlich. Zumal die Möglichkeit bestehen dürfte, bei Aufdeckung der fehlerhaften Anmeldung, diese nicht zu berücksichtigen.

Handelt es sich demgegenüber um eine Musterfeststellungsklage, mit einer geringeren Zahl an Anmeldungen, sodass die fehlerhaften Anmeldungen schnell das Quorum erreichen könnten, dürfte das Ausfindig machen dieser unproblematisch durch die Beteiligten möglich sein. Insofern scheint eine Verhinderung des Vergleichs einzig durch Unberechtigte fernliegend.

c) Fazit

Teil- und Teilgruppenvergleiche sollten innerhalb des Musterfeststellungsverfahrens grundsätzlich ausgeschlossen sein, da derartige Vergleiche dem Sinn und Zweck des Musterfeststellungsvergleiches widersprechen. Die befriedigende Funktion, die von einem Musterfeststellungsvergleich ausgehen soll, wäre bei diesen Vergleichen nicht gewährleistet, weil nicht von dem Vergleich betroffene angemeldete Verbraucher nicht befriedigt werden würden.

Teil- oder Teilgruppenvergleichen müssen allerdings in bestimmten Anwendungsfällen zulässig sein. Eine Ausnahme ist zu machen, sofern die von dem Vergleich betroffenen Verbraucher denselben Vergleich in einem eigenständigen Musterfeststellungsverfahren hätten schließen können. Kann über den, dem Musterfeststellungsvergleich zugrundeliegenden Anspruch, abgetrennt vom übrigen Musterfeststellungsverfahren entschieden werden, so muss aus Gründen der Verfahrenseffizienz ein solcher Vergleich zugelassen werden, da bei einer Abtrennung die übrigen Verbraucher ebenfalls nicht befriedigt werden würden.

Unabhängig von seiner Zulässigkeit dürfte ein Teil- oder Teilgruppenvergleich jedoch in seiner praktischen Umsetzung an der momentanen Gesetzeslage scheitern. Aufgrund der Regelung des § 611 Abs. 5 S. 1 ZPO, wird eine vergleichsweise Lösung, die nur einen geringen Teil der angemeldeten Verbraucher betrifft, voraussichtlich nicht zur Wirksamkeit gelangen. Die genannten möglichen negativen Auswirkungen bzw. fehlenden positiven Anreize für die angemeldeten Verbraucher, die nicht von einem Vergleich betroffen wären, scheinen einen Austritt von mehr als 30 Prozent der angemeldeten Verbraucher aus derartigen Vergleichen zum Regelfall werden zu lassen.

3. *Der Leistungsvergleich*

Die Zulässigkeit des Leistungsvergleichs ist unbestritten und ergibt sich unmittelbar aus dem Wortlaut des § 611 Abs. 2 ZPO. Nach dem § 611 Abs. 2 ZPO soll der Vergleich u.a. Regelungen enthalten über „die auf die angemeldeten Verbraucher entfallenden *Leistungen*, den von den angemeldeten Verbrauchern zu erbringenden Nachweis der *Leistungs*berechtigung, sowie die Fälligkeit der *Leistung*".

Der Begriff der Leistung wird in § 611 Abs. 2 ZPO nicht näher definiert, muss allerdings weit ausgelegt[412] werden, da die in dem Vergleich enthaltenen Regelungen nach § 611 Abs. 3 S. 2 ZPO der gütlichen Beilegung des Streits oder der Ungewissheit über die angemeldeten Ansprüche oder Rechtsverhältnisse dienen sollen. Insofern kann entsprechend der Auslegung zum Leistungsbegriff in § 241 BGB, jedes im Vergleich zugesprochene Verhalten des Schuldners welches dazu dienen soll, die vorgetragenen typischerweise zu erwartenden Streitigkeiten angemessen beizulegen,[413] als Leistung angesehen werden. Aufgrund des mit der Musterfeststellungsklage gesteckten Ziels, der Ermöglichung der Verfolgung von Schadensersatz- oder Erstattungsansprüche, die ansonsten aufgrund des „rationalen Desinteresses" nicht verfolgt werden würden, wird vermutlich der Regelfall eine Geldleistung des beklagten Unternehmens sein.

Die mit dem Leistungsvergleich einhergehende, bereits zuvor erwähnte Möglichkeit, mithilfe des Vergleichs eine weitere Verfolgung von Ansprüchen in einem Folgeverfahren obsolet zu machen, stellt eine große Chance für alle Beteiligten dar und ist in gewisser Weise stiller Hoffnungsträger des Gesetzgebers gewesen. Gerade aufgrund seines Potentials besteht für den Leistungsvergleich allerdings eine erhebliche Unsicherheit in Bezug auf seine gerichtliche Genehmigung.

II. Die Unwirksamkeitsgründe

Die Überprüfung des Musterfeststellungsvergleiches auf Unwirksamkeitsgründe stellt keine Besonderheit des Musterfeststellungsverfahrens dar, sondern obliegt dem Gericht in jedem Fall eines Vergleiches, der den Prozess beenden soll.[414] Das

412 *Olzen,* in: Staudinger, BGB, § 241 Rn. 135.
413 BT-Drs. 19/2507, 27.
414 BGH NJW 2017, 1946, 1949 Rn. 39; *Hau,* in: Staudinger, BGB, § 779 Rn. 223.

Gericht hat sowohl bei eigenen Vergleichsvorschlägen, als auch bei Vergleichsvorschlägen, die aus der Feder der Parteien stammen, darauf zu achten, dass der Inhalt des Vergleiches den allgemeinen Anforderungen, also den §§ 134, 138, 307 ff. BGB, entspricht.[415] Sofern erkennbar, darf das Gericht einen Vergleich ebenfalls nicht zulassen, wenn einer Partei die Verfügungsbefugnis fehlt, oder die Möglichkeit der Anfechtung nach den §§ 119, 123 BGB bestehen könnte.[416] Diese Pflichten treffen das Gericht unabhängig von der Überprüfung der Angemessenheit des Musterfeststellungsvergleiches.[417]

Aufgrund der Konzeption des Musterfeststellungsverfahrens rücken einige Sachverhalte in den Vordergrund, die zu einer Unwirksamkeit des Vergleiches führen könnten. Insbesondere die Beziehung zwischen der qualifizierten Einrichtung und dem beklagten Unternehmen dürfte vom Gericht mit Argusaugen beobachtet werden. Sowohl das Risiko, dass eine Musterfeststellungsklage von einer, dem beklagten Unternehmen nahestehenden qualifizierten Einrichtung geführt werden könnte,[418] als auch die generell für andere qualifizierte Einrichtungen bestehenden Anreize zum Abschluss eines für die Verbraucher nachteiligen Musterfeststellungsvergleiches,[419] lassen die Gefahr einer Kollusion[420] und damit die Sittenwidrigkeit[421] des Musterfeststellungsvergleiches als real erscheinen. Die Kenntnis dieses möglichen Szenarios hilft allerdings nicht über das weiterhin bestehende Problem des Gerichts hinweg, dass dieses das kollusive Zusammenwirken der Parteien beweisen müsste,[422] um die Sittenwidrigkeit des Vergleiches annehmen zu können.

Wegen des zwingend nachteiligen Charakters dieses Verhaltens für die Verbraucher wird ein daraus resultierender Vergleich jedoch immer auch unangemessen sein. Insofern wird die Prüfung für das Gericht erleichtert, weil das Gericht einen für die angemeldeten Verbraucher nachteilhaften Vergleich

415 BT-Drs. 15/3482, 17; *Eggers*, 238; *Kähler*, ZIP 2020, 293, 294, 296; *Hau*, in: Staudinger, BGB, § 779 Rn. 224; Nach a.A. nur Prüfung auf einen Verstoß gegen § 138 BGB oder Strafgesetze: *Thole*, in: Stein/Jonas, ZPO, § 278 Rn. 90.

416 *Hau*, in: Staudinger, BGB, § 779 Rn. 224.

417 *Augenhofer*, in: BeckOK, ZPO, § 611 Rn. 8; *Beckmann/Waßmuth*, WM 2019, 89, 90; *Kähler*, in: Asmus/Waßmuth, § 611 Rn. 115; *Menges*, in: MüKo, ZPO, § 611 Rn. 23; *Stadler*, in: Musielak/Voit, ZPO, § 611 Rn. 9.

418 *Rotter*, VuR 2019, 283, 291.

419 *Magnus*, NJW 2019, 3177, 3179.

420 In Bezug auf Gruppenklagen, *Madaus*, ZEuP 2012, 99, 110.

421 *Schäfer*, in: BeckOK, BGB, § 167 Rn. 50 m.w.N.

422 Siehe dazu nachfolgend: S. 249 ff.

ablehnen kann, ohne beweisen zu müssen, dass die Parteien hierbei zusammengewirkt haben. Die Sittenwidrigkeit ist damit nicht erforderlich, um die gerichtliche Genehmigung des Vergleiches zu verweigern.

Nicht sittenwidrig, sofern nicht auf kollusivem Verhalten basierend, ist hingegen der Abschluss eines Vergleiches in einem Musterfeststellungsverfahren, in welchem nur eine geringe Anzahl an Verbrauchern angemeldet ist, obwohl die Ansprüche oder Rechtsverhältnisse einer vielfach höheren Anzahl an Verbrauchern tatsächlich von den Feststellungszielen abhängen würden. Der Abschluss eines Vergleiches zur gezielten Verhinderung eines Urteils im Musterfeststellungsverfahren und der von diesem eventuell ausgehenden Vorbildwirkung für weitere Verfahren ist, wie das gleiche Verhalten im Zwei-Personen-Prozess, als nicht sittenwidrig zu qualifizieren. Die Sittenwidrigkeit scheidet zumindest derzeit[423] aus, weil auch eine strategische Verhinderung von Grundsatzurteilen,[424] wozu ein Musterfeststellungsurteil zu zählen wäre, nicht rechtsmissbräuchlich ist.[425] Eine derartige Praxis ist vielmehr konform mit der momentanen Gesetzeslage. Einerseits entspricht sie dem Grundsatz der Parteiherrschaft (Dispositionsmaxime).[426] Andererseits wird die gütliche Beilegung des Rechtsstreits in jeder Lage des Verfahrens sogar gefördert.[427]

Und auch die Konstellation, dass das Musterfeststellungsverfahren durch Vergleich beendet wird und ein Teil der Verbraucher, u.U. ebenfalls aus strategischen Gründen, nicht in den Vergleich einbezogen werden, führt nicht zur Sittenwidrigkeit des Vergleichs. Die angemeldeten Verbraucher, die nicht von dem Vergleich profitieren, werden dadurch weder von dem beklagten Unternehmen noch durch die qualifizierte Einrichtung in ihren Rechten verletzt. Die qualifizierte Einrichtung ist nicht dazu verpflichtet, mithilfe des Vergleiches die Interessen sämtlicher Verbraucher zu befriedigen, sondern soll versuchen, eine Kompensation für so viele Verbraucher wie möglich zu erreichen.[428] Das zeigt bereits die Regelung des § 611 Abs. 5 S. 1 ZPO, nach der der Vergleich wirksam

---

423 BT-Drs. 19/14027: Ein Antrag wurde vom Bündnis90/Die Grünen gestellt, in welchem gefordert wird, dass das GVG und die ZPO geändert werden sollen, um der strategischen Verhinderung von Grundsatzurteilen entgegenzuwirken.

424 *Schwemmer*, ZfPW 2022, 41, 42.

425 *Gsell*, Stellungnahme, 5; *Hirsch*, VersR 2012, 929, 930, 933; abw. *Bruns*, NJW 2019, 2211, 2212 f.; abw. *Hergenröder*, 276 ff., 283, 482.

426 *Gsell*, Stellungnahme, 5; *Hirsch*, VersR 2012, 929, 930.

427 Siehe: § 278 Abs. 1 ZPO; BT-Drs. 19/2507, 26; *de Lind van Wijngaarden*, in: Nordholtz/Mekat, § 6 Rn. 8.

428 *Röß*, NJW 2021, 1495, 1497, Rn. 14.

ist, selbst wenn 29 Prozent der Verbraucher austreten. Der Zustimmung aller Verbraucher zu einem Vergleich braucht es insofern nicht.

Die aus dem Rechtsstaatsprinzip (Art. 2 Abs. 1 i.V.m. Art. 20 Abs. 3 GG) abzuleitende Rechtschutzgarantie wird ebenfalls nicht verletzt, da im Fall eines Vergleichs der nur einen Teil der angemeldeten Verbraucher umfasst, das ursprüngliche Musterfeststellungsverfahren fortgesetzt werden würde.[429] Gleiches gilt auch für einen, wenn auch nicht für die gerichtliche Genehmigung relevanten, außergerichtlichen Vergleich. Sofern sich die Beteiligten außergerichtlich einigen und die Klägerin die Klage zurücknimmt, besteht für die Verbraucher die keinen individuellen Vergleich mit dem beklagten Unternehmen schließen wollen, weiterhin die Möglichkeit, ihre Ansprüche eigenständig zu verfolgen, oder sich einem neuen Musterfeststellungsverfahren anzuschließen. Einen Anspruch darauf, dass die qualifizierte Einrichtung die Musterfeststellungsklage weiterführt, haben die angemeldeten Verbraucher zumindest aufgrund der Rechtsschutzgarantie nicht.[430]

C. Die Angemessenheitsprüfung

Die Angemessenheitsprüfung des Vergleiches stellt für das Gericht eine atypische Situation dar, da es sich zu diesem Zeitpunkt nicht mehr um ein kontradiktorisches Verfahren handelt. Beide Parteien möchten den von ihnen ausgehandelten Vergleich vom Gericht genehmigt sehen[431] und das Gericht muss entscheiden, ob dieser als angemessen erscheint.[432] Diese besondere Situation erfordert von dem Gericht, dass dieses seine, ihm vertraute und im Individualprozess aufgrund der Dispositionsmaxime und des Beibringungsgrundsatzes zugewiesene, eher den Prozess leitende Stellung verlässt und die Angemessenheit des Vergleiches erforscht.[433] Ein derartiger Wechsel innerhalb des Verfahrens, von einer passiven Verfahrensstellung des Gerichts hin zu einer aktiven, womöglich sogar „inquisitorischen“[434], war der Zivilprozessordnung bislang fremd und führt zu

---

429 *Röthemeyer,* § 610 Rn. 19, 21; *Stadler,* in: Musielak/Voit, ZPO, § 611 Rn. 17.

430 *Hirsch,* VersR 2012, 929, 930; ein Anspruch auf Weiterführung kann bestehen, wenn man den außergerichtlichen Vergleich als Teilvergleich betrachtet, siehe hierzu: 91.

431 *von Katte,* 425.

432 Vgl. *Halfmeier,* in: Prütting/Gehrlein, ZPO, § 611 Rn. 10; *Kähler,* ZIP 2020, 293.

433 *Magnus,* NJW 2019, 3177, 3179; dazu umfassend *Tolani,* Parteiherrschaft und Richtermacht – Die Verhandlungs- und die Dispositionsmaxime im Lichte divergierender Prozessmodelle, 2019.

434 *Magnus,* NJW 2019, 3177, 3179.

einer Vielzahl noch ungeklärter Fragen. Der Versuch der Beantwortung zumindest eines Teils dieser noch offenen Fragen und die geordnete Darstellung, wann das Gericht einen Vergleich als angemessen ansehen darf, stellen den Schwerpunkt dieser Arbeit dar.

Eine gesetzliche Voraussetzung der Genehmigung des Vergleiches durch das Gericht ist gemäß § 611 Abs. 3 S. 2 ZPO, dass dieses den vorgeschlagenen Vergleich unter Berücksichtigung des bisherigen Sach- und Streitstandes als angemessene gütliche Beilegung des Streits oder der Ungewissheit über die angemeldeten Ansprüche oder Rechtsverhältnisse erachtet. Eine weitere Konkretisierung der Angemessenheitsprüfung erfolgte durch den Gesetzgeber nicht. In der Gesetzesbegründung zu § 611 ZPO heißt es lediglich: „Im Rahmen der inhaltlichen Angemessenheitsprüfung hat das Gericht zu untersuchen, ob die von den Parteien vorgeschlagene Regelung die vorgetragenen typischerweise zu erwartenden Streitigkeiten angemessen beilegt (Abs. 3 S. 2)".[435]

Mit der Verwendung des Wortes „angemessen", als unbestimmter Rechtsbegriff, wurde durch den Gesetzgeber die Entscheidung getroffen, dass es den Gerichten obliegen soll, den Begriff „angemessen" näher zu konkretisieren.[436] Aufgrund der Tatsache, dass die Musterfeststellungsklage jedoch erst mit Wirkung zum 01.11.2018 eingeführt wurde,[437] fehlte es der Rechtsprechung bisher an Möglichkeiten zur Ausgestaltung dieses Rechtsbegriffs, weshalb ein eigener Forschungsansatz möglich war.

Der Ausgangspunkt ist die Begrifflichkeit der Angemessenheit, die als solches der Rechtsprechung nicht fremd ist, sondern sich übergreifend in Normen verschiedenster Rechtsgebiete wiederfindet[438] und Bestandteil des Verhältnismäßigkeitsprinzips ist, welches seine Verankerung, je nach vertretener Ansicht, entweder in den Grundrechten oder im Rechtsstaatsprinzip hat.[439] Als Kriterium des Grundsatzes der Verhältnismäßigkeit erfolgt im Rahmen der Angemessenheitsprüfung eine Abwägung der Interessen, die von der hoheitlichen Maßnahme profitieren sollen, gegen die Interessen, die durch die hoheitliche Maßnahme beeinträchtigt werden würden[440] oder eine Abwägung kollidierender Grundrechte.

435 BR-Drs. 176/18, 26; *Weinland*, Rn. 175.

436 BVerfG, Beschl. v. 31.05.2011 – 1 BvR 857/07, Rn. 70; *Weinland*, Rn. 174.

437 Gesetz zur Einführung einer zivilprozessualen Musterfeststellungsklage vom 12. Juli 2018, BGBl. 2018 I Nr. 26, S. 1151.

438 Beispielhaft: § 11 Abs. 2 S. 1 BauGB, § 93 Abs. 1 S. 2 AktG, § 17 Abs. 4 S. 2 BImSchG.

439 *Grzeszick*, in: Maunz/Dürig, GG, Art. 20 Rn. 108.

440 *Grzeszick*, in: Maunz/Dürig, GG, Art. 20 Rn. 117.

Der enthaltene Grundgedanke, dass im Rahmen der Angemessenheitsprüfung eine Abwägung der jeweilig betroffenen Interessen zu erfolgen hat, ist rechtsgebietsübergreifend in allen Normen wiederzufinden[441] und auch auf die Angemessenheitsprüfung des Vergleichs in der Musterfeststellungsklage übertragbar.

Das sich daraus ergebende Resultat, dass innerhalb der Angemessenheitsprüfung durch das Gericht gegenläufige Interessen gegeneinander abgewägt werden müssen, führt zu dem eigentlichen Problem der Angemessenheitsprüfung im Musterfeststellungsverfahren, nämlich der Frage, unter welchen Umständen das Gericht von einer angemessenen gütlichen Beilegung ausgehen darf und damit einhergehend, was in die Abwägung einbezogen werden muss.

I. Die Abwägung im Allgemeinen

In dem nachfolgenden Abschnitt soll die Bedeutung der Abwägung im Allgemeinen untersucht werden. Nützliche Erkenntnisse sollen hierbei aus der Abwägung im Verfassungsrecht,[442] der besondere Bedeutung zukommt und mit der sich bereits intensiv auseinandergesetzt wurde, gezogen werden. Das Ziel dieser Untersuchung ist es festzustellen, was die generellen Aufgaben des Gerichts bei einer Abwägung sind. Mithin welchen Prozess das Gericht grundsätzlich bei einer Abwägung zu durchlaufen hat. Steht fest, vor welche Aufgaben das Gericht bei einer Abwägung gestellt wird, so sollen diese Erkenntnisse auf die Abwägung (Angemessenheitsprüfung) im Musterfeststellungsverfahren übertragen werden, was anschließend im Abschnitt „Die Abwägung im Konkreten" erfolgen soll.

1. Die Problematik der Abwägung

Um ein Verständnis für die Problematik der Gerichte bei der Angemessenheitsprüfung zu gewinnen, lohnt sich ein Blick auf die Abwägung im Verfassungsrecht. Die in diesem Rechtsgebiet erlangten Erkenntnisse, bezüglich der Handhabung der Abwägung von Grundrechten im Rahmen der Verhältnismäßigkeitsprüfung, geben einen hilfreichen Aufschluss für die Abwägung von Belangen im Allgemeinen.

---

441 Bsph.: *Reidt*, in: Battis/Krautzberger/Löhr, BauGB, § 11 Rn. 75; *Spindler*, in: MüKo AktG, § 93 Rn. 55; *Posser*, in: BeckOK, BImSchG, § 17 Rn. 42.

442 Von *Windisch* wird die Verhältnismäßigkeitsprüfung gar als das „Paradebeispiel" der Abwägung bezeichnet. *Windisch*, in: Müller/Mastronardi, 19.

Zu berücksichtigen ist zunächst, dass der Gedanke der Abwägung dem Recht inhärent ist, da die Abwägung der Gerechtigkeit dienen soll.[443] Dies wird bereits seit der Antike, anhand der Darstellung der Justitia, der Göttin der Gerechtigkeit und Symbol für das Recht, die in ihrer linken Hand eine Balkenwaage hält, deutlich. Mit dieser Waage lässt sich das Gewicht zweier Objekte gegeneinander bestimmen, mithin abwägen.[444]

Das Problem der Abwägung im Verfassungsrecht war jedoch, dass eine verlässliche Methode für die Abwägung von Grundrechten nicht bestand, sondern diese oftmals vermeintlich intuitiv geschah, indem man die abzuwägenden Grundrechte in Verhältnis zueinander setzte und diesen ein Gewicht zuordnete.[445] Auch wenn der Vorgang letztlich korrekt verlief und sauber argumentiert wurde, warum das eine Grundrecht stärker zu gewichten war als das andere, so geschah im Ergebnis eine normative Entscheidung des Gerichts, da keine objektiven Maße für die einzelnen Grundrechte vorgegeben waren. Ohne feststehende Maßstäbe war jedoch die Überprüfbarkeit der gerichtlichen Entscheidung nur bedingt möglich, sodass die Frage aufgeworfen werden konnte, ob die Entscheidung des Gerichts gerecht war.

a) Die Methoden der Abwägung

Um dieser Problematik Herr zu werden, wurden verschieden Konzepte entwickelt, die das Gewicht eines Grundrechts präzisieren sollten. Eines davon ist die von *Robert Alexy*[446] stammende Prinzipientheorie. Von *Alexy* wurde im Rahmen seiner Habilitationsschrift die These vertreten, dass Grundrechte als Prinzipien zu verstehen seien (daher die Bezeichnung Prinzipientheorie), welche von reinen Regeln unterschieden werden müssten.[447] Nach *Alexy's* Verständnis seien Prinzipien Optimierungsgebote, die gebieten, dass etwas in einem relativ auf die rechtlichen und tatsächlichen Möglichkeiten möglichst hohem Maße realisiert werde.[448] Sie seien dadurch charakterisiert, dass sie in unterschiedlichen Graden erfüllt werden könnten. Regeln hingegen seien dadurch gekennzeichnet, dass sie entweder erfüllt oder nicht erfüllt werden könnten.[449]

---

443 *Müller/Mastronardi*, in: Müller/Mastronardi, 5.

444 *Müller/Mastronardi*, in: Müller/Mastronardi, 5.

445 *Müller/Mastronardi*, in: Müller/Mastronardi, Vorwort 5.

446 *Alexy*, Theorie der Grundrechte.

447 *Alexy*, 71 ff.

448 *Alexy*, 75 ff. *Sieckmann*, in: Klatt, 271.

449 *Sieckmann*, in: Klatt, 271; *Breckwoldt/Kleiber*, in: Klatt, 9.

Die Bedeutung dieser Unterscheidung zeige sich in der Situation einer Kollision. Im Fall einer Regelkollision solle entweder eine Ausnahmeklausel eingefügt werden oder eine Regel für ungültig erklärt werden.[450] Ein ganz anderes Kollisionsverhalten sei bei Prinzipien anzunehmen. Kollidieren zwei Prinzipien, so sei zu entscheiden, welchem der gegenläufigen Prinzipien der Vorrang gewährt werden müsse.[451]

Diese Entscheidung habe durch Abwägung zu erfolgen.[452] *Alexy* entwickelte in seinem Werk auch die dazu erforderliche Abwägungslehre, deren zentrales Element die Gewichtsformel sei.[453] Die Gewichtsformel solle ermöglichen, dass das konkrete Gewicht eines Prinzips relativ zu einem kollidierenden Prinzip ermittelt werden kann.[454] Damit werde auch deutlich, dass die Abwägung als Rechtsanwendungsform eine klare Struktur aufweist und nicht nur auf intuitivem Verhalten aufbaut.[455]

Die Grundform der Gewichtsformel sieht vor, dass drei Variablen, nämlich die konkrete Eingriffsintensität, das abstrakte Gewicht und der Grad der Sicherheit bzw. Unsicherheit der empirischen Annahme, in Verhältnis gesetzt werden, um das konkrete Gewicht eines Prinzips relativ zu einem kollidierenden Prinzip herauszufinden.[456]

Von den Kritikern Alexys wird allerdings vorgebracht, die Ausgestaltung der Gewichtsformel spreche gegen eine Anwendung dieser für die Bestimmung desjenigen Prinzips, welches überwiegen soll. Entscheidender Nachteil der Gewichtsformel sei, dass diese als Variable lediglich das abstrakte Gewicht eines Prinzips einbezieht. Eine Abwägung, losgelöst vom individuellen Fall und unabhängig von der Kollision als solcher, die das Gewicht eines Prinzips beeinflussen können, erscheine jedoch als nicht tragbar. Die Bestimmung eines abstrakten Gewichts eines Prinzips ohne diese Faktoren erscheint als nicht möglich.[457]

Abgesehen von der Gewichtsformel enthält die Abwägungslehre Alexys gleichwohl überzeugende Ansätze, die auch von anderen Rechtsforschern aufgegriffen wurden und Einzug in die Verhältnismäßigkeitsprüfung des Bundesverfassungsgerichts gefunden haben.[458]

---

450 *Alexy*, 77.
451 *Alexy*, 79.
452 *Breckwoldt/Kleiber*, in: Klatt, 8.
453 *Breckwoldt/Kleiber*, in: Klatt, 9 f.
454 Ausführliche Darstellung der Gewichtsformel: *Breckwoldt/Kleiber*, in: Klatt, 9 ff.
455 *Breckwoldt/Kleiber*, in: Klatt, 9 f.
456 *Breckwoldt/Kleiber*, in: Klatt, 10.
457 *Sieckmann*, in: Klatt, 284.
458 BVerfG 2 BvR 547/13; *Windisch*, in: Müller/Mastronardi, 38 f., 77.

Diese zeigen sich insbesondere bei den Ausführungen Alexys zu dem Verhältnis von Prinzipien und Werten, die dieser als miteinander verwandt ansieht; den eigentlichen Vorteil sieht er in dem Begriff des Prinzips, der den „Sollencharakter" besser zum Ausdruck bringe.[459]

Berücksichtigungsfähig für die Abwägung ist bei seiner Abgrenzung die Feststellung, dass durch die Äußerung, dass etwas einen Wert hat, ein Werturteil getroffen werde, mithin eine Bewertung vorgenommen wird.

Für die Bewertung erforderlich sei, dass ein Gegenstand zur Bewertung festgelegt werde, welcher dann anhand von Kriterien bewertet wird. Diesen Kriterien sei ein unterschiedlicher Wert beizumessen, je nachdem, von welchem der kollidierenden Kriterien aus man sie bewerte.[460] Insofern könne man die Bewertungskriterien als die eigentlichen Werte bezeichnen.[461] Da in der Regel mehrere Kriterien für die Bewertung herangezogen werden müssten, sei zwischen denjenigen Kriterien, die einen gegenläufigen Charakter aufweisen, abzuwägen.[462] Den bestmöglichen Zustand erhalte man durch eine Berücksichtigung sämtlicher geltender Bewertungskriterien innerhalb der Gesamtbewertung.[463]

Weiter bezweifele er, dass die konkreten Werte (Bewertungskriterien), die für die Beurteilung und Entscheidung relevant seien, erschöpfend angegeben werden könnten, da ein vollständiger Katalog an Kriterien, dem alle zustimmen würden, nicht realisierbar wäre.[464] Es sei deshalb nicht möglich, zwingend festzulegen, wie im jeweiligen Einzelfall zu entscheiden sei. Was jedoch möglich sei, sei die Präferenz eines Wertes mithilfe von Argumentation zu ermitteln.[465] Welcher Wert zu präferieren sei, ergäbe sich durch die Abwägung. Dafür erforderlich sei die Berücksichtigung der Beeinträchtigung- und Wichtigkeitsgrade, die durch Argumente zu begründen seien.[466]

Die gerade beschriebene Vorgehensweise sei für juristische Begründung, wie auch bei der klassischen Auslegung, kennzeichnend. Dass eine Wertung erfolge, bei der die eigenen angeführten Argumente zugrunde gelegt würden, mithin die Abwägungsentscheidung nicht auf zwingend vorgegebenen Wertungen beruhe, spreche nicht gegen die Möglichkeit der rationalen Begründung dieser

---

459 *Alexy*, 125 ff.
460 Alexy, 130.
461 Alexy, 130.
462 Alexy, 130.
463 Alexy, 133 f.
464 Alexy, 139.
465 *Alexy*, 141 f.
466 *Alexy*, 147 f.

Entscheidung. Es zeige jedoch, dass die Abwägung kein abstraktes oder pauschales Verfahren ist, sondern ein Optimierungsverfahren. Zwar gäbe das Verfahren keinen Maßstab zur Hand, mit dessen Hilfe ein konkreter Fall entschieden werden könne, es erlange aber dadurch Bedeutung, dass das Abwägungsgesetz mit der rationalen juristischen Argumentation verknüpft werde. Mithin vorgegeben werde, was rational begründet werden müsse.[467]

Diese Ansichten werden auch von denjenigen akzeptiert und geteilt, die Kritik an *Alexys* Gewichtsformel äußern. Auch sie sehen die Abwägung als Ergebnis eines subjektiven Bewertungsvorganges des individuell Urteilenden, welches jedoch auf seine Rationalität und seine objektive Gültigkeit überprüfbar ist.[468] Erforderlich für diese Überprüfbarkeit seien die Bestimmung und rationale Begründung, der der Bewertung zugrundeliegenden Kriterien und Faktoren.[469] Die Bestimmung der Kriterien und Faktoren sei allerdings nicht abstrakt, sondern nur in Abhängigkeit mit dem zu treffenden Abwägungsurteil möglich.[470]

b) Zwischenergebnis

Es kann somit festgestellt werden, dass sich das grundsätzliche Verständnis von Abwägung nicht unterscheidet, die Ansichten in Bezug auf die Methodik der Abwägung indessen variieren. In den jeweiligen Versuchen den Abwägungsvorgang bestmöglich, begreifbar und überprüfbar zu machen, werden dabei lediglich unterschiedliche Auffassungen vertreten, wie die Abwägung von Grundrechten zu erfolgen hat. Diese Auffassungen weichen teilweise nur in den verwendeten Begrifflichkeiten ab, in anderen Fällen hingegen im Gesamtkonzept des Abwägungsvorganges. Reduziert auf die eigentliche Abwägung, der Gegenüberstellung von Interessen/Werten/Prinzipien,[471] besteht jedoch bei allen das Verständnis, dass dafür ein methodischer Argumentationsprozess zu erfolgen hat.[472]

Auch bezüglich der Methode des Argumentationsprozesses gehen die Auffassungen im Schrifttum auseinander, was jedoch an dieser Stelle, aufgrund der Tatsache, dass bei einer Grundrechtsabwägung eine andere Ausgangslage besteht, als bei einer reinen Interessenabwägung, nicht weiter ausgeführt werden soll.

---

467 *Alexy*, 152.

468 *Müller/Mastronardi*, in: Müller/Mastronardi, 6; *Windisch*, in: Müller/Mastronardi, 85.

469 *Klatt/Meister*, in: Klatt, 77, 97 ff.

470 *Alexy*, 152; *Breckwoldt/Kleiber*, in: Klatt, 29 ff.; *Windisch*, in: Müller/Mastronardi, 38.

471 *Windisch*, in: Müller/Mastronardi, 48 f.

472 *Klatt/Schmidt*, in: Klatt, 106 m.w.N.

2. Fazit

Betrachtet man die Problematik der Abwägung von Grundrechten so ist erkennbar, dass der Versuch unternommen wird, den Abwägungsprozess nachvollziehbar und überprüfbar zu machen. Es soll die Möglichkeit gegeben werden, diesen als rationalen Prozess zu verstehen, der nicht nur von dem Gutdünken des jeweils Entscheidenden abhängig ist, sondern in seinem Ergebnis aufgrund des der Entscheidung zugrundeliegenden Abwägungsmaterials vorherbestimmbar ist. Um dies zu erreichen wurde versucht, den Abwägungsvorgang als mathematische Formeln darzustellen,[473] oder diesem durch andere Modelle[474] eine Struktur zu geben. Unabhängig davon, wie letztlich die Darstellung des Abwägungsvorganges erfolgt und welches Modell als dasjenige anzusehen sein mag, welches am besten dazu geeignet ist, eine Grundrechtsabwägung nachzuvollziehen, ist es zumindest einhellige Meinung, dass es möglich ist, diesen nachvollziehbar und überprüfbar zu machen. Der Grund für die Möglichkeit der Nachvollziehbarkeit und Überprüfbarkeit des Abwägungsvorgangs ist, dass das worauf die Abwägung letztlich beruht, nämlich auf einem methodischen Argumentationsprozess, durch den Entscheidenden offengelegt werden muss.

Der Entscheidende muss darstellen, was Gegenstand seiner Bewertung war, welche Kriterien er zur Bewertung herangezogen hat und weshalb er diese, im konkreten Fall, in dieser Weise bewertet hat. Der Argumentations-/Bewertungsprozess bleibt damit ein objektiver Prozess, der nachvollziehbar und überprüfbar ist, auch wenn der Bewertung, als solcher, die subjektive Komponente nicht entzogen werden kann.

Letztlich erweist sich diese Vorgehensweise als diejenige, die von den Gerichten bereits in der Vergangenheit angewendet wurde und als intuitiv tituliert wurde. Tatsächlich wurde jedoch von diesen der geforderte methodische Argumentationsprozess durchgeführt. Dass es für die jeweiligen Grundrechte keinen objektiven Wert gibt, der in diesem Prozess herangezogen werden müsste, sondern die Werte für den Einzelfall vom jeweiligen Richter bestimmt werden müssen, bedeutet nicht, dass der Prozess nicht nachvollziehbar und überprüfbar wäre. Die Nachvollziehbarkeit findet lediglich ihre Grenzen in der eigentlichen Bewertung. Diese kann, je nachdem wer die Bewertung vornimmt, unterschiedlich ausfallen. Dies ist jedoch einer Wertung inhärent, hat seinen Niederschlag

---

473 Vgl. *Alexy*, 143 ff.

474 Bspw. ein zwei Stufen Modell zur Konkretisierung der Abwägung, *Windisch*, in: Müller/Mastronardi, 45 ff.

in der Zivilprozessordnung in § 286 ZPO[475] gefunden und wird auch durch das Bundesverfassungsgericht bestätigt.[476]

II. Die Abwägung im Konkreten

Die geraden gewonnenen Erkenntnisse in Bezug auf den Abwägungsvorgang lassen sich dem Grunde nach auf die Angemessenheitsprüfung des Vergleichs im Musterfeststellungsverfahren übertragen. Dabei ist zu berücksichtigen, dass die Angemessenheitsprüfung und damit die Abwägung der jeweiligen Interessen grundsätzlich einzelfallabhängig sind.[477] Die individuellen Abwägungen vereint jedoch, dass diese stets erfolgen, weil ein Musterfeststellungsvergleich geschlossen werden soll. Aufgrund der allen Vergleichen zugrundeliegenden, einheitlichen gesetzlichen Ausgestaltung des Musterfeststellungsverfahrens, können daher der Abwägungsprozess, sowie einzelne Kriterien bestimmt werden, die, losgelöst vom jeweiligen Fall, für die Abwägung in der Angemessenheitsprüfung des Musterfeststellungsvergleiches allgemeingültig sind. Durch die Verwendung des unbestimmten Rechtsbegriffs „angemessen" wird jedoch, durch den Gesetzgeber, die Möglichkeit offengelassen, unvorhergesehene Kriterien in die jeweilige Einzelfallabwägung einzubeziehen, wobei, wie von *Alexy* angeführt, eine erschöpfende Einbeziehung aller Faktoren wahrscheinlich unmöglich sein wird.

Für die Angemessenheitsprüfung durch das Gericht ergibt sich somit gleichfalls, dass es einen Gegenstand zur Bewertung und die der Bewertung zugrundeliegenden Kriterien festzulegen, deren Wert herauszuarbeiten und letztlich die eigentliche Abwägung/Bewertung vorzunehmen hat. Hierdurch wird auch

---

475 *Bacher*, in: BeckOK, ZPO, § 286 Rn. 1; *Foerster*, in: Musielak/Voit, ZPO, § 286 Rn. 1; *Prütting*, in: MüKo, ZPO, § 286 Rn. 1 f.

476 BVerfG (1. Senat) 24.02.1971 – 1 BvR 435/68 „Mephisto": In dem Beschluss äußert sich das BVerfG auch zur eigenen Prüfungskompetenz.
Ein Teil des Senats ging, wie die ständigen Rechtsprechung des BVerfG, davon aus, dass „gerichtliche Entscheidungen auf eine Verfassungsbeschwerde hin nur in engen Grenzen nachgeprüft werden können, dass insbesondere die Feststellung und Würdigung des Tatbestandes, die Auslegung des einfachen Rechts und seine Anwendung auf den einzelnen Fall allein Sache der dafür allgemein zuständigen Gerichte und der Nachprüfung durch das *BVerfG* entzogen sind." Rn. 465 a.E.
Der andere Teil ging davon aus, dass eine eigenständige Würdigung zu erfolgen habe. Rn. 466.
Durch beide Ansichten wird bestätigt, dass eine eigenständige Würdigung durch das Ausgangsgericht erfolgt ist.

477 *Mrozynski*, in: Mrozynski, SGB I, § 39 Rn. 12.

für die Angemessenheitsprüfung eines Musterfeststellungsvergleichs durch das Gericht ermöglicht, dass diese überprüfbar und nachvollziehbar ist.

1. Der Gegenstand der Abwägung/Bewertung

Der Gegenstand der Bewertung ist das, was bewertet wird.[478] Im Falle von kollidierenden Grundrechten sind dies die durch die jeweils betroffenen Grundrechte geschützten widerstreitenden Interessen. Für die Angemessenheit des Musterfeststellungsvergleiches stellt sich somit zunächst die Frage, welche Interessen im Widerstreit zueinander stehen, mithin gegeneinander abgewogen werden müssen. Entscheidend für die Beantwortung dieser Frage dürfte dabei der Grund für die Abwägung sein. Das Gericht muss urteilen, ob es zulässt, dass der Musterfeststellungsprozess durch den zwischen den Parteien geschlossenen Vergleich beendet werden darf. Konsequenz der gerichtlichen Genehmigung ist somit, dass das Verfahren im Wege des Vergleiches und nicht durch ein Urteil, mit möglicherweise etwaigen Folgeverfahren, beendet wird.

Übergeordnet wägt das Gericht somit ab, ob das Interesse an einem Vergleich das Interesse an der regulären Weiterführung des Verfahrens überwiegt.[479]

Wessen und welche Interessen in diese Abwägung miteinzufließen haben ergibt sich aus dem Gesetz nicht unmittelbar und soll deshalb durch weitere Auslegung des Gesetzes im Folgenden erforscht werden.

a) Persönlich

Während im Bereich von Grundrechtskollisionen zumindest in persönlicher Hinsicht vorgegeben ist, wer vom jeweiligen Schutzbereich eines Grundrechts umfasst ist und damit einhergehend, wessen Interessen in die Abwägung einbezogen werden müssen, ist die Ausgangslage im Musterfeststellungsvergleich eine andere. In der Vorschrift zum Musterfeststellungsvergleich findet sich keine explizite Regelung, wessen Interessen in die Abwägung des Gerichts einbezogen werden sollen und damit Gegenstand einer Bewertung sein sollen. Zur Bestimmung der zu berücksichtigenden Interessen in persönlicher Hinsicht ist die Ausgestaltung der Musterfeststellungsklage der Ausgangspunkt der Überlegung. Wie bereits dargestellt, wurde diese derart vom Gesetzgeber konzipiert, dass Parteien des Prozesses nur die qualifizierte Einrichtung als Klägerin und das Unternehmen als Beklagter sind. Weitere zwar nicht unmittelbar Beteiligte,

---

478 *Alexy*, 130; *Ostermann*, 278.

479 Für den class action Vergleich: *Beuchler*, in: Micklitz/Stadler, 1080.

jedoch unmittelbar Betroffene, sind die von der qualifizierten Einrichtung vertretenen, im Musterfeststellungsverfahren angemeldeten Verbraucher. Aufgrund ihrer Involvierung in das Verfahren und damit auch in den Vergleich liegt eine Berücksichtigung ihrer Interessen zumindest nahe. Ob die Interessen tatsächlich aller Beteiligter einbezogen werden müssen, oder ob noch weitere Interessengruppen einbezogen werden müssen, ist Gegenstand der folgenden Untersuchungen.

aa) Die angemeldeten Verbraucher

Die Notwendigkeit der Berücksichtigung der Interessen der angemeldeten Verbraucher wird in der Literatur einhellig bejaht.[480] Begründet wird dies damit, dass diese auf das Verfahren und den Vergleich keinen direkten Einfluss nehmen können,[481] jedoch die eigentlichen von der Wirkung eines zustande gekommenen Vergleiches Betroffenen sind.[482] Insoweit haben die angemeldeten Verbraucher innerhalb der Vergleichsprüfung eine hervorgehobene Stellung.[483] Dies ergibt sich auch aus der Gesetzesbegründung. So soll die Angemessenheitsprüfung durch das Gericht insbesondere als Instrument dazu dienen, die defizitäre Stellung der Verbraucher innerhalb des Musterfeststellungsprozesses auszugleichen.[484] Die gerichtliche Genehmigung ist damit eine Anerkenntnis der besonderen Schutzbedürftigkeit der angemeldeten Verbraucher aufgrund der Konzeption des Musterfeststellungsverfahrens. Der erforderliche Schutz wird nur gewährleistet, wenn das Gericht die Interessen der angemeldeten Verbraucher in seine Abwägung miteinbezieht.

Zwar werden die angemeldeten Verbraucher grundsätzlich von einer qualifizierten Einrichtung im Musterfeststellungsverfahren und damit auch beim Musterfeststellungsvergleich vertreten, deren satzungsmäßige Aufgabe die Wahrnehmung von Verbraucherinteressen sein muss (§ 606 Abs. 1 S. 2 Nr. 3 ZPO). Insofern ist grundsätzlich davon auszugehen, dass die Interessen der angemeldeten Verbraucher im Vergleich gewahrt werden.

---

480 *Mekat,* in: *Nordholtz*/Mekat, § 7 Rn. 37, *Röthemeyer,* § 611 Rn. 33; *Augenhofer,* in: BeckOK, ZPO, § 611 Rn. 8; *Stadler,* in: Musielak/Voit, ZPO, § 611 Rn. 2, 9; *Ring,* NJ 2018, 441, 444; *Scholl,* ZfPW 2019, 317, 349; *Halfmeier,* in: Prütting/Gehrlein, ZPO, § 611 Rn. 9.

481 *Mallmann/Erne,* NZKart 2019, 77, 78.

482 *Weinland,* Rn. 220.

483 *Schneider,* BB 2018, 1986, 1995; *Rotter,* VuR 2019, 283, 285; *Halfmeier,* in: Prütting/Gehrlein ZPO, § 611 Rn. 10.

484 BT-Drs. 19/2439, 27.

Gerade im Hinblick auf die in den USA „Sweet-Heart Deals“ genannten Vergleiche, bedarf es aber auch einer Kontrolle der qualifizierten Einrichtungen. Unter den sogenannten „Sweet-Heart Deals“ sind Vergleiche zu verstehen, die zum Nachteil der angemeldeten Verbraucher geschlossen werden, weil die Klägerin und das beklagte Unternehmen kollusiv zusammenwirken oder weil die Klägerin eigene Defizite in der Prozessführung verschleiern will.[485] Dies kann sich beispielsweise in der Art und Weise darstellen, dass die ausgehandelte Vergleichssumme niedriger ausfällt, als dies eigentlich der Fall sein müsste.[486]

bb) Das beklagte Unternehmen

Eine andere Situation ergibt sich für das beklagte Unternehmen. Für dieses ist es fraglich, ob dessen Interessen in der Abwägung Berücksichtigung finden dürfen, beziehungsweise sogar müssen.[487] Während ein Teil der Literatur sich für eine Einbeziehung der Interessen des beklagten Unternehmens ausspricht,[488] hält die überwiegende Mehrheit in der Literatur[489] eine Berücksichtigung der Interessen des beklagten Unternehmens innerhalb der Angemessenheitsprüfung des Gerichts für nicht erforderlich.

(1) Allgemeine Erwägungen

Für eine Berücksichtigung der Interessen des Unternehmens könnte zum einen der Wortlaut des § 611 Abs. 3 S. 2 ZPO sprechen, danach erfolgt eine Genehmigung des Vergleiches, wenn das Gericht „ihn … als eine angemessene gütliche Beilegung des Streits oder der Ungewissheit über die angemeldeten Ansprüche oder Rechtsverhältnisse erachtet“. Der Wortlaut stellt somit zunächst auf den gesamten Vergleich ab, welcher als angemessen erachtet werden muss. Eine Reduzierung der Angemessenheitsprüfung lediglich auf die Belange der Verbraucher ergibt sich daraus nicht. Der Wortlaut könnte mithin so interpretiert

---

485 *Magnus,* NJW 2019, 3177, 3179.

486 *Hay/Rosenberg,* 75 Notre Dame L. Rev. (2000) 1377.

487 Für eine Berücksichtigung der Interessen des beklagten Unternehmens: *Kähler,* ZIP 2020, S. 293, 294, 295, der Unangemessenheit annimmt, wenn Verbrauchern Leistungen zugesprochen werden, obwohl die Ansprüche verjährt sind; Ablehnend: *Scholl,* ZfPW 2019, 317, 349; *Röthemeyer,* § 611 Rn. 34; *Thiery/Schlingmann,* DB 2018, 2550, 2554; *Beckmann/Waßmuth,* WM 2019, 89, 91.

488 *Kähler,* in: Asmus/Waßmuth, § 611 Rn. 101; *Kähler,* ZIP 2020, 293, 294 f.; *Stadler,* in: Musielak/Voit, ZPO, § 611 Rn. 9; *Gluding,* 238.

489 *Scholl,* ZfPW 2019, 317, 349; *Röthemeyer,* § 611 Rn. 34; *Thiery/Schlingmann,* DB 2018, 2550, 2554, *Beckmann/Waßmuth,* WM 2019, 89, 91.

werden, dass ein nachteiliges Abweichen des Vergleiches zu Lasten des Unternehmens zur Nichtgenehmigung führen kann, weil in diesem Fall tatsächlich der Vergleich gegenüber dem Unternehmen unangemessen wäre.

Der Sinn und Zweck der Angemessenheitsprüfung spricht weder ausschließlich für oder gegen eine Berücksichtigung der Interessen des Unternehmens. Zwar ist der übergeordnete Zweck dieser Prüfung sicherlich die Wahrung der Interessen der Verbraucher, was im Umkehrschluss jedoch nicht dazu führt, dass eine Berücksichtigung der Interessen des Unternehmens vollständig entfällt. Es stellt sich vielmehr gerade die Frage, ob der Zweck der Angemessenheitsprüfung auch die Wahrung der Interessen der beklagten Unternehmen ist.

Gegen eine Berücksichtigung kann allerdings vorgetragen werden, dass im Unterschied zu den Verbrauchern, das Unternehmen unmittelbar am Prozess, sowie an den Vergleichsverhandlungen beteiligt ist. Insofern befinde sich das Unternehmen in einer dem allgemeinen ZPO Verfahren vergleichbaren Situation, für diese normale Situation des beklagten Unternehmens bestehe aber für das Gericht keine formale Interventions- oder Kontrollbefugnis.[490] Des Weiteren kann das Unternehmen im Unterschied zu den Verbrauchern Einfluss darauf nehmen, was Gegenstand des Vergleiches wird und kann aufgrund der Vergleichsverhandlungen selbst entscheiden, ob der mit der qualifizierten Einrichtung zu schließende Vergleich den eigenen Interessen entspricht.[491] Es könnte somit nicht notwendig sein, die Interessen des Unternehmens einzubeziehen, da dieses nicht schutzbedürftig ist.

(2) Der Vergleich mit dem KapMuG

Für eine Berücksichtigung der Interessen des beklagten Unternehmens könnte eine systematische Auslegung sprechen. Im Kapitalanleger-Musterverfahrensgesetz, welches auch als Vorbild für die Konzeption der Musterfeststellungsklage gedient hat, wird im Hinblick auf die Genehmigung des Vergleiches gemäß § 18 Abs. 1 KapMuG die Auffassung[492] vertreten, dass der Beklagte nicht gezwungen werden soll, einen unangemessenen Vergleich zu schließen. Die Berücksichtigung der Interessen des beklagten Unternehmens bei der Angemessenheitsprüfung des KapMuG-Vergleichs könnte insofern dafür sprechen, dass die Interessen des

490 *Röthemeyer*, § 611 Rn. 33.

491 *Beckmann/Waßmuth*, WM 2019, 89, 91; *Gluding*, 157.

492 *Halfmeier*, in: Prütting/Gehrlein, KapMuG, § 18 Rn. 1; *Wigand*, in: Vorwerk/Wolf/, § 18 Rn. 2.

beklagten Unternehmens auch in der Angemessenheitsprüfung des Musterfeststellungsvergleichs zu berücksichtigen sind.

Für die Angemessenheitsprüfung des KapMuG-Vergleiches ergibt sich aus der Gesetzesbegründung ausdrücklich, dass auch die Interessen des beklagten Unternehmens zu berücksichtigen sind. Dort heißt es: „Auf der anderen Seite hat das Gericht aber auch sicherzustellen, dass die Musterbeklagten durch die ihnen gegenübertretenden Massenforderungen nicht zu einem Vergleich genötigt werden, der nicht mehr angemessen ist“.[493] Aufgrund des eindeutigen Wortlauts der Gesetzesbegründung ist es nicht verwunderlich, dass die Literatur dem Willen des Gesetzgebers folgt und keine abweichende Meinung in Bezug auf die Berücksichtigung der Interessen des beklagten Unternehmens innerhalb des Vergleiches vertritt und sich überwiegend für eine Berücksichtigung der Interessen des beklagten Unternehmens in der Angemessenheitsprüfung ausspricht,[494] auch wenn für das KapMuG ebenfalls vertreten wird, dass die Interessen der angemeldeten Verbraucher bei der Prüfung die Priorität genießen.[495]

Allerdings kann der Vergleich zur Vorschrift des § 18 Abs. 1 KapMuG und dessen Gesetzesbegründung, auch wenn diese eindeutig die Interessen des beklagten Unternehmens miteinbeziehen, auch gegen eine Berücksichtigung der Interessen des beklagten Unternehmens in der Angemessenheitsprüfung des Musterfeststellungsvergleichs angeführt werden. Im Unterschied zur Gesetzesbegründung des KapMuG befindet sich in der Gesetzesbegründung zur Musterfeststellungsklage kein vergleichbarer Passus, der ausdrücklich für eine Einbeziehung der Interessen des beklagten Unternehmens in die Angemessenheitsprüfung des Gerichts spricht. Insofern kann auch argumentiert werden, dass der Gesetzgeber für die Musterfeststellungsklage von der, für den KapMuG-Vergleich bestehenden, Überzeugung abgewichen ist, dass die Interessen des beklagten Unternehmens in der Angemessenheitsprüfung des Gerichts zu berücksichtigen wären. Zumindest lässt das Fehlen des entsprechenden Passus in der Gesetzesbegründung zur Musterfeststellungsklage eine andere Auffassung definitiv zu.

(3) Die „Blackmail settlements“

Ein weiteres Argument für die Berücksichtigung der Interessen des beklagten Unternehmens könnte die Intention des Gesetzgebers sein, mit der getroffenen

493 BT-Drs. 17/8799, 25.

494 *von Katte,* 414; *Wigand,* in: Vorwerk/Wolf, KapMuG, § 18 Rn. 2.

495 *Wigand,* AG 2012, 845, 849.

Ausgestaltung der Musterfeststellungsklage eine Klageindustrie zu vermeiden und eine missbräuchliche Klageerhebung zur Gewinnerzielung zu verhindern.[496] Ließe man die Interessen des Unternehmens in Reihen der Angemessenheitsprüfung des Musterfeststellungsvergleiches außen vor, so könnte dieser Wille nicht gewahrt sein, weil es dadurch zu sogenannten „blackmail settlements" kommen könnte.[497]

Von der aus den USA stammende Terminologie „blackmail settlements" werden Vergleiche innerhalb von „class actions" umfasst, in denen das beklagte Unternehmen aufgrund des Druckes des Klägers Schadenersatzzahlungen leistet, die oberhalb dessen liegen, was die Verbraucher tatsächlich in einem Individualverfahren zugesprochen bekommen könnten.[498] Das beklagte Unternehmen lässt sich in diesen Fällen von dem Kläger zu dieser Handlung erpressen, weil es fürchtet, dass es bei der Verweigerung des geforderten Vergleiches einem höheren Schaden ausgesetzt sein wird. Eine derartige Verwendung der Musterfeststellungsklage zu Lasten des beklagten Unternehmens ist vom Gesetzgeber nicht gewollt. Um diesen missbräuchlichen Gebrauch zu verhindern, könnte es möglicherweise notwendig sein, die Interessen des Unternehmens in der Angemessenheitsprüfung zu berücksichtigen.

Nachfolgend wird deshalb untersucht, ob für das deutsche Musterfeststellungsverfahren ebenfalls die Gefahr derartiger „blackmail settlements" besteht, die eine Schutzbedürftigkeit des beklagten Unternehmens begründen und damit eine Berücksichtigung der Interessen des beklagten Unternehmens in der Angemessenheitsprüfung notwendig erscheinen lassen.

(a) Die Situation in den USA

Die Angst der Unternehmen, dass sie im Fall der Verweigerung eines erpressten Vergleiches schlechter stehen als bei dem Abschluss eines nicht gerechtfertigten Vergleichs, ist in den USA nicht ganz unberechtigt. Der Grund dafür ist die Ausgestaltung des Zivilprozesses, der in entscheidenden Punkten deutlich vom deutschen System abweicht.[499] Das deutsche Zivilprozessrecht unterscheidet sich vom amerikanischen Recht zum einen, weil in den USA die Möglichkeit

---

496 BT-Drs. 19/2439; *Weinland*, Rn. 175.

497 *Röthemeyer*, VuR 2020, 130, 134.

498 *Hay/Rosenberg*, 75 Notre Dame L. Rev. (2000) 1382.

499 Zusammenfassend: *Bruns*, NJW 2018, 2753, 2754 f.; *Keßler*, ZRP 2016, 2; *Röthemeyer*, VuR 2020, 130, 134; *Schneider*, BB 2018, 1986, 1987; *Stadler*, ZHR 2018, 623; *Witte/Wetzig*, WM 2019, 52, 55; *Zirngibl*, 89.

von „punitive damages" besteht. Hierbei handelt es sich um einen Strafschadensersatz[500], zu dem das beklagte Unternehmen im Zivilverfahren verurteilt werden kann, wenn es grob schuldhaft und vorsätzlich Kunden geschädigt hat. Darüber hinaus soll der Strafschadensersatz dazu dienen, den Geschädigten dafür zu belohnen, sein Recht im gesellschaftlichen Interesse durchzusetzen, Unrechtsgewinne abzuschöpfen, sowie Präventionswirkung auszustrahlen.[501] Beachtlich ist dabei, dass über den Strafschadensersatz, welcher die eigentliche Vermögenskompensation der Geschädigten um ein Vielfaches überschreiten kann, nicht der Richter entscheidet, sondern eine Jury.[502] Bei dem Juryverfahren handelt es sich um ein Vermächtnis aus der Kolonialzeit, welches eingeführt wurde, um ein Gegengewicht zum Kolonialrichter zu schaffen und welches Laien als Geschworene vorsieht.[503] Die Kritikpunkte am heutigen Jurysystem der USA sind unter anderem, dass die oftmals unerfahrenen und nicht vorgebildeten Jurymitglieder mit den komplexen Sachverhalten überfordert sind[504] und diese von dem Sachverhalt, von dem Inhalt der Klage, von den Anträgen der Parteien vor der Hauptverhandlung oder von Vorgängen und Entscheidungen im „discovery-Verfahren" erst zum Zeitpunkt des Eröffnungsplädoyer des Klägeranwaltes erfahren. Trotz dieser nur eingeschränkten Erkenntnisquellen liegt es im Ermessen der Jury, die Höhe der „punitive damages" zu bestimmen. Wegen der eingeschränkten Erkenntnisfähigkeit der Jury, aber insbesondere auch aufgrund der Tatsache, dass dieser eine Voreingenommenheit gegenüber Bessersituierten nachgesagt wird, erweist sich eine Juryentscheidung für den Beklagten oftmals als unvorhersehbar, was den Vergleichsdruck auf diesen erhöht.[505]

Ein weiterer immenser Faktor ist die Kostenlast im amerikanischen Prozessrecht. Entscheidend ist die Grundregel des amerikanischen Kostenrechts, die sogenannte „American rule", welche besagt, dass unabhängig vom Ausgang des Prozesses jede Partei ihre Kosten selbst zu tragen hat.[506] Während jedoch der Klägeranwalt auf Erfolgshonorarbasis bezahlt wird und deshalb dem Kläger im Falle des Unterliegens keinerlei Kosten drohen, sieht sich der Beklagte

500 *Eichholtz*, Kapitel 3, 5; *Guggenberger/Guggenberger*, MMR 2019, 8, 12; *Stitz*, 42.

501 *Beuchler*, 182.

502 *Beuchler*, 183.

503 *Beuchler*, 185.

504 *Heidenberger*, RIW 1982, 872, 876; *Stitz*, 43.

505 *Beuchler*, 184.

506 BGH NJW 1992, 3096, 3099, BGH, Urt. v. 04.06.1992 – XR ZR 149/91; *Alyeska Pipeline Service Co. v. Wilderness Society*, 421 U.S., 240, 270 (1975); *Beuchler*, 146; *Schack*, Rn. 22; *Schütt*, WuW 2018, 66, 68; *Stitz*, 38.

erheblichen Kosten ausgesetzt.[507] Im Unterschied zu dem Kläger bezahlt der Beklagte seine Anwälte regelmäßig auf Stundenbasis, was für diesen zu einer kostenintensiven Verteidigung führt. Die Kostenlast des Beklagten wird noch durch eine weitere Besonderheit des amerikanischen Prozessrechtes verstärkt, dem „discovery-Verfahren". Da nach amerikanischem Recht der Kläger in der Klageschrift lediglich den Sachverhalt grob umschreiben muss, erfolgt in dem „discovery" Abschnitt des Verfahrens die Sachverhaltsermittlung. Innerhalb dieses Abschnittes besteht die Verpflichtung einer jeden Partei, auf Verlangen des Gegners, Auskunft über alles zu geben, was für den Prozess in irgendeiner Weise von Bedeutung sein könnte. Die Kosten die aus diesem, meist längsten und aufwendigsten Prozessabschnitt erwachsen, hat der jeweils zur Auskunft Verpflichtete zu tragen.[508] Es besteht somit die Möglichkeit für eine Partei, von ihrem Gegner, unter Umständen nicht für den Prozess relevante, Informationen zu erfragen und damit seine Kostenlast zu steigern, nur um diesen zu einem Vergleich zu bewegen.

Neben der Kostenlast erhöht zudem der Umstand, dass durch die „discovery" Geschäftsgeheimnisse des Unternehmens, für die es im amerikanischen Recht keinen allgemeinen Schutz gibt, ausgeforscht werden könnten, den Druck auf das Unternehmen erheblich, sodass diese trotz guter Erfolgsaussichten sich lieber vergleichen, als Interna preiszugeben.[509]

(b) Die Situation in Deutschland

Blickt man auf das deutsche Prozessrecht und die gesetzliche Konzeption der Musterfeststellungsklage erscheint die Gefahr von „blackmail settlements" im Rahmen des Musterfeststellungsvergleiches eher fernliegend.[510] Mangels der Möglichkeit im deutschen Recht zur Verhängung von Strafschadensersatz,[511] muss das beklagte Unternehmen für den Fall, dass dieses einem Vergleich nicht zustimmt, lediglich mit der Durchsetzung der Ansprüche der Verbraucher im Individualprozess rechnen. In diesem dürften die Verbraucher nur den Schaden ersetzt bekommen, welchen diese auch tatsächlich beanspruchen können. Ein Vergleichsdruck läge somit für das beklagte Unternehmen nicht vor.

---

507 *Eichholtz*, 24 f.

508 *Eichholtz*, 61.

509 *Eichholtz*, 62.

510 *Witte/Wetzig*, WM 2019, 52, 55.

511 BVerfGE 91, 335, 342 Tz. 28; BGHZ 118, 312; *Röthemeyer*, Teil 1 Rn. 30; *Stitz*, 41.

Auch eine Zwangslage aufgrund drohender Kostenlast scheidet für das beklagte Unternehmen aufgrund des Kostenrechts im deutschen Zivilprozess aus. Im Unterschied zum amerikanischen Recht hat im deutschen Zivilprozess und auch bei der Musterfeststellungsklage[512] grundsätzlich gemäß § 91 Abs. 1 S. 1 ZPO die unterliegende Partei die Kosten des Rechtsstreits zu tragen.[513] Zwar besteht auch bei der deutschen Musterfeststellungsklage, selbst im Fall eines Obsiegens, eine erhebliche Kostenlast für das beklagte Unternehmen, weil dieses, wie auch in den USA üblich, seine Anwälte regelmäßig nach Stunden bezahlen wird. Von dem prozessualen Kostenerstattungsanspruch nach § 91 ZPO werden jedoch lediglich die gesetzlichen Gebühren und Auslagen umfasst, weshalb nur die Regelsätze des Rechtsanwaltsvergütungsgesetzes erstattungsfähig sind. Nichterstattungsfähig hingegen ist somit der, aufgrund einer Honorarvereinbarung mit dem Rechtsanwalt vereinbarte Stundenlohn des Anwalts.[514] Somit sind die Kosten für die Verteidigung, sofern diese die gesetzlichen Gebühren und Auslagen übersteigen, auch im Fall des Obsiegens vom Unternehmen zu tragen. Aus dieser Tatsache ergibt sich jedoch ebenfalls kein gesteigertes Druckpotential, was das Unternehmen zu einem Vergleich zwingen könnte. Insofern befindet sich das Unternehmen in keiner anderen Situation, als in derjenigen der alternativ in Betracht kommenden Individualprozesse. Auch in diesen hätte das Unternehmen, selbst im Fall des Obsiegens, nach dem allgemeinen Grundsatz der Kostenpflicht gemäß § 91 ZPO, seine Anwaltskosten zu tragen, sofern diese die gesetzlichen Gebühren und Auslagen übersteigen.

Die Bündelung eines Großteils der betroffenen Verbraucher in einem Verfahren und damit der Möglichkeit, mithilfe eines Vergleiches einer Vielzahl von Individualverfahren aus dem Weg zu gehen, führt sogar wahrscheinlich zu einer erheblichen Kostenersparnis des Unternehmens im Hinblick auf die Anwaltshonorare. Das Ausnutzen dieser Kenntnis durch den Kläger, mit dem Ziel ein höheres Vergleichsangebot zu erlangen, führt jedoch nicht zu einer derartigen Zwangslage für das Unternehmen, welche es rechtfertigen würde, den Beklagten als schutzwürdig anzusehen. Vielmehr stellt dieser Punkt nur einen von Vielen dar, welcher in die reguläre Kalkulation des Unternehmens einfließt und der mitursächlich dafür ist, in welcher Höhe die Vergleichszahlung letztendlich ausfallen wird. Das Unternehmen wird, unabhängig von einer Drohung des Klägers,

512 *Schmaltz,* in: Nordholtz/Mekat, § 10 Rn. 23.
513 *Guggenberger/Guggenberger*, MMR 2019, 8, 12.
514 BGH, Beschl. v. 24.01.2018 – VII ZB 60/17, Rn. 14 f.

in seine Vergleichsabwägung immer miteinbeziehen, welche Kosten in dem Fall, dass es sich nicht vergleicht, auf es zukommen könnten.

Überdies existiert im deutschen Prozessrecht kein „discovery-Verfahren", aus dem sich ein gesteigertes Kostenrisiko oder eine Gefahr der Aufdeckung von Geschäftsgeheimnissen für das beklagte Unternehmen ergeben könnte. Die Ausgestaltung des Musterfeststellungsverfahrens sorgt vielmehr dafür, dass den beklagten Unternehmen keine unnötigen Kosten entstehen. Insbesondere durch die gerichtliche Überprüfung der Klageschrift vor der Veröffentlichung der Klage im Klageregister nach §§ 607 Abs. 2, 606 Abs. 2 S. 1 Nr. 2 ZPO soll sichergestellt werden, dass Unternehmen nur einem Musterfeststellungsverfahren ausgesetzt werden, sofern ein solches, aufgrund der bei Gericht eingereichten Klage, als gerechtfertigt erscheint.[515]

Klagen von qualifizierten Einrichtungen, die nur aus dem Grund erhoben werden, das beklagte Unternehmen zu einem Vergleich zu bewegen, scheiden somit aus. Dementsprechend besteht für ein beklagtes Unternehmen im Musterfeststellungsverfahren nie ein Vergleichsdruck nur aufgrund der im Verfahren für es generell anfallenden Kosten, sondern immer auch aufgrund des reellen Risikos des Unterliegens im Verfahren und den daraus resultierenden Kosten. Die gerichtliche Überprüfung vor der öffentlichen Bekanntmachung der Klage verhindert zudem, dass eine Veranlassung des beklagten Unternehmens zum Abschluss eines negativen Vergleiches, aufgrund der von der Einleitung eines Musterfeststellungsverfahrens ausgehenden Prangerwirkung und negativen Presse,[516] von Anfang an nicht entsteht.

Weiter bestehen innerhalb des Verfahrens, anders als im amerikanischen Recht, keine grundsätzlichen Auskunftspflichten des Gegners, die erhebliche Kosten verursachen würden und vom Auskunftsverpflichteten zu tragen wären. Es besteht lediglich eine Vorleistungspflicht der beweisführenden Partei für beispielsweise kostenintensive Gutachten gemäß § 379 ZPO i.V.m. § 402 ZPO, die im Zusammenhang mit derartigen Gutachten entstehenden Kosten sind jedoch bei einer streitigen Entscheidung von der unterliegenden Partei zu tragen sind.[517] Für die Beweissituation gelten im Übrigen im Musterfeststellungsverfahren die gleichen Grundsätze wie im Individualverfahren. Diejenige Partei ist für die Tatsachen beweispflichtig, aus denen sie ihren Anspruch herleitet.[518] Eine

---

515 Siehe hierzu: 48 ff. und 142 ff.

516 *Geissler*, GWR, 2018, 189, 191; *Gludig*, 156; *Woopen*, NJW 2018, 133, 136; allgemein zur Prangerwirkung: *Zott*, 105 ff.

517 *Schmaltz*, in: Nordholtz/Mekat, § 10 Rn. 25; *Waßmuth/Asmus*, ZIP 2018, 657, 663.

518 *Habbe/Gieseler*, BB 2017, 2188, 2189.

gesteigerte Kostenlast aufgrund der Sachverhaltsermittlung im Musterfeststellungsverfahren entsteht somit für das beklagte Unternehmen nicht.

Der Druck auf das Unternehmen und damit die Gefahr für ein „blackmail settlement“ könnten jedoch aufgrund einer Situation bestehen, die ihren Ursprung in der Ausgestaltung der Musterfeststellungsklage hat. Gemäß § 610 Abs. 1 S. 1 ZPO kann ab dem Tag der Rechtshängigkeit der Musterfeststellungsklage gegen den Beklagten keine andere Musterfeststellungsklage erhoben werden, soweit deren Streitstand denselben Lebenssachverhalt und dieselben Feststellungsziele betrifft. Dies jedoch nur, wie sich aus dem Umkehrschluss zu § 610 Abs. 1 S. 2 ZPO ergibt, sofern eine Entscheidung in der Sache ergeht. Mit Abschluss des Verfahrens durch Vergleich, bestünde damit eine Sperrwirkung für weitere Musterfeststellungsklagen gegen den Beklagten, welche denselben Lebenssachverhalt und dieselben Feststellungsziele beträfen.

Eine qualifizierte Einrichtung, der bewusst ist, dass nicht alle anspruchsberechtigten Verbraucher im Klageregister angemeldet sind, könnte sich die gesetzliche Ausgestaltung zunutze machen, um dadurch Vergleichsdruck auf das beklagte Unternehmen auszuüben. Im theoretischen Falle des Nichtvergleichens und des Unterliegens im Musterfeststellungsverfahren entstünde durch ein Musterfeststellungsurteil zwar keine Bindungswirkung für die nicht angemeldeten Verbraucher, es hätte allerdings eine Vorbildfunktion auch für deren Individualprozesse.[519] Mit Blick auf die Vorbildfunktion eines Musterfeststellungsurteils und der Sperrwirkung des Vergleiches, könnte das beklagte Unternehmen von der qualifizierten Einrichtung dazu gedrängt werden, einen zu hohen Vergleich zu schließen.

Betrachtet man die Situation allerdings genauer, so stellt sich diese wie die vermeintliche Zwangslage aufgrund des Kostenrisikos in den Folgeverfahren dar. Schlussendlich trifft das Unternehmen auch in diesem Fall eine freiwillige, unternehmerische Entscheidung. Es wägt die Risiken des Nichtvergleichens und eines, für sich nachteiligen Musterfeststellungsurteils, gegen den Abschluss des überhöhten Vergleiches ab. Auch in dieser Konstellation wird es den Vergleich nur abschließen, wenn es diesen als die günstigere Lösung erachtet.[520] Damit stellt die dargestellte „blackmail“ Situation keine Besonderheit gegenüber einer regulären Vergleichssituation dar. Das beklagte Unternehmen trifft in beiden Situationen eine autonome Entscheidung über den Abschluss eines Vergleiches. So entspricht es im hergebrachten Prozess gängiger Praxis, dass ein

519 *Gsell/Meller-Hannich*, 43 f.

520 In diese Richtung argumentierend auch: *Eggers*, *235*, 238 f.

Unternehmen einen kostennachteiligen Vergleich schließt, um ein negatives höhergerichtliches Urteil und die daraus resultierenden Folgen zu vermeiden.[521]

(c) Die Schlussfolgerung

Nach der dargestellten Argumentation ist es nicht ersichtlich, dass die aus den USA bekannte Gefahr der „blackmail settlements" auch bei der deutschen Musterfeststellungsklage besteht. Aufgrund der unterschiedlichen prozessrechtlichen Ausgestaltung im Zivilrecht der beiden Staaten erscheint eine Zwangslage für das beklagte Unternehmen, vergleichbar mit der eines Unternehmens in einer amerikanischen „class action", im Rahmen der Musterfeststellungsklage als ausgeschlossen. Vertreten wird vielmehr, dass aufgrund des für die Klägerin drohenden Reputationsverlusts sowie des Haftungsrisikos[522] für eine durch missbräuchliche Klageerhebung herbeigeführten Rufschädigung, der Missbrauch der Musterfeststellungsklage ausgeschlossen erscheint.[523]

(4) Der Missbrauchsschutz innerhalb der Musterfeststellungsklage

Gegen eine Berücksichtigung der Interessen des beklagten Unternehmens kann darüber hinaus der bereits im Musterfeststellungsverfahren konstituierte Missbrauchsschutz angeführt werden. Dem Gesetzgeber war die Gefahr des Missbrauchs der Musterfeststellungsklage zulasten des beklagten Unternehmens deutlich bewusst.[524] Insofern führte er, trotz der zuvor dargestellten geringeren Anreize zu einem missbräuchlichen Verhalten im deutschen Recht, besondere Schutzmechanismen ein, die das beklagte Unternehmen schützen.

Die Einschränkung der Klagebefugnis nach § 606 Abs. 1 ZPO soll sicherstellen, dass Klagen ausschließlich im Interesse der betroffenen Verbraucher erhoben werden und nicht mit Gewinnerzielungsabsicht, sodass sachwidrige oder missbräuchliche Klageerhebungen ausgeschlossen sein sollten.[525] Sichergestellt wird die sachgerechte Klageerhebung durch eine inhaltliche Prüfung vor der öffentlichen Bekanntmachung der Musterfeststellungsklage im Klageregister.[526] Das Gericht prüft bereits vor der Bekanntmachung der Musterfeststellungsklage,

---

521 *Ring*, SVR 2019, 161.
522 *Thole*, AcP 209. Bd. (2009), 498 ff.
523 *Röthemeyer*, VuR 2020, 130, 134.
524 Siehe: S. 38 ff.
525 *Kutschaty/Freudenberg/Gerhard*, ZRP 2017, 27, 28; *Röthemeyer*, VuR 2020, 130, 131, 135.
526 Siehe hierzu ausführlich: S. 44 ff.

ob die Klägerin die Voraussetzungen erfüllt und ob von den Feststellungszielen mindestens zehn Verbraucheransprüchen abhängen. Damit wird auch sichergestellt, dass sich das beklagte Unternehmen keinen evident unbegründeten Klagen ausgesetzt sieht, die zu einem abgenötigten Vergleich führen könnten.[527]

Das beklagte Unternehmen wird sich in einer Vergleichssituation mithin keinen missbräuchlichen Klagen ausgesetzt sehen, die zu einem Vergleich führen, welcher nicht dem Interesse des beklagten Unternehmens entspricht.

(5) Zwischenergebnis

Aufgrund der gewonnenen Erkenntnisse ist eine Berücksichtigung der Interessen des Unternehmens in der Angemessenheitsprüfung, auch wenn diese vom Wortlaut des § 611 Abs. 3 S. 2 ZPO theoretisch umfasst wären, abzulehnen.

Vergleicht man die Situation des beklagten Unternehmens mit der der angemeldeten Verbraucher, deren Interessen durch die Angemessenheitsprüfung unzweifelhaft gewahrt werden sollen, so muss eine Berücksichtigung der Interessen des Unternehmens grundsätzlich abgelehnt werden. Der Gedanke, der hinter der Erwägung steckte, dass die Interessen des beklagten Unternehmens gleichfalls in die Abwägung einbezogen werden müssen, war der, dass insbesondere im Falle eines „blackmail settlements" die Entscheidung des beklagten Unternehmens, einen zu hohen Vergleich zu schließen, aufgrund einer Zwangslage erfolgt und nicht aus autonomen Gründen. In diesem Fall wäre die Situation des beklagten Unternehmens mit der der angemeldeten Verbraucher vergleichbar, da für beide der Vergleich nicht durch ihre freie Entscheidung zustande käme; bei den angemeldeten Verbrauchern mangels unmittelbarer Beteiligung und bei dem beklagten Unternehmen aufgrund der Zwangslage. Wie aufgezeigt, ist allerdings eine die Entscheidungsfreiheit einschränkende Zwangslage in der Musterfeststellungsklage schwer vorstellbar, weshalb sich das Unternehmen grundsätzlich als nicht schutzbedürftig erweist. Zumal ein Gericht regelmäßig nicht wird differenzieren können zwischen einem Vergleich, der der Privatautonomie der Parteien Rechnung trägt und nur eine höhere Kompensation enthält, weil es das beklagt Unternehmen so will und einem Vergleich, der eine höhere Kompensation aufgrund einer Zwangslage enthält.

527 *Stitz*, 331.

cc) Weitere Interessengruppen

Über die persönlichen Interessen der angemeldeten Verbraucher hinaus stellt sich die Frage, ob die Interessen weiterer Personen in die Abwägung des Gerichts einfließen können bzw. müssen.

(1) Die qualifizierte Einrichtung (Klägerin)

Im Hinblick auf die Stellung der qualifizierten Einrichtung im Verfahren dürfte eine Berücksichtigung ihrer Interessen ausgeschlossen sein. Eine Schutzbedürftigkeit erscheint für sie nicht ersichtlich, da diese direkt an den Vergleichsverhandlungen beteiligt ist und die Folgen des Vergleiches sie grundsätzlich nicht treffen. Auch aus der Möglichkeit der Haftung gegenüber den vertretenen Verbrauchern für den Fall der mangelhaften Prozessführung ergibt sich eine solche Schutzbedürftigkeit nicht, da die Haftung nicht unmittelbar aus dem Vergleich resultiert, sondern aus dem selbstbestimmten Verhalten der qualifizierten Einrichtung.

(2) Die nicht angemeldeten, betroffenen Verbraucher

Eine Gruppe, deren Interessen allerdings eine Rolle innerhalb der Abwägung des Gerichts spielen könnte, sind diejenigen Verbraucher, die nicht im Klageregister der Musterfeststellungsklage angemeldet sind, deren Anspruchsberechtigung aber tatsächlich von den Feststellungszielen der Musterfeststellungsklage abhängig sind.

In dieser Gruppe enthalten, aber nicht berücksichtigungsfähig sind die Interessen der Verbraucher, die sich freiwillig dazu entschlossen haben sich nicht der Musterfeststellungsklage anzuschließen und sich deshalb nicht im Klageregister angemeldet haben. Sei es aus dem Grund, dass sie ihren Anspruch direkt im Wege des Individualverfahrens gelten machen wollen, oder weil sie diesen überhaupt nicht gelten machen wollen. Diesen fehlt aufgrund ihrer autonomen Entscheidung und dadurch, dass sie nicht von den Folgen des Vergleiches betroffen sind (§ 611 Abs. 1 ZPO) ebenso die Schutzbedürftigkeit.

Die Schutzbedürftigkeit gegeben sein könnte allerdings bei Verbrauchern, die nicht im Klageregister angemeldet sind, deren Ansprüche von den Feststellungszielen der Musterfeststellungsklage abhängen,[528] jedoch mangels Kenntnis von dieser nicht am Verfahren beteiligt sind. Von diesen wurde keine eigenständige Entscheidung dahingehend getroffen, nicht am Verfahren beteiligt zu sein.

---

528 *Mekat*, in: Nordholtz/Mekat, § 7 Rn. 47.

Insbesondere im Hinblick auf das zuvor erörterte Problem, dass eine qualifizierte Einrichtung die Gegebenheit bewusst ausnutzt, dass nicht alle anspruchsberechtigten Verbraucher am Musterfeststellungsverfahren beteiligt sind, um für diejenigen am Verfahren Beteiligten einen besseren Vergleich abzuschließen, könnte für eine Einbeziehung derer Interessen sprechen. Die nicht beteiligten, kenntnislosen Verbraucher würden von den Folgen des Vergleiches getroffen, weil diesen die Möglichkeit genommen wäre, dieselben Feststellungsziele im Wege der Musterfeststellungsklage geltend zu machen.

Betrachtete man jedoch die Ausgestaltung der Musterfeststellungsklage, so muss man zu der Schlussfolgerung gelangen, dass die Interessen der nicht beteiligten Verbraucher insgesamt bei der Abwägung außer Acht bleiben müssen. Zwar treffen Verbraucher, die aufgrund Unkenntnis von der Musterfeststellungsklage nicht im Klageregister angemeldet sind, die Entscheidung über eine Nichtanmeldung nicht freiwillig, was diesen ein gewisses Maß an Schutzbedürftigkeit zuspricht, jedoch wirkt der Vergleich, im Unterschied zu den angemeldeten Verbrauchern, nicht unmittelbar (§ 611 Abs. 1 ZPO). Im Falle der Annahme des Vergleiches, durch die angemeldeten Verbraucher, können nicht angemeldete Verbraucher ihre Ansprüche grundsätzlich im Individualverfahren geltend machen, während angemeldeten Verbrauchern dieser Weg abgeschnitten wird. Nicht angemeldete Verbraucher erweisen sich insofern insgesamt als nicht in gleicher Weise schutzbedürftig wie angemeldete Verbraucher.[529]

(3) Die Aktionäre des beklagten Unternehmens

Teilweise wird vertreten, dass auch die Interessen der Aktionäre des beklagten Unternehmens in die Angemessenheitsprüfung einbezogen werden müssten.[530] Begründet wird diese Auffassung damit, dass der Vorstand einer Gesellschaft einen Vergleich schließen könnte, der zulasten der Aktionäre der Gesellschaft geht. Insofern könne das Gericht nicht „sehenden Auges zu einer Rechtsverletzung beitragen und sich damit an einer Schädigung von Aktionären beteiligen."[531]

Diese Auffassung überzeugt nicht. Die Aktionäre haben in Bezug auf den Musterfeststellungsvergleich kein Schutzbedürfnis, was vergleichbar wäre mit dem der angemeldeten Verbraucher. Im Hinblick auf eine mangelhafte Vertretung durch den Vorstand besteht ein ausreichender Schutz über das

---

529 A.A. *Röthemeyer*, § 611 Rn. 36.
530 *Kähler*, ZIP 2020, 293, 296.
531 *Kähler*, ZIP 2020, 293, 296.

Gesellschaftsrecht.[532] Zudem gilt auch für die Aktionäre des beklagten Unternehmens, dass diese, wie betroffene, kenntnislose Verbraucher, nicht unmittelbar von dem Vergleich betroffen werden. Die Auswirkungen des Vergleichs treffen die Aktionäre nur mittelbar, bspw. aufgrund sinkender Aktienkurse.

dd) Ergebnis

Analysiert man die Gründe, warum die Interessen der angemeldeten Verbraucher unumstritten in die Angemessenheitsprüfung des Gerichts einfließen müssen, so gelangt man zu der Erkenntnis, dass für diese eine besondere Schutzbedürftigkeit besteht, weil sie einerseits vom Vergleich unmittelbar betroffen sind, anderseits diesen nicht mitentscheiden können.

Bei einer Gegenüberstellung weiterer Personen, deren Interessen für eine Berücksichtigung in der Angemessenheitsprüfung in Betracht kommen könnten, wird deutlich, dass eine vergleichbare Schutzbedürftigkeit für diese nicht gegeben ist. Eine vergleichbare Schutzbedürftigkeit ist bei diesen deshalb ausgeschlossen, weil entweder, wie bei nicht angemeldeten Verbrauchern, der Grad der individuellen Betroffenheit abweicht, oder wie beim beklagten Unternehmen, die Möglichkeit besteht, den Vergleich mitzuentscheiden.

Mit dem Gedanken, dass Voraussetzung für die Einbeziehung von Interessen in die Angemessenheitsprüfung, die Schutzbedürftigkeit der Personen ist, sind somit nur die Interessen der angemeldeten Verbraucher in die Abwägung des Gerichts einzubeziehen.

In persönlicher Hinsicht werden Interessen nur in die Abwägung des Gerichts einbezogen, wenn den vom Vergleich Betroffenen die autonome Entscheidung genommen ist und diese von der Wirkung des Vergleiches unmittelbar betroffen sind.

b) Sachlich

In diesem Abschnitt wurde bereits vorweggenommen, dass der sachliche Gegenstand der Abwägung des Gerichts die mit dem Vergleich verbundenen Interessen sind.

Durch die zuvor erfolgte Bestimmung, wessen Interessen in die Abwägung des Gerichts miteinbezogenen werden müssen, ist eine erste Konkretisierung des Gegenstands der Abwägung in persönlicher Hinsicht erfolgt. Für die Abwägung des Gerichts ist dementsprechend ausschlaggebend, ob das Interesse der

532 *Röthemeyer*, § 611 Rn. 34 m.w.N.

angemeldeten Verbraucher am Abschluss des Vergleiches, das Interesse der angemeldeten Verbraucher an der Weiterführung des Verfahrens überwiegt. Bei diesen Interessen handelt es sich jedoch nur um übergeordnete Interessen, die jeweils genauer definiert werden müssen, um gegeneinander abgewogen zu werden.

Im Hinblick auf die hinter der Entscheidung, für oder gegen einen Musterfeststellungsvergleich, stehenden Interessen kann auf die Erkenntnisse zu der Entscheidung über einen Vergleich im regulären Zwei-Personen-Prozess zurückgegriffen werden. Auch im Vergleich im regulären Zwei-Personen-Prozess hat die Abwägung zu erfolgen, ob ein Vergleich gegenüber der Weiterführung des Verfahrens die bessere Lösung darstellt. In diese Abwägung fließen zahlreiche Interessen ein, die aufgrund des persönlichen Gegenstands der Abwägung in der Angemessenheitsprüfung nur von der Klägerseite aus betrachtet werden sollen.

Wie bereits in der Einleitung zu dieser Arbeit dargestellt,[533] sprechen diverse Gründe für einen Vergleich. Ein großer Vorteil eines Vergleichs ist es, dass er zu einer schnellen Beendigung des Verfahrens führt.[534] Zudem entgehen die Parteien durch einen Vergleich einem Urteil in der Sache; sie setzen sich somit nicht dem Risiko aus, dass ein Urteil gegen sie ergeht. Hat der Entscheidende demnach ein Interesse daran einen schnellen Abschluss des Verfahrens zu erlangen und möchte er das Risiko eines nachteiligen Urteils vermeiden, kann das Interesse an einem Vergleich das Interesse an der Weiterführung des Verfahrens überwiegen. Die Reduzierung des Risikos des Prozessverlusts und die Ersparnis von Zeit stellen hierbei Interessen dar, die generell für einen Vergleich sprechen. Sie stellen insofern keine Bewertungskriterien dar, da sie ohne eine weitere Abwägung in die Bewertung einbezogen werden können.[535]

Anders verhält es sich hinsichtlich der im Vergleich zugesprochenen Leistung. Der alleinige Umstand, dass in dem Vergleich eine Leistung zugesprochen wird, stellt einzeln betrachtet kein Argument für den Abschluss eines Vergleichs dar. Im Hinblick auf die Leistung ist vielmehr die zugesprochene Leistungshöhe von besonderer Relevanz. Die Höhe der im Vergleich zugesprochenen Leistungen stellt regelmäßig das bedeutendste Interesse für die Abwägung dar, ob ein Vergleich geschlossen werden kann oder nicht. Ein Geschädigter wird grundsätzlich nicht einen Vergleich schließen, der ihm eine zu geringe Leistung zuspricht, auch wenn dieser ihm einen schnellen Abschluss des Verfahrens bringt.

---

533 Siehe: 19 ff.

534 *Klose*, NJ 2018, 12.

535 *Alexy*, 131.

Die Frage wann eine Leistung als zu gering zu bewerten ist und damit die Akzeptanz einer im Vergleich zugesprochenen Leistungshöhe hängt von einer eigenständigen, vom Betroffenen zu tätigenden, Abwägung ab. Die in diese Abwägung einzubeziehenden Argumente stellen allerdings einen Großteil der Bewertungskriterien des Gerichts bei seiner Angemessenheitsprüfung des Musterfeststellungsvergleichs dar, weshalb auf die dortigen Ausführungen verwiesen werden soll.[536] Das Gericht wird innerhalb der Angemessenheitsprüfung vor die Aufgabe gestellt die Abwägung vorzunehmen, die sonst dem eigentlich von dem Vergleich Betroffenen obliegen würde.

Das Interesse an der Weiterführung des Verfahrens resultiert im Wesentlichen aus der tendenziell mit einem Urteil verbundenen höheren Kompensation des Klägers. Aus dem gegenseitigen Nachgeben innerhalb des Vergleichs folgt regelmäßig, dass der Geschädigte eine geringere Leistung erhält, als im Falle eines für ihn positiven Urteils. Von untergeordneter Bedeutung dürfte demgegenüber ein Interesse des Geschädigten an der Prävention und an der Wahrung des objektiven Rechts sein, die von einem Urteil ausgehen könnte.[537]

c) Fazit

Der Gegenstand der Abwägung des Gerichts innerhalb Angemessenheitsprüfung der Musterfeststellungsklage ist eine Gegenüberstellung der Interessen der angemeldeten Verbraucher an dem Abschluss eines Musterfeststellungsvergleichs zu den Interessen der angemeldeten Verbraucher an der Weiterführung des Musterfeststellungsverfahrens.

2. Die Bewertungskriterien

Die Bewertungskriterien stellen für das Gericht die für seine Bewertung maßgeblich zu berücksichtigenden Argumente dar. Trotz der Tatsache, dass es sich bei jeder Bewertung um eine Einzelfallentscheidung handelt und dementsprechend für jede eigenständige Abwägung unterschiedliche Gründe angeführt werden können, ergeben sich aufgrund der Gemeinsamkeit, dass es sich um ein Musterfeststellungsverfahren handelt, Bewertungskriterien, die über das einzelne Verfahren hinaus für andere gerichtliche Genehmigungsentscheidungen von Bedeutung sind.

---

536 Siehe: 153 ff.

537 *Beil*, NJW 2018, 31.

Aus der Vorschrift zum Musterfeststellungsvergleich, § 611 ZPO, ergeben sich, dem Sinn des unbestimmten Rechtsbegriffs: „angemessen" in vollem Umfang Rechnung tragend, keine konkreten Kriterien, die bei der Angemessenheitsprüfung des Gerichts zu berücksichtigen wären. Wie beim KapMuG-Vergleich,[538] obliegt es grundsätzlich den Gerichten, die Bewertungskriterien zu bestimmen. Eine Konkretisierung dieses unbestimmten Rechtsbegriffs und damit auch eine Bestimmung möglicher Bewertungskriterien konnte allerdings bisher nicht erfolgen, da es bis zu diesem Zeitpunkt zu keinem Vergleich in einem Musterfeststellungsverfahren gekommen ist, der der gerichtlichen Genehmigung bedurft hätte. Und auch aus dem, nach Kenntnis des Verfassers, einzigen gerichtlichen Vergleich im KapMuG-Verfahren,[539] können keine Schlüsse gezogen, weil sich der Begründung der Genehmigung keine Kriterien entnehmen lassen.[540]

Auf den nachfolgenden Seiten soll deshalb zu den Bewertungskriterien, die für die Angemessenheitsprüfung des Musterfeststellungsvergleichs relevant sein könnten, näher ausgeführt werden. Aufgrund der Tatsache, dass bereits in zuvor erschienenen Werken zu möglichen Kriterien für eine Angemessenheitsprüfung des Gerichts in kollektiven Rechtsschutzverfahren intensiv geforscht wurde und die Autoren ausführliche Kataloge mit berücksichtigungsfähigen Kriterien erstellt haben,[541] wird auf diese Werke verwiesen und auf die tiefergehende Herleitung der, dort aufgeführten, Kriterien verzichtet, um unnötige Wiederholungen zu vermeiden.

Die aus diesen Arbeiten hervorgehenden Erkenntnisse zu den Bewertungskriterien von gerichtlichen Genehmigungsprüfungen in Vergleichen in kollektiven Rechtsschutzverfahren, die hauptsächlich auf einer rechtsvergleichenden Analyse zu anderen Rechtsordnungen beruhen und ihren Schwerpunkt nicht auf die gerichtliche Genehmigung des Musterfeststellungsvergleichs gesetzt haben,[542] sollen vielmehr in die weiterfolgende eigene Forschung einbezogen werden, um die Berücksichtigungsfähigkeit bzw. Berücksichtigungsbedürftigkeit der

538 *von Katte*, 412.

539 OLG München, Beschl. v. 12.11.2014 – KAP 2/09, abrufbar unter: https://www.bundesanzeiger.de/pub/de/suchergebnis?7 (zuletzt abgerufen am: 24.10.2022).

540 Vgl. auch: *Eggers*, 218.

541 Siehe zu den ausführlichen Kriterienkatalogen: *Eggers*, 163 ff.; *Peter*, 195 ff.; *von Katte*, 156 ff., 412 ff.

542 *Eggers* befasst sich in seiner Arbeit mit der generellen gerichtlichen Kontrolle von Vergleichen im kollektiven Rechtsschutz, *von Katte* widmet sich in seinem Werk der gerichtlichen Genehmigung von Vergleichen im KapMuG Verfahren.

bereits erarbeiteten Bewertungskriterien für den Musterfeststellungsvergleich festzustellen.

Das Ziel der anschließenden Forschung ist es, die in diesen Arbeiten herausgearbeiteten Kriterien, sowie Kriterien, die in der wissenschaftlichen Literatur zum Musterfeststellungsvergleich erörtert werden, auf deren Anwendbarkeit für den Musterfeststellungsvergleich zu überprüfen. Zur Beantwortung der Frage, ob die Anwendbarkeit der Kriterien speziell für den Musterfeststellungsvergleich gegeben ist, soll sowohl rechtsdogmatisch als auch mit rechtsvergleichenden Bezügen zum KapMuG, dem amerikanischen, sowie dem niederländischen Recht argumentiert werden.

Der aus der nachfolgenden Forschung resultierende Kriterienkatalog für den Musterfeststellungsvergleich nimmt hierbei für sich nicht die Behauptung der Vollständigkeit in Anspruch. Da es sich bei jeder Bewertung innerhalb eines Musterfeststellungsverfahrens um eine Einzelfallentscheidung handelt,[543] kann es für die Beurteilung der Angemessenheit eines Musterfeststellungsvergleichs notwendig sein, dass weitere Bewertungskriterien in den Abwägungsvorgang miteinbezogen werden. Dies wird bereits dadurch deutlich, dass es sich bei dem Begriff „angemessen" um einen unbestimmten Rechtsbegriff handelt.[544] Der Fokus der Forschung richtet sich daher vielmehr auf die Frage, welche Bewertungskriterien innerhalb der gerichtlichen Prüfung berücksichtigungsfähig sind.

a) Die formellen Bewertungskriterien

Der Vergleich muss sowohl in formeller als auch in materieller Hinsicht angemessen sein. Der Vergleich muss formell so gestaltet sein, dass er den Interessen der Verbraucher nicht zuwiderläuft. Die Interessen des beklagten Unternehmens sind nach der hier vertretenen Auffassung für die formellen Kriterien nicht relevant.

aa) Das informationsschaffende Verfahren

Das Verfahren, welches zur Entstehung des Musterfeststellungsvergleichs geführt hat, muss der Klägerin eine ausreichende Entscheidungsgrundlage zum Abschluss des Vergleiches ermöglicht haben. Ein Vergleichsschluss bspw. unter dem Druck einer Annahmefrist kann deshalb zur Unangemessenheit des Vergleichs führen.[545] Bei der gerichtlichen Beurteilung, ob eine informierte

543 Vgl. 124 ff.

544 Vgl. 130 f.

545 *Kähler*, in: Asmus/Waßmuth, § 611 Rn. 120, der allerdings für die Angemessenheit auf beide Parteien abstellt.

Entscheidung der Klägerin erfolgte, ist deshalb, wie im amerikanischen Recht, auch der Stand des Verfahrens und der Fortschritt der Beweisaufnahme zu berücksichtigen.[546] Für die Angemessenheitsprüfung des Musterfeststellungsvergleichs ergibt sich dieses Bedürfnis aus § 611 Abs. 3 S. 2 ZPO. Da das Gericht für seine Angemessenheitsprüfung den bisherigen Sach- und Streitstand einbeziehen muss, hat die Klägerin diesen notwendigerweise ebenfalls einzubeziehen, um einen angemessenen Vergleich abschließen zu können.[547]

Notwendig kann es daher sein, dass die Klägerin das Ergebnis eines noch offenen Sachverständigengutachtens abwartet, bevor sie einen Vergleich schließt. Trägt dieses zum besseren Verständnis des Sachverhalts oder zur Einschätzung der infrage stehenden Leistungshöhen bei, so ist es einzubeziehen.[548]

Ob die Klägerin ein ausreichendes Verfahren abgeschlossen hat, welches ihr die notwendige Entscheidungsgrundlage gibt, dürfte sich für das Gericht insbesondere aus der Begründungsobliegenheit der Parteien ergeben.[549]

bb) Der Vergleichstext

Die Formulierung innerhalb des Vergleichstextes muss so gewählt werden, dass ein durchschnittlicher Verbraucher den Inhalt des Vergleichs und die sich daraus für ihn ergebenden Rechtsfolgen verstehen kann. Die angemeldeten Verbraucher müssen dazu in der Lage sein, nachvollziehen zu können, was passiert, wenn sie nicht aus dem Vergleich austreten. Es ist dementsprechend sinnvoll, dass der Vergleichstext so einfach und verständlich wie möglich gehalten wird.[550] Mit dem Hintergrund, dass die angemeldeten Verbraucher nicht anwaltlich vertreten sein müssen,[551] sollte auf juristisches Fachvokabular weitestgehend verzichtet werden. Zudem muss der Vergleichstext alle für die Entscheidung über die Annahme des Vergleichs relevanten Informationen enthalten. Insofern kann es notwendig sein, dass der Vergleichstext die Berechnungsmethode der jeweils zugesprochenen Leistung enthält.[552]

---

546 *Haider*, 364; *Hanlon v. Chrysler Corp.*, 150 F.3d (9th Cir. 1998) 1011, 1026.
547 § 611 Abs. 3 S. 2 ZPO.
548 *Kähler*, in: Asmus/Waßmuth, § 611 Rn. 121.
549 Siehe hierzu ausführlich: 00.
550 *Kähler*, in: Asmus/Waßmuth, § 611 Rn. 127.
551 BT-Drs. 19/2507, 24.
552 *Kähler*, in: Asmus/Waßmuth, § 611 Rn. 130.

cc) Die Vergleichsabwicklung

Die Modalitäten der Abwicklung des geschlossenen Vergleichs müssen, insbesondere aufgrund der umstrittenen Möglichkeit der Vollstreckung des Vergleiches durch die angemeldeten Verbraucher,[553] ebenfalls in die Angemessenheitsprüfung miteinbezogen werden. Auch wenn die im Vergleich vereinbarten Verpflichtungen von den Parteien in der Regel freiwillig erfüllt werden,[554] birgt der dem Vergleich nachfolgende Prozess Streitpotential und bedarf deshalb einer durchdachten Regelung. Das Gesetz spricht im Zusammenhang mit der finalen Realisierung des Vergleiches in § 611 Abs. 2 ZPO explizit den, von den angemeldeten Verbrauchern, zu erbringenden Nachweis der Leistungsberechtigung und die Fälligkeit der Leistungen an. Für den Nachweis der Leistungsberechtigung müssen die angemeldeten Verbraucher, entsprechend den Regelungen zum KapMuG, einerseits den Nachweis des Bestehens eines Anspruchs und andererseits den Nachweis der Bindung an den Musterfeststellungsvergleich erbringen.[555] In dem, allerdings außergerichtlichen, Vergleich zwischen dem Verbraucherzentrale Bundesverband e.V. (vzbv) und der Volkswagen AG (VW) wurden bspw. sechs Kriterien festgelegt, die die Verbraucher erfüllen mussten, damit sie eine Leistung von VW erhalten konnten.[556]

Unter dieses Kriterium zu subsumieren sind zudem die Bedingungen der Leistungsverteilung. Die konkrete Ausgestaltung der Leistungsverteilung kann aufgrund der zivilrechtlichen Privatautonomie von den Parteien grundsätzlich frei vereinbart werden und wird von den Gegebenheiten des jeweiligen Musterfeststellungsvergleiches abhängen. Hierbei sind verschiedene Szenarien vorstellbar. Das beklagte Unternehmen kann bspw. pauschale Zahlungen an die nicht ausgetretenen Verbraucher leisten oder die Leistungsverteilung über eine Zweckgesellschaft regeln. Ebenfalls kommen Leistungen in natura durch das beklagte Unternehmen selbst oder durch beauftragte Dritte in Betracht.[557] Aufgrund der Schwächen des Klageregisters wird auch vertreten, dass innerhalb des Vergleichs lediglich die Rahmenbedingungen für die Leistungsverteilung

---

553 *Augenhofer,* § 611 Rn. 17; *Beckmann/Waßmus,* WM 2019, 89, 92; *Behrens,* ZJS 2019, 514, 522; *Feldhusen,* ZIP 2020, 2379; *Mekat,* in: Nordholtz/Mekat, § 7 RN. 87, *Schmidt,* in: Anders/Gehle, § 611 Rn. 3; *Weinland,* Rn. 187; a.A. *Kähler,* in: Asmus/Waßmuth, § 611 Rn. 129, 173; *Stadler,* in: Musielak/Voit, § 611 Rn. 8.

554 *Stadler,* NJW 2020, 265, 269.

555 *Mekat,* in: Nordholtz/Mekat, § 7 Rn 18.

556 *Hirsch,* VuR 2020, 454, 455.

557 *Kähler,* in: Asmus/Waßmuth, § 611 Rn. 134; *Mekat,* in: Nordholtz/Mekat, § 7 Rn. 17.

abstrakt geregelt werden sollen und eine genauere Auseinandersetzung in einem anschließenden Verteilungsverfahren erfolgen soll.[558] Prädestiniert für diese Aufgabe ist die Universalschlichtungsstelle des Bundes, die seit der Reform des Verbraucherstreitbeilegungsgesetzes (VSBG) für Schlichtungen aufgrund eines Vergleichs nach § 611 zuständig ist (§ 30 Abs. 1 S. 1 Nr. 1 VSBG).[559] Allerdings wird darauf geachtet werden müssen, dass eine abstrakte Regelung im Vergleich nicht dazu führt, dass in den Verteilungsverfahren erheblicher weiterer Klärungsbedarf entsteht.[560] Das Verfahren zur Verteilung der Leistungen sollte im besten Fall so durchdacht sein, dass keine weitere Auslegung der Regelungen zur Verteilung im Verteilungsverfahren notwendig ist.[561]

Die Forderung eines geeigneten Nachweises der Leistungsberechtigung, die aufgrund der fehlenden Überprüfung der Anmeldungen im Klageregister mit Sicherheit legitim ist[562] sowie die weiteren Anforderungen, die an die Verbraucher zu Realisierung des Vergleiches gestellt werden, dürfen die tatsächlich berechtigten Verbraucher allerdings nicht von der ihnen, aufgrund des Vergleichs, zustehenden Kompensation abhalten.[563] Insbesondere, wenn der Nachweis der Leistungsberechtigung auf eine einfachere Weise als der geforderten möglich ist, dürfte der geforderte Leistungsnachweis unangemessen sein.[564]

b) Die materiellen Bewertungskriterien

Unter materiellen Beurteilungskriterien sollen diejenigen Bewertungskriterien verstanden werden, die sich auf den Inhalt des Vergleiches beziehen.

Wie bereits in der Einleitung dieses Abschnitts erläutert, war die Herausarbeitung von Bewertungskriterien für unterschiedliche Verfahren des kollektiven Rechtsschutzes bereits Gegenstand einiger vorangegangener Werke. Die Autoren profitierten bei ihrer Analyse hauptsächlich von den Erfahrungen aus anderen Rechtsordnungen, in denen der kollektive Rechtsschutz eine längere Tradition hat, als in Deutschland. Für die Rechtsvergleichung wird dabei, neben dem deutschen KapMuG, hauptsächlich auf die ausländischen Rechtsordnungen der USA und der Niederlande zurückgegriffen.[565] Eine Rechtsvergleichung bietet sich

558 *Vollkommer*, in: Zöller, ZPO, § 611 Rn. 3.
559 *Röthemeyer*, § 611 Rn. 16; *Stadler*, in: Musielak/Voit, ZPO, § 611 Rn. 6.
560 Für das KapMuG: BT-Drs. 17/8799, 24., *Eggers*, 217; *von Katte*, 414.
561 Für das KapMuG: BR-Drs. 851/11, 36 f.; *von Katte*, 414; *Wigand*, ZBB 2012, 194, 201.
562 Siehe hierzu: S. 67; *Eggers*, 236; *Stadler*, NJW 2020, 265.
563 *Eggers*, 205, 236; *von Katte*, 413; *Woopen*, NJW 2018, 133, 135.
564 *Kähler*, in: Asmus/Waßmuth, § 611 Rn. 156.
565 *Eggers* 163; *Peter*, 6; *von Katte*, 416.

hier an, da sowohl für KapMuG-Vergleiche, als auch für Vergleiche in amerikanischen „class actions“ und im niederländischen „Wet Collectieve Afwikkeling Massaschade“ *(WCAM)*,[566] eine Angemessenheitsprüfung erforderlich ist. Nach Rule § 23 (e) (2) FRCP ist ein *class action* Vergleich nur genehmigungsfähig, wenn dieser „fair, reasonable, and adequate“ ist,[567] der *WCAM* erfordert nach Art. 7:907 Abs. 3 lit. b BW („redlijk“) ebenfalls die Angemessenheit der Höhe der Ersatzleistungen[568] und der KapMuG Vergleich wird vom Gericht nach § 18 Abs. 1 KapMuG nur genehmigt, sofern es den Vergleich als angemessene gütliche Beilegung der ausgesetzten Rechtstreitigkeiten erachtet.

Insbesondere von der Konkretisierung der Angemessenheitsprüfung durch die Rechtsprechung in den USA, die den wohl weitreichendsten Erfahrungsschatz im kollektiven Rechtschutz und auch in der Prüfung von Kollektivvergleichen aufweisen kann,[569] konnten Rückschlüsse für das deutsche Recht gezogen werden. So wurden in den USA u.a. von fast allen „Court of Appeals“ eigene Kriterienkataloge geschaffen, die für die Angemessenheitsprüfung herangezogen werden können.[570] Zu den, in den USA, entwickelten Kriterien gehören: Die Stärke des Falls; das Risiko, die Kosten, die Komplexität und wahrscheinliche Dauer des weiteren Rechtsstreits; das Risiko den Status als „class action“ während des Verfahrens beizubehalten; die im Vergleich angebotene Summe, der Fortschritt der Beweisaufnahme und der Stand des Verfahrens; die Erfahrung und Sichtweise des Klägeranwalts, die Anwesenheit eines staatlichen Teilnehmers und die Reaktion der, an der „class action“ beteiligten Mitglieder auf das Vergleichsangebot.[571]

Der Umstand, dass die Kriterienkataloge sich auf Vergleichsgenehmigungen in kollektiven Rechtsschutzverfahren beziehen, bildet zwar den Grundstein für

566 *Geiger*, 92.

567 *Zirngibl*, 88.

568 Vgl. *Eggers*, 163.

569 *von Katte*, 416.

570 Vgl. *Eggers*, 171 m.w.N.; detailliert aufgestellt sind die Kataloge in: *Rubenstein*, Newberg on Class Actions, § 13:48 (dort Fn. 3).

571 *Haider*, 364; *Hanlon v. Chrysler Corp.*, 150 F.3d (9th Cir. 1998) 1011, 1026: *"the strength of the plaintiffs's case; the risk, expense, complexity, and likely duration of further litigation; the risk of maintaining class action status throughout the trial; the amount offered in settlement; the extent of discovery completed and the stage of the proceedings; the experience and views of counsel; the presence of a government participant; and the reaction of the class members to the proposed settlement."*; Northern California District Court, No. 13-cv-03826-EMC, 15-cv-00262-EMC (Fn. 1502), 12.

eine eventuelle Berücksichtigungsfähigkeit auch in der Angemessenheitsprüfung des Musterfeststellungsvergleichs. Die Besonderheiten des deutschen Rechts[572] und der Musterfeststellungsklage bzw. der amerikanischen „class action" können jedoch dazu führen, dass einige Kriterien nicht berücksichtigungsfähig sind, weshalb dazu weitergehend erörtert werden muss. Offensichtlich nicht als Kriterien in die Angemessenheitsprüfung des Musterfeststellungsvergleichs einzubeziehen sind deshalb bereits: das Risiko, den Status als „class action" während des Verfahrens beizubehalten und die Anwesenheit eines staatlichen Teilnehmers. Diese Kriterien sind den Besonderheiten der „class action" geschuldet, haben aber in der Musterfeststellungsklage keine Relevanz. Innerhalb der Musterfeststellungsklage besteht grundsätzlich kein Risiko, den Status als Musterfeststellungsklage zu verlieren. Die theoretisch bestehende Gefahr, dass die Musterfeststellungsklage unzulässig ist, wird durch die Prüfung vor der öffentlichen Bekanntmachung der Musterfeststellungsklage im Klageregister eingeschränkt.[573] Die Anwesenheit eines staatlichen Teilnehmers ist innerhalb der Musterfeststellungklage ausgeschlossen. Mit der Musterfeststellungsklage kann nur die Feststellung des Vorliegens oder Nichtvorliegens von tatsächlichen und rechtlichen Voraussetzungen für das Bestehen oder Nichtbestehen von Ansprüchen oder Rechtsverhältnissen (Feststellungsziele) zwischen Verbrauchern und einem Unternehmer begehrt werden.[574] Insofern profitieren von der Musterfeststellungklage nur Verbraucher;[575] staatliche Teilnehmer sind ausgeschlossen.

aa) Die angemessene Leistungshöhe

Das wohl relevanteste[576] und zugleich komplexeste Bewertungskriterium bei einem Leistungsvergleich dürfte für das Gericht die Höhe der nach § 611 Abs. 2 Nr. 1 ZPO auf die Verbraucher entfallenden Leistung sein. Die Beurteilung, ob die im Vergleich enthaltenen Regelungen über die Leistungshöhe dem Interesse der Verbraucher entspricht, ist aus mehreren Gründen, für das Gericht besonders schwierig. Diese sollen nachfolgend dargestellt und im Anschluss erörtert werden, ob und wie die Leistungshöhe als Bewertungskriterium berücksichtigt werden kann.

572 *Kähler,* ZIP 2020, 293, 295.

573 Siehe hierzu ausführlich: S. 45 ff.

574 § 606 Abs. 1 S. 1 ZPO.

575 *Waßmuth,* in: Asmus/Waßmuth, Einleitung zur MFK, Rn. 21, 23.

576 *Beck,* in: Husemann/Korves/Rosenkranz, 403; *Kähler,* in: Asmus/Waßmuth, § 611 Rn. 146; *Mekat,* in: Nordholtz/Mekat, § 7 Rn. 43.

(1) Die Bestimmung einer objektiv angemessenen Leistungshöhe

Ausgehend von der grundsätzlichen Abwägung zwischen dem Musterfeststellungsvergleich und der Fortsetzung des Verfahrens mit anschließender Geltendmachung der Ansprüche im Individualverfahren, kann für die Leistungshöhe im Vergleich zunächst abstrakt festgestellt werden, dass diese zumindest den Interessen der Verbraucher entspricht, sofern die Verbraucher in den Folgeverfahren keine höheren Leistungen erhalten würden. Stimmen die Leistungen überein, oder ist die Leistung im Vergleich gar eine höhere, so überwiegt das Interesse an der Fortsetzung des Verfahrens und der anschließenden Geltendmachung der Ansprüche, zumindest in Bezug auf die Leistung, nicht. Dementsprechend wäre es grundsätzlich notwendig, die Höhe der Leistungen, die die angemeldeten Verbraucher in einem Folgeverfahren erhalten könnten, zu bestimmen.[577] Bei dieser hypothetischen Kalkulation ist davon auszugehen, dass die Ansprüche der Verbraucher bestehen und nur die Höhe der Ansprüche in Frage steht. Im Ergebnis bekäme man die maximale Summe, die die Verbraucher in den Folgeverfahren erhalten könnten und damit die objektiv angemessenen Leistungen. Diese könnte man als Ausgangspunkt in das Verhältnis zu denen im Vergleich tatsächlich zugesprochenen Leistungen setzen.[578]

Eine eigenständige, wenn auch nur hypothetische, Berechnung ist für das entscheidende Gericht allerdings nur bedingt möglich. Grund hierfür ist die gesetzliche Ausgestaltung der Musterfeststellungsklage. So mangelt es dem Gericht aufgrund der Konzeption der Musterfeststellungsklage als zweistufiges Verfahren und der Regelung des § 608 Abs. 2 S. 3 ZPO zunächst regelmäßig an relevanten Informationen.[579] Aufgrund der Ausgestaltung als Feststellungsklage ist die Höhe der Leistung/en bis zu dem Vergleich grundsätzlich nicht Gegenstand des Verfahrens[580] und auch aus den Anmeldungen im Klageregister müssen sich keine Hinweise auf etwaige Leistungen ergeben, da diese nach § 608 Abs. 2 S. 2 ZPO lediglich Angaben zum Betrag enthalten sollen. Mangels inhaltlicher Prüfung der Anmeldungen (§ 608 Abs. 2 S. 3 ZPO) ist zudem nicht

577 *Eggers, 226*

578 Auch in anderen Rechtsordnungen wird das wahrscheinliche Verfahrensergebnis ohne Vergleich in Relation zu den im Vergleich vereinbarten Leistungen gesetzt. Vgl. bspw. *Chambery v Tuxedo Junction Inc.*, 2014 WL 3725157 [*7] (W.D.N.Y. 2014); *Eggers*, 173, 241; *von Katte*, 160.

579 *Stadler*, in: Musielak/Voit, § 611 Rn. 9; *Beckmann/Waßmuth*, WM 2019, 89, 91; *Schneider*, BB 2018, 1986, 1995.

580 *Meller-Hannich*, WuM 2021, 1, 3; *Geissler/Ströbel*, NJW 2019, 3414, 3417.

sichergestellt, dass die im Klageregister angemeldeten Ansprüche auch tatsächlich bestehen. Auch eine Informationsquelle in Form von Individualverfahren steht dem Gericht nicht zwangsläufig zur Verfügung. Anders als im KapMuG-Verfahren sind für die Musterfeststellungsklage keine Ausgangsverfahren notwendig, sodass eine Feststellungsklage erhoben werden kann, ohne dass zuvor überhaupt eine einzige Individualklage erhoben wurde.[581] Wie weiter unten ausführlich begutachtet werden wird,[582] werden die für die Berechnung vorausgesetzten Informationen erst aus dem Vergleich selbst, sowie dem dazu ergehenden Parteivortrag und eventuellen Beweiserhebungen resultieren.

(a) Die Gesamtvergleichssumme

Selbst unter Berücksichtigung der Informationen, die sich aus dem Parteivortrag zum Vergleich und eventueller Beweiserhebungen ergeben, bestehen für die hypothetische Berechnung Grenzen, die der Konzeption der Musterfeststellungsklage immanent sind. So wird es bei Klagen mit einer besonders großen Zahl an Anmeldungen im Klageregister auch den Parteien nicht möglich sein, eventuelle Fehlanmeldungen zu identifizieren, womit eine präzise Kalkulation nicht vorgenommen werden kann.

Bereits deshalb scheint die Berechnung einer hypothetischen Gesamtvergleichssumme weder für die Parteien noch für das Gericht als zielführend oder hilfreich. Bei Klagen, in welchen die in Betracht kommenden Anspruchshöhen bei den angemeldeten Verbrauchern variieren, gilt dies umso mehr, als dass sich, mangels inhaltlicher Prüfung,[583] aus den Angaben dieser im Klageregister nicht zwangsläufig ergeben muss, welche Anspruchshöhe ihnen zuzuordnen ist.[584] Um eine objektiv angemessene Gesamtvergleichssumme zu berechnen, müssten allerdings die hypothetischen individuellen Anspruchshöhen der angemeldeten Verbraucher berücksichtigt werden, da sich die Gesamtvergleichssumme gerade aus diesen ergibt. Die Bestimmung einer objektiv angemessenen Gesamtvergleichssumme ohne die Berücksichtigung der hypothetischen individuellen Anspruchshöhen ist ausgeschlossen.

Da der Berechnung einer Gesamtvergleichssumme somit zwangsläufig eine Zuordnung von individuellen Anspruchshöhen zugrunde liegen muss, dürfte im Ergebnis ein Vergleich, der eine Gesamtvergleichssumme zuspricht,

---

581 *Waßmuth/Asmus*, BKR 2021, 15, 18.

582 Dazu ausführlich: 224 ff.

583 Vgl. § 608 Abs. 3 S. 2 ZPO.

584 *Stadler*, in: Musielak/Voit, ZPO, § 608 Rn. 5; *Lutz*, in: BeckOK, ZPO, § 608 Rn. 16.

impraktikabel sein und deshalb auch nicht für das Gericht als Bewertungskriterium in Betracht kommen. Einerseits könnte ein Vergleich, der lediglich eine Gesamtvergleichssumme zuspricht, ohne zugleich die Leistungsverteilung an die Verbraucher zu regeln, nicht genehmigt werden, weil sich aus diesem, wie gerade ausgeführt, nicht bestimmen lässt, ob die Gesamtvergleichssumme angemessen ist. Andererseits dürfte ein Vergleich, der eine festgesetzte (objektiv angemessene) Gesamtvergleichssumme zuspricht und zusätzlich die individuelle Verteilung an die angemeldeten Verbraucher regelt, für das beklagte Unternehmen, aufgrund möglicher Fehlanmeldungen, uninteressant sein.[585] Das OLG Stuttgart zeigte bspw. in der mündlichen Verhandlung des Musterfeststellungsverfahrens der Schutzgemeinschaft für Bankkunden e.V. gegen die Mercedes-Benz Bank AG am 25.01.2019 auf, dass von den insgesamt 680 im Klageregister eingetragenen Personen, nur 140 Anmeldungen tatsächlich berechtigt gewesen wären. Bei den übrigen Anmeldungen habe es sich dementgegen entweder um Doppelanmeldungen gehandelt oder eine Abhängigkeit der angemeldeten Verbraucher von den Feststellungszielen bestand nicht.[586] Darüber hinaus ist zum Zeitpunkt des Vergleichsschlusses für das beklagte Unternehmen auch nicht absehbar, wie viele Verbraucher nach § 611 Abs. 5 S. 1 ZPO aus dem Vergleich austreten werden und dementsprechend wie hoch die weiteren Kosten für das beklagte Unternehmen ausfallen werden.[587] Das beklagte Unternehmen würde sich somit durch das Versprechen einer Gesamtvergleichssumme nur dem Risiko aussetzen, zu viel zu zahlen.

Zwar bestünde für das beklagte Unternehmen die Möglichkeit, eine Gesamtvergleichssumme festzulegen, die so hoch wäre, dass sämtliche angemeldeten Verbraucher, auch diejenigen die eigentlich nicht berechtigt wären, eine ausreichende Kompensation erhielten und gleichzeitig eine Rückfallbestimmung in den Vergleichsvertrag aufzunehmen. Eine Rückfallbestimmung regelt, dass der Teil der Gesamtvergleichssumme, der nicht ausgezahlt wird, weil er den Betrag übersteigt, den leistungsberechtigte angemeldete Verbraucher insgesamt fordern konnten, an das beklagte Unternehmen zurückgezahlt wird.[588] Eine solche Bestimmung erlangt Bedeutung, wenn die angemeldeten Verbraucher die

585 *Gsell/Meller-Hannich*, 33.

586 https://www.stuttgarter-nachrichten.de/inhalt.streit-um-kreditklauseln-der-mercedes-bank-klage-gegen-mercedes-bank-wackelt.346a1647-ff68-437e-85b5-22d430fde42e.html (zuletzt abgerufen am: 24.10.2022); *Riesner*, ZIP 2019, 1507, 1515.

587 *Krausbeck*, VuR 2018, 287, 291.

588 *Eggers*, 233.

Leistung nicht sofort, sondern erst in einem, den Vergleich anschließenden, Verteilungsverfahren erhalten.[589]

Die Verwendung einer Gesamtvergleichssumme unter Einbeziehung einer Rückfallbestimmung im Vergleich erweist sich allerdings als problematisch im Hinblick auf die Angemessenheit. Einerseits bietet es für das beklagte Unternehmen einen Anreiz, hohe Anforderungen an die Berechtigung zum Erhalt von Leistungen zu stellen, um so möglichst viel der zur Verfügung gestellten Summe zurückerstattet zu bekommen.[590] Andererseits würde durch eine nachträgliche Bestimmung der konkreten Leistungsberechtigung die Kontrolle des Gerichts verschlechtert, weil die Bestimmungen nicht mehr in die Angemessenheitsprüfung einbezogen werden könnten.

(b) Die individuelle Leistungshöhe

Relevanter und umsetzbarer dürfte deshalb die Berechnung hypothetischer Leistungshöhen für einzelne Verbraucher oder für Verbrauchergruppen sein. Für die unmittelbare Zuteilung von individuellen Leistungen im Vergleich dürfte die Intention des Gesetzgebers sprechen, da sich aus § 611 Abs. 2 Nr. 1 ZPO ergibt, dass der Vergleich Regelungen über die auf die angemeldeten Verbraucher entfallenden Leistungen enthalten soll. Mit der Verwendung des Plurals im Hinblick auf die „entfallenden Leistungen", wirkt eine Einzelleistung in Form einer Gesamtzahlung an alle angemeldeten Verbraucher als unpassend. Auch wenn die Vorschrift als „Soll-Vorschrift" ausgestaltet wurde, erscheint eine Regelung nach § 611 Abs. 2 Nr. 1 ZPO bei Leistungsvergleichen, als zwingend. Wie zuvor unter dem Punkt „Gesamtvergleichssumme" ausgeführt, könnte die Angemessenheit der Leistungen im Vergleich ansonsten nicht beurteilt werden.

Bereits aus dem Musterfeststellungsverfahren können sich für das Gericht Anhaltspunkte ergeben, die eine derartige Berechnung ermöglichen. Dies insbesondere, wenn die Feststellungsziele auf unterschiedliche Verbrauchergruppen zugeschnitten sind. Spätestens jedoch mit dem Vergleichsvertrag und den dazu ergehenden Ausführungen, wäre dem Gericht eine eigenständige hypothetische Kalkulation, zumindest theoretisch, möglich. Welche Informationen das Gericht seiner Kalkulation zugrunde legen kann, wird im Abschnitt „Die Bewertungsgrundlage" ausgeführt.[591]

---

589 *Eggers*, 233.

590 *Eggers*, 233.

591 Siehe: 224 ff.a) Die Bewertungsgrundlage.

Bei der Bestimmung der individuellen hypothetischen Leistungshöhen ist allerdings erneut die Ausgestaltung und der Sinn und Zweck der Musterfeststellungsklage zu beachten. Die Musterfeststellungsklage dient nicht der Rechtsdurchsetzung individueller Ansprüche. Der Musterfeststellungsvergleich hat nicht die Aufgabe, dass jeder Verbraucher den ihm individuell eingetreten Schaden ersetzt bekommt. Eine individuelle Berücksichtigung jedes einzelnen Verbrauchers innerhalb der Vergleichsverhandlungen, sowie der Angemessenheitsprüfung, würde zu erheblichen Kosten führen[592] und insbesondere einer schnellen einvernehmlichen Lösung entgegenstehen und widerspricht damit gerade dem mit dem Vergleich verfolgten Ziel.

Unter der Bestimmung von individuellen hypothetischen Leistungshöhen ist deshalb nur die Zuweisung von Leistungen an abgrenzbare Verbraucher oder Verbrauchergruppen zu verstehen, die in ihrer Person dieselben Merkmale aufweisen und deshalb dieselbe Leistung (-shöhe) zugesprochen bekommen sollen.

(2) Ergebnis

Bei der Bestimmung einer angemessenen Leistung (-shöhe) kann die Berechnung einer objektiv angemessenen hypothetischen Gesamtvergleichssumme dem Gericht keine Hilfe leisten.

Ausgangspunkt für die Bewertung einer angemessenen Leistung (-shöhe) an die Verbraucher sind die hypothetischen „individuellen" Leistungshöhen angemeldeter Verbraucher bzw. Verbrauchergruppen.[593] Durch Feststellung der maximal in einem Folgeverfahren möglichen Leistungen und damit den, in jedem Fall, objektiv angemessenen Leistungen, besteht für das Gericht erst die Möglichkeit abzuwägen, ob ein Leistungsvergleich, der eine geringere Leistung zuspricht, noch dem Interesse der Verbraucher entspricht.

Die hypothetischen individuellen Leistungshöhen angemeldeter Verbraucher bzw. Verbrauchergruppen stellen allerdings nur den Ausgangspunkt der Bewertung dar. Da ein Vergleich gerade daraus resultiert, dass der Streit oder die Ungewissheit über ein Rechtsverhältnis besteht[594] und diese durch gegenseitiges Nachgeben beseitigt werden müssen,[595] werden die im Vergleich zugesprochenen Leistungen an die Verbraucher regelmäßig niedriger ausfallen,

592 *Zirngibl*, 74.
593 So auch *Haider*, 369; *Langheid*, VersR 2020, 789, 793; *Röthemeyer*, § 611 Rn. 14.
594 *Habersack*, in: MüKo, BGB, § 779 Rn. 25.
595 *Habersack*, in: MüKo, BGB, § 779 Rn. 27.

als die Leistungen, die ihnen in einem Folgeverfahren zugesprochen werden könnten.[596]

Ein extremes Abweichen der zugesprochenen Leistungen im Vergleich von den hypothetischen individuellen Leistungshöhen der angemeldeten Verbraucher kann allerdings als Indiz für einen unangemessenen Vergleich gewertet werden. Das Gericht muss zumindest in einem solchen Fall der weiteren Prüfung der Angemessenheit des Vergleichs besondere Aufmerksamkeit schenken. Bei einem erheblichen Abweichen der Leistungshöhen im Vergleich gegenüber den hypothetischen Leistungshöhen in den Individualverfahren, müssen die übrigen Bewertungskriterien des Vergleichs die Differenz begründen können.

bb) Die Erfolgsaussichten

Ein mögliches Kriterium zur Bestimmung der Angemessenheit der zugesprochenen Leistungshöhe im Musterfeststellungsvergleich könnten die *Erfolgsaussichten* sein. In der Literatur zur Musterfeststellungsklage wird überwiegend vertreten, dass die *Erfolgsaussichten* innerhalb der Angemessenheitsprüfung des Vergleiches zu berücksichtigen sind.[597]

Zwar wird die Einbeziehung der *Erfolgsaussichten* in die Angemessenheitsprüfung des Gerichts grundsätzlich auch rechtsordnungsübergreifend für erforderlich gehalten.[598] Im Hinblick auf den sich aus der Terminologie der *Erfolgsaussichten* ergebenden Prüfungsumfang des Gerichts stellt sich allerdings, wie nachfolgend erörtert werden wird, die Frage, ob insoweit im deutschen Recht und insbesondere beim Musterfeststellungsvergleich das gleiche Verständnis herrscht, wie dies in anderen Rechtsordnungen der Fall ist.

In der deutschen Literatur, die sich mit der Musterfeststellungsklage und dem Musterfeststellungsvergleich beschäftigt, scheint es zunächst unterschiedliche Auffassungen in Bezug darauf zu geben, auf was sich die genannten Erfolgsaussichten beziehen sollen. Zumindest deuten die, in den zu diesem Thema erschienen Werken, genutzten Formulierungen auf ein derart differenziertes Verständnis hin.

---

596 *Kähler,* in: Asmus/Waßmuth, § 611 Rn. 148; *Mekat,* in: Nordholtz/Mekat, Musterfeststellungsklage, § 7 Rn. 43.

597 *Eggers,* 235; *Gluding,* 238; *Stadler,* in: Musielak/Voit, ZPO, § 611 Rn. 9; *Mekat,* in: Nordholtz/Mekat, § 7 Rn. 42 f.; *Röthemeyer,* § 611 Rn. 34; *Augenhofer,* in: BeckOK, ZPO, § 611 Rn. 8.

598 *Eggers,* 220, 222; *von Klatte,* 158, 413.

Röthemeyer schreibt in seinem Werk zur Musterfeststellungsklage einerseits von den „Erfolgsaussichten der Verbraucher“ und geht im Zusammenhang der Angemessenheitsprüfung darauf ein, dass die „typischerweise zu erwartenden Streitigkeiten auf der Individualebene“ einzubeziehen sein.[599] Diese Aussagen sprechen dafür, dass *Röthemeyer* die generellen Erfolgsaussichten der Verbraucher im Hinblick auf die Durchsetzung ihrer, von den Musterfeststellungszielen abhängigen, Ansprüche meinen dürfte.

Demgegenüber verwenden *Stadler*[600] und *Mekat*[601], die Formulierung „Erfolgsaussichten der Musterfeststellungsklage“. Diese Formulierung deutet zunächst darauf hin, dass die Autoren auch nur von einer Einbeziehung der Erfolgsaussichten der Musterfeststellungsklage ausgegangen sein könnten. Eine Einbeziehung der Erfolgsaussichten der späteren Individualverfahren lässt sich dieser Formulierung hingegen nicht entnehmen.

Allerdings geht *Stadler* in ihren Ausführungen zur Angemessenheitsprüfung ebenfalls darauf ein, dass die allgemeinen Prozessrisiken der angemeldeten Verbraucher in der Prüfung des Gerichts zu berücksichtigen sind.[602] Die allgemeinen Prozessrisiken umfassen jedoch die generellen Erfolgsaussichten der Verbraucher. Insofern dürfte *Stadler* der verwendeten Formulierung „Erfolgsaussichten der Musterfeststellungsklage“ nicht die Bedeutung zukommen lassen, dass sich die Prüfung des Gerichts nur auf die Erfolgsaussichten der Musterfeststellungsklage beschränkt.

Losgelöst davon, ob innerhalb der Literatur tatsächlich ein unterschiedliches Verständnis im Hinblick auf die Einbeziehung der Erfolgsaussichten besteht, stellt sich für die Angemessenheitsprüfung des Gerichts die Frage, ob und wenn ja, in welcher Form die Erfolgsaussichten einzubeziehen sind. In dem nachfolgenden Abschnitt soll deshalb zunächst geklärt werden, welche „Erfolgsaussichten“ in der Angemessenheitsprüfung zu bevorzugen wären ((1) bis (6)). Anschließend wird der mit der Prüfung der „Erfolgsaussichten“ für das Gericht verbundene Prüfungsumfang erörtert ((7)). Innerhalb der Ausführungen zum Prüfungsumfang des Gerichts wird die in § 611 Abs. 3 S. 2 ZPO verankerte generelle Einschränkung des Prüfungsumfangs des Gerichts dargestellt. Diese Einschränkung hat erheblichen Einfluss darauf, in welcher Form die „Erfolgsaussichten“ vom Gericht einbezogen werden können ((8)).

599 *Röthemeyer*, § 611 Rn. 34.
600 *Stadler*, in: Musielak/Voit, ZPO, § 611 Rn. 9.
601 *Mekat*, in: Nordholtz/Mekat, § 7 Rn. 42 f.
602 *Stadler*, in: Musielak/Voit, ZPO, § 611 Rn. 9.

(1) Wortlaut

Ausgehend vom Wortlaut des § 611 Abs. 3 S. 2 ZPO kann zunächst festgehalten werden, dass die Terminologie „Erfolgsaussichten“ keinen Einzug in die Vorschrift gefunden hat. Weder die Formulierung „unter Berücksichtigung der Erfolgsaussichten der Musterfeststellungsklage“, noch die Formulierung „unter Berücksichtigung der Erfolgsaussichten der abhängigen Ansprüche oder Rechtsverhältnisse“ ist in § 611 Abs. 3 S. 2 ZPO enthalten, sodass die Einbeziehung von Erfolgsaussichten, gleich welcher Art, nicht so selbstverständlich ist, wie es in der Literatur den Eindruck macht.

Betrachtet man die in der Vorschrift des § 611 Abs. 3 S. 2 ZPO enthaltene Formulierung „unter Berücksichtigung des bisherigen Sach- und Streitstandes“, so ergibt sich aus dieser nur, dass der Sach- und Streitstand in die Angemessenheitsprüfung einzubeziehen ist. Hierbei versteht man unter Sachstand die unstreitigen und unter Streitstand die streitigen Tatsachenbehauptungen der Beteiligten. Zum Sachstand gehören neben den unbestrittenen Tatsachenbehauptungen, auch alle Tatsachen, die das Gericht als bewiesen ansieht, sowie Schlussfolgerungen tatsächlicher Art. Zum Streitstand gehören demgegenüber alle Behauptungen, von deren Richtigkeit sich das Gericht während des Prozesses nicht überzeugen konnte.[603]

Zwar dienen die streitigen und unstreitigen Tatsachenbehauptungen als Grundlage für die Prüfung der Zulässigkeit und Begründetheit einer Klage und damit als Grundlage der Prüfung der Erfolgsaussichten. Da die Erfolgsaussichten der Musterfeststellungsklage allerdings auch relevant sind für die Erfolgsaussichten insgesamt, kann dieser Tatsache nicht entnommen werden, ob ausschließlich die Erfolgsaussichten der Musterfeststellungsklage mithilfe des Sach- und Streitstands beurteilt werden sollen, oder ob der Sach- und Streitstand auch für die Prüfung der Erfolgsaussichten insgesamt verwendet werden soll.

Für eine ausschließliche Berücksichtigung der Erfolgsaussichten der Musterfeststellungsklage kann angeführt werden, dass bei der Angemessenheitsprüfung der „*bisherige* Sach- und Streitstand“ berücksichtigt werden soll. Unabhängig von dem genauen Zeitpunkt, auf den für die Beurteilung des bisherigen Sach- und Streitstands abzustellen ist,[604] kann der Wortlaut so ausgelegt werden, dass zumindest nur der unstreitige und streitige Tatsachenvortrag des Musterfeststellungsverfahrens Gegenstand der Angemessenheitsprüfung sein

603 BFH, Beschl. v. 11.02.2011 – XI S 1/11, BeckRS 2011, 94649, Rn. 12; *Ratschow*, in: Gräber, FGO, § 105 Rn. 51.

604 Siehe dazu ausführlich: 225.

soll. Streitige und unstreitige Tatsachenbehauptungen, die die anschließenden Individualverfahren betreffen, sind gerade nicht Gegenstand des Musterfeststellungsverfahrens, sodass Ausführungen zu den abhängigen Ansprüchen und Rechtsverhältnisse der Verbraucher nicht mehr unter den bisherigen Sach- und Streitstand des Musterfeststellungsverfahrens fallen.

Allerdings kann gegen eine solche Interpretation des Wortlauts eingewendet werden, dass die Angemessenheitsprüfung nur *„unter Berücksichtigung* des bisherigen Sach- und Streitstands" erfolgt. Insofern kann der Wortlaut auch so verstanden werden, dass zwar eine Berücksichtigung des bisherigen Sach- und Streitstands erfolgen muss, eine Berücksichtigung anderer Informationen jedoch nicht ausgeschlossen ist. Auch die Prüfung der Erfolgsaussichten insgesamt würde unter Berücksichtigung des bisherige Sach- und Streitstands erfolgen.

Da auch der weitere Wortlaut des § 611 Abs. 3 S. 2 ZPO nichts zur Entscheidung darüber, welche Erfolgsaussichten zu berücksichtigen sind, beitragen kann, kann aufgrund des Wortlautes nicht abschließend festgestellt werden, ob in die Angemessenheitsprüfung des Gerichts nur die Erfolgsaussichten der Musterfeststellungsklage oder die Erfolgsaussichten insgesamt einzubeziehen sind.

(2) Systematik

Von besonderer Bedeutung für die Frage, ob innerhalb der Angemessenheitsprüfung nur die Erfolgsaussichten der Musterfeststellungsklage oder auch die Erfolgsaussichten insgesamt zu berücksichtigen sind, ist eine systematische Auslegung. Der Wortlaut „unter Berücksichtigung des bisherigen Sach- und Streitstands" findet sich u.a. in den Vorschriften § 18 KapMuG, § 91a Abs. 1 S. 1 ZPO und § 269 Abs. 3 S. 3 ZPO wieder. Nachfolgend soll die Auslegung des Wortlautes in diesen Vorschriften untersucht werden, da die Wahl des identischen Wortlautes in § 611 Abs. 3 S. 2 ZPO grundsätzlich vermuten lässt, dass der Gesetzgeber dem Wortlaut innerhalb des § 611 Abs. 3 S. 2 ZPO ebenfalls dieselbe Bedeutung beimisst, die diesem Wortlaut in § 18 KapMuG, § 91a Abs. 1 S. 1 ZPO und § 269 Abs. 3 S. 3 ZPO zugesprochen wird.

(a) § 18 KapMuG

Zu § 18 KapMuG wird vertreten, dass eine Prüfung der Erfolgsaussichten insgesamt nicht zu erfolgen hat.[605] Begründet wird diese Auffassung zunächst mit dem Wortlaut der Gesetzesbegründung, nach welchem „eine Prüfung des

---

605 *Wigand*, in: Vorwerk/Wolf, KapMuG, § 18 Rn. 2 f.

Sach- und Streitstands in den einzelnen Ausgangsverfahren nicht erforderlich ist."[606] Aufgrund des Gegenstands des Verfahrens sei eine verlässliche Prognose der Prozessrisiken in den Einzelverfahren nicht möglich. Eine derartige Prognose sei nur möglich, wenn sämtlicher Parteivortrag zu den Individualverfahren einbezogen werden könnte, was allerdings aufgrund der Ausgestaltung des KapMuG-Verfahrens nicht möglich ist.[607]

Auf die Auslegung des § 611 Abs. 3 S. 2 ZPO sind die dieser Ansicht zugrunde liegenden Argumente allerdings nur eingeschränkt übertragbar. Aufgrund der Gesetzesbegründung des KapMuG erscheint die Auffassung, dass nur die Erfolgsaussichten der Klage innerhalb der Angemessenheit berücksichtigungsfähig sind, vertretbar. Aus der Gesetzesbegründung des Musterfeststellungsvergleiches ergeben sich allerdings keine vergleichbaren Anhaltspunkte, die eine solche Auffassung stützen würden. Vielmehr deutet die Gesetzesbegründung zum Musterfeststellungsgesetz darauf hin, dass die Erfolgsaussichten insgesamt einbezogen werden können.[608]

Das Argument, dass die Verfahrensausgestaltung des KapMuG eine Prognose der Prozessrisiken nicht zulasse, greift hingegen dem Grunde nach auch für das Musterfeststellungsverfahren. Im Musterfeststellungsverfahren sind die von den Feststellungszielen abhängigen Ansprüche und Rechtsverhältnisse grundsätzlich nicht Gegenstand des Verfahrens, sodass mangels Parteivortrags zu diesen eine Prüfung der Erfolgsaussichten insgesamt ebenfalls ausscheiden könnte.

(b) § 91a Abs. 1 S. 1 ZPO

Die in § 611 Abs. 3 S. 2 ZPO enthaltene Formulierung „unter Berücksichtigung des bisherigen Sach- und Streitstands" soll dem § 91a Abs. 1 S. 1 ZPO entlehnt sein,[609] weshalb der Auslegung des Wortlautes des § 91a Abs. 1 S. 1 ZPO ein erheblicher Stellenwert für die Auslegung des § 611 Abs. 3 S. 2 ZPO zukommt.

Für den Fall der beidseitigen Erledigungserklärung, den § 91a Abs. 1 S. 1 ZPO vorranging regelt, ist maßgebliches Entscheidungskriterium für die Kostenentscheidung „nach billigem Ermessen" die Frage, wie der Rechtsstreit ohne die

606 BT-Drs. 17/8799.
607 *Wigand*, in: Vorwerk/Wolf, KapMuG, § 18 Rn. 3.
608 Siehe: 163.
609 *Röthemeyer*, § 611 Rn. 25.

übereinstimmende Erledigungserklärung ausgegangen wäre, mithin die Erfolgsaussichten der ursprünglichen Klage.[610]

Für die Kostenentscheidung nach § 91a Abs. 1 S. 1 ZPO hat das Gericht die Erfolgsaussichten der ursprünglichen Klage durch eine summarische Prüfung festzustellen.[611] Zur Bestimmung, ob die ursprüngliche Klage bei Abgabe der Erledigungserklärung[612] zulässig und begründet war, hat das Gericht somit grundsätzlich keine Beweisaufnahme über eine streitige Behauptung mehr vorzunehmen; unstreitiger neuer Sachvortrag, sowie präsente Beweismittel der Parteien sind hingegen in die Entscheidung einzubeziehen.[613] Neben der, aus Gründen der Prozessökonomie, bestehenden Einschränkung des Prüfungsumfangs in Bezug auf den Tatsachenvortrag, ist das Gericht darüber hinaus auch nicht dazu verpflichtet, schwierige Rechtsfragen zu klären.[614]

Aufgrund des übereinstimmenden Wortlautes der Vorschriften des § 611 Abs. 3 S. 2 ZPO und des § 91a Abs. 1 S. 1 ZPO könnte es deshalb auch in der Angemessenheitsprüfung im Musterfeststellungsverfahren (nur) notwendig sein, dass das Gericht die Zulässigkeit und Begründetheit der Klage summarisch prüft. Mithin nur die Erfolgsaussichten der Musterfeststellungsklage und nicht auch die Erfolgsaussichten insgesamt für die Prüfung des Gerichts relevant werden.

Dafür müsste sich allerdings aus dem Wortlaut; „unter Berücksichtigung des bisherigen Sach- und Streitstands", in § 91a Abs. 1 S. 1 ZPO zwingend diese Rechtsfolge ergeben. Mit anderen Worten, aus dem Wortlaut: „unter Berücksichtigung des bisherigen Sach- und Streitstands" in § 91a Abs. 1 S. 1 ZPO müsste sich ergeben, dass erstens die Erfolgsaussichten der ursprünglichen Klage zu

---

610 BVerfG NJW 1993, 1060, 1601; *Jaspersen,* in: BeckOK, ZPO, § 91a Rn. 28 ff.; *Schulz,* in: MüKo, ZPO, § 91a Rn. 45, 47; *Flockenhaus,* in: Musielak/Voit, ZPO, § 91a Rn. 23; *Althammer,* in: Zöller, ZPO § 91a Rn. 24 m.w.N.

611 BVerfG NJW 1993, 1060 f.; vgl. BGHZ 67, 343, 345 = NJW 1977, 436; *Flockenhaus,* in: Musielak/Voit, ZPO, § 91a Rn. 1, 23; *Althammer,* in: Zöller, ZPO § 91a Rn. 24 m.w.N.

612 *Flockenhaus,* in: Musielak/Voit, ZPO, § 91a Rn. 22; *Schulz,* in: MüKo, ZPO, § 91a Rn. 45.

613 *Flockenhaus,* in: Musielak/Voit, ZPO, § 91a Rn. 22; *Schulz,* in: MüKo, ZPO, § 91a Rn. 49; a.M. OLG Karlsruhe NJW-RR 1990, 978; *Musielak,* FS. F. Krüger, 2017, 409, 411 f.

614 BGH VII ZB 23/19 BeckRS 2020, 13682; BGH NJW-RR, 425 Rn. 9; 2009, 422 Rn. 5; vgl. *Flockenhaus,* in: Musielak/Voit, ZPO, § 91a Rn. 23; a.M. Musielak, FS f. Krüger 2017, 409, 416 f.

berücksichtigen sind und zweitens, das Prozessrisiko insgesamt keine Berücksichtigung finden kann.

Innerhalb der Auslegung des Wortlautes des § 611 Abs. 3 S. 2 ZPO wurde bereits festgestellt, dass sich aus dem Wortlaut: „unter Berücksichtigung des bisherigen Sach- und Streitstandes", nicht ausdrücklich und zwingend ergibt, dass (nur) die Erfolgsaussichten der Klage vom Gericht zu berücksichtigen wären.[615]

Ein Argument für eine ausschließliche Prüfung der Erfolgsaussichten der Klage, wie in § 91a Abs. 1 S. 1 ZPO, würde insofern nur bestehen, wenn keine andere Rechtsfolge des Wortlautes des § 91a Abs. 1 S. 1 ZPO in Betracht käme, als die ausschließliche Prüfung der Erfolgsaussichten der Klage. Dient der bisherige Sach- und Streitstand in § 91a Abs. 1 S. 1 ZPO einzig dazu, die Erfolgsaussichten der Klage zu bestimmen, so könnte man argumentieren, dass die Verwendung des identischen Wortlautes in § 611 Abs. 3 S. 2 ZPO auch nur zur Prüfung der Erfolgsaussichten führen sollte und nicht zur Prüfung der Erfolgsaussichten insgesamt.

Für die Kostenentscheidungen nach § 91a Abs. 1 S. 1 ZPO und § 269 Abs. 3 S. 3 ZPO besteht jedoch eine anderweitige Relevanz der streitigen und unstreitigen Tatsachenbehauptungen. So soll innerhalb der Entscheidung nach „billigem Ermessen"[616] auch der Grundgedanke des § 93 ZPO herangezogen werden.[617] Nach § 93 ZPO fallen dem Kläger die Prozesskosten zur Last, wenn der Beklagte nicht durch sein Verhalten zur Erhebung der Klage Veranlassung gegeben hat und der Beklagte den Anspruch sofort anerkennt. Dem Kläger können dementsprechend nach § 91a Abs. 1 S. 1 ZPO die Kosten des Rechtsstreits vollständig auferlegt werden, selbst wenn die Klage eigentlich zulässig und begründet war, sofern der Beklagte keine Veranlassung zur Erhebung der Klage gegeben hatte.

Ob keine Veranlassung zur Erhebung der Klage bestand, wird das Gericht aus den unstreitigen und streitigen Tatsachenbehauptungen feststellen müssen, sodass die Berücksichtigung des Sach- und Streitstandes auch eine Bedeutung neben der Prüfung der Erfolgsaussichten hat. Der bisherige Sach- und Streitstand wird in § 91a Abs. 1 S. 1 ZPO dementsprechend auch vom Gericht dazu verwendet, um festzustellen, ob eine Kostentragung des Beklagten, mangels Veranlassung zur Klageerhebung, auszubleiben hat. Die Entscheidung über die Kostentragung ist diesem Fall unabhängig davon, ob die Klage, aufgrund der summarischen Prüfung des Gerichts, eigentlich Aussicht auf Erfolg gehabt hätte.

---

615 Vgl. 163.

616 Siehe dazu ausführlich weiter unten.

617 BGH NJW-RR 2006, 774 m.w.N.; *Jaspersen*, in: BeckOK, ZPO, § 91a Rn. 31.2.

Gegen eine ausschließliche Berücksichtigung der Erfolgsaussichten der Musterfeststellungsklage spricht weitergehend ein Vergleich des Wortlauts des § 611 Abs. 3 S. 2 ZPO zu dem des § 91a Abs. 1 S. 1 ZPO. Aus diesem Vergleich ergibt sich, dass die in den § 91a Abs. 1 S. 1 ZPO enthaltene Rechtsfolge, die Prüfung der Erfolgsaussichten der Klage, nicht auf den § 611 Abs. 3 S. 2 ZPO übertragen werden muss. Betrachtet man die Vorschrift des § 91a Abs. 1 S. 1 ZPO genauer, so erkennt man, dass ihr Wortlaut über denjenigen des § 611 Abs. 3 S. 2 ZPO hinausgeht. So ergeht die Kostenentscheidung nach dem § 91a Abs. 1 S. 1 ZPO: „… unter Berücksichtigung des bisherigen Sach- und Streitstandes nach *billigem Ermessen…*“, während die gerichtliche Genehmigung nach § 611 Abs. 3 S. 2 ZPO nur „unter Berücksichtigung des bisherigen Sach- und Streitstands“ erfolgt.[618]

Der Wortlaut des § 91a Abs. 1 S. 1 ZPO lässt sich in zwei Teile separieren, deren einzelne Teilstücke, wie nachfolgend dargestellt werden wird, jeweils eine eigenständige Bedeutung zukommt und von denen nur ein Teilstück in der Vorschrift des § 611 Abs. 3 S. 2 ZPO wiedergefunden werden kann. Zu unterteilen ist der Wortlaut dabei im Konkreten in: „unter Berücksichtigung des bisherigen Sach- und Streitstandes“ und „nach billigem Ermessen“.

Für § 91a Abs. 1 S. 1 ZPO besteht das einheitliche Verständnis, dass eine Differenzierung zwischen den beiden Teilen zu erfolgen hat.[619] Während der erste Teil: „unter Berücksichtigung des bisherigen Sach- und Streitstandes“ die Entscheidungsgrundlage bilden soll, also vorgibt, was vom Gericht bei der Entscheidung zu berücksichtigen ist,[620] soll durch den zweiten Teil: „nach billigem Ermessen“ die eigentliche Entscheidung konkretisiert werden. Der zweite Teil ist somit den Entscheidungskriterien zuzuordnen.[621] So wird das Gericht durch das „billige Ermessen“ bei seiner Entscheidung nach § 91a Abs. 1 S. 1 ZPO an die allgemeinen Regeln des Kostenrechts (§§ 91–97, 100, 101 ZPO) gebunden, die es auch bei einer Fortführung des Verfahrens zu berücksichtigen gehabt hätte.[622]

Diese Teilung ist auch unter dem Gesichtspunkt der beiden unterschiedlichen und in einem Spannungsverhältnis stehenden Zwecke der Vorschrift des § 91a

618 *Röthemeyer*, § 611 Rn. 26.

619 *Jaspersen*, in: BeckOK, ZPO, § 91a ZPO Rn. 28; *Gierl*, in: Saenger, ZPO, § 91a Rn. 41; *Gehle*, in: Anders/Gehle, § 91a Rn. 112, 118; *Hausherr*, in: Prütting/Gehrlein ZPO, § 91a Rn. 29–30; *Althammer*, in: Zöller, ZPO, § 91a Rn. 24–25.

620 *Flockenhaus*, in: Musielak/Voit, ZPO, § 91a Rn. 22; a.A. *Gierl*, in: Saenger, ZPO, § 91a Rn. 41.

621 *Jaspersen*, in: BeckOK, ZPO, § 91a ZPO Rn. 31.

622 *Flockenhaus*, in: Musielak/Voit, ZPO, § 91a ZPO Rn. 23; *Knöringer*, JuS 2010, 569, 577.

Abs. 1 S. 1 ZPO nachvollziehbar. § 91a Abs. 1 S. 1 ZPO soll einerseits der Kostengerechtigkeit und anderseits der Prozessökonomie dienen.[623] Die Verfahrensökonomie soll dadurch gewährleistet werden, dass Grundlage der Entscheidung grundsätzlich der Sach- und Streitstand im Zeitpunkt des Wirksamwerdens der Erledigung sein muss. Für das Gericht soll deshalb keine Verpflichtung zur weiteren Sachaufklärung bestehen.[624] Die Kostengerechtigkeit hingegen, die eigentlich eine möglichst ausführliche Prüfung der streitentscheidenden Probleme erfordert und damit dem verfolgten Ziel der Verfahrensökonomie entgegenläuft, wird durch die Kostenentscheidung nach „billigem Ermessen" ermöglicht.[625] Im Rahmen des „billigen Ermessens" ist es möglich, eine von den „das ZPO-Kostenrecht prägenden Prinzipien der Unterliegens- und Veranlassungshaftung" abweichende Kostenverteilung zu treffen und damit der Kostengerechtigkeit zu dienen.[626]

Teilweise wird zwar die Auffassung vertreten, dass bereits aus der Formulierung „unter Berücksichtigung des bisherigen Sach- und Streitstandes" eine Prüfung der Erfolgsaussichten folgt.[627] Diese Auffassung vermag allerdings nicht zu überzeugen. Der Grund dafür ist, dass die Vertreter dieser Meinung widersprüchlich argumentieren. Aus den Ausführungen der Vertreter dieser Ansicht ergibt sich nicht, aus welchem der nach § 91a Abs. 1 S. 1 ZPO erforderlichen zwei Kriterien der Kostenentscheidung die Prüfung der Erfolgsaussichten resultiert.

Einerseits wird innerhalb dieser Ansicht die Prüfung der Zulässigkeit und Begründetheit der ursprünglichen Klage dem ersten Kriterium, nämlich der „Berücksichtigung des bisherigen Sach- und Streitstandes" zugeordnet.[628] Anderseits wird jedoch zugleich vertreten, dass innerhalb des „billigen Ermessens" die allgemeinen Grundsätze des Kostenrechts heranzuziehen sind.[629]

Bestandteil der allgemeinen Grundsätze des Kostenrechts ist insbesondere der § 91 ZPO, nach dem derjenige die Kosten des Verfahrens zu tragen hat, der im Prozess unterliegt. Für die Frage, wer im Prozess unterliegt, sind die

---

623 BT-Drs. 11/3621, 33; *Flockenhaus,* in: Musielak/Voit, § 91a Rn. 1; *Jaspersen*, in: BeckOK, ZPO, § 91a Rn. 28; *Schulz,* in: MüKo, § 91a Rn. 1.

624 *Flockenhaus,* in: Musielak/Voit, ZPO, § 91a Rn. 1; *Schultz,* in: MüKo, ZPO, § 91a Rn. 1; *Jaspersen*, in: BeckOK, ZPO, § 91a Rn. 29.

625 *Schulz*, in MüKo, ZPO, § 91a Rn. 1, *Jaspersen*, in: BeckOK, ZPO, § 91a Rn. 31.

626 *Schulz*, in MüKo, ZPO, § 91a Rn. 1.

627 *Gierl,* in: Saenger, ZPO, § 91a Rn. 41.

628 *Gierl,* in: Saenger, ZPO, § 91a Rn. 41.

629 *Gierl,* in: Saenger, ZPO, § 91a Rn. 45.

Zulässigkeit und Begründetheit der Klage entscheidend, mithin die Erfolgsaussichten der Klage.

Die Zuordnung der Prüfung der Erfolgsaussichten der Klage nach dieser Auffassung ist insofern nicht schlüssig, weil nach dieser Auffassung aus beiden Kriterien die Pflicht zur Prüfung der Zulässigkeit und Begründetheit der Klage herzuleiten wäre, was nicht plausibel erscheint.

Aus der Formulierung „unter Berücksichtigung des bisherigen Sach- und Streitstandes“ ergibt sich somit nur, dass ein eingeschränkter Prüfungsumfang des Gerichts besteht. Wie aufgezeigt soll dem Gericht, der Prozessökonomie Rechnung tragend, eine Erleichterung in Bezug auf den Prüfungsumfang eingeräumt werden, sodass dieses nur eine summarische Billigkeitsentscheidung vorzunehmen hat.[630]

Von dieser Formulierung losgelöst resultiert aus dem Wortlaut „nach billigem Ermessen“, dass bei der Prüfung der Kostentragungspflicht durch das Gericht die Erfolgsaussichten der ursprünglichen Klage, d.h. die Zulässigkeit und Begründetheit der ursprünglichen Klage,[631] einbezogen werden müssen, weil eine Kostentragungspflicht der vollständig obsiegenden Partei, entsprechend dem Grundsatz der Kostenpflicht nach § 91 Abs. 1 ZPO, unbillig wäre.

Im Ergebnis kann aus dem Umstand, dass der Wortlaut des § 611 Abs. 3 S. 2 ZPO dem des § 91a Abs. 1 S. 1 ZPO entlehnt ist, nicht die Schlussfolgerung gezogen werden, dass ausschließlich die Erfolgsaussichten der Musterfeststellungklage innerhalb der Angemessenheitsprüfung des Gerichts zu berücksichtigen wären. Diese Rechtsfolge resultiert nicht aus dem übereinstimmenden Wortlaut der beiden Vorschriften.

(c) § 269 Abs. 3 S. 3 ZPO

Die Vorschrift des § 269 Abs. 3 S. 3 ZPO, deren gesetzgeberisches Vorbild der § 91a Abs. 1 S. 1 ZPO war,[632] weist ebenfalls den streitgegenständlichen Wortlaut auf. Zwar stellt § 91a Abs. 1 S. 1 ZPO im Hinblick auf die Formulierung den Archetyp dar, weshalb für § 269 Abs. 3 S. 3 ZPO grundsätzlich die gleichen

---

630 *Becker-Eberhard,* in: MüKo, ZPO, § 269 Rn. 60; *Flockenhaus,* in: Musielak/Voit, ZPO, § 91a Rn. 23; *Jaspersen,* in: BeckOK, ZPO, § 91a Rn. 30; *Gierl,* in: Saenger, ZPO, § 91a Rn. 42, 44.

631 *Jaspersen,* in: BeckOK, ZPO, § 91a Rn. 31; *Flockenhaus,* in: Musielak/Voit, ZPO, § 91a Rn. 23.

632 BT-Drs. 15/1508, 18; *Althammer/Löhning,* NJW 2004, 3077, 3079.

Maßstäbe in Bezug auf die Auslegung gelten sollten, wie für § 91a Abs. 1 S. 1 ZPO.[633] Die Einbeziehung des § 269 Abs. 3 S. 3 ZPO trägt jedoch weiter zur Auslegung des § 611 Abs. 3 S. 2 ZPO bei.

Bereits aus der Tatsache, dass keine von der Auslegung des Wortlautes in § 91a Abs. 1 S. 1 ZPO abweichende Auslegung in § 269 Abs. 3 S. 3 ZPO vertreten wird, folgen Erkenntnisse für die Auslegung des § 611 Abs. 3 S. 2 ZPO. Da insofern auch bei einer Vorschrift mit einem anderen Regelungsgehalt dasselbe Verständnis in Bezug auf die Auslegung des Wortlautes besteht, ist davon auszugehen, dass auch bei weiteren Vorschriften, wie dem § 611 Abs. 3 S. 2 ZPO das identische Verständnis zugrunde gelegt werden sollte. Mit anderen Worten, was für den Wortlaut in § 91a Abs. 1 S. 1 ZPO gilt, gilt auch für andere Vorschriften, die denselben Wortlaut aufweisen. Insofern wirkt sich auch weitergehend aus, dass in § 269 Abs. 3 S. 3 ZPO, anders als in § 611 Abs. 3 S. 2 ZPO, die in § 91a Abs. 1 S. 1 ZPO verwendete Formulierung einschließlich des „billigen Ermessens" übernommen wurde. Die über den Wortlaut des § 611 Abs. 3 S. 2 ZPO hinausgehende Formulierung zeigt insoweit, dass der vollständige Wortlaut in den § 91a Abs. 1 S. 1 ZPO und § 269 Abs. 3 ZPO anders interpretiert werden muss, als in § 611 Abs. 3 S. 2 ZPO.

Hierbei wird aus einem Vergleich mit dem Wortlaut des § 269 Abs. 3 S. 3 ZPO die oben dargestellte Zweiteilung des Wortlautes und die Bedeutung der individuellen Teile deutlich. Im Unterschied zur beidseitigen Erledigungserklärung nach § 91a Abs. 1 S. 1 ZPO, deren Voraussetzung es sein soll, dass die Klage nach Rechtshängigkeit unzulässig oder unbegründet geworden ist,[634] werden von § 269 Abs. 3 S. 3 ZPO diejenigen Fälle erfasst, in denen der Anlass zur Klage schon vor Rechtshängigkeit weggefallen ist.[635] Dieser Unterschied ist für die Zweiteilung und Bedeutung der beiden Fälle entscheidend.

In Fällen des Anlasswegfalls wäre das Gericht für seine Kostenentscheidung nämlich, bei strikter Anwendung der dem Begriff des Anlasswegfalls zugrunde liegenden Definition, nicht auf den gegenwärtigen Sach- und Streitstand und damit auf die Erfolgsaussichten der Klage angewiesen.[636]

Der Anlasswegfall definiert sich, in Anlehnung an den Begriff der Erledigung der Hauptsache, in der Art, dass eine ursprünglich zulässige und begründete

633 *Bacher,* in: BeckOK, ZPO, § 269 Rn. 18; *Becker-Eberhard,* in: MüKo, ZPO, § 269 Rn. 64; *Foerste,* in: Musielak/Voit, ZPO, § 269 Rn. 13c; *Saenger,* in: Saenger, ZPO, § 269 Rn. 39.

634 *Bacher,* in: BeckOK, ZPO, § 269 Rn. 12.

635 *Bacher,* in: BeckOK, ZPO, § 269 Rn. 13.

636 *Becker-Eberhard,* in: MüKo, ZPO, § 269 Rn. 64.

Klage durch ein vor Eintritt ihrer Rechtshängigkeit liegendes Ereignis unzulässig oder unbegründet geworden ist.[637] Folge dieser Definition ist, dass das Gericht, bevor es sich auf der Rechtsfolgenseite der Kostenentscheidung nach billigem Ermessen widmen kann, bereits auf der Tatbestandsebene zu prüfen hat, ob die Klage ursprünglich zulässig und begründet war und damit tatsächlich ein Anlasswegfall vorliegt.[638] Da die Prüfung der Zulässigkeit und Begründetheit durch das Gericht bereits erfolgt, weiß es bereits ohne die Notwendigkeit der Einbeziehung des Sach- und Streitstandes, wer die Kosten zu tragen hat.[639]

Für die Auslegung der Formulierung „unter Berücksichtigung des bisherigen Sach- und Streitstandes" wirkt sich dies insofern aus, dass die Prüfung der Erfolgsaussichten nicht in notwendigem inneren Zusammenhang zu dieser Formulierung steht, da die Prüfung der Zulässigkeit und Begründetheit der Klage, wie im Fall des § 269 Abs. 3 S. 3 ZPO, sogar ohne Berücksichtigung des Sach- und Streitstandes erfolgen kann.[640]

(d) Zwischenergebnis

Eine systematische Auslegung führt vorliegend zunächst zu dem Ergebnis, dass sich die Prüfung der Erfolgsaussichten nur der Klage innerhalb der Angemessenheitsprüfung des Gerichts nach § 611 Abs. 3 S. 2 ZPO nicht aus den Vorschriften § 91a Abs. 1 S. 1 ZPO und § 269 Abs. 3 S. 3 ZPO ableiten lässt. Der Wortlaut „unter Berücksichtigung des bisherigen Sach- und Streitstands" führt in diesen Vorschriften nicht zwingend zu einer Berücksichtigung der Erfolgsaussichten der Klage. Der Sach- und Streitstand wird in diesen Vorschriften auch benötigt, um eine Kostenentscheidung ohne Berücksichtigung der Erfolgsaussichten zu treffen. Eine Einbeziehung der Erfolgsaussichten der Klage resultiert vielmehr aus der in diesen Vorschriften enthaltenen Formulierung „nach billigem Ermessen". Die Formulierung „nach billigem Ermessen" ist in der Vorschrift des § 611 Abs. 3 S. 2 ZPO allerdings nicht enthalten, sodass sich aus ihr keine Schlussfolgerungen für die Prüfung der Erfolgsaussichten in der Angemessenheitsprüfung ergeben.

Der Vergleich zu § 18 KapMuG legt zwar nahe, dass nur die Erfolgsaussichten der Musterfeststellungsklage in der Angemessenheitsprüfung zu berücksichtigen sind, da für § 18 KapMuG die Auffassung vertreten wird, dass die

---

637 *Becker-Eberhard,* in: MüKo, ZPO, § 269 Rn. 59.
638 *Becker-Eberhard,* in: MüKo, ZPO, § 269 Rn. 60.
639 *Becker-Eberhard,* in: MüKo, ZPO, § 269 Rn. 64.
640 *Becker-Eberhard,* in: MüKo, ZPO, § 269 Rn. 64.

Erfolgsaussichten insgesamt nicht berücksichtigungsfähig sind. Das verwendete Argument, dass die Ausgestaltung des KapMuG eine Prüfung der Erfolgsaussichten insgesamt nicht zulasse, bedarf jedoch der weiteren Auseinandersetzung, da die Frage des Prüfungsumfangs gerade in Frage steht.

(3) Sinn und Zweck

Innerhalb der systematischen Auslegung wurde bereits aufgezeigt, dass innerhalb der Regelungen zu § 91a Abs. 1 S. 1 ZPO und § 269 Abs. 3 S. 3 ZPO dem streitgegenständlichen Wortlaut ein anderer Sinn und Zweck beigemessen wird, als ausschließlich der Bestimmung der Erfolgsaussichten der Klage zu dienen.

Gleiches gilt für den Wortlaut in § 611 Abs. 3 S. 2 ZPO. Innerhalb der Angemessenheitsprüfung kann u.a. der Sach- und Streitstand für die vom Gericht zu beantwortende Frage von Bedeutung sein, ob die Klägerin eine ausreichende Entscheidungsgrundlage besitzt, die für eine angemessene Vergleichsentscheidung erforderlich ist.[641] Da der Sach- und Streitstand auch einem anderen Zweck als der Bestimmung der Erfolgsaussichten dient, kann aus der Formulierung nicht geschlossen werden, welche Erfolgsaussichten zu berücksichtigen wären.

Für eine Entscheidung über die Frage, welche Art von Erfolgsaussichten in die Angemessenheitsprüfung einbezogen werden müssen, kann jedoch auch der allgemeine Sinn und Zweck der Angemessenheitsprüfung miteinbezogen werden. Insofern ergibt sich die Prüfung der Erfolgsaussichten nicht aus der Formulierung „unter Berücksichtigung des bisherigen Sach- und Streitstandes“ oder dem „billigen Ermessen“, wie bei § 91a Abs. 1 S. 1 ZPO und § 269 Abs. 3 S. 3 ZPO, sondern autonom aus dem Wort „angemessen“ in § 611 Abs. 3 S. 2 ZPO. Welche Art von gerichtlicher Prüfung zur Bestimmung der Angemessenheit des Vergleichs geeignet und erforderlich ist, bestimmt sich insofern danach, ob mithilfe der Prüfung der Erfolgsaussichten der Klage oder mit der Prüfung der Erfolgsaussichten insgesamt besser festgestellt werden kann, ob das Interesse der angemeldeten Verbraucher am Abschluss des Vergleiches das Interesse der angemeldeten Verbraucher an der Weiterführung des Verfahrens überwiegt.

Betrachtet man den Zweck der Angemessenheitsprüfung, so wird man zunächst zu dem Schluss kommen können, dass eine Berücksichtigung der Erfolgsaussichten der Musterfeststellungsklage generell gewinnbringend ist, da die Erfolgsaussichten der Musterfeststellungklage bspw. unmittelbaren Einfluss auf die Höhe der Leistungen haben. Steht fest, dass die Musterfeststellungsklage Erfolg haben wird, so wird regelmäßig die Durchsetzung der Ansprüche der

641 Dazu ausführlich unter: 224 ff.

Verbraucher in den Folgenverfahren ebenfalls hohe Erfolgsaussichten haben. Dementsprechend ist es logisch und nur konsequent, dass die Leistungen des beklagten Unternehmens in einem Vergleich höher ausfallen, da ansonsten die Durchsetzung der Ansprüche in den Folgeverfahren droht.

Zur Verdeutlichung folgendes Beispiel:

Das beklagte Unternehmen U ist kurz davor in einem Musterfeststellungsverfahren, zu dem sich 100.000 Verbraucher angemeldet haben, zu unterliegen. Es bietet den angemeldeten Verbrauchern deshalb in einem Vergleich Leistungen an, die der Höhe von 75 Prozent der Leistungen entsprechen, welche die Verbraucher in Folgeverfahren durchsetzen könnten. Zu einem früheren Zeitpunkt, als der Ausgang des Prozesses noch nicht in dieser Weise absehbar war, hätte U in einem Vergleich höchstens Leistungen in Höhe von 50 Prozent der theoretisch in den Folgeverfahren durchsetzbaren Leistungen gewährt.

Die Erfolgsaussichten der Musterfeststellungsklage stellen insofern prinzipiell ein geeignetes Kriterium dar, um die Höhe der im Vergleich durch das beklagte Unternehmen gewährten Leistungen auf ihre Angemessenheit zu überprüfen.

Die Prüfung der Erfolgsaussichten insgesamt, d.h. die Wahrscheinlichkeit der angemeldeten Verbraucher ihre angemeldeten Ansprüche durchzusetzen, beinhaltet notwendigerweise die Erfolgsaussichten der Musterfeststellungsklagen und geht darüber hinaus. Innerhalb dieser Prüfung wird weitergehend das Prozessrisiko der Verbraucher in den Folgeverfahren einbezogen werden. Die Prüfung der Erfolgsaussichten insgesamt hat gegenüber der Prüfung der Erfolgsaussichten der Musterfeststellungsklage den Vorteil, dass die Durchsetzbarkeit der angemeldeten Ansprüche noch präziser festgestellt werden kann.

Die Musterfeststellungsklage muss und kann nämlich nicht alle anspruchsbegründenden Tatbestandsmerkmale eines Anspruchs als Feststellungsziele enthalten, da gerade die Fragen der individuellen Kausalität oder Schadenshöhe, mangels Breitenwirkung, nicht feststellungsfähig sind.[642] Den angemeldeten Verbrauchern verbleibt somit, auch bei erfolgreicher Musterfeststellungsklage, stets ein Restrisiko in den Folgeverfahren. Dieses Restrisiko könnte in die Prüfung der Erfolgsaussichten theoretisch einbezogen werden.

Für eine Einbeziehung des weiteren Prozessrisikos in die Angemessenheitsprüfung spricht bspw., dass ein Anspruch auf eine Leistung von sämtlichen Tatbestandsvoraussetzungen abhängt. Durch die Prüfung der Erfolgsaussichten insgesamt wird somit die Beurteilungsmöglichkeit des Gerichts im Hinblick auf die Höhe der Leistungen erweitert. Diese Erweiterung liegt auch im Interesse der Verbraucher, da damit die Gefahr verringert wird, dass das Gericht

642 Siehe: S. 42.

einen Vergleich wegen zu niedriger Leistungen ablehnt, weil es, im Gegensatz zum beklagten Unternehmen, nicht das weitere Risiko in den Folgeverfahren einbezieht.

Stellt man somit auf den Sinn und Zweck der Angemessenheitsprüfung insgesamt ab, so sprechen die besseren Argumente für eine Berücksichtigung der Erfolgsaussichten insgesamt.

(4) Gesetzeshistorie

Für eine Prüfung der Erfolgsaussichten insgesamt spricht auch die Gesetzesbegründung. Denn: „Im Rahmen der inhaltlichen Angemessenheitsprüfung hat das Gericht zu untersuchen, ob die von den Parteien vorgeschlagene Regelung die *vorgetragenen typischerweise zu erwartenden Streitigkeiten angemessen beilegt.*"[643] In der Gesetzesbegründung wird in diesem Passus explizit vorgegeben, dass auch die nachfolgende Individualebene in der Angemessenheitsprüfung des Gerichts zu berücksichtigen ist.[644] Die ausdrückliche Einbeziehung der Individualebene in die Angemessenheitsprüfung stellt insofern ein Argument dafür dar, dass nicht nur der *bisherige* Sach- und Streitstand in die Angemessenheitsprüfung einzubeziehen ist. Vielmehr wird damit deutlich gemacht, dass auch außerhalb des Verfahrens liegende Umstände in die Angemessenheitsprüfung einbezogen werden können. Da Umstände aus den Individualverfahren einbezogen werden können, erscheint eine Berücksichtigung der Prozessrisiken in den Folgeverfahren als nicht ausgeschlossen, sondern drängt sich geradezu auf.

Die Gesetzeshistorie spricht insofern für eine Berücksichtigung der Erfolgsaussichten insgesamt.

(5) Rechtsvergleichung

Aufgrund der Tatsache, dass rechtsordnungsübergreifend die Erfolgsaussichten bei der gerichtlichen Genehmigung eines Vergleichs im kollektiven Rechtschutz einbezogen werden, bietet es sich auch an, das in diesen Rechtsordnungen bestehende Verständnis in die Auslegung einzubeziehen. Insbesondere im Hinblick darauf, dass sich eine Prüfung der Erfolgsaussichten im deutschen Recht nur aus dem unbestimmten Rechtsbegriff „angemessen" ergeben kann, dessen Bedeutung jedoch gerade der Ausfüllung bedarf.

---

643 BT-Drs. 19/2507, 26.
644 *Röthemeyer,* § 611 Rn. 34.

(a) Die Berücksichtigung der Erfolgsaussichten in den USA

In den USA stellen die für die Gruppenmitglieder der „class action“ mit der Durchsetzung der Ansprüche verbundenen Risiken für die Rechtsprechung ein Bewertungskriterium von erheblicher Relevanz dar. Das Gericht hat einzuschätzen, welches Risiko die Gruppenmitglieder bei der Durchsetzung ihrer Ansprüche eingehen würden, wenn sie einen Vergleich ablehnen würden. Ein Faktor, der in diese Risikobewertung einbezogen werden soll, sind die hypothetischen Erfolgsaussichten des Rechtsstreits.[645]

Aufgabe des Gerichts ist es hierbei, nicht eine Entscheidung in der „class action“ zu treffen;[646] die Prognose erfolgt vielmehr losgelöst von offenen Rechtsfragen.[647] Es soll bewusst keine Entscheidung über offene Sach- und Rechtsfragen erfolgen.[648] Ein Grund für eine Distanzierung von einer tiefergehenden Prüfung des Gerichts ist, dass ansonsten das oftmals mit dem Vergleich verfolgte Ziel, ein gerichtliches Urteil zu vermeiden, nicht erfüllt wird.[649] Gleichzeitig wird es den Richtern regelmäßig unmöglich sein, den Vergleich umfassend zu würdigen, da ihnen die notwendige Informationsgrundlage fehlt.[650]

(b) Die Berücksichtigung der Erfolgsaussichten in den Niederlanden

In den Niederlanden wurde als Instrument zur kollektiven Rechtsdurchsetzung im Jahr 2005 das Gesetz zu kollektiven Vergleichen bei Masseschäden (Wet Collectieve Afwikkeling Massaschade – WCAM) erlassen.[651] Dieses erscheint, trotz Unterschieden im Verfahren, insbesondere aufgrund der durch das Gesetz eingeführten Möglichkeit, eine Vielzahl von Geschädigten an die vertraglich vereinbarte Schadensabwicklung rechtlich zu binden,[652] als niederländisches Pendant zu dem Vergleich im Rahmen der deutschen Musterfeststellungsklage.

---

645 Vgl. *Eggers,* 220 ff.

646 *City of Detroit v. Grinell Corp.,* 495 F. 2d 448, 462 (2nd Cir. 1974)

647 *Carson v. Am. Brands, Inc.,* 450 U.S. 79, 88 (dort Fn. 14) (1981) („Courts judge the fairness of a proposed compromise by weighing the plaintiff's likelihood of success on the merits against the amount and form of the relief offered in the settlement. They do not decide the merits of the case or resolve unsettled legal questions.“) Vgl. *Eggers,* 222.

648 *Eggers,* 173; *Acevedo v. Workfit Medical LLC,* 187 F. Supp. 3d 370, 380 (W.D.N.Y. 2016).

649 *Beuchler,* in: Micklitz/Stadler, 1078, 1080; *Schneider,* Class Action, 67.

650 *Beuchler,* in: Micklitz/Stadler, 1081.

651 *Mom,* 311; *Weber/van Boom,* VuR 2017, 290, 297.

652 *Geiger,* 91.

Entscheidende Übereinstimmung der beiden Verfahren ist, dass jeweils erforderlich ist, dass das Gericht den Vergleich auf seine Angemessenheit zu überprüfen hat.[653] Diese Konsequenz wird aus dem Umstand gezogen, dass bei dem Vergleich nach dem WCAM genauso wie bei dem Vergleich im Rahmen der Musterfeststellungsklage die Geschädigten keine Parteistellung innehaben[654] und trotzdem der Vergleich für sie Bindungswirkung entfaltet.[655] Die Geschädigten die von einem Vergleich nach dem WCAM betroffen sind, sind daher in gleicherweise schutzbedürftig, wie deutsche Verbraucher bei einem Musterfeststellungsvergleich.[656] Es ist deshalb möglich, dass innerhalb der Angemessenheitsprüfung durch das niederländische Gericht ähnliche, wenn nicht sogar die gleichen Kriterien zur Beurteilung der Angemessenheit heranzuziehen sind.

Im Unterschied zum deutschen Recht, erfolgte durch den niederländischen Gesetzgeber jedoch in Art. 7:907 Abs. 3 Burgerlijk Wetboek (BW) eine Aufzählung von Umständen, unter denen das Gericht den Vergleich zurückweisen soll. Für den in der Praxis wohl umstrittensten Fall in Art. 7:907 Abs. 3 lit. b BW, der Prüfung, ob die Höhe der zuerkannten Schadensersatzbeträge pro Schadenskategorie angemessen ist, erfolgte durch den Gesetzgeber im Anschluss an das Kriterium unmittelbar eine weitere Konkretisierung. Danach kann bei der Beurteilung der Angemessenheit die Einfachheit und Schnelligkeit, mit der Schadensersatz verlangt werden kann, sowie die möglichen Schadensursachen und ein Mitverschulden berücksichtigt werden. Weiter kann das Gericht den hypothetischen Zeitaufwand und die Prozessrisiken und -kosten für den Fall der Schadensabwicklung außerhalb des Vergleiches in Relation setzen, sowie Sachverständigengutachten in Auftrag geben. Die Berücksichtigung der Erfolgsaussichten der Klage wird in den Kriterien nicht erwähnt. Die fehlende Nennung dieses Kriteriums bedeutet jedoch nicht, dass die Erfolgsaussichten nicht zur Beurteilung der Angemessenheit herangezogen werden könnten, da die aufgezählten Kriterien nicht abschließend sind.[657]

Unter Zugrundelegung des tatsächlichen Verfahrens des WCAM-Vergleiches erscheint eine Prüfung der Erfolgsaussichten entsprechend dem deutschen Verständnis allerdings als ausgeschlossen. Auch wenn, wie beschrieben, der WCAM-Vergleich starke Ähnlichkeit zum Musterfeststellungsvergleich aufweist und eine

---

653 *Geiger*, 92; *Stadler*, ZfPW 2015, 61, 72.

654 *Geiger*, 92.

655 *Scholl*, ZfPW, 2019, 317, 326.

656 *Mom*, 249.

657 Vgl. *Mom*, 354.

Gegenüberstellung sich daher anbietet, unterscheiden sich das deutsche und das niederländische System des kollektiven Rechtsschutzes in hier beachtlicher Weise. Während dem Musterfeststellungsvergleich zwingend die Musterfeststellungsklage vorgeschaltet ist und der Vergleich eine Möglichkeit zur Beendigung des Musterfeststellungsverfahrens ist[658], handelt es sich bei dem Vergleich nach dem WCAM um ein eigenständiges Verfahren.[659] Der WCAM Vergleich kann unabhängig von einer Feststellungsklage geschlossen werden[660], weshalb es keine Klage gibt, deren Erfolgsaussichten berücksichtigt werden könnten. Die Erfolgsaussichten einer Klage können nur innerhalb des, ausdrücklich im Kriterienkatalog genannten, Kriteriums „Prozessrisiken" Berücksichtigung finden.

Insofern gilt in den Niederlanden ein vergleichbares Verständnis im Hinblick auf die Berücksichtigung der Erfolgsaussichten wie in den USA.[661] Eine konkrete Prüfung der Erfolgsaussichten erfolgt in der gerichtlichen Prüfung nicht. Vielmehr stellen die Gerichte auf die Unsicherheit ab, wie ein streitiges Individualverfahren ausgehen könnte[662] oder lassen in die Entscheidung miteinfließen, ob sie eine höhere Kompensation in einem streitigen Verfahren als wahrscheinlich empfinden.[663] Teilweise beruht die Einschätzung der Erfolgsaussichten gar darauf, ob Individualverfahren anhängig sind, die vom WCAM- Vergleich erfasst wären. Sind außerhalb der USA keine Individualklagen anhängig, so werten Gerichte dies gegen gute Erfolgsaussichten der Individualklagen.[664]

(c) Zwischenergebnis

In anderen Rechtsordnungen findet bei der Berücksichtigung der Erfolgsaussichten, wie in Deutschland, eine Prognose statt. Die Prognose richtet sich dabei allerdings auf eine Abschätzung des Prozessrisikos des gesamten Rechtsstreits. Aufgabe des Gerichts ist es zu ermitteln, wie wahrscheinlich die angemeldeten Verbraucher ihre angemeldeten Ansprüche in einem hypothetischen Prozess durchsetzen könnten.[665]

---

658 *Röthemeyer*, § 611 Rn. 1; *Mekat*, in: Nordholtz/Mekat, § 7 Rn. 1.
659 *Keßler*, ZRP 2016, 2, 4; *Stadler*, ZfPW 2015, 61, 73.
660 *Mom*, 341.
661 *Eggers*, 216.
662 Gerechtshof Amsterdam, beschikking v. 25.01.2007, ECLI:NL:GHAMS:2007:AZ7033 (Dexia), Rn. 6.6; *Eggers*, 211 f.
663 Gerechtshof Amsterdam, beschikking v. 15.07.2009, ECLI:NL:GHAMS:2009:BJ2691 (Vendior), Rn. 4.15; *Eggers*, 211.
664 Gerechtshof Amsterdam, beschikking v. 29.05.2009, ECLI:NL:GHAMS:2009:BI5744 (Shell), Rn. 6.17; *Eggers*, 212.
665 *Eggers*, 220, 222.

Die Terminologie „Erfolgsaussichten" in anderen Rechtsordnungen unterscheidet sich zu der im deutschen Recht somit zumindest in zweierlei Hinsicht. Zum einen werden unter der Begrifflichkeit „Erfolgsaussichten" regelmäßig die Erfolgsaussichten insgesamt, d.h. die Erfolgsaussichten in Bezug auf die Durchsetzung der Ansprüche der Verbraucher, verstanden. Zum anderen erscheint der Prüfungsumfang des Gerichts im Hinblick auf die Bestimmung der Erfolgsaussichten in anderen Rechtsordnungen nicht in vergleichbarer Weise vorgegeben, wie es bei § 91a ZPO der Fall ist.

(6) Zwischenergebnis

Die Auslegung des § 611 Abs. 3 S. 2 ZPO ergibt, dass grundsätzlich die Erfolgsaussichten insgesamt innerhalb der Angemessenheitsprüfung des Gerichts zu berücksichtigen sind. Zwar folgt dieser Schluss weder ausdrücklich aus dem Wortlaut der Vorschrift, der in dieser Hinsicht offen ist, noch aus der Systematik. Sowohl der Wortlaut als auch die Systematik schließen eine Berücksichtigung der Erfolgsaussichten insgesamt jedoch auch nicht aus. Entscheidend für die These, dass die Prüfung der Erfolgsaussichten insgesamt zu erfolgen hat, sind letztlich der Sinn und Zweck der Vorschrift, sowie die Gesetzesbegründung. Der übergeordnete Sinn und Zweck der Angemessenheitsprüfung kann besser erfüllt werden, wenn die Erfolgsaussichten insgesamt vom Gericht berücksichtigt werden, weil dadurch die Interessen der angemeldeten Verbraucher besser bestimmt werden können.

Ein derartiges Ergebnis entspricht auch dem Verständnis der Prüfung der Erfolgsaussichten in anderen Rechtsordnungen. Auch in den USA und den Niederlanden ist die Individualebene in die Erfolgsaussichten einzubeziehen.

(7) Der Prüfungsumfang

Zwar ist die Prüfung der Erfolgsaussichten insgesamt gegenüber der Prüfung der Erfolgsaussichten der Musterfeststellungsklage im Hinblick auf den Sinn und Zweck der Angemessenheitsprüfung grundsätzlich die vorzugswürdige Alternative. Das Problem sowohl der Prüfung der Erfolgssausichten insgesamt als auch der Prüfung der Erfolgsaussichten der Musterfeststellungsklage liegt allerdings in dem mit der Prüfung anfallenden Prüfungsumfang des Gerichts, d.h. wie das Gericht die Erfolgsaussichten zu bestimmen hat. Bei dem Prüfungsumfang des Gerichts im Rahmen der Angemessenheitsprüfung muss miteinbezogen werden, dass das Gericht die Angemessenheit „unter Berücksichtigung des bisherigen Sach- und Streitstandes" zu überprüfen hat. Aufgrund des identischen Wortlautes zu § 91a Abs. 1 S. 1 ZPO und § 269 Abs. 3 S. 3 ZPO ist die aus diesen

Vorschriften bekannte Rechtsfolge auch auf § 611 Abs. 3 S. 2 ZPO zu übertragen. Insofern besteht auch innerhalb der Angemessenheitsprüfung eine, wie bereits oben aufgezeigte,[666] gesetzgeberisch intendierte, die Prozessökonomie fördernde Einschränkung des Prüfungsumfangs.

(a) Der Prüfungsumfang der Erfolgsaussichten der Musterfeststellungsklage

Stellt man zunächst auf die Prüfung der Erfolgsaussichten der Musterfeststellungsklage ab, die notwendiger Bestandteil der Prüfung der Erfolgsaussichten insgesamt ist, so hätte diese Einschränkung, entsprechend dem Verständnis des Wortlautes „unter Berücksichtigung des bisherigen Sach- und Streitstandes" in § 91a Abs. 1 S. 1 ZPO zur Konsequenz, dass grundsätzlich eine summarische Prüfung der Erfolgsaussichten durch das Gericht zu erfolgen hat. Innerhalb der summarischen Prüfung soll es ausreichen, dass das Gericht das Unterliegen einer Partei zumindest für überwiegend wahrscheinlich hält.[667] Es gilt somit für die gerichtliche Entscheidung aufgrund der summarischen Prüfung ein geringeres Beweismaß, als das Beweismaß, welches für ein Musterfeststellungsurteil notwendig wäre.[668] Im Falle eines Musterfeststellungsurteils wäre es nach der h.M.[669] nach § 286 ZPO demgegenüber erforderlich, dass das Gericht für seine Entscheidung die volle Überzeugung von der Wahrheit einer streitigen Tatsache hätte.[670]

Um das Problem des Prüfungsumfangs bei der Prüfung der Erfolgsaussichten der Musterfeststellungsklage zu verdeutlichen, ist es zunächst erforderlich, sich generell eine Prüfung der Erfolgsaussichten vor Augen zu führen. Die Prüfung bezieht sich grundsätzlich darauf, festzustellen, welche Partei im Rechtsstreit unterliegt, d.h. ob die Klage zulässig und begründet ist.[671] Stellt man nur auf die Begründetheit der Musterfeststellungsklage ab, so weicht die Prüfung der Erfolgsaussichten in der Musterfeststellungsklage in relevanter Weise von einer derartigen Prüfung bei den Klagearten im Zwei-Personen-Prozess ab. Der

---

666 Siehe: 165.

667 BGH NZI 2020, 1043, Rn. 13; *Jaspersen,* in: BeckOK, ZPO, § 91a Rn. 30; *Schulz,* in: MüKo, ZPO, § 91a Rn. 53.

668 BGHZ 53, 245, 255 f. = NJW 1970, 946; BGH NJW 2020, 1072 Rn. 9; *Foerster,* in: Musielak/Voit, ZPO, § 286 Rn. 18.

669 Siehe: *Prütting,* in: MüKo, ZPO, § 286 Rn. 36; *Foerster,* in: Musielak/Voit ZPO, § 286 Rn. 18 m.w.N.

670 BGH NJW-RR 1994, 567, 568; *Prütting,* in: MüKo, ZPO, § 286 Rn. 41.

671 *Jaspersen,* in: BeckOK, ZPO, § 91a Rn. 31; *Schulz,* in: MüKo, ZPO, § 91a Rn. 45.

Grund hierfür sind die unterschiedlichen Streitgegenstände der Musterfeststellungsklage zu den Streitgegenständen der übrigen Klagearten in der ZPO. Die Musterfeststellungsklage soll die Klärung grundsätzlicher, in einer Vielzahl von Fällen wiederkehrender tatsächlicher oder rechtlicher Fragen ermöglichen.[672] Insofern können mit der Musterfeststellungsklage, anders als mit einer regulären Feststellungsklage nach § 256 ZPO, einzelne Elemente oder Vorfragen eines Rechtsverhältnisses oder einer Anspruchsgrundlage festgestellt oder reine Rechtsfragen geklärt werden.[673] Über die Feststellung der Elemente und Vorfragen eines Rechtsverhältnisses oder einer Anspruchsgrundlage und über die Klärung reiner Rechtsfragen hat das Gericht jeweils individuell zu entscheiden und nicht über das Rechtsverhältnis oder die Anspruchsgrundlage als Ganzes.[674]

Während bei den übrigen Klagearten der ZPO die Prüfung des Anspruchs oder des Rechtsverhältnisses in seiner Gesamtheit im Fokus steht, sind innerhalb der Musterfeststellungsklage Tatsachen und Rechtsfragen als einzelne Feststellungsziele gerichtlich zu überprüfen. Für die Erfolgsaussichten der Musterfeststellungsklage maßgeblich ist dementsprechend, ob die festzustellenden Tatsachen- und Rechtsfragen begründet sind.

Für die Angemessenheitsprüfung des Gerichts bedeutet das, dass das Gericht grundsätzlich zu jeder begehrten Feststellung zu prüfen hätte, ob sie begründet ist. Zur plastischen Darstellung folgender kurzer Beispielsfall:

Die Klägerin erhebt gegen die Beklage eine Musterfeststellungsklage, in der sie beantragt:

1. *Es wird festgestellt, dass die Beklagte die Zinsänderungsklausel X in einer Vielzahl von Fällen verwendet hat.*
2. *Es wird festgestellt, dass die in den AGB der Beklagten enthaltene Zinsänderungsklausel X unwirksam ist.*

Die Klägerin und Beklagte reichen, bevor es zu einer Beweisaufnahme über das Feststellungsziel zu 1 kommt, einen schriftlichen Vergleich beim Gericht ein.

---

672 BT-Drs. 19/2507, 21.

673 BT-Drs. 19/2507, 21.

674 BGH (XI ZR 234/20) BeckRS 2021, 30589 Rn. 31 m.w.N.; OLG Braunschweig, Hinweisbeschluss v. 03.07.2019 sub III, bekanntgemacht am 04.07.2019: https://www.bundesjustizamt.de/DE/Themen/Buergerdienste/Klageregister/Klagen/201802/Verfahren/Verfahrensstand.html?nn=11994364#doc11743832bodyText6; *Waßmuth/Asmus*, ZIP 2018, 757, 658; a.A. OLG Dresden (5 MK 1/19) BeckRS 2020, 6640 Rn. 35 unter Berufung auf *Halfmeier*, in: Prütting/Gehrlein, ZPO, § 606 Rn. 17, zustimmend *Tiffe*, VuR 2020, 306.

Das Gericht müsste nun in dem Beispielsfall, um die Erfolgsaussichten der Klage innerhalb der Angemessenheitsprüfung feststellen zu können, überprüfen, ob jede einzelne begehrte Feststellung begründet ist. Diese Prüfung erscheint innerhalb der Angemessenheitsprüfung aufgrund des besonderen Streitgegenstands der Musterfeststellungsklage und der Prämisse, dass es sich nur um eine summarische Prüfung handeln soll, wie nachfolgend dargestellt wird, zumindest teilweise als ausgeschlossen.

(aa) Die Prüfung in tatsächlicher Hinsicht

Im Hinblick auf die Prüfungstiefe des Gerichts bezüglich offener Sachfragen im Musterfeststellungsverfahren ergeben sich zunächst keine Abweichungen zu der Prüfung der Kostenentscheidung nach § 91a Abs. 1 S. 1 ZPO im regulären Zwei-Personen-Prozess.[675] Dementsprechend sollte neues Vorbringen der Parteien nur eingeschränkt in die Entscheidung des Gerichts einfließen. Während unstrittiger neuer Sachvortrag stets einbezogen werden soll, kann bestrittener neuer Vortrag einer Partei zumindest für die gerichtliche Beurteilung der Plausibilität oder Konsistenz des bisherigen Vortrags der Partei von Bedeutung sein. Ein nachträgliches Bestreiten bisher unbestrittenen Vortrags ist dagegen unbeachtlich und darf sich nicht mehr auf die Prüfung des Gerichts auswirken.[676] Bereits erhobene Beweise sollen in diese Entscheidung mit einfließen.[677] Neue Tatsachen und Beweismittel sollen von dem Gericht dagegen in der Regel nicht mehr berücksichtigt werden.[678] Eine Ausnahme kann gemacht werden, wenn die Berücksichtigung neuer Tatsachen und Beweismittel ohne erheblichen Mehraufwand eine unbillige Kostenentscheidung vermeiden könnte.[679]

Ein Problem für die Prüfung ergibt sich allerdings, sofern es um die Klärung von komplexen Sachfragen geht. Zwar kann es zur Beantwortung dieser Frage innerhalb der summarischen Prüfung ausreichen, wenn das Gericht das Vorliegen oder Nichtvorliegen der in Frage stehenden Tatsache für überwiegend

675 Vgl. *Jaspersen,* in: BeckOK, ZPO, § 91a Rn. 29.

676 *Schulz,* in: MüKo, ZPO, § 91a Rn. 49.

677 *Schulz,* in: MüKo, ZPO, § 91a Rn. 52; *Jaspersen,* in: BeckOK, ZPO, § 91a Rn. 29.

678 OLG Oldenburg, BeckRS 2019, 11173; *Althammer,* in: Zöller, ZPO, § 91a Rn. 26; *Flockenhaus,* in: Musielak Voit, ZPO, § 91a Rn. 22; *Jaspersen,* in: BeckOK, ZPO, § 91a Rn. 29.

679 BGHZ 13, 145; BGH v. 24.09.2020 – IX ZB 71/19, NJW-RR 2020, 1440; *Flockenhaus,* in: Musielak Voit, ZPO, § 91a Rn. 22; *Schulz,* in: MüKo, ZPO, § 91a Rn. 50; gegen die Zulässigkeit jeder weiteren Beweisaufnahme Hamm AnwBl 90, 48; Karlsruhe NJW-RR 90, 978; *Pape/Notthoff,* Jus 95, 1017.

wahrscheinlich hält.[680] Trotz der geringeren Anforderungen an den Grad der notwendigen Überzeugung des Gerichts kann es allerdings auch vorkommen, dass die Erfolgsaussichten nach dem bisherigen Sach- und Streitstand nicht zu bestimmen sind. Besteht beispielsweise in einem Verfahren das Bedürfnis, dass eine Partei einen vorherigen Vortrag substantiiert und unter Beweis stellt, und erfolgt dies aufgrund des Vergleichsschlusses nicht mehr, so ist nach dem bisherigen Sach- und Streitstand offen, ob eine Substantiierung erfolgt wäre und ob eine etwaige Beweisaufnahme die Behauptung der Partei bestätigt hätte; der Ausgang des Rechtsstreits ist in diesem Fall ungewiss.[681] Eine Entscheidung zulasten der beweisbelasteten Partei ist in diesem Fall nicht möglich, da die Unaufklärbarkeit der Tatsache nicht feststeht. Bei einer Kostenentscheidung nach § 91a Abs. 1 S. 1 ZPO wären die Kosten deshalb i.d.R. gegeneinander aufzuheben.[682]

Eine notwendige Beweisaufnahme, die aufgrund des Vergleichsangebots der Parteien unterbleibt, kann dementsprechend dazu führen, dass das Gericht die Erfolgsaussichten der Musterfeststellungsklage nicht feststellen kann. Eine solche Situation würde weitergehend bedeuten, dass das Gericht die Erfolgsaussichten nicht zur Bestimmung der angemessenen Leistungshöhe verwenden kann.

(bb) Die Prüfung in rechtlicher Hinsicht

Das zuvor erläuterte Problem für die Angemessenheitsprüfung des Gerichts, nämlich die fehlende Möglichkeit zur Bestimmung der Erfolgsaussichten der Musterfeststellungsklage, besteht ebenfalls bei der Prüfung von Rechtsfragen. Entscheidend ist, dass das Gericht im Rahmen der summarischen Prüfung nach § 91a Abs. 1 S. 1 ZPO, der Förderung der Prozessökonomie Rechnung tragend, schwierige Rechtsfragen nicht abschließend zu beantworten hat.[683] Bei Anwendung der gleichen Grundsätze innerhalb der Angemessenheitsprüfung dürfte deshalb eine Bestimmung der Erfolgsaussichten durch das Gericht

680 BGH NZI 2020, 1043 Rn. 13; NJW 1994, 256, 257; *Jaspersen,* in: BeckOK, ZPO, § 91a Rn. 30.

681 OLG München, Beschl. v. 13.04.2018 – 7 W 311/18, Rn. 20; vgl. zur Kostenaufhebung bei ungewissem Prozessausgang BGH, Beschl. v. 08.06.2005, Az. XII ZR 177/03, Rn. 16.

682 OLG München, Beschl. v. 13.04.2018 – 7 W 311/18, Rn. 20; *Althammer,* in: Zöller, ZPO, § 91a Rn. 26.

683 BGH NJW-RR 2020, 983; BeckRS 2018, 1997; BGH NJW 1954, 1038; NJW-RR 2004, 1219, 1220, 2009, 422 Rn. 5 und 425 Rn. 9; *Althammer,* in: Zöller, ZPO, § 91a Rn. 27; *Jaspersen,* in: BeckOK, ZPO, § 91a Rn. 30; *Schulz,* in: MüKo, ZPO, § 91a Rn. 53; *Haussherr,* in: Prütting/Gehrlein, § 91a Rn. 30; *Brox,* JA 1983, 289, 291.

ausgeschlossen sein, weil es sich bei den, im Zeitpunkt der Abgabe des Vergleichsangebots, offenen Rechtsfragen überwiegend, wenn nicht gar immer, um schwierige Rechtsfragen handeln wird.

Zwar besteht keine allgemeingültige Definition, wann eine Rechtsfrage als schwierig zu werten ist. Von der Schwierigkeit ist jedoch auszugehen, soweit bei einer streitigen Entscheidung aufgrund der grundsätzlichen Bedeutung der Rechtssache oder zur Fortbildung des Rechts die Revision nach § 543 Abs. 2 S. 1 Nr. 1 oder Nr. 2 Alt. 1 ZPO zuzulassen wäre.[684]

Dem folgend kann man bereits bei Feststellungszielen, die auf das Vorliegen oder Nichtvorliegen von rechtlichen Voraussetzungen gerichtet sind, die Qualifikation als schwierige Rechtsfragen annehmen, da diesen Feststellungszielen, aufgrund der Bedeutung für eine Vielzahl von Fällen, grundsätzliche Bedeutung beizumessen ist.[685] Dies wird auch durch § 614 S. 2 ZPO ausdrücklich bestätigt, wonach Musterfeststellungsklagen stets grundsätzliche Bedeutung im Sinne des § 543 Abs. 2 Nr. 1 ZPO haben. Weiter könnte man argumentieren, dass zumindest die offenen Rechtsfragen, unabhängig von der grundsätzlichen Bedeutung der Feststellungsziele, die den Grund für den Abschluss eines Vergleiches darstellen, als schwierige Rechtsfragen zu qualifizieren sind, da ansonsten kein Streit oder keine Ungewissheit der Parteien über diese Rechtsfragen bestehen würde.

Zwar könnte man die Auffassung vertreten, dass innerhalb der Angemessenheitsprüfung des Gerichts ein anderer Prüfungsmaßstab zu gelten habe, als bei § 91a ZPO, weil bei einem Musterfeststellungsvergleich die besondere Schutzbedürftigkeit der angemeldeten Verbraucher besteht. Zumindest das unter Umständen mit dem Vergleich zum Ausdruck kommende fehlende Interesse der Parteien an der weiteren Klärung der schwierigen Rechtsfragen[686] kann insoweit für die Einordnung des Prüfungsumfangs nicht angeführt werden, da eine Klärung der Rechtslage im Interesse der angemeldeten Verbraucher, die gerade nicht Partei sind,[687] sein könnte.

Gegen eine Entscheidung in schwierigen Rechtsfragen und damit eine vollständige Prüfung der Rechtslage innerhalb der Angemessenheitsprüfung spricht

---

684 Siehe: NJW-RR 2004, 1219, 1220; 2009, 422 Rn. 5 und 425 Rn. 9; *Schulz,* in: MüKo, ZPO, § 91a Rn. 53.

685 BGHZ 151, 221, 223 = NJW 2002, 3029; 154, 288, 291 = NJW 2003, 1943, 1944, stRspr.; *Krüger,* in: MüKo, ZPO, § 543 Rn. 6; von einer derartigen Bedeutung ging auch der Gesetzgeber aus: BT-Drs. 19/2507 S. 21.

686 *Jaspersen*, in: BeckOK, ZPO, § 91a Rn. 30.1.

687 *Röthemeyer,* MDR 2019, 6, 7.

jedoch der mit der Formulierung „unter Berücksichtigung des bisherigen Sach- und Streitstandes“ zum Ausdruck kommende Wille des Gesetzgebers, die Prozessökonomie bei der gerichtlichen Genehmigung zu beachten. Müsste das Gericht, vermeintlich im Interesse der angemeldeten Verbraucher, über schwierige Rechtsfragen innerhalb der Angemessenheitsprüfung entscheiden, so wären erhebliche zeitliche Verzögerungen der Vergleichsgenehmigung zu erwarten. Ein Vorteil des Vergleiches, die schnellere Abwicklung des Verfahrens, wäre damit nicht mehr gegeben.

Darüber hinaus stellt der Streit oder die Ungewissheit über die angemeldeten Ansprüche oder Rechtsverhältnisse nach § 611 Abs. 3 S. 2 ZPO gerade den Grund für den Abschluss des Vergleiches dar.[688] Die unsichere Rechtslage bewegt die Parteien zum Abschluss eines Vergleiches; ihnen ist die Rechtsauffassung des Gerichts im Zeitpunkt des Vergleichsschluss regelmäßig nicht bekannt. Würde man die Entscheidung des Gerichts in Bezug auf die den Parteien ungewissen oder streitigen, schwierigen Rechtsfragen in der Angemessenheitsprüfung berücksichtigen, so würde die Unsicherheit über die Rechtslage der Parteien nicht in den Vergleich einbezogen, obwohl sie sich tatsächlich ausgewirkt hat. Vielmehr würden damit die Parteien so behandelt, als hätte ihnen die Rechtsauffassung des Gerichts bereits bei dem Abschluss des Vergleichs bekannt gewesen sein müssen.[689] Maßgeblich für die Beurteilung der Erfolgsaussichten der Musterfeststellungsklage ist allerdings die subjektive Perspektive der Parteien im Zeitpunkt des Vergleichsschlusses und nicht die des Gerichts im Zeitpunkt der Angemessenheitsprüfung. Zu diesem Zeitpunkt waren die schwierigen Rechtsfragen jedoch nicht geklärt und konnten damit nicht von den Parteien in die Beurteilung der Erfolgsaussichten einbezogen werden.

Zudem würde eine vollständige Prüfung der Rechtslage innerhalb der Angemessenheitsprüfung auch dem Sinn eines Vergleiches widersprechen. Die Parteien schließen einen Vergleich anstelle eines Urteils, um das Verfahren zu beenden. Wäre eine Entscheidung über die Feststellungsziele für die gerichtliche Genehmigung erforderlich, so würden die Parteien durch die Hintertür ein Musterfeststellungsurteil im Musterfeststellungsvergleich erhalten, was sie eigentlich nicht wollten.[690] Speziell für die beklagten Unternehmen entfiele ein weiterer

688 *Fischer,* in: BeckOK, BGB, § 779 Rn. 10.

689 Dazu noch ausführlicher im Zwischenergebnis.

690 In der Rahmenvereinbarung zwischen VW und der vzbv, die zur Beendigung des Musterfeststellungsverfahrens gegen VW führte, wurde festgehalten, dass: „die Musterfeststellungsklage durch die vorliegende Vereinbarung ohne wechselseitige

Grund einen Musterfeststellungsvergleich zu schließen, da diese regelmäßig versuchen, mithilfe eines Vergleiches ein Grundsatzurteil zu verhindern.[691] Eine Entscheidung des Gerichts über die Erfolgsaussichten könnte faktisch jedoch ein solches Grundsatzurteil darstellen, wenn das Gericht den Vergleich ablehnt.

Die Ablehnung der gerichtlichen Genehmigung des Vergleiches erfolgt wie die Genehmigung des Vergleiches durch Beschluss. Anders als der Genehmigungsbeschluss[692] soll der Ablehnungsbeschluss jedoch durch Beschwerde angreifbar sein.[693] Zumindest für den anfechtbaren Versagungsbeschluss besteht für das Gericht auch die Verpflichtung, diesen zu begründen, da ohne eine Begründung der Betroffene über die Einlegung eines Rechtsmittels nicht sinnvoll entscheiden könnte.[694]

Erfolgt durch das Gericht eine ausführliche Prüfung der Erfolgsaussichten und stützt das Gericht die Ablehnung der gerichtlichen Genehmigung auf diese Prüfung, weil seine Auffassung zu den Erfolgsaussichten erheblich von denen der Parteien abweicht, so dürfte das Erfordernis bestehen, dass das Gericht seine Prüfung offenlegt. Die schlichte Begründung, dass das Gericht die Erfolgsaussichten anders einschätzt als die Parteien, dürfte nicht ausreichen. Nur bei Offenlegung der Prüfung können die Parteien die Entscheidung des Gerichts vollständig nachvollziehen und so abwägen, ob sie eine Beschwerde erheben wollen, oder die Meinung des Gerichts akzeptieren.

Lehnt das Gericht insofern einen Vergleich ab, weil es die Erfolgsaussichten der Klage als hoch einschätzt und somit die Leistungen des beklagten Unternehmens als zu niedrig, so könnten alle betroffenen Verbraucher, selbst diejenigen, die sich nicht zur Musterfeststellungsklage angemeldet hatten, von dieser Beurteilung profitieren. Denn aufgrund des Anspruchs eines Jeden auf die Einsicht in Gerichtsentscheidungen,[695] auch in die Begründung eines Versagungsbescheids,

---

Anerkennung von Rechtspflichten und ohne Präjudiz für die Sach- und Rechtslage" beendet wird, *Hirsch*, VuR 2020, 454, 455.

691 *Gsell*, 5; *Heese*, NJW 2019, 257.

692 *Kähler*, in: Asmus/Waßmuth, § 611 Rn. 33.

693 *Augenhofer*, in: BeckOK, ZPO, § 611 Rn. 10; *Weinland*, Rn. 176; *Menges*, in: MüKo, ZPO, § 611 Rn. 30; *Stadler*, in: Musielak/Voit, ZPO § 611 Rn. 12; *Röthemeyer*, § 611 Rn. 31, 40.

694 *Röthemeyer*, § 611 Rn. 31, 40; *Musielak*, in: Musielak/Voit, ZPO, § 329 Rn. 5; *Augenhofer*, in: BeckOK, ZPO, § 611 Rn. 10.

695 BGH, Beschl. v. 05.04.2017 – IV AR (VZ) 2/16; BVerwG, Urt. v. 26.02.1997 – 6 C 3/96.

wäre eine konkrete Einschätzung der Erfolgsaussichten der Musterfeststellungsklage für jeden zugänglich.

Für das beklagte Unternehmen würde eine ausführliche Prüfung der Erfolgsaussichten innerhalb der Angemessenheitsprüfung somit ein erhebliches Risiko darstellen, weshalb es grundsätzlich von dem Abschluss eines Vergleiches absehen könnte.

Für die angemeldeten Verbraucher könnte eine Prüfung schwieriger Rechtsfragen ebenfalls nicht von Interesse sein, weil diese dazu führen könnte, dass ein Vergleichsangebot der Parteien nicht genehmigt werden könnte. Zwar sind nach der hier vertretenen Ansicht innerhalb der Angemessenheitsprüfung grundsätzlich nur die Interessen der angemeldeten Verbraucher zu berücksichtigen und die Interessen des beklagten Unternehmens können außer Acht gelassen werden. Von diesem Grundsatz könnte allerdings zwingend eine Ausnahme gemacht werden müssen, wenn man eine vollständige Prüfung der Rechtslage annehmen würde und diese Prüfung ergibt, dass ein Anspruch der angemeldeten Verbraucher nicht besteht.

Dazu zunächst folgender Beispielsfall:

Das beklagte Unternehmen V ist Fahrzeughersteller und hat in seinen Diesel-Fahrzeugen Abschalteinrichtungen in der Motorsteuerung verwendet. Die Abschalteinrichtungen bewirken, dass die Fahrzeuge, sofern sie sich auf einem Prüfstand für Abgaswerte befinden, in einen speziellen Prüfstandmodus wechseln, der dazu führt, dass die Fahrzeuge auf dem Prüfstand die erforderlichen Abgasnormen einhalten können. Sobald die Fahrzeuge sich wieder in Straßenbetrieb befinden, schalte sich die Abgasreinigungsanlage des Fahrzeuges allerdings wieder ab, sodass die Abgasnormen im Straßenverkehr nicht eingehalten werden.

Die Klägerin begehrt mit der Musterfeststellungsklage, neben anderen Feststellungszielen, festzustellen, dass die verwendeten Abschalteinrichtungen gegen eine EU-Verordnung verstoßen und deshalb ein Sachmangel an den Fahrzeugen vorliegt.

Die Parteien reichen bei dem Gericht einen schriftlichen Vergleichsvorschlag ein, bevor das Gericht darüber entscheiden konnte, ob die verwendeten Abschalteinrichtungen gegen die EU-Verordnung verstoßen.

Der fiktiven Auffassung folgend, die eine vollständige Prüfung der Rechtslage für erforderlich hält, prüft das Gericht innerhalb der Angemessenheitsprüfung, ob ein Verstoß gegen die EU-Verordnung vorliegt und kommt zu dem Ergebnis, dass ein solcher Verstoß ***nicht*** *vorliegt. Ein Anspruch der angemeldeten Verbraucher gegen das beklagte Unternehmen bestünde in diesem fiktiven Fall aufgrund dieser Entscheidung insgesamt nicht.*

Besteht eine Situation, wie in dem zuvor dargestellten fiktiven Fall, in welcher keine Ansprüche der angemeldeten Verbraucher bestehen würden, so dürfte das Gericht, auch wenn das im Interesse der Verbraucher wäre und die Interessen des beklagten Unternehmens grundsätzlich nicht zu berücksichtigen sind, den Vergleich nicht genehmigen. Grund dafür ist, dass die Richter nach Art. 97 Abs. 1 GG, auch innerhalb der Angemessenheitsprüfung, dem Gesetz unterworfen sind. Sie haben nach geltendem Recht so zu entscheiden, wie es richtig ist.[696] Kommen die Richter bei einer Prüfung der Rechtslage zu dem Urteil, dass Ansprüche der Verbraucher generell nicht bestehen, so würden sie durch die Genehmigung des Vergleiches den Verbrauchern Leistungen zusprechen, auf die sie keinen Anspruch haben und damit wissentlich gegen geltendes Recht verstoßen. Letztendlich kann bei der gerichtlichen Genehmigung kein anderer Maßstab in Bezug auf die Bindung der Richter an das Gesetz bestehen als bei einem Urteil,[697] da sich in beiden Fällen die Entscheidung des Gerichts unmittelbar auf die Rechtssphäre der Parteien auswirkt. Sowohl bei einem Urteil als auch bei einem gerichtlichen Vergleich hängt der Erhalt von Leistungen von der Entscheidung des Gerichts ab. Der Umstand, dass im Fall eines Vergleiches eine zuvor ergangene autonome Entscheidung der Parteien über den Eingriff in ihre Rechtssphäre vorliegt, kann das Gericht nicht von seiner Verantwortung, nach geltendem Recht zu entscheiden, entbinden.

Dementsprechend ist eine vollständige Prüfung der Rechtslage in der Angemessenheitsprüfung auch aufgrund der Interessenlage der angemeldeten Verbraucher nicht notwendig. Auch die Verbraucher können davon profitieren, dass die Rechtslage nicht weitergehend richterlich geklärt ist.[698]

(cc) Zwischenergebnis

Die vorangegangenen Ausführungen zeigen, dass die Bestimmung der Erfolgsaussichten eines Feststellungsziels bei einer summarischen Prüfung in der Angemessenheitsprüfung in einer Vielzahl von Fällen ausgeschlossen sein wird. Sofern bei Vergleichsschluss noch offene Rechtsfragen bestehen, soll eine weitergehende Prüfung der Rechtsfragen durch das Gericht unterbleiben, weshalb die Erfolgsaussichten durch dieses nicht bestimmt werden können. Kommt es zu

---

696 BVerfGE 7, 183, 188 f. = NJW 1958, NJW, 97; *Morgenthaler,* in: BeckOK, GG, Art. 97, Rn. 7.

697 Für die Kostenentscheidung nach § 91a wurde vom BGH bereits festgestellt, dass diese Entscheidung „unter den für ein Urteilsverfahren wesentlichen Voraussetzungen (ergeht), so daß sie auch wie ein ‚Urteil in einer Rechtssache'… anzusehen ist." BGH NJW, 1956, 1517; BGHZ 13, 142 = NJW 54, 1283.

698 Vgl. *Gurkmann/Jahn,* VuR 2020, 243, 245.

einem Vergleichsschluss bei dem nur Tatsachenfragen ungeklärt sind, kommt es darauf an, ob diese Fragen bereits entscheidungsreif sind, oder ob eine notwendige Beweisaufnahme zu diesem Zeitpunkt noch nicht erfolgt ist. Im zweiten Fall können die Erfolgsaussichten durch das Gericht ebenfalls nicht bestimmt werden.

Die Konsequenzen zeigen sich an dem zuvor angeführten Beispiel:

Die Klägerin erhebt gegen die Beklage eine Musterfeststellungsklage, in der sie beantragt:

1. *Es wird festgestellt, dass die Beklagte die Zinsänderungsklausel X in einer Vielzahl von Fällen verwendet hat.*
2. *Es wird festgestellt, dass die in den AGB der Beklagten enthaltene Zinsänderungsklausel X unwirksam ist.*

Die Klägerin und Beklagte reichen, bevor es zu einer Beweisaufnahme über das Feststellungsziel zu 1 kommt, einen schriftlichen Vergleich beim Gericht ein.

In diesem Beispielsfall könnte das Gericht die Erfolgsaussichten des Feststellungsziels zu 1 nicht bestimmen, weil es an der notwendigen Beweisaufnahme fehlt und die des Feststellungsziels zu 2 nicht, weil es sich um eine Rechtsfrage handelt, die grundsätzliche Bedeutung hat und dementsprechend nicht zu entscheiden ist. Die Erfolgsaussichten der Klage wären mithin insgesamt nicht feststellbar. Die Bestimmung einer angemessenen Leistungshöhe unter Berücksichtigung der Erfolgsaussichten der Klage wäre in einer solchen Situation für das Gericht nicht möglich.

(b) Der Prüfungsumfang der Erfolgsaussichten insgesamt

Die Prüfung der Erfolgsaussichten insgesamt würde bedeuten, dass das Gericht feststellen müsste, wie wahrscheinlich es wäre, dass die angemeldeten Verbraucher ihre, von den Feststellungszielen abhängigen, Ansprüche oder Rechtsverhältnisse erfolgreich durchsetzen. Die erfolgreiche Durchsetzung der Ansprüche oder Rechtsverhältnisse hängt hierbei einerseits von der Begründetheit der Feststellungsziele und andererseits von der weitergehenden Begründetheit der, von den jeweiligen Feststellungszielen abhängigen, Ansprüche oder Rechtsverhältnisse ab.

Aufgrund der notwendigen Abhängigkeit der Ansprüche und Rechtsverhältnisse von den Feststellungszielen würde zunächst das vorausgegangene Szenario, die Unbestimmbarkeit der Erfolgsaussichten der Klage, auch dazu führen, dass die Erfolgsaussichten der Ansprüche und Rechtsverhältnisse insgesamt nicht bestimmt werden könnten. Ist nicht sicher, wer in der Musterfeststellungsklage obsiegen würde, so gilt selbiges auch für die Folgeverfahren. In diesem Fall könnte das Gericht auch nicht auf die Erfolgsaussichten insgesamt für die Angemessenheit des Vergleiches abstellen.

Nicht einfacher wird eine Einbeziehung der Erfolgsaussichten insgesamt in die Angemessenheitsprüfung, wenn aufgrund der summarischen Prüfung des Gerichts nur einzelne Feststellungsziele als begründet erscheinen, oder eine teilweise Unbestimmbarkeit der Erfolgsaussichten in Bezug auf einige Feststellungsziele vorliegt. Der Grund dafür ist, siehe die bereits zuvor dargestellte besondere Situation in einer Musterfeststellungsklage, dass die Ansprüche oder Rechtsverhältnisse der angemeldeten Verbraucher nicht von allen Feststellungszielen abhängen müssen, sondern individuelle Ansprüche auch nur in Abhängigkeit zu einem einzigen Feststellungsziel stehen können.[699]

Liegt nach der summarischen Prüfung des Gerichts die Gegebenheit vor, dass bspw. nur eines von mehreren in der Klage enthaltenen Feststellungszielen begründet ist, so hätte die Klage nur teilweise Aussicht auf Erfolg. In diesem Fall wäre allerdings weiter zu prüfen, wie die Unbegründetheit der übrigen Feststellungsziele die Ansprüche der angemeldeten Verbraucher beeinträchtigt. Wegen der verschiedenen Abhängigkeitsverhältnisse der angemeldeten Verbraucher kann auch eine Musterfeststellungsklage, die nur in Bezug auf eines von vielen Feststellungszielen Aussicht auf Erfolg hat, dazu führen, dass eine große Anzahl an angemeldeten Verbrauchern ihre Ansprüche in Folgeverfahren erfolgreich durchsetzen könnten.

Zur Verdeutlichung nachfolgendes Beispiel:

Eine Musterfeststellungsklage, wird mit fünf Feststellungszielen erhoben. Es handelt sich bei allen Feststellungszielen um Tatsachenfragen. Von dem Feststellungsziel 1 hängen 1.000 Ansprüche von Verbrauchern ab. Von den Feststellungszielen 2 bis 5 hängen jeweils 250 Ansprüche ab. Eine Abhängigkeit besteht immer nur in Bezug auf das jeweilige Feststellungsziel und nicht auch in Bezug auf die Übrigen.

Das Feststellungsziel 1 hat Aussicht auf Erfolg, die übrigen Feststellungsziele nicht.

In diesem Fall hätte die Musterfeststellungsklage überwiegend keine Aussicht auf Erfolg, weil die Feststellungsziele 2 bis 5 keine Aussicht auf Erfolg haben. Aufgrund der Abhängigkeitsverhältnisse von den Feststellungszielen sind die Erfolgsaussichten des Feststellungsziels zu 1 allerdings für die gleiche Anzahl an Ansprüchen von angemeldeten Verbrauchern von Bedeutung, wie die Erfolgsaussichten der Feststellungziele 2 bis 5.

Der Beispielfall zeigt, dass die Abhängigkeiten in Bezug auf die Ansprüche und Rechtsverhältnisse der angemeldeten Verbraucher bei der Berücksichtigung der

699 Siehe hierzu: 113 ff.

Erfolgsaussichten insgesamt miteinbezogen werden müssten. Einer Musterfeststellungsklage, deren Feststellungsziele überwiegend unbegründet erscheinen, kann aufgrund der unterschiedlichen Abhängigkeitsverhältnisse insgesamt gute Erfolgsaussichten beigemessen werden, wenn die Mehrzahl der Ansprüche oder Rechtsverhältnisse nur von einem Feststellungsziel abhängt und dieses Feststellungsziel Aussicht auf Erfolg hat.

Um die Abhängigkeitsverhältnisse in die gerichtliche Angemessenheitsprüfung miteinbeziehen zu können, müsste das Gericht allerdings die verschiedenen Abhängigkeiten der Ansprüche oder Rechtsverhältnisse feststellen und unterscheiden können. Eine derartige Feststellung ist jedoch aufgrund der Regelung des § 606 Abs. 2 S. 1 Nr. 2 ZPO, wonach die Klageschrift Angaben und Nachweise darüber enthalten muss, dass von den Feststellungszielen die Ansprüche oder Rechtsverhältnisse von mindestens *zehn* Verbrauchern abhängen, nur bezüglich der jeweils zu den Feststellungszielen genannten zehn Ansprüchen oder Rechtsverhältnissen sichergestellt. Sämtliche weiteren Ansprüche oder Rechtsverhältnisse, die Verbraucher nach § 608 Abs. 1 ZPO zur Eintragung in das Klageregister angemeldet haben, wurden nach § 608 Abs. 2 S. 3 ZPO ohne inhaltliche Prüfung in das Klageregister eingetragen, weshalb eine Feststellung der Abhängigkeitsverhältnisse noch zu erfolgen hätte.

Zur Verdeutlichung folgendes Beispiel:

Eine Feststellungsklage wird mit fünf Feststellungszielen erhoben. Zu jedem einzelnen Feststellungsziel enthält die Klageschrift Angaben und Nachweise über die Abhängigkeit der Ansprüche von den Feststellungszielen von zehn Verbrauchern. Die zu den Feststellungszielen genannten Ansprüche sind immer nur von dem jeweiligen Feststellungsziel abhängig.

In der Klageschrift müssen 50 verschiedene Verbraucheransprüche enthalten sein, um die Voraussetzung des § 606 Abs. 2 S. 1 Nr. 2 ZPO zu erfüllen. Jeweils zehn abhängige Ansprüche pro Feststellungsziel.

Die Abhängigkeitsverhältnisse könnten in diesem Fall aufgrund der notwendigen Angaben und Nachweise zu den unterschiedlichen Feststellungsziele im Hinblick auf die insgesamt 50 Verbraucheransprüche unterschieden und festgestellt werden.

Sofern weitere Verbraucheransprüche oder Rechtsverhältnisse zur Eintragung in das Klageregister angemeldet wurden und es zu einem Vergleich kommt, müssten das Gericht die nach § 608 Abs. 2 S. 1 Nr. 4 ZPO von den Verbrauchern bei der Anmeldung zur Eintragung gemachten Angaben überprüfen und die verschiedenen Abhängigkeiten feststellen.

Die vorangegangenen Ausführungen zeigen, dass die Bestimmung der Erfolgsaussichten insgesamt bereits daran scheitern wird, dass es dem Gericht nicht möglich sein wird, die Abhängigkeitsverhältnisse der angemeldeten Verbraucher zu überprüfen. Ohne diese Feststellung kann das Gericht nicht abschätzen, wie wahrscheinlich eine Durchsetzung von Ansprüchen oder Rechtsverhältnissen in den Folgeverfahren sein wird.

Des Weiteren scheitert eine Bestimmung der Erfolgsaussichten insgesamt aber auch daran, dass für das Gericht grundsätzlich notwendig wäre, festzustellen, ob die von den Feststellungszielen abhängigen Ansprüche oder Rechtsverhältnisse weitergehend begründet sind. Um eine solche Feststellung treffen zu können, müsste das Gericht allerdings die notwendigen Informationen haben.[700] Da Gegenstand des Musterfeststellungsverfahrens allerdings nur Tatsachen- und Rechtsfragen sein können, die Breitenwirkung besitzen, wird das Gericht regelmäßig keinerlei Informationen zu Kausalitätsfragen haben. Die Angaben und Nachweise zur Abhängigkeit der Ansprüche oder Rechtsverhältnisse in der Klageschrift stellen in dieser Hinsicht keine geeignete Informationsgrundlage dar, weil es sich lediglich um Vortrag der Klägerin handelt, dem das beklagte Unternehmen keine Einwände, insbesondere Gegenbeweise, entgegenbringen konnte. Insofern würde es sich bei der Prüfung der von der Klägerin vorgetragenen Ansprüche oder Rechtsverhältnisse lediglich um eine Schlüssigkeitsprüfung handeln, die jedoch für die Bestimmung der Erfolgsaussichten nicht ausreichend sein dürfte.

Eine weitergehende Informationsbeschaffung zu den Individualverfahren erscheint allerdings ebenfalls nicht gewollt. Der damit verbundene immense Aufwand für das Gericht erscheint gesetzgeberisch nicht gewollt. Dies folgt aus dem Wortlaut des § 611 Abs. 3 S. 2 ZPO, der den Prüfungsumfang des Gerichts, aus Gründen der Prozessökonomie, einschränkt. Eine Prüfung der Erfolgsaussichten in den Individualverfahren würde der Prozessökonomie erheblich zuwiderlaufen.

Zudem widerspräche eine Prüfung der Erfolgsaussichten insgesamt auch dem generellen mit der Musterfeststellungsklage verfolgten Zweck. „Sie dient der einheitlichen Entscheidung zentraler Streitfragen mit Breitenwirkung".[701] Die Musterfeststellungsklage soll der Klärung von Tatsachen- und Rechtsfragen dienen, die eine Vielzahl von Verbrauchern betreffen. Eine Klärung von Individualansprüchen soll gerade nicht erfolgen.[702] Vielmehr soll ihr eine Breitenwirkung zukommen, was sich bereits aus den gesetzlich verankerten notwendigen Quoren in § 606 Abs. 2 Nr. 2, Abs. 3 Nr. 3 ZPO ergibt.[703] Innerhalb

---

700 *Eggers*, 241.
701 BT-Drs. 19/2439, 16.
702 BT-Drs. 19/2439, 17.
703 *Oehring*, 60, 65.

der Angemessenheitsprüfung von diesen generellen Grundsätzen abzuweichen, dürfte deshalb ausgeschlossen sein. Eine Prüfung der Erfolgsaussichten insgesamt würde jedoch genau dies bedeuten. Dadurch, dass das Gericht die individuelle Abhängigkeit der Ansprüche oder Rechtsverhältnisse den jeweiligen Feststellungszielen zuordnen müsste und die weitergehende Begründetheit der Individualansprüche oder -rechtsverhältnisse beurteilen müsste, wäre die Aufgabe der Musterfeststellungsklage überschritten.

(c) Zwischenergebnis

Aufgrund der vorangegangenen Darstellung kann festgehalten werden, dass eine summarische Prüfung der Erfolgsaussichten wie sie im deutschen Recht bspw. aus § 91a Abs. 1 S. 1 ZPO und § 269 Abs. 3 S. 3 ZPO bekannt ist, regelmäßig nicht dazu geeignet ist, die Erfolgsaussichten insgesamt zu bestimmen. Die Einschränkung des Prüfungsumfangs, den eine summarische Prüfung mit sich bringt, schließt eine Feststellung sowohl der Erfolgsaussichten der Musterfeststellungsklage als auch der Erfolgsaussichten insgesamt aus. Der Grund hierfür liegt beim Streitgegenstand der Musterfeststellungsklage. Wird mit der Musterfeststellungsklage die Feststellung einer Tatsache begehrt, wird regelmäßig im Zeitpunkt des Vergleichsschluss der Ausgang des Verfahrens ungewiss sein, weshalb eine Entscheidung über die Erfolgsaussichten nach der Beweislast nicht möglich ist. Ist das Feststellungsziel der Klage hingegen eine Rechtsfrage, so ist dieser Rechtsfrage grundsätzliche Bedeutung beizumessen, weshalb diese Rechtsfrage nicht in einer summarischen Prüfung entschieden werden soll.

Insofern eignet sich eine summarische Prüfung im Sinne des Verständnisses der ZPO nicht dazu, die Erfolgsaussichten einer Musterfeststellungsklage zu bestimmen.

(d) Die Korrektur des Prüfungsumfangs

Betrachtet man die in diesem Abschnitt gewonnenen Erkenntnisse, so zeigt sich, dass eine Einbeziehung der Erfolgsaussichten insgesamt in die Angemessenheitsprüfung mit dem bis dato in der ZPO bestehenden Verständnis der Prüfung der Erfolgsaussichten nicht vereinbar ist. Eine fehlende Einbeziehung der Erfolgsaussichten könnte allerdings dem Sinn und Zweck der Angemessenheitsprüfung widersprechen. Es stellt sich deshalb die Frage, ob zugunsten der Angemessenheitsprüfung von den geltenden Prinzipien der Prüfung der Erfolgsaussichten in der ZPO abgewichen werden kann, oder ob eine Prüfung der Erfolgsaussichten in der Angemessenheitsprüfung schlichtweg nicht möglich ist.

Hierbei sind verschiedene Punkte zu berücksichtigen. Zunächst ist zu beachten, dass die Prüfung der Erfolgsaussichten insgesamt, nach der hier vertretenen Auffassung, aus dem unbestimmten Rechtsbegriff „angemessen" hergeleitet wird. Begründet wurde die Prüfung der Erfolgsaussichten unter anderem damit, dass der Sinn und Zweck der Angemessenheitsprüfung dadurch besser erfüllt würde. Da ein unbestimmter Rechtsbegriff jedoch stets auslegungsbedürftig ist[704] und gerade infrage steht, welche Art der Prüfung der Erfolgsaussichten vom objektiven Sinn und Zweck der Angemessenheit umfasst sind, muss das Ergebnis der teleologischen Auslegung mit Vorsicht betrachtet werden.[705] Den genauen Sinn und Zweck der Norm kennt man erst, nachdem man sie vollständig ausgelegt hat.[706] Dementsprechend besteht die Gefahr, dass man einem Zirkelschluss unterliegt, wenn man den objektiven Sinn und Zweck einer Norm mit dem Telos begründet.[707]

Allerdings ist einerseits zu berücksichtigen, dass sich der übergeordnete Sinn und Zweck der Angemessenheitsprüfung bereits aus den allgemeinen Prinzipien des Musterfeststellungsverfahrens ergibt, sodass es sich um eine Argumentation aus dem inneren System der Rechtsordnung handelt, der ein höherer Wert an Überzeugungskraft beigemessen werden kann, als einer schlichten Auslegung nach dem Sinn und Zweck.[708] Andererseits stützt sich das Ergebnis der Auslegung, die Prüfung der Erfolgsaussichten insgesamt, auch weitergehend auf die Gesetzesbegründung und eine rechtsvergleichende Auslegung. Sowohl die Gesetzeshistorie als auch die Rechtsvergleichung sprechen für eine Berücksichtigung der Erfolgsaussichten insgesamt.

Demgegenüber ist jedoch davon auszugehen, dass der Gesetzgeber die Formulierung „unter Berücksichtigung des bisherigen Sach- und Streitstands" nicht ohne Grund in den § 611 Abs. 3 S. 2 ZPO eingefügt hat. Der Sinn und Zweck, welcher dieser Formulierung in anderen Vorschriften beigemessen wird, muss dem Grunde nach auch innerhalb der Angemessenheitsprüfung gelten. Insofern ist zu beachten, dass die Formulierung auf die Förderung der Prozessökonomie abstellt.[709] Das Gericht soll im Interesse der Parteien vermeiden, neue Kosten zu

---

704 *Hufen,* ZJS 2010, 603, 606; *Jestaedt,* in: Erichsen/Ehlers, § 10 Rn. 24.

705 *Danwerth,* ZfPW 2017, 230, 240.

706 *Danwerth,* ZfPW 2017, 230, 240; *Looschelders/Roth,* 40 Rn. 11; *Walz,* ZJS 2010, 482, 488.

707 *Danwerth,* ZfPW 2017, 230, 240; *Walz,* ZJS 2010, 482, 488.

708 *Hopfner/Rüthers,* AcP 2009, 8.

709 *Flockenhaus,* in: Musielak/Voit, ZPO, § 91a Rn. 22; *Jaspersen,* in: BeckOK, ZPO, § 91a Rn. 29; *Schulz,* in: MüKo, ZPO, § 91a Rn. 44.

generieren und darf sich deshalb auch im eigenen Interesse weiteren Arbeitsaufwand ersparen.[710] Die summarische Prüfung stellt dabei das Mittel dar, welches den Aufwand der Prüfung einschränken soll und ist Ausfluss des Gedankens der Prozessökonomie. Durch die summarische Prüfung wird ein Weg vorgegeben, der geeignet ist, die Prozessökonomie zu verbessern.

Würde man von den zur summarischen Prüfung entwickelten Grundsätzen abweichen und innerhalb der Angemessenheitsprüfung eine Prüfung zulassen, die die Bestimmung der Erfolgsaussichten insgesamt zulässt, würde jedoch dem Gedanken der Prozessökonomie keinerlei Rechnung getragen und gegen die Prinzipien eines Vergleichs und des Musterfeststellungsverfahrens verstoßen.

Eine Bestimmung der Erfolgsaussichten der Musterfeststellungsklage würde nämlich einer Entscheidung in der Sache gleichkommen. Das Gericht müsste letztlich den Sach- und Streitstand des Verfahrens vollständig würdigen und eine vorläufige Entscheidung über die Feststellungsziele treffen. Damit wird bereits der Sinn eines Vergleiches konterkariert. Um die Erfolgsaussichten insgesamt berücksichtigen zu können, müsste das Gericht sich weitergehend dezidiert mit den zugrundeliegenden Ansprüchen oder Rechtsverhältnissen auseinandersetzen, um die Zulässigkeit und Begründetheit in den Folgeverfahren abwägen zu können. Neben dem erheblichen zeitlichen und finanziellen Aufwand, den eine derartige Prüfung bedeuten würde, widerspricht eine solche Prüfung auch dem generellen Konzept der Musterfeststellungsklage. Müsste das Gericht die Erfolgsaussichten der Folgeverfahren in die Angemessenheitsprüfung einbeziehen, würde faktisch innerhalb der Angemessenheitsprüfung von einer Feststellungsklage zu einer Leistungsklage gewechselt werden. Im Endeffekt würde das Gericht nämlich vollständig die Zulässigkeit und Begründetheit der Ansprüche oder Rechtsverhältnisse der angemeldeten Verbraucher prüfen müssen. Die Entscheidung des Gesetzgebers, im kollektiven Rechtsschutz auf eine Feststellungsklage, statt einer Leistungsklage zu setzen, steht dazu in deutlichem Widerspruch.

Zwar kann es Musterfeststellungsklagen geben, in denen Richter aufgrund der Modalitäten des Einzelfalles mithilfe ihres Judizes die Erfolgsaussichten der Verbraucher einzuschätzen vermögen, in der Mehrzahl der Fälle dürften jedoch insbesondere die Ergebnisse der Individualverfahren, schon aufgrund ihrer Vielfalt, schwer abzuschätzen sein.[711]

---

710 *Bacher*, in: BeckOK, ZPO, § 269 Rn. 13.

711 *Kähler*, ZIP 2020, 293, 295.

Im Ergebnis erscheint somit ein Abweichen von einer summarischen Prüfung hin zu einer vollständigen Prüfung der Erfolgsaussichten innerhalb der Angemessenheit als wenig überzeugend.

(8) Die Einbeziehung der Erfolgsaussichten ohne gerichtliche Prüfung

Die Erfolgsaussichten sowohl der Musterfeststellungsklage als auch der nachfolgenden Individualprozesse können allerdings auch in der Angemessenheitsprüfung Berücksichtigung finden, ohne dass die Erfolgsaussichten von dem Gericht geprüft wurden. Was zunächst als verwunderlich anmuten mag, ergibt im Zusammenhang mit dem hier vertretenen Verständnis,[712] dass es den Parteien obliegt, den Vergleich zu begründen, Sinn. Eine eigenständige Bestimmung der Erfolgsaussichten durch das Gericht ist nicht notwendig. Da die Erfolgsaussichten für die Parteien ein bedeutender Faktor für den Abschluss eines Vergleichs sind, werden die Vergleichsbegründungen auch Ausführungen zu der Einschätzung der Erfolgsaussichten enthalten.

Die Parteien befinden sich in der Lage, die Erfolgsaussichten tatsächlich bewerten zu können. Zumindest der Klägerin sollten sämtliche notwendige Informationen zu den abhängigen Ansprüchen oder Rechtsverhältnissen vorliegen, um die Erfolgsaussichten generell abschätzen zu können. Dies bedeutet nicht, dass die Klägerin die Erfolgsaussichten aller angemeldeter Verbraucher beurteilen kann. Aufgrund des notwendigen Nachweises der Abhängigkeit der Ansprüche oder Rechtsverhältnisse von den Feststellungszielen nach §§ 606 Abs. 2 Nr. 2, Abs. 3 Nr. 2 ZPO, müssen der Klägerin jedoch zu jedem Feststellungsziel[713] Informationen zu mindestens zehn Ansprüchen oder Rechtsverhältnissen vorliegen.

Das Gericht kann die Ausführungen der Parteien zu den Erfolgsaussichten auf ihre Plausibilität überprüfen und abwägen, ob es die Einschätzungen der Parteien teilt. Im Vordergrund sollte bei der Prüfung jedoch nicht stehen, ob das Gericht mit der Einschätzung der Parteien vollständig übereinstimmt,[714] relevant sollte vielmehr sein, wie die Parteien ihre Prognose herleiten. Zumindest die Klägerin muss eine geeignete Grundlage darlegen, auf die sie ihre Einschätzung der Erfolgsaussichten stützt. Weicht die Einschätzung der Erfolgsaussichten des Gerichts, basierend auf den Informationen der Parteien, deutlich von

---

712 Siehe hierzu ausführlich: 240 ff.

713 BGH BeckRS 2019, 22437 Rn. 10; *Lutz,* in: BeckOK ZPO, § 611 Rn. 46.

714 Die Einschätzung der Chancen und Risiken eines Rechtsstreits durch das Gericht bleiben in den meisten Fällen wenig präzise: *Eggers,* 242.

der Beurteilung der Erfolgsaussichten der Parteien ab, so kann das Gericht die Genehmigung ablehnen.

Eine derartige Einbeziehung der Erfolgsaussichten entspricht sowohl der Prozessökonomie als auch dem Sinn und Zweck der Angemessenheitsprüfung. Indem sich das Gericht auf den Vortrag der Parteien stützen kann, besteht eine erweiterte Informationsgrundlage, die auch eine Berücksichtigung der Erfolgsaussichten insgesamt ermöglicht; zudem wird dadurch der Aufwand des Gerichts bestmöglich gering gehalten.

(9) Fazit

Sowohl die Erfolgsaussichten der Musterfeststellungsklage als auch die generellen Erfolgsaussichten der Verbraucher im Hinblick auf die Durchsetzung ihrer, von den Musterfeststellungszielen abhängigen Ansprüche oder Rechtsverhältnisse sind in der Angemessenheitsprüfung des Gerichts regelmäßig nicht überprüfbar.

Der Grund hierfür liegt in der Wahrung der Prozessökonomie. Aufgrund der Formulierung „unter Berücksichtigung des bisherigen Sach- und Streitstands“ soll innerhalb der Angemessenheitsprüfung grundsätzlich nur eine summarische Prüfung erfolgen. Der aus der summarischen Prüfung resultierende eingeschränkte Prüfungsumfang erlaubt es jedoch regelmäßig nicht, die Erfolgsaussichten der Musterfeststellungsklage zu bestimmen.

Eine Bestimmung der Erfolgsaussichten der Musterfeststellungsklage durch das Gericht ist nicht möglich, da bei dem Bestehen von offenen Rechtsfragen im Zeitpunkt des Vergleichsschlusses eine weitergehende Prüfung der Rechtsfragen durch das Gericht unterbleiben soll. Sind Tatsachenfragen ungeklärt, so scheidet eine Bestimmung der Erfolgsaussichten aus, wenn eine notwendige Beweisaufnahme zum Zeitpunkt der Beurteilung noch nicht erfolgt ist.

Eine Prognose der Erfolgsaussichten insgesamt scheitert daran, dass einerseits die Erfolgsaussichten der Ansprüche oder Rechtsverhältnisse auch von den Erfolgsaussichten der Musterfeststellungsklage abhängen und andererseits daran, dass eine weitere Ermittlung der Erfolgsaussichten der Ansprüche oder Rechtsverhältnisse der Prozessökonomie absolut widersprechen würde.

Eine Bestimmung der Erfolgsaussichten der Musterfeststellungsklage durch das Gericht könnte dementsprechend nur erfolgen, wenn die Aufklärung des bisherigen Sach- und Streitstands soweit fortgeschritten ist, dass der Streit fast schon entscheidungsreif ist, oder sofern es sich um Tatsachenfragen handelt, die anhand der Beweislast entschieden werden können. In diesem Fall würde es ausreichen, wenn das Gericht die Begründetheit eines Feststellungsziels überwiegend wahrscheinlich hält.[715]

Eine Einbeziehung der Erfolgsaussichten in die Angemessenheitsprüfung des Gerichts kann jedoch trotzdem erfolgen, da die Parteien die Obliegenheit haben, den Vergleich zu begründen. In dieser Begründung werden die Parteien sich auch zu ihrer Einschätzung der Erfolgsaussichten äußern und diese begründen. Das Gericht kann die Auffassung der Parteien in Bezug auf die Erfolgsaussichten auf ihre Plausibilität und Stringenz überprüfen und bei zu starkem Abweichen vom eigenen Judiz, die gerichtliche Genehmigung verweigern.

cc) Das Prozessrisiko

Innerhalb der Darstellung der Berücksichtigungsfähigkeit der Erfolgsaussichten in der Angemessenheitsprüfung wurde bereits angesprochen, dass nach der Gesetzesbegründung auch die typischerweise zu erwartenden Streitigkeiten in die Angemessenheitsprüfung einzubeziehen sind.[716] Interpretiert man den Wortlaut dahingehend, dass damit die Streitigkeiten auf der Individualebene gemeint sind,[717] so kommt als Kriterium für die Abwägung auch das Prozessrisiko in Betracht.[718] Das Prozessrisiko wird auch in anderen Rechtsordnungen ausdrücklich als Kriterium zur Bewertung der Angemessenheit genannt.[719]

In den USA erfolgt die Risikobewertung anhand zweier Faktoren. Einerseits sind zur Abschätzung des Risikos die Erfolgsaussichten eines Rechtsstreits und andererseits der zu erwartende Aufwand seiner Fortführung, somit seine Komplexität, Kosten und Dauer, einzubeziehen.[720]

(1) Die Erfolgsaussichten

Es erfolgt in den USA jedoch keine stringente Prüfung der Erfolgsaussichten. Vielmehr trifft das Gericht eine Wertungsentscheidung,[721] deren Begründung eher vage ausfällt. Während sich teilweise auf vergleichbare Fälle gestützt werden

715 BGHZ 123, 264, 266 = NJW 1994, 256.
716 BT-Drs. 19/2507, 26; *Röthemeyer*, § 611 Rn. 34.
717 *Röthemeyer*, § 611 Rn. 34; *Stadler*, in: Musielak/Voit, ZPO, § 611 Rn. 9.
718 *Stadler*, in: Musielak/Voit, ZPO, § 611 Rn. 9.
719 Vgl. Rule § 23 (e) (2) (C) (i) FRCP; Art. 7:907 Abs. 3 lit. b BW.
720 *Eggers*, 221.
721 *Eggers*, 223.

kann,[722] wird in anderen Entscheidungen lediglich damit argumentiert, dass die Ansprüche der Klägerseite verhältnismäßig stark gewesen sind.[723]

Hält man eine derartige Wertungsentscheidung auch im deutschen Recht für ausreichend, so wäre eine Bestimmung der Erfolgsaussichten der Musterfeststellungsklage durch das Gericht ebenfalls möglich. In dieser Wertungsentscheidung bestünde allerdings ebenfalls das Problem, dass das Gericht eine Prognose über Fragestellungen abgeben müsste, die niemals Gegenstand des Musterfeststellungsverfahrens waren.[724] In Deutschland erscheint es deshalb sinnvoller, sich grundsätzlich an den Informationen der Parteien aus der Begründung des Vergleichs zu orientieren. Zwar erfolgt bei der Berücksichtigung der Erfolgsaussichten ebenfalls eine Wertungsentscheidung des Gerichts, die Grundlage für die Entscheidung resultiert dabei allerdings immer aus dem konkreten Musterfeststellungsverfahren, sodass die Einbeziehung der Erfolgsaussichten eine gewisse Legitimation besitzt.

(2) Der Aufwand des Verfahrens

Eigenständig durch das Gericht im Musterfeststellungsverfahren sind hingegen die Komplexität, Kosten und Dauer des Verfahrens zu bestimmen, die für den Aufwand des Verfahrens relevant sind.

In den USA stellen die Kosten und die Dauer eines Verfahrens ebenfalls einen wichtigen Faktor für das Prozessrisiko dar.[725] Einerseits kann eine Ersparnis von Kosten, die insbesondere mit der „discovery" verbunden sind, für einen schnellen Vergleich sprechen.[726] Andererseits können in einer „class action" die Dauer und die aufgewendeten Kosten im Verfahren gegen einen Vergleich sprechen, wenn die „discovery" bereits nahezu abgeschlossen ist, weil sich insofern das Risiko eines Urteils lohnen kann.[727]

---

722 *Eggers*, 224; *In re Hi-Crush Partners L. P. Securities Litigation*, 2014 WL 7323417 [*10]; *Sobel v. Hertz Corp.*, 2011 WL 2559565 [*7] (D. Nev. 2011).

723 *Eggers*, 224; *Dr. Robert L. Meinders D. C., LTD v. Emery Wilson Corp.*, 2017 WL 3096276 [*2] (S.D. III. 2017).

724 *Eggers*, 225.

725 *Eggers*, 226; Vgl. *In re Advanced Battery Technologies Inc. Securities Litig.*, 298 F.R.D. 171, 175 (S.D.N.Y. 2014) m.w.N.; *In re Hi-Crush Partners L. P. Securities Litigation*, 2014 WL 7323417 [*6].

726 *Eggers*, 226.

727 *Eggers*, 227; *Figueroa v. Sharper Image Corp.*, 517 F. Supp. 2d 1292, 1328 (S.D. Fla 2007); *Dr. Robert L. Meinders D.C., LTD v. Emery Wilson Corp.*, 2017 WL 3096276 [*2] (S.D. III. 2017).

Für die Musterfeststellungsklage stellen die Kosten, die den angemeldeten Verbrauchern auch in komplexen Musterfeststellungsverfahren entstehen, zunächst keinen Faktor dar, der für einen Vergleichsschluss spricht. Mangels Kostenrisiko im Musterfeststellungsverfahren spielt es zumindest im Hinblick auf die im Verfahren entstehenden Kosten für die angemeldeten Verbraucher keine Rolle, ob sie einen Vergleich schließen oder ein Urteil abwarten. Sofern Kosten für Beweismittel entstehen, hat diese grundsätzlich die Klägerin zu tragen.[728]

Zu berücksichtigen ist jedoch weitergehend, dass die angemeldeten Verbraucher im Falle eines Feststellungsurteils grundsätzlich ihre abhängigen Ansprüche oder Rechtsverhältnisse in einem nachfolgenden Individualverfahren verfolgen müssen. In diesen Verfahren tragen die Verbraucher das vollständige Kostenrisiko. Ein Vergleich schützt die angemeldeten Verbraucher somit immer davor, die Kosten des Folgeverfahrens tragen zu müssen. Die Ausgestaltung des Musterfeststellungsverfahrens als zweistufiges Verfahren soll jedoch nicht dazu führen, dass ein Vergleich stets als die bessere Alternative zu einem Urteil gesehen wird.[729]

Stellt man nur auf das Interesse der angemeldeten Verbraucher ab, so müsste dem Faktor Kostenrisiko eigentlich ein erhebliches Gewicht beim Prozessrisiko zukommen. Für den Gesetzgeber war das Kostenrisiko ein maßgeblicher Grund, weshalb Verbraucher die Durchsetzung ihrer eigenen Ansprüche oder Rechtsverhältnisse scheuen. Insbesondere in Musterfeststellungsverfahren, denen Ansprüche zugrunde liegen, die nur zu geringen Leistungen berechtigen würden, stellt das Kostenrisiko in den Folgeverfahren eine besonders abschreckende Wirkung dar. Hier wird man im Hinblick auf das „rationale Desinteresse" der Verbraucher vermutlich davon ausgehen können,[730] dass das Interesse am Vergleich dasjenige an einer Entscheidung durch ein Urteil mit dem Resultat von Folgeprozessen überwiegt. Nur durch einen Vergleich wird dem nachvollziehbar geringen Interesse der Verbraucher, an der Durchsetzung eines Anspruchs über einen kleinen Betrag, Rechnung getragen. Das Defizit der Musterfeststellungsklage, dass diese nicht zu einer Leistung an die Verbraucher führen kann, sondern individuelle Folgeverfahren durchgeführt werden müssen, wirkt sich insoweit auch auf den Vergleich aus. Zwar soll ein positives Musterfeststellungsurteil das Kostenrisiko reduzieren, letztlich besteht jedoch immer ein Restrisiko

728 *Eggers*, 227.
729 *Stadler*, in: Musielak/Voit, ZPO, § 611 Rn. 9.
730 *Balke/Liebscher/Steinbrück*, ZIP 2018, 1321, 1323.

des Unterliegens in den Folgeverfahren,[731] dem die Verbraucher vermutlich regelmäßig aus dem Weg gehen wollen.

Das erhebliche Gewicht des Faktors Kostenrisiko und das daraus resultierende gesteigerte Interesse an dem Abschluss eines Vergleichs bedürfen jedoch einer normativen Einschränkung. Zu beachten ist nämlich, dass das Kostenrisiko nicht nur auf der Verbraucherseite besteht, sondern ebenfalls auf der Seite des Unternehmens. Würde man nur das Kostenrisiko der angemeldeten Verbraucher in die Angemessenheitsprüfung einbeziehen, würde außer Acht gelassen werden, dass das Unternehmen eigentlich ebenfalls ein gesteigertes Interesse am Abschluss eines Vergleiches hat, um weitere Kosten in den Folgeverfahren zu vermeiden.

Gleiches gilt für den Faktor der Dauer des Verfahrens. Auch hier überschneiden sich grundsätzlich die Interessen des beklagten Unternehmens mit den Interessen der angemeldeten Verbraucher. Dem beklagten Unternehmen wird regelmäßig, auch aus Kostengründen, nicht daran gelegen sein, die Dauer des Verfahrens insgesamt in die Länge zu ziehen.

Zwar erfährt dieser grundsätzlich bestehende Gleichlauf der Interessen der angemeldeten Verbraucher und des beklagten Unternehmens am Abschluss eines Vergleiches, wegen der Vermeidung von weiteren Kosten und der schnellen Abwicklung des Verfahrens, eine Ausnahme. Das beklagte Unternehmen kann nämlich aus prozesstaktischen Gründen bewusst erhöhte Kosten und eine erhöhte Dauer des Prozesses in Kauf nehmen.[732] Ist es für das beklagte Unternehmen vorteilhaft, einen längeren Prozess zu führen,[733] weil bspw. Nutzungsvorteile einen Schadensersatzanspruch der Verbraucher vollständig aufzehren können, kann eine längere Verfahrensdauer für das beklagte Unternehmen vorteilhaft sein.[734]

Diese Ausnahme kann jedoch nicht in die Wertungsentscheidung miteinfließen. Auch wenn das beklagte Unternehmen bewusst das Kostenrisiko in seine Handlungsweise einbezieht, entfällt dadurch nicht das generelle Kostenrisiko des beklagten Unternehmens. Das beklagte Unternehmen bezieht lediglich die Kosten, die durch eine Verzögerung des Prozesses entstehen, in das bestehende Kostenrisiko ein.

---

731 *Röthemeyer*, MDR 2019, 1421.

732 *Heese*, NJW 2021, 887, 888 Rn. 5, 7.

733 *Heese*, VuR 2019, 123, 125.

734 BGH, Urt. v. 30.07.2020 – VI ZR 354/19; BGH, Urt. v. 25.05.2020 – VI ZR 252/19.

Das Kostenrisiko stellt somit sowohl auf Seiten des beklagten Unternehmens als auch auf der Seite der angemeldeten Verbraucher einen Faktor dar, der innerhalb des Prozessrisikos berücksichtigt werden muss. Die Gewichtung des Faktors Kosten kann bei der Beurteilung des Prozessrisikos allerdings nicht an die subjektive Position der Verbraucher gebunden werden.[735] Der Gedanke des „rationale Desinteresse" ist zwar auch innerhalb der Entscheidung über einen Vergleich vorhanden. Eine sichere Aussage darüber, inwieweit die angemeldeten Verbraucher das weitere Kostenrisiko scheuen würden, kann jedoch nicht getroffen werden. Entscheidend für die Bewertung und Einbeziehung des Kostenrisikos ist es vielmehr, wie die Erfolgsaussichten des Verfahrens zu beurteilen sind.[736] Sind die Erfolgsaussichten des Verfahrens positiv einzuschätzen, so verringert sich auch generell das Kostenrisiko und damit das Prozessrisiko.

Ein objektiver Faktor, der dementsprechend in das Prozessrisiko einbezogen werden muss, ist das Kostenrisiko aufgrund der noch in den Folgeverfahren zu beantwortenden offenen Tatsachenfragen. Mit der Musterfeststellungsklage können nach § 606 Abs. 1 S. 1 ZPO nur tatsächliche und rechtliche Voraussetzungen für das Bestehen oder Nichtbestehen von Ansprüchen oder Rechtsverhältnissen festgestellt werden, die für eine Vielzahl von Verbrauchern von Belang sind. Individuelle Anspruchsvoraussetzungen sind hingegen nicht Gegenstand des Musterfeststellungsverfahrens. Insofern sind in den Folgeverfahren regelmäßig Fragen in Bezug auf die haftungsbegründende und haftungsausfüllende Kausalität, sowie die konkrete Schadenshöhe und die Verjährung der Individualansprüche noch offen.[737]

Nach der sog. Rosenberg'schen Formel trägt grundsätzlich derjenige die Beweislast im Hinblick auf streitige Tatsachenfragen, der sich auf die Tatsache beruft.[738] Die Partei, die ein bestimmtes Recht beansprucht, hat die dieses Recht begründenden Tatsachen zu beweisen.[739] Dementsprechend müssten die Verbraucher grundsätzlich die in den Folgeverfahren noch strittigen anspruchsbegründenden Tatsachen beweisen.

---

735 Die Risikoaffinität der angemeldeten Verbraucher ist als neutral zu werten. Siehe hierzu: 260 ff.

736 *Eggers*, 229; *In re Advanced Battery Technologies Inc. Securities Litig.*, 298 F.R.D. 171, 176 (S.D.N.Y. 2014).

737 BT-Drs. 19/2705, 16; *Lutz*: in: BeckOK, ZPO, § 606 Rn. 16.

738 *Klöhn*, NJW 2007, 2811; *Rosenberg*, 98 f.

739 BGH NJW 1993, 2168, 2170 m.w.N.; *Laumen*, NJW 2002, 3739, 3741; *Nierwetberg*, NJW 1993, 1745, 1746.

Erscheint die Beweissituation für die Verbraucher in den Individualverfahren, auch im Falle einer vollständig begründeten Musterfeststellungsklage, als besonders schwierig, so können aufgrund des Kostenrisikos der Verbraucher in den Folgeverfahren, verhältnismäßig niedrige Leistungen an die Verbraucher angemessen sein.

(3) Fazit

Das Prozessrisiko stellt ein berücksichtigungsfähiges Kriterium in der Angemessenheitsprüfung dar, sofern dieses nur von objektiven und nicht von subjektiven Faktoren beeinflusst wird. Das Prozessrisiko wird hierbei insbesondere im Zusammenhang mit den Erfolgsaussichten zu betrachten sein. Das Prozessrisiko variiert je nach Aussicht des Erfolgs des Verfahrens. Je besser die Chancen zur Durchsetzung der abhängigen Ansprüche oder Rechtsverhältnisse einzuschätzen sind, desto besser ist die Stellung der angemeldeten Verbraucher im Vergleich. Hierbei zu berücksichtigen ist auch die Beweissituation der angemeldeten Verbraucher in den Individualverfahren. Erscheint eine Durchsetzung der Ansprüche oder Rechtsverhältnisse im Individualverfahren, selbst bei vollständiger Begründetheit der Musterfeststellungsklage, aufgrund der Beweissituation in den Folgeverfahren als kompliziert, so kann sich dies nachteilig auf die Verhandlungsposition der Verbraucher im Vergleich auswirken.

dd) Der faktische Wert der zugesprochenen Leistung

Die in dem Vergleich zugesprochenen Leistungen dienen als Kompensation der jeweiligen vermeintlichen Schäden der angemeldeten Verbraucher. Dementsprechend ist es notwendig, dass die zugesprochenen Leistungen auch tatsächlich dazu in der Lage sind, die Schäden zu kompensieren. Sofern die Leistungen als Geldleistungen erfolgen, besteht ein Problem hinsichtlich des Nutzens der Leistung nicht. Allerdings verpflichtet der Begriff der Leistung nicht zur Kompensation in Geld, sondern lässt bspw. auch Sachleistungen zu, die unter Umständen nicht zu einer ausreichenden Kompensation der Verbraucher geeignet sind.[740]

Kritisch sind im Bereich der Kompensation der Verbraucher durch Sachleistungen insbesondere sogenannte Coupon-Vergleiche zu sehen. Bei dieser Art von Vergleich erhalten die angemeldeten Verbraucher anstelle einer Leistung in Geld, einen von dem beklagten Unternehmen ausgegebenen Coupon (Gutschein). Diese Coupons berechtigen die angemeldeten Verbraucher zum Erhalt

---

740 *Kähler*, in: Asmus/Waßmuth, § 611 Rn. 154 f.

einer bestimmten Leistung des beklagten Unternehmens.[741] Die Ausgestaltung der Coupons kann stark variieren. Ein Coupon kann z.B. dazu dienen, ein bestimmtes Produkt des beklagten Unternehmens kostenlos oder vergünstigt zu erwerben.[742] Problematisch erweist sich dabei der Wert des Coupons für den einzelnen Verbraucher. Zwar kann der nominelle Wert des Coupons grundsätzlich ausreichen, um den Schaden zu kompensieren. Für die einzelnen Verbraucher kann dieser Coupon trotzdem faktisch wertlos sein.[743]

Dazu folgendes Beispiel[744]:

Das beklagte Unternehmen hat einen Schaden in Höhe von 1.000 € bei den Verbrauchern verursacht. Es gibt diesen als Leistung im Vergleich Coupons, mit welchen die Verbraucher ein Produkt des beklagten Unternehmens im Wert von 20.000 € zu einem reduzierten Preis von 19.000 € kaufen können.

Der Coupons haben damit einen Wert von jeweils 1.000 €.

Für die Verbraucher ist dieser Coupon allerdings wertlos, sofern sie sich das teure Produkt des beklagten Unternehmens nicht kaufen wollen oder nicht kaufen können.

Aufgrund des unter Umständen geringen Nutzens für die Betroffenen, wurden in den USA die Coupon- Vergleiche durch den Class Action Fairness Act aus dem Jahr 2005 reglementiert und das Gericht verpflichtet, derartige Vergleiche intensiver auf ihre Angemessenheit zu überprüfen.[745]

Für die Prüfung der Angemessenheit des Musterfeststellungsvergleiches muss selbiges gelten. Sofern den angemeldeten Verbrauchern mit dem Vergleich eine Leistung zugesprochen wird, die nicht Geld ist, besteht ein besonderes Bedürfnis, diese Leistung auf ihre Angemessenheit zu überprüfen.[746] Nur wenn die anderweitige Leistung faktisch auch denselben Wert wie eine Leistung in Geld hat, kann die anderweitige Leistung an die Stelle einer Geldleistung treten.

---

741 *Haider*, 206; *Coffee*, Columbia Law Review 1995, 1343, 1367 f.

742 *Haider*, 206; *Koniak/Cohen*, Virginia Law Review 1996, 1051, 1054; *Sanchez/Nauss*, Court Rejects GM Settlement on Value of Pickup Trucks, L. A. Times vom 18.04.1995, abrufbar unter http://articles.latimes.com/1995-04-18/business/fi-55928_1_pickup-truck (zuletzt abgerufen am 24.10.2022).

743 *Eggers*, 229 f.

744 Vgl. *Coffee*, Columbia Law Review 1995, 1343, 1368.

745 *In re General Motors Corp, Pick-Up Truck Fuel Tank Products Liability Litig.*, 55F. 3d, 768, 809 (3rd Cir. 1995); 28 U.S. Code § 1712(e); *Haider*, 207; *Kähler*, in: Asmus/Waßmuth, § 611 Rn. 155.

746 *Kähler*, in: Asmus/Waßmuth, § 611 Rn. 155.

ee) Die Vergütung der Prozessvertreter

(1) Die Ausgangslage

Innerhalb seiner Angemessenheitsprüfung wird das Gericht auch die Vergütung des Klägeranwalts berücksichtigen müssen.[747] Dieser Faktor scheint auf den ersten Blick die angemeldeten Verbraucher nicht zu betreffen, da nicht diese, sondern die qualifizierte Einrichtung Kläger im Musterfeststellungsverfahren ist und damit grundsätzlich auch diese das Prozessrisiko trägt. Während die momentane Gesetzeslage es vorsieht, dass die angemeldeten Verbraucher im regulären Musterfeststellungsverfahren, welches mit einem Urteil endet, von jeglichen Prozesskosten befreit sind,[748] erscheint eine mittelbare Kostenlast für den Fall eines Vergleiches, wie nachfolgend ausgeführt werden wird, als nicht ausgeschlossen. Der Grund für eine mittelbare Kostenlast der Verbraucher resultiert aus den Besonderheiten der Klagebefugnis der Musterfeststellungsklage, sowie der gesetzlichen Regelungen zur rechtsanwaltlichen Vergütung. Da die Finanzierung der, einzig klagebefugten, qualifizierten Einrichtungen beschränkt ist und die Wahrnehmung einer Musterfeststellungsklage zeitintensiv ist, stellen die Kosten für eine geeignete anwaltliche Vertretung, vor allem im Fall eines Vergleiches, für diese ein Problem dar. Insofern ist fraglich, ob für den Vergleichsfall die Vergütung des Klägeranwalts ebenfalls einzig durch die qualifizierte Einrichtung erfolgt oder ob dieser anderweitig entlohnt wird bzw. entlohnt werden kann.

Nachfolgend soll analysiert werden, wie und von wem die Prozessvertreter der Klägerin im Falle eines Vergleichs vergütet werden. Die Vergütung des Prozessvertreters der Klägerin ist für die Angemessenheitsprüfung des Gerichts relevant, weil diese einerseits das Risiko eines kollusiven Zusammenwirkens des Prozessvertreters der Klägerin mit dem beklagten Unternehmen erhöhen und andererseits sich nachteilig auf die Leistungen des beklagten Unternehmens an die angemeldeten Verbraucher im Vergleich auswirken kann.

(a) Die Vergütung durch die Klägerin

Die Konsequenz der beschränkten finanziellen Mittel der qualifizierten Einrichtung ist, dass diese in einem Musterfeststellungsprozess voraussichtlich nicht

747 *Kähler*, in: Asmus/Waßmuth, § 611 Rn. 102; *Langheid*, VersR 2020, 789, 793; *Madaus*, ZEuP 2012, 99, 113.

748 *Waßmuth/Asmus*, ZIP 2018, 657; *Hartmann*, VersR 2019, 528.

dazu in der Lage sein wird,[749] oder nicht das Interesse dazu haben wird,[750] die eigene Prozessvertretung auf Stundenbasis zu entlohnen. Für sie bestünde aufgrund des ungewissen Zeitaufwandes auch ein ungewisser Kostenaufwand.

Gleichwohl besteht aufgrund der Streitwertbegrenzung auf 250.000 € gemäß § 48 Abs. 2 S. 2 GVG, die eingeführt wurde, um es qualifizierten Einrichtungen überhaupt zu ermöglichen, das Kostenrisiko einer Klage zu tragen,[751] für einen Klägeranwalt ein geringes Interesse an einer Vergütung nach dem Rechtsanwaltsvergütungsgesetz.[752] In diesem Fall ergäbe sich eine Vergütung in Höhe des Betrages von 6.000 € netto für den Anwalt auf Klägerseite.[753] Eine derartige Vergütung dürfte wenige, bis keine Anwälte von einer Prozessvertretung in einem Musterfeststellungsverfahren überzeugen.[754] Während im Fall eines positiven Musterfeststellungsurteils für den Klägeranwalt zumindest die Möglichkeit besteht an den Folgeverfahren zu partizipieren, erlischt diese Einnahmequelle bei einem Vergleich.

Auch eine eventuell mögliche Vereinbarung eines Erfolgshonorars kommt im Fall eines Musterfeststellungsvergleichs nicht in Betracht. Diese Vereinbarung, die nur zwischen der Klägerin und dem Anwalt der Klägerin geschlossen werden könnte, gäbe auch nur einen Anspruch gegenüber der Klägerin. Die Klägerin erlangt durch den Vergleich allerdings keinen finanziellen Vorteil vom beklagten Unternehmen, weshalb eine derartige Vereinbarung auch nur im Rahmen der bestehenden finanziellen Mittel möglich wäre und deshalb wenig wahrscheinlich erscheint.

Ebenfalls ausscheiden dürfte eine Vereinbarung zwischen der Klägerin und dem Anwalt der Klägerin in der Hinsicht, dass ihr Prozessvertreter an den,

---

749 *Halfmeier*, ZRP 2017, 201, 202; *Rotter*, VuR 2019, 283, 289; tagesschau.de Stand 01.11.2020: „Zwei Jahre Musterfeststellungsklage – Ein Schwert, das schärfer sein könnte" abrufbar unter: https://www.tagesschau.de/wirtschaft/musterfeststellungsklage-zwei-jahre-101.html; *Gsell/Meller-Hannich*, 45.

750 *Kranz*, NZG 2017, 1099, 1102; *Merkt/Zimmermann*, VuR 2018, 363, 367; *Schneider*, BB 2018, 1986, 1997; *Kilian*, ZRP 2018, 72, 73, *Balke/Liebscher/Steinbrück*, ZIP 2018, 1321, 1327; *Meller-Hannich*, WuM 2021, 1, 7; *Heese*, NJW 2021, 887, 892 Rn. 33; *Madaus*, ZEuP 2012, 99, 107.

751 *Halfmeier*, ZRP 2017 201, 204.

752 *Meller-Hannich*, WuM 2021, 1.

753 *Röthemeyer*, § 48 GKG Rn. 2; *Römermann*, Interview LTO vom 05.03.2020, (7.000 €); *Halfmeier*, ZRP 2017 201, 204; *Merkt/Zimmermann*, VuR 2018, 363, 369; *Rotter*, VuR 2019, 283, 289; *Eggers*, 136 (9.407,55 €); *Stadler*, NJW 2020, 265 (8.500 €).

754 *Gsell/Meller-Hannich*, 45 f.

vom beklagten Unternehmen an die angemeldeten Verbraucher zu erbringenden, Leistungen prozentual beteiligt wird. Hierbei würde es sich um einen unzulässigen Vertrag zulasten Dritter handeln[755], weil die Leistungen, die die angemeldeten Verbraucher aufgrund des Vergleichs eigentlich erhalten würden, durch die Vergütung des Prozessvertreters verringert würden.

Mithin bestünde nach der derzeitigen gesetzlichen Ausgestaltung grundsätzlich nur ein Anspruch auf Vergütung des Klägeranwalts gegen die qualifizierte Einrichtung in Höhe der Gebühren nach dem Rechtsanwaltsvergütungsgesetz (RVG).

(b) Die Vergütung durch die angemeldeten Verbraucher

Noch nicht geklärt ist die Frage, ob und woraus sich ein Anspruch auf Vergütung des Klägeranwalts gegen die angemeldeten Verbraucher, für den Fall eines geschlossenen Vergleiches, ergibt. Unter Berücksichtigung der Tatsache, dass bei nicht ordnungsgemäßer Tätigkeit des Klägeranwalts theoretisch ein Schadensersatzanspruch der angemeldeten Verbraucher gegen den Prozessvertreter aus einem Vertrag mit Schutzwirkungen zugunsten Dritter entstehen könnte[756] oder die Klägerin einen eventuellen Schaden des Verbrauchers beim Prozessvertreter liquidieren könnte (Drittschadensliquidation)[757], wird die Auffassung vertreten, dass im Falle eines Vergleichsschluss der Klägeranwalt gegen die angemeldeten Verbraucher einen Anspruch aus Geschäftsführung ohne Auftrag habe. Auf dieser Basis entstünden die normalen Anwaltsgebühren, die sich nach dem jeweiligen Streitwert richten würden.[758] Würde man dieser Auffassung folgen, so entstünde zum einen eine deutlich höhere Vergütung des Rechtsanwalts und zum anderen bestünde die Möglichkeit für das Gericht, die Vergütung zu berechnen und in ihre Angemessenheitsprüfung einzubeziehen.

Die Gegenauffassung lehnt unterdessen einen Anspruch aus Geschäftsführung ohne Auftrag mit der Begründung ab, es läge in Fällen des Musterfeststellungsvergleiches keine Ausnahmesituation vor, da die potentiell Geschädigten verfügbar seien und diese gerade keinen Anwalt kostenpflichtig mit der Verfolgung

755 *Mäsch*, in: BeckOGK, BGB, § 328 Rn. 123.

756 *Scholl*, ZfPW 2019, 317, 351; *Heese*, JZ 2019, 429, 437; *Koch*, MDR 2018, 1409, 1415; *Schneider*, BB 2018, 1986, 1997; *Stadler*, in: Musielak/Voit, ZPO, § 608 Rn. 2; *Weinland*, Rn. 225; a.A. *Lutz*, in: BeckOK, ZPO, § 606 Rn. 32; *Röthemeyer*, § 608 ZPO Rn. 37; *Grunewald*, BB 2021, 2442, 2443.

757 *Grunewald*, BB 2021, 2442, 2443.

758 *Römermann*, Interview LTO vom 05.03.2020.

ihrer Interessen beauftragt hätten.[759] Zudem schließe die Regelung in § 611 Abs. 2 Nr. 4 ZPO eine Kostenbeteiligung der Verbraucher aus.[760]

Für eine Vergütung durch die angemeldeten Verbraucher gibt es mithin keine gesicherte rechtliche Grundlage, auf die sich der Klägeranwalt verlassen könnte.

(c) Die Vergütung durch das beklagte Unternehmen

Als weitere Möglichkeit kommt eine Vergütung des Klägeranwalts durch das beklagte Unternehmen in Betracht.[761] Für den Fall des Unterliegens im Rechtsstreit ist dies die in der Zivilprozessordnung vorgesehene Rechtsfolge.

Während allerdings im Fall des Unterliegens im Musterfeststellungsverfahrens nach dem allgemeinen Grundsatz der Kostenpflicht gemäß § 91 Abs. 2 S. 1 ZPO grundsätzlich nur die Gebühren und Auslagen des Klägeranwalts nach dem RVG von dem beklagten Unternehmen zu tragen wären,[762] können die Parteien im Rahmen eines Vergleiches die Aufteilung der Kosten individuell regeln (§§ 98, 611 Abs. 2 Nr. 4 ZPO). Hierbei wird der Kläger aufgrund der geschilderten finanziellen Situation regelmäßig verlangen, dass der Beklagte die Kosten des Verfahrens und damit auch die Vergütung des Klägeranwalts übernimmt. Würde es sich dabei lediglich um die Vergütung des Rechtsanwalts nach dem RVG handeln, so wären diese Kosten für den Beklagten wahrscheinlich vernachlässigbar und zudem für das Gericht innerhalb seiner Angemessenheitsprüfung nachvollziehbar. Aufgrund der Privatautonomie ist es den Parteien allerdings grundsätzlich überlassen, die Höhe der Vergütung für den Klägeranwalt innerhalb des Vergleiches festzulegen. Die Parteien können mithin eine Vergütung vereinbaren, die nicht an die Gebühren des RVG gebunden ist und über diese hinausgeht.

Es ist davon auszugehen, dass das beklagte Unternehmen die durch die Entlohnung des Klägeranwalts entstehenden Kosten als einen weiteren Faktor in die Berechnung der Gesamtvergleichshöhe einbeziehen wird.[763] Dabei stellt die Einbeziehung der Vergütung des Klägervertreters in die Kalkulation des beklagten Unternehmens für sich gesehen noch nicht eine Benachteiligung der Verbraucher dar. Zwar führt diese höchstwahrscheinlich dazu, dass die

---

759 *Römermann*, Interview LTO vom 05.03.2020; Gegen einen Anspruch aus G.o.A. auch *Fölsing*, BB 2020, 1555, 1558.

760 *Beckmann/Waßmuth*, WM 2019, 89, 90.

761 *Kähler*, in: Asmus/Waßmuth, § 611 Rn. 102.

762 *Saenger/Uphoff*, NJW 2014, 1412, 1413.

763 *Fölsing*, BB 2020, 1555, 1558; *Kähler*, in: Asmus/Waßmuth, § 611 Rn. 102, 164.

auf die Verbraucher entfallende Leistung geringer ausfällt als ohne eine Einbeziehung,[764] jedoch erscheint eine gewisse Abschöpfung auf Verbraucherseite nicht zwangsläufig als unangemessen. Die Verbraucher profitieren letztlich, im Gegensatz zu der qualifizierten Einrichtung, durch die aus dem Vergleich stammenden Leistungen, unmittelbar von den Diensten des Prozessvertreters, sodass die Leistungsminderung auch einen Gegenwert hat.[765] Eine Benachteiligung der Verbraucher kann sich allerdings aus der konkreten Ausgestaltung der Vergütung des Klägeranwalts im Vergleich ergeben.

Es ist zu bedenken, dass aus der Perspektive des Anwalts der Klägerin erst ein eigenes (wirtschaftliches) Interesse am Abschluss eines Vergleiches daraus entsteht, dass seine Vergütung Bestandteil des Vergleichs wird. Dies kombiniert mit der Tatsache, dass die Höhe der Vergütung von dem beklagten Unternehmen bestimmt wird (die Klägerin wird voraussichtlich keine Einwände gegen diese haben, da die Vergütung sie dann nicht mehr betrifft), führt zu einer finanziellen Abhängigkeit des Prozessvertreters vom beklagten Unternehmen. Es besteht somit die Gefahr, dass der Klägeranwalt sein eigenes Interesse an einer hohen Vergütung über dasjenige Interesse der angemeldeten Verbraucher an einer hohen Vergleichszahlung stellt und deshalb zulasten dieser mit dem beklagten Unternehmen zusammenwirkt. Im konkreten Fall kann daraus resultieren, dass sich der Anwalt der Klägerin und das beklagte Unternehmen dahingehend verständigen, dass eine niedrigere, als die tatsächlich für die Verbraucher angemessene Vergleichssumme akzeptiert wird, sofern sich das beklagte Unternehmen mit der Vergütungshöhe des Klägeranwalts einverstanden erklärt.[766] Für das beklagte Unternehmen wird dieses Vorgehen reizvoll, sofern die zu hohe Vergütung zusammen mit den Vergleichszahlungen an die Verbraucher unterhalb einer eigentlich zu zahlenden angemessenen Vergleichssumme liegt.

(2) Fazit

Es wird ersichtlich, dass zum jetzigen Zeitpunkt keine ausreichende Regelung zur Vergütung der Klägeranwälte für die Musterfeststellungsklage insgesamt und für den Musterfeststellungsvergleich im Speziellen besteht. Der Anspruch gegenüber dem Kläger auf Vergütung erweist sich für den Anwalt der Klägerin, aufgrund der geringen vorgesehenen Gebühren nach dem RVG und der

764 *Eggers*, 127.

765 *Röthemeyer*, § 611 ZPO Rn. 19.

766 *Haider*, 204; *Hay/Rosenberg*, Notre Dame Law Review 2000, 1377, 1390; *van den Bergh/Keske*, in: Casper/Janssen/Pohlmann/Schulze (Hrsg.), 17, 30.

Unwahrscheinlichkeit einer Vergütung nach Stunden oder aufgrund eines Erfolgshonorars, als nicht ausreichend. Einem möglichen Anspruch auf Vergütung gegenüber den Verbrauchern, aus Geschäftsführung ohne Auftrag, fehlt die Rechtssicherheit. Als einzige ertragsreiche bzw. zunächst kostendeckende Einnahmequelle blieb den Prozessvertretern der Klägerin in einem Musterfeststellungsverfahren die Vertretung der angemeldeten Verbraucher in den Folgeprozessen. Den finanziellen Anreiz für die Anwaltschaft zur Übernahme eines Musterfeststellungsmandats von den Folgeprozessen abhängig zu machen, würde allerdings bedeuten, dass – ganz nach dem Motto: man sägt nicht an dem Ast, auf dem man sitzt – bei den Anwälten das Interesse an einem Vergleichsschluss regelmäßig entfiele.[767]

Das Resultat der mangelhaften Ausgestaltung der Vergütung ist derzeit, dass die Parteien im Rahmen des Vergleichs die Vergütung des Klägeranwalts individuell bestimmen werden und regelmäßig das beklagte Unternehmen die Vergütung übernehmen wird.[768] Die Vergütung der Prozessvertreter der Klägerin durch das beklagte Unternehmen kann allerdings den Interessen der angemeldeten Verbraucher zuwiderlaufen, weil die dadurch entstehenden Kosten vom beklagten Unternehmen auch bei der Höhe der Kompensation der Verbraucher berücksichtigt werden. Dies kann dazu führen, dass die Leistungen, die den angemeldeten Verbrauchern im Vergleich zugesprochen werden, geringer ausfallen, wenn die Vergütung der Prozessvertreter höher ist. Die generelle Benachteiligung der Verbraucher im Falle einer zu hohen Vergütung der Prozessvertreter und das sich hieraus ergebende, zuvor dargestellte, Risiko einer Kollusion von Klägeranwalt und beklagtem Unternehmen muss innerhalb der gerichtlichen Angemessenheitsprüfung Beachtung finden.

Um dieses Missbrauchsrisiko auszuschließen oder zumindest deutlich zu reduzieren, wird deshalb teilweise die Ansicht vertreten, dass eine öffentlich-rechtliche Lösung in Bezug auf die Klagebefugnis eine bessere Alternative gewesen wäre.[769] Durch die Verfolgung der Klage durch einen Verbrauchergeneralanwalt oder durch Beliehene entfiele insofern generell der finanzielle Anreiz

767 *Röthemeyer*, VuR 2019, 87/90.

768 Handelsblatt 28.02.2020, „Vergleich steht"; LTO 28.02.2020, „Was VW sich die Abwicklungshoheit kosten lässt".

769 *Schmidt-Kessel*, Stellungnahme, 7; *Guggenberger/Guggenberger* 8 (13); *Woopen*, NJW 2018, 133, 135; *AG Mittelstand,* Positionspapier, 3; *BDIU,* Stellungnahme, 1; *bevh*, Stellungnahme, 2; *Die Deutsche Kreditwirtschaft*, Stellungnahme, 3; *HDE*, Stellungnahme, 5 f.

des Prozessvertreters, weder für den Abschluss eines Vergleiches, noch für die Beendigung des Verfahrens durch Urteil.

Da der Gesetzgeber sich allerdings für eine privatrechtliche Ausgestaltung der Klagebefugnis entschieden hat, wird sich das Gericht derzeit innerhalb einer jeden Angemessenheitsprüfung mit der eigenständigen Frage beschäftigen müssen, welche Vergütung für einen Klägeranwalt im konkreten Verfahren angemessen erscheint.

ff) Die Einteilung in Vergleichsgruppen

Bei der Abwägung des Gerichts innerhalb der Vergleichsprüfung sind grundsätzlich die Interessen aller angemeldeten Verbraucher einzubeziehen. Zu berücksichtigen ist jedoch, dass die den Feststellungszielen zugrundeliegenden Ansprüche der Verbraucher, insbesondere auch in Bezug auf die Anspruchshöhe, nicht gleich sein müssen.[770] Insofern ist es nur folgerichtig, dass die Leistungen, die den Verbrauchern in dem Vergleich zugesprochen werden, nicht nur unterschieden werden können, sondern sogar müssen.[771] Eine gleiche Kompensation der angemeldeten Verbraucher, bei unterschiedlichen Anspruchshöhen, wird regelmäßig nicht angemessen sein, weil nicht davon ausgegangen werden kann, dass das beklagte Unternehmen die Verbraucher überkompensiert. Erfolgen deshalb Leistungen in gleicher Höhe trotz unterschiedlicher Anspruchshöhen wird dies voraussichtlich zu Lasten der Verbraucher gehen, welche einen höheren Anspruch gegen das Unternehmen hätten. Das Gericht hat dementsprechend darauf zu achten, dass keine sachwidrige Ungleichbehandlung der Verbraucher erfolgt,[772] die zu Nachteilen bei den angemeldeten Verbrauchern führt.

Grundsätzlich erfolgt die Unterscheidung der Verbraucheransprüche und Zuordnung der Verbraucher zu Vergleichsgruppen im Interesse beider Parteien des Musterfeststellungsverfahrens. Die qualifizierte Einrichtung wird darauf achten, dass die Kompensation der Verbraucher entsprechend ihrer tatsächlich entstandenen Schäden erfolgt oder darüber hinausgeht. Das beklagte Unternehmen wird sich zumindest dafür einsetzen, dass keine Überkompensation der Verbraucher erfolgt. Daraus sollte prinzipiell resultieren, dass Verbrauchergruppen, die geringere Schäden erlitten haben oder deren Ansprüche in einem

---

770 *Eggers*, 242; *Stackmann*, ZRP 2021, 189; *Weinland*, Rn. 175.

771 *Weinland*, Rn. 175; *Woopen*, NJW 2018, 133.

772 *Mekat*, in: Nordholtz/Mekat, § 7 Rn. 46; *Stitz*, 335; *Waßmuth/Asmus*, ZIP 2018, 657, 664; *Weinland*, Rn. 175.

Individualverfahren eine geringere Erfolgsaussicht haben,[773] im Vergleich auch nur geringere Leistungen zugesprochen bekommen werden.[774]

Als problematisch und damit prüfungswürdig innerhalb der Angemessenheitsprüfung erweist sich jedoch die Definition dieser Vergleichsgruppen, d.h. die Bestimmung der Kriterien, die einen Verbraucher zu einer Vergleichsgruppe zuordnen. Im Falle der Abwicklung der VW-Dieselaffäre wurde beispielsweise die Höhe der unterschiedlichen Leistungen anhand des Modells und des Modelljahres der betroffenen Fahrzeuge der Verbraucher bestimmt. Die Verbraucher mit dem gleichen Modell und Modelljahr bildeten damit eine Vergleichsgruppe. Nicht weiter differenziert wurden die Gruppen hingegen in Bezug auf die gefahrenen Kilometer oder den Kaufpreis der betroffenen Fahrzeuge.[775] Als weiteres Kriterium zur Unterscheidung kommt bspw. die voraussichtliche Schwierigkeit des Nachweises der Leistungsberechtigung des einzelnen Betroffenen in Betracht.[776] Ist davon auszugehen, dass es einem Teil der angemeldeten Verbraucher deutlich schwerer fallen wird, die Berechtigung zur Leistung nachzuweisen, so kann es sich anbieten, diesen Teil zu einer Untergruppe zusammenzufassen.

Die Beurteilung, ob die Kriterien zur Einteilung einer Vergleichsgruppe von den Parteien richtig bestimmt wurden, erweist sich für das Gericht als komplexe Aufgabe. Für die Kriterien zur Unterscheidung der Vergleichsgruppen wird zunächst, wie für die generellen Angemessenheitskriterien, gelten, dass sich diese immer auf eine Vielzahl von Verbraucheransprüchen anwenden lassen; sie insofern Breitenwirkung besitzen. Individuelle Belange der Verbraucher sind von dem Gericht auch nicht bei der Beurteilung der Einteilung der Vergleichsgruppen zu berücksichtigen.[777] Schwierigkeiten bereitet hingegen die Frage, ob die verwendeten Kriterien zur Unterscheidung der Vergleichsgruppen ausreichen, oder ob eine detailliertere Differenzierung zu erfolgen hat. Betrachtet man die Situation im Fall des Diesel-Skandals, so könnte man überlegen, ob eine weitere Abgrenzung nach den gefahrenen Kilometern oder dem Kaufpreis des Fahrzeugs innerhalb eines Musterfeststellungsvergleiches erforderlich gewesen wäre.

Durch die Unterteilung in Vergleichsgruppen wird versucht werden, eine Ungleichbehandlung (bspw. in Bezug auf die Höhe der zugesprochenen Leistung)

773 *Eggers*, 242.

774 Die Einteilung der Verbraucher in unterschiedliche Gruppen hat sich praktisch bereits in der Abwicklung des Diesel-Skandals bewiesen: *Hirsch*, VuR 2020, 454, 455.

775 *Hirsch*, VuR 2020, 454, 455, 459.

776 *Eggers*, 242.

777 *Micklitz/Stadler*, Gutachten 2004, 1224.

zwischen den Gruppenmitgliedern zu vermeiden, d.h. die Mitglieder in einer Gruppe sollen prinzipiell einen Leistungsanspruch in ähnlicher Höhe haben. Das Gericht kann allerdings schon aus Gründen der Praktikabilität nicht sämtliche Merkmale, welche die Ansprüche der Verbraucher unterscheiden, in seine Abwägung miteinbeziehen.[778] Letztlich kann es deshalb dazu kommen, dass ein Teil der Verbraucher durch den Vergleich weniger zugesprochen bekommt und umgekehrt, ein anderer Teil der Verbraucher mehr erhält, als dieser unter Umständen tatsächlich verdient hätte.[779]

Im Ergebnis wird das Gericht somit vor die Aufgabe gestellt, einerseits darauf zu achten, dass die Unterscheidungsmerkmale zwischen den verschiedenen Gruppen eine Differenzierung der Gruppen rechtfertigt und andererseits, dass keine weitere Differenzierung erforderlich ist, um sachwidrige Nachteile für Teile von Verbrauchern zu vermeiden.

Zur Verdeutlichung folgendes Beispiel:

Die Parteien schließen einen Vergleich, in welchem die Vergleichsgruppen nur nach den gefahrenen Fahrzeugmodellen und dem Modelljahr unterschieden werden. Eine Unterscheidung nach den gefahrenen Kilometern erfolgt nicht.

Verbraucher mit dem Fahrzeugmodell A und dem Modelljahr 2020 erhalten eine Zahlung in Höhe von 5.000 €. Verbraucher mit dem Fahrzeugmodell A und dem Modelljahr 2019 erhalten 4.000 €. Verbraucher mit dem Fahrzeugmodell B und dem Modelljahr 2020 erhalten 4.500 € und Verbraucher mit dem Fahrzeugmodell B und dem Modelljahr 2019 erhalten 3.500 €.

Eine Vielzahl von Fahrzeugen des Modells A und dem Modelljahr 2019 haben eine deutlich geringere Laufleistung als Fahrzeuge des Modells A mit dem Modelljahr 2020 und Fahrzeuge des Modells B mit dem Modelljahr 2020.

Das Gericht müsste im vorliegenden Fall prüfen, ob die Unterscheidung bei der Leistungszuteilung sachgerecht ist. Zu entscheiden wäre, ob die unterschiedlichen Leistungshöhen aufgrund der verwendeten Kriterien gerechtfertigt sind und ob eine weitere Differenzierung erforderlich ist.

In dem gewählten Beispielsfall dürfte das jeweilige Modell und Modelljahr bedeutsam sein für die Schadenshöhe. Ist der Schaden eines Verbrauchers bei einem Modell A mit dem Modelljahr 2020 prinzipiell höher als bei einem Verbraucher, der ein Modell B mit einem Modelljahr 2019 gefahren ist,

778 *Eggers*, 243; *Röthemeyer*, § 611 Rn. 14.

779 *Eggers*, 242 f.; *Merkt/Zimmermann*, VuR 2018, 363, 370.

dann rechtfertigen die Kriterien Modell und Modelljahr eine unterschiedliche Leistungshöhe.

Beeinflusst allerdings die Laufleistung des jeweiligen Modells ebenfalls die jeweilige Schadenshöhe eines Verbrauchers, so muss das Gericht entscheiden, ob auch die Laufleistung als weiteres Kriterium zu Abgrenzung der Vergleichsgruppen erforderlich gewesen wäre, oder ob diese Tatsache unberücksichtigt bleiben kann.

gg) Die Resonanz der angemeldeten Verbraucher

Die Reaktion der angemeldeten Verbraucher, oder zumindest eines Teiles der angemeldeten Verbraucher, auf den von den Parteien bei Gericht eingereichten Vergleich, dürfte das wohl eigentlich bedeutendste Kriterium zur Beurteilung der Angemessenheit des Vergleiches für das Gericht darstellen. Die Stellungnahmen zu den Inhalten des Vergleiches derjenigen, deren Interessen bei der Abwägung einzig entscheidend sind, sollten einen überragend hohen Wert in der Abwägung des Gerichts finden. Letztlich sind es die angemeldeten Verbraucher, als die von den Auswirkungen des Vergleiches Betroffenen, die am besten beurteilen können, ob ihre Interessen mit dem, dem Gericht zur Genehmigung vorliegenden, Vergleich gewahrt werden.

Die zwingende Einbeziehung der betroffenen Verbraucher vor der Genehmigung des Vergleiches, die eigentlich internationalem Standard entspricht[780] und auch im nationalen Recht, aufgrund der Regelung zum KapMuG-Vergleich in § 17 Abs. 1 S. 2 KapMuG, nicht unbekannt ist, ist im Musterfeststellungsverfahren allerdings nicht vorgesehen.[781] Dem Gericht ist es weder möglich, die angemeldeten Verbraucher zu einem Vergleichsvorschlag um eine Stellungnahme zu bitten, noch diese anzuhören.[782] Die Informationsquelle zur Feststellung der betroffenen und deshalb in die Abwägung des Gerichts einzubeziehenden Interessen, die eigentlich am nächsten läge, nämlich die angemeldeten Verbraucher, ist dementsprechend versiegt.

---

780 Gerechtshof Amsterdam, beschikking v. 29.05.2009, ECLI:NL:GHAMS:2009:BI5744 (Shell), Rn. 6.15; Vgl. für die Niederlande Art. 1013 Abs. 5 S. 1 niederl. ZPO; *Eggers*, 211; *Mom*, 355; *Stadler*, in: Musielak/Voit, ZPO, § 611 Rn. 9; für die USA: *Zirngibl*, 39.

781 *Augenhofer*, in: BeckOK, ZPO, § 611 Rn. 2; *Beckmann/Waßmuth*, WM 2019, 89, 91; *Eggers*, 245; *Magnus*, NJW 2019, 3177, 3178 f.; *Stadler*, in: Musielak/Voit, ZPO, § 611 Rn. 10; *Vollkommer*, in: Zöller, ZPO, § 611 Rn. 4.

782 *Magnus*, NJW 2019, 3177, 3178; *Stadler*, in: Musielak/Voit, ZPO, § 611 Rn. 9; a.A. *Kähler*, in: Asmus/Waßmuth, § 611 Rn. 123.

Dass eine unmittelbare Beteiligung der betroffenen Verbraucher vor Genehmigung des Musterfeststellungsvergleiches im Musterfeststellungsverfahren nicht vorgesehen ist, ist umso verwunderlicher, wenn man sich die weiteren notwendigen Schritte nach der Genehmigung vor Augen führt. Die Wirksamkeit des Musterfeststellungsvergleichs hängt nach der Genehmigung des Gerichts noch weitergehend nach § 611 Abs. 5 S. 1 ZPO davon ab, dass weniger als 30 Prozent der angemeldeten Verbraucher ihren Austritt aus dem Vergleich erklären. Es ist dementsprechend zwingend eine unmittelbare Beteiligung aller angemeldeten Verbraucher notwendig, um dem Vergleich zur Wirksamkeit zur verhelfen.

Gegen eine Einbeziehung der angemeldeten Verbraucher schon vor der gerichtlichen Genehmigung dürfte zumindest nicht der mit einer solchen Maßnahme verbundene finanzielle oder insbesondere zeitliche Aufwand sprechen. Unabhängig davon, ob man für die Austrittserklärung der Verbraucher nach § 611 Abs. 5 S. 1 ZPO die prozessuale Schriftform fordert[783] oder dafür eine einfache E-Mail als ausreichend ansieht,[784] ist zumindest bereits mit der individuellen Zustellung des genehmigten Vergleiches an die angemeldeten Verbraucher ein erheblicher zeitlicher Aufwand verbunden.

Auch wenn die Auswertung der Austrittserklärungen gegenüber der Berücksichtigung von Stellungnahmen oder Anhörungen der Verbraucher grundsätzlich eine höhere Belastung für das Gericht darstellt, ist diese zusätzliche Belastung in Relation zu den daraus resultierenden Vorteilen zu setzen. Eine frühzeitige Rückmeldung aus den Kreisen der Verbraucher wird regelmäßig zur Zeitersparnis beim Abwägungsvorgang führen. Die schwierige und zeitintensive Ermittlung und Abwägung der zu berücksichtigenden Bewertungskriterien kann durch gezielte Hinweise der Verbraucher in Bezug auf einzelne Punkte des Vergleiches vereinfacht werden.[785]

Wendet eine Vielzahl oder gar der überwiegende Teil der Verbraucher beispielsweise ein, dass die mit dem Vergleich zugesprochenen Leistungshöhen zu niedrig seien, so kann das Gericht seinen Fokus auf die Angemessenheit der Leistungshöhe setzen. Die Meinung der Verbraucher zur Leistungshöhe ist hierbei von besonderer Bedeutung, da gerade in Bezug auf die Leistungshöhe ein Informationsdefizit auf Seiten des Gerichts besteht.[786] Während im Hinblick

783 *Stadler*, in: Musielak/Voit, ZPO, § 611 Rn. 15; *Vollkommer*, in: Zöller, ZPO, § 611 Rn. 7 m.w.N.

784 *Röthemeyer*, Rn. 48.

785 So auch: *Eggers*, 244.

786 Siehe hierzu: 155.

auf andere Aspekte des Vergleiches den Verbrauchern unterstellt werden kann, dass sie mangels nötiger Rechtskenntnis die Folgen des Vergleichsschlusses nicht absehen können und deshalb ihre Interessen geschützt werden müssen,[787] so ist die Situation bei der Leistungshöhe eine andere. Ob die zugesprochenen Leistungshöhen so hinnehmbar sind, werden die angemeldeten Verbraucher, sofern sie die notwendige Informationsgrundlage erhalten, besser entscheiden können als das Gericht. Selbst vereinzelte Einwendungen der angemeldeten Verbraucher können zur Entscheidung beitragen.[788] Fällt die Beteiligung bei einer Befragung der Verbraucher, aufgrund von Apathie oder anderer Gründe,[789] gering aus, sodass Einwendungen zahlenmäßig zumindest nur eine geringe Bedeutung erlangen,[790] so kann eine einzelne Einwendung trotzdem auf einen unberücksichtigten Aspekt hinweisen.[791]

Aufgrund der mangelnden eigenen Beteiligung der angemeldeten Verbraucher am Musterfeststellungsprozess oder an den Vergleichsverhandlungen[792] gelangen die Verbraucher allerdings nur eingeschränkt an Informationen.[793] Insofern wäre es erforderlich, den Verbrauchern auf einem anderen Weg eine ausreichende Entscheidungsgrundlage zu verschaffen. Für die Entscheidung über den Austritt aus dem Vergleich nach § 611 Abs. 5 S. 1 ZPO geht die Gesetzesbegründung davon aus, dass die Zustellung des genehmigten Vergleichs nebst Belehrung es den angemeldeten Verbrauchern ermöglicht, sich mit dem Inhalt des Vergleichs auseinanderzusetzen und so eine informierte und eigenverantwortliche Entscheidung zu treffen."[794] Im Zeitpunkt der Einbeziehung der Verbraucher in die Angemessenheitsprüfung besteht diese Informationsquelle zwar nicht, als Informationsquelle zur Ermöglichung einer aufgeklärten Verbraucherentscheidung kommt allerdings die Begründung der Parteien zum Vergleichsvorschlag in Betracht.[795]

---

787 *Haider,* 360; *Stadler,* in: Musielak/Voit, ZPO, § 611 Rn. 2; *Stadler,* in: FS für Rolf Stürner, 2013, 1801, 1816.

788 *Hohl,* 35.

789 *Eggers,* 247.

790 *Eggers,* 245.

791 *von Katte,* 165.

792 *Stadler,* in: Musielak/Voit, ZPO, § 611 Rn. 2.

793 *Haider,* 361.

794 BT-Drs. 19/2507, 27.

795 Siehe hierzu ausführlich: 240.

hh) Der Umfang des Verzichts auf Rechte

Die Natur des Vergleichs, der sich durch ein gegenseitiges Nachgeben auszeichnet, erfordert es regelmäßig, dass auf die weitere Geltendmachung von Ansprüchen verzichtet wird.[796] Zunächst klarzustellen ist jedoch, dass der Musterfeststellungsprozess, wegen § 610 Abs. 5 S. 2 ZPO, nicht durch Verzicht nach § 306 ZPO beendet werden kann. Die Beendigung des Musterfeststellungsverfahrens erfolgt durch den Vergleich, sobald der Vergleich nach § 611 Abs. 5 S. 2 ZPO als wirksam festgestellt wurde.[797] Innerhalb des Vergleiches werden die Parteien allerdings Regelungen treffen, in welchen sie ihre weitere Anspruchsberechtigung begrenzen oder ausschließen. Problematisch ist in diesem Zusammenhang der Umfang des Verzichts.[798] Gehen die im Vergleich zum Anspruchsverzicht enthaltenen Regelungen zu weit oder sind sie zu unbestimmt, kann eine Ablehnung der gerichtlichen Genehmigung erfolgen.[799] Vertreten wird in den USA, dass ein Anspruchsverzicht grundsätzlich zu weit geht, wenn die Ansprüche, die von ihm umfasst sind, nicht Gegenstand des ursprünglichen Rechtsstreits waren.[800] In leicht abgewandelter Form wird auch davon gesprochen, dass die Ansprüche auf die in dem Vergleich verzichtet werden kann, auf dem gleichen Lebenssachverhalt beruhen müssen, wie die mit der Musterfeststellungsverfahren geltend gemachten Feststellungsziele.[801]

Für das KapMuG wird vertreten, dass ein Anspruchsverzicht nur im Hinblick auf die Ansprüche zulässig ist, für die eine Entscheidung über die Feststellungsziele im Musterverfahren vorgreiflich sind. Die Grenzen des Gegenstandes des Vergleichs und damit die Möglichkeit eines Verzichts richten sich danach,

---

796 *Eggers*, 231.

797 *Mekat*, in: Nordholtz/Mekat, § 7 Rn. 76 f.; zur prozessbeendigenden Wirkung eines Vergleichs: *Bonin*, 84; *Ditler*, 190 f.

798 Im nachfolgenden wird weiterhin untechnisch von Verzicht gesprochen. Bei der von den Parteien im Vergleich getroffenen Regelung wird es sich aber regelmäßig entweder um Erlassverträge oder um negative Schuldanerkenntnisse handeln. *Dennhard*, in: BeckOK, BGB, § 397 Rn. 23.

799 *Eggers*, 231; *Lovig v. Sears, Roebuck & Co.*, 2014 WL 8252583 [*2] (C.D.Cal. 2014); *Otey v. CrowdFLower, Inc.*, 2014 WL 1477630 [*8] (N.D.Cal. 2014); *Valdez v. Neil Jones Food Co.*, 2014 WL 3940558 [*10] (N.D. Cal. 2014).

800 *Eggers*, 231; *Christensen v. Hillyard, Inc.* 2014 WL 3749523 [*4] (N.D. Cal. 2014); *Lovig v. Sears, Roebuck & Co.*, 2014 WL 8252583 [*2] (C.D. Cal. 2014); *Stokes v. Interline Brands, Inc.* 2014 WL 5826335 [*4] (N.D. Cal. 2014); *Willner v. Manpower*, Inc. 2014 WL 4370694.

801 *Eggers*, 231.

welche Ansprüche von den Feststellungszielen im Musterverfahren abhängen.[802] Der Gegenstand des KapMuG-Vergleichs setzt sich somit aus dem Streitgegenstand des Musterverfahrens und den Streitgegenständen der Ausgangsverfahren zusammen.[803]

Überträgt man das zuvor Geschriebene auf das Musterfeststellungsverfahren, so dürfte auch im Musterfeststellungsvergleich ein Verzicht auf die von den Feststellungszielen abhängigen Ansprüche oder Rechtsverhältnisse begrenzt sein. Zwar geht ein Verzicht in diesem Fall über den Streitgegenstand des Musterfeststellungsverfahrens hinaus, auch beim Musterfeststellungsvergleich dürfte allerdings der dem Musterfeststellungsverfahren zugrundeliegende Lebenssachverhalt entscheidend sein. Der Gesetzgeber hat durch die Möglichkeit zum Abschluss eines Vergleiches, der Leistungen zuspricht, den Wirkungsbereich des Musterfeststellungsverfahrens ausdrücklich erweitert. Mithilfe des Vergleichs wird es den Parteien ermöglicht, die dem Musterfeststellungsverfahren zugrundeliegenden Streitigkeiten abschließend beizulegen. Es ergäbe insofern keinen Sinn, dass man innerhalb des Vergleichs Regelungen zur Verteilung von Leistungen zulassen würde, über die Ansprüche oder Rechtsverhältnisse, die den Grund für diese Leistungen darstellen, jedoch nicht umfassend disponieren könnte.

Im Hinblick auf den Verzicht muss allerdings nicht nur die Seite der angemeldeten Verbraucher betrachtet werden, sondern auch die des beklagten Unternehmens. Zwar gilt auch bei einem Verzicht im Vergleich, dass grundsätzlich nur die Interessen der Verbraucher für die Angemessenheit des Vergleichs entscheidend sind. Es ist jedoch zu beachten, dass mithilfe des Vergleichs die aus den abhängigen Ansprüchen oder Rechtsverhältnissen resultierenden Streitigkeiten abschließend beigelegt werden sollen,[804] weshalb regelmäßig ein beidseitiger Verzicht auf Ansprüche erfolgen wird.[805] Die Berücksichtigung des Verzichts des beklagten Unternehmens auf eigene Ansprüche dürfte hierbei zulässig sein, sofern die Ansprüche ebenfalls aus dem der Musterfeststellungsklage zugrundeliegenden Lebenssachverhalt resultieren und im Zusammenhang mit den abhängigen Ansprüchen der angemeldeten Verbraucher stehen. Kann das beklagte Unternehmen beispielsweise eigene Forderungen mit den abhängigen Ansprüchen der angemeldeten Verbraucher aufrechnen, so können die Ansprüche des beklagten Unternehmens die Ansprüche der angemeldeten

802 *Eggers*, 232.
803 *Ditler*, 223.
804 *Eggers*, 202.
805 Allgemein für den Prozessvergleich: *Dennhard*, in: BeckOK, BGB, § 397 Rn. 23.

Verbraucher zumindest teilweise zum Erlöschen bringen,[806] weshalb ein innerer Zusammenhang zwischen diesen Ansprüchen besteht. Ein etwaiger Verzicht des beklagten Unternehmens auf weitergehende Ansprüche kann sich insofern unmittelbar auf die Angemessenheit des Vergleichs auswirken.

Dazu folgendes Beispiel:

Die Parteien schließen einen Vergleich, der den angemeldeten Verbrauchern jeweils einen Betrag von X Euro zuspricht. In dem Vergleichsvertrag enthalten ist die Regelung, dass durch den Vergleich sämtliche wechselseitig bestehende Ansprüche, die, aus dem der Musterfeststellungsklage zugrunde liegenden Lebenssachverhalt hervorgehen, abgegolten sind.

Ungewiss war im Zeitpunkt des Vergleichsschlusses, ob die Ansprüche der angemeldeten Verbraucher bestehen und zugleich, ob im Falle des Bestehens der Ansprüche das beklagte Unternehmen Gegenansprüche gegen die angemeldeten Verbraucher, wie bspw. einen Anspruch auf Nutzungsersatz, hat.

Aufgrund eines gegenseitigen Verzichts kann im Ergebnis die im Vergleich den angemeldeten Verbrauchern zugesprochene Leistung geringer ausfallen. Es ist zu berücksichtigen, dass sich die betroffenen Verbraucher ohne den im Vergleich enthaltenen Verzicht des beklagten Unternehmens, Gegenansprüchen des beklagten Unternehmens ausgesetzt sähen, die die erhaltene Leistung nachfolgend schmälern könnten. Insofern ergibt es Sinn, bei einem gegenseitigen Verzicht quasi eine Aufrechnung der gegenseitigen Ansprüche in die Angemessenheitsprüfung einzubeziehen.

ii) Der Stand des Verfahrens

Der Stand des Verfahrens stellt kein eigenes Bewertungskriterium des Musterfeststellungsvergleichs dar, weil der Stand des Verfahrens nicht eigenständig für oder gegen einen Vergleichsschluss spricht. Anhand des Stands des Verfahrens kann nicht beurteilt werden, ob die Interessen der Verbraucher gewahrt sind. Der Stand des Verfahrens ist gleichwohl bei der Angemessenheitsprüfung des Gerichts zu berücksichtigen.

Für die Angemessenheit eines Vergleiches soll es sprechen, wenn der Vergleich in einem späten Stadium des Musterfeststellungsverfahrens geschlossen wurde, weil in diesem Fall davon ausgegangen werden könnte, dass der dem Vergleich zugrundeliegende Sachverhalt ausreichend aufgeklärt und bewertet worden ist.[807]

---

806 *Schlüter*, in: MüKo, BGB, § 387 Rn. 1.
807 *von Katte*, 161.

Diese Schlussfolgerung erscheint zumindest für den Musterfeststellungsvergleich allerdings fraglich. Aus dem Stand des Verfahrens ergibt zunächst einmal nur, wie weit die Parteien das Musterfeststellungsverfahren geführt haben und damit welche Erkenntnisse innerhalb des Verfahrens bereits gewonnen wurden. Die Ausgestaltung des Musterfeststellungsverfahrens, die es erforderlich macht, dass die abhängigen Ansprüche oder Rechtsverhältnisse in den Folgeverfahren erst noch durchgesetzt werden müssen, erlaubt eine Vermutung dahingehend, dass der Sachverhalt von den Parteien ausreichend aufgeklärt und bewertet worden ist, allerdings nicht. Da der Gegenstand des Musterfeststellungsvergleiches über den des Musterfeststellungsverfahrens hinausgeht[808] und damit der für den Musterfeststellungsvergleich relevante Sachverhalt nur teilweise im Musterfeststellungsverfahren thematisiert wurde, kann das Gericht aus dem Stand des Verfahrens keine Schlüsse ziehen, ob der für den Vergleich entscheidende Sachverhalt hinreichend aufgeklärt und ausgewertet wurde. Diese Erkenntnisse ergeben sich vielmehr aus der Begründung des Vergleichs durch die Parteien.[809]

Der Abschluss eines Musterfeststellungsvergleiches zu einem späten Zeitpunkt des Musterfeststellungsverfahrens kann sich allerdings auf andere Bewertungskriterien auswirken. Zu einem späten Zeitpunkt im Verfahren können die Parteien bspw. in der Ermittlung von Tatsachen weiter vorangeschritten sein. Das bevorstehende oder schon vorliegende Ergebnis einer Beweisaufnahme kann sich insofern auf die Prognose der Erfolgsaussichten der Musterfeststellungsklage auswirken.[810] Zumal das Gericht im Laufe des Prozesses Hinweise nach § 139 ZPO gegeben haben kann, die sich auf die Beurteilung des Verfahrens durch die Parteien ausgewirkt haben können. Neben der allgemeinen Erörterungspflicht des Gerichts im Verfahren nach § 139 Abs. 1 ZPO, ist das Gericht auch nach § 279 Abs. 3 ZPO gehalten, „soweit bereits möglich, das Ergebnis der Beweisaufnahme mit den Parteien“ zu besprechen. Das Gericht kann dementsprechend den Parteien seine vorläufige Ansicht zu Sach- und Rechtsfragen bereits im Laufe des Verfahrens mitteilen.[811] Kommt es im Anschluss an die Mitteilung der vorläufigen Einschätzung des Gerichts zu einem Vergleichsschluss, so muss sich in dem Vergleich widerspiegeln, dass die Parteien die Auffassung des Gerichts berücksichtigt haben. Sieht das Gericht die Erfolgsaussichten der Klägerin bspw. als außerordentlich positiv, so wäre ein Vergleichsschluss, der den

808 Vgl. 217 ff.
809 Siehe hierzu: 240 ff.
810 Vgl. 182 ff.
811 *Gaier*, NJW 2020, 177, 179; *Nober/Ghassemi-Tabar*, NJW 2017, 3265, 3269.

angemeldeten Verbrauchern verhältnismäßig niedrige Leistungen zuspricht, in besonderer Weise zu begründen. Das Gericht kann insofern zumindest darauf achten, ob der Inhalt des Musterfeststellungsvergleichs im Widerspruch zum Stand des Verfahrens steht.[812]

jj) Die Besonderheit des Feststellungsvergleichs

Für den Feststellungsvergleich gilt, wie für jede andere Form eines Musterfeststellungsvergleichs, dass dieser, nach hier vertretener Auffassung, angemessen ist, wenn das Interesse der angemeldeten Verbraucher an einem Feststellungsvergleich das Interesse der angemeldeten Verbraucher an der Fortführung des Verfahrens und anschließenden Durchsetzung der Ansprüche oder Rechtsverhältnisse überwiegt.

Im Hinblick darauf, dass der Vergleich im Musterfeststellungsverfahren grundsätzlich eine „einvernehmliche Gesamtlösung, die der einfachen Befriedigung in gleichgelagerten Streitigkeiten dient"[813], darstellen soll und aufgrund der Ausgestaltung des Musterfeststellungsverfahrens als zweistufiges Verfahren, erweist sich die Angemessenheit des Feststellungsvergleichs allerdings als fraglich. Schließlich spricht ein Feststellungsvergleich den angemeldeten Verbrauchern keine Leistungen zu, sodass es notwendig sein kann, dass sie ihre Ansprüche in Folgeverfahren durchsetzen müssen. Der Feststellungsvergleich führt insofern nicht zu einer abschließenden Befriedigung der Interessen der angemeldeten Verbraucher.[814]

Es ist deshalb darauf zu achten, wie weit die Wirkung des jeweiligen Feststellungsvergleiches reicht. Ein Feststellungsvergleich kann zu einer abschließenden Beilegung der der Musterfeststellungsklage zugrundeliegenden Streitigkeiten führen, muss es aber nicht.

Liegt der Musterfeststellungsklage bspw. der Streit über die Unwirksamkeit der Kündigungen von Wohnraummietverträgen zugrunde und besteht das Interesse der angemeldeten Verbraucher einzig darin, die Wohnraummietverträge weiterzuführen, so kann ein Vergleich, der keine Leistungen zuspricht, angemessen sein. Besteht allerdings weitergehend Streit darüber, ob die angemeldeten Verbraucher aufgrund der Unwirksamkeit der Kündigung Schadensersatzansprüche gegen das beklagte Unternehmen haben, so kann ein reiner Feststellungsvergleich unangemessen sein, weil anschließend in den Folgeverfahren

---

812 *Stitz*, 316.

813 BT-Drs. 19/2507, 16.

814 *Kähler*, in: Asmus/Waßmuth, § 611 Rn. 137.

weiterhin der Streit besteht, ob die angemeldeten Verbraucher auch Schadensersatzansprüche gegen das beklagte Unternehmen haben.

Für die Einschätzung, wie die Interessen der Verbraucher im Feststellungsvergleich aussehen, wird das Gericht, neben dem Vortrag der Parteien, auch die Angabe und Nachweise aus der Klageschrift nach § 606 Abs. 2 S. 1 Nr. 2 ZPO sowie die Eintragung im Klageregister nach § 608 Abs. 1 ZPO berücksichtigen können. Wird geltend gemacht, dass von den Feststellungszielen überwiegend Rechtsverhältnisse und nicht Ansprüche abhängig sind, so kann diese Tatsache dafür angeführt werden, dass ein Feststellungsvergleich, der ausschließlich ein Rechtsverhältnis regelt, den Interessen der Verbraucher entspricht. Bestünde ein gesteigertes Interesse auch an der Beilegung von Streitigkeiten im Hinblick auf Ansprüche, die im Zusammenhang mit den abhängigen Rechtsverhältnissen bestehen, so ist davon auszugehen, dass diese Ansprüche zumindest im Klageregister in einer gewissen Häufigkeit zu finden wären.

Weitergehend wird das Gericht insbesondere darauf zu achten haben, wie weit der Verzicht der angemeldeten Verbraucher im Feststellungsvergleich reicht. Grundsätzlich gilt auch für den Verzicht im Feststellungsvergleich, dass ein Verzicht auf die von den Feststellungszielen abhängigen Ansprüche oder Rechtsverhältnisse begrenzt sein muss.[815]

Aufgrund des zuvor dargestellten Szenarios, dass der Musterfeststellungsklage nicht nur streitige Rechtsverhältnisse zugrunde liegen können, sondern gleichzeitig streitige Ansprüche, kann bei einem Feststellungsvergleich ein Verzicht schnell zu weit gehen. Verzichten die angemeldeten Verbraucher im Feststellungsvergleich auch auf eventuell bestehende Ansprüche, die auf demselben Lebenssachverhalt beruhen wie die Feststellungsziele, ohne hierfür Leistungen zugesprochen zu bekommen, so kann dies zur Unangemessenheit des Vergleichs führen. Andererseits kann ein Verzicht auf etwaige Ansprüche im Feststellungsvergleich auch ein Teil des Nachgebens auf Verbraucherseite sein. Verzichten die angemeldeten Verbraucher bspw. auf die Geltendmachung von Schadensersatzansprüchen gegen das beklagte Unternehmen im Gegenzug dafür, dass das beklagte Unternehmen die Unwirksamkeit einer Kündigung vollständig akzeptiert, auch wenn weiterhin streitig war, ob die Kündigung unter Umständen zu einem bestimmten Zeitpunkt wirksam war, so kann ein Verzicht auf Ansprüche gerade im Interesse der Verbraucher sein.

815 Vgl. 217 ff.

3. *Der Wert der Kriterien*

Der Wert der Kriterien wird einzelfallabhängig zu bestimmen sein.[816] Eine generalisierte Zuweisung von Werten an die einzelnen Bewertungskriterien würde zwar der Nachvollziehbarkeit und Überprüfbarkeit des Abwägungsvorgangs helfen.[817] Die Bedeutung und damit der Wert eines Bewertungskriteriums kann sich jedoch von Musterfeststellungsvergleich zu Musterfeststellungsvergleich unterscheiden.

Auch wenn vertreten wird, dass manche Kriterien, wie bspw. die Erfolgsaussichten innerhalb der Abwägung schwerer zu gewichten wären als andere Kriterien,[818] kann man einzelnen Kriterien keinen abstrakt höheren Wert für die Bewertung zuweisen. Wie bereits zu den Erfolgsaussichten aufgezeigt, kann es vorkommen, dass die Erfolgsaussichten der Musterfeststellungsklage zwar gut zu bewerten sind, die Beweislage in den Individualverfahren sich jedoch für die angemeldeten Verbraucher schwierig gestaltet,[819] sodass den Erfolgsaussichten nur ein geringerer Wert zukommt.

Den einzelnen Kriterien ist insofern kein abstrakter Wert beizumessen, der zu einer vorhersehbaren Entscheidung bei der Abwägung führen könnte. Der generelle Wert der Bewertungskriterien besteht jedoch darin, dass sie die Überprüfbarkeit und Nachvollziehbarkeit der Abwägungsentscheidung ermöglichen. Durch das Wiederkehren derselben Bewertungskriterien innerhalb einer gerichtlichen Angemessenheitsprüfung eines Musterfeststellungsvergleichs wird die Entscheidung insgesamt verständlicher. Zumal es im Ergebnis für die gerichtliche Genehmigung entscheidender sein dürfte, wie der Wert eines Kriteriums begründet wurde.[820]

4. *Die Abwägung/Bewertung*

Nachdem feststeht, was Gegenstand der Abwägung ist, welche Kriterien bei der Abwägung zu berücksichtigen und wie diese zu bewerten sind, folgt die eigentliche Abwägung des Gerichts. Insofern kommt es, wie zuvor dargestellt, darauf an, ob für das Gericht das Interesse der Verbraucher am Abschluss des Vergleiches,

816 So auch: *Eggers,* 190, 262.

817 Zu den Versuchen die Abwägung in das Korsett einer mathematischen Formel zu stecken: 124 ff.

818 *Eggers,* 262.

819 Vgl. 199.

820 Siehe hierzu: 267.

das Interesse der Verbraucher an der Weiterverfolgung des Musterfeststellungsverfahrens und der individuellen Durchsetzung ihrer Ansprüche überwiegt. Für diese Entscheidung können unter anderem die genannten Kriterien herangezogen werden.

Da die Abwägung aber stets einzelfallbezogen ist, mithin für die Bewertung die Umstände und konkreten Interessen der angemeldeten Verbraucher des jeweiligen Verfahrens entscheidend sind, ist zunächst nachfolgend zu klären, was die Abwägungs-/Bewertungsgrundlage des Gerichts für seine Entscheidung ist. Die Bewertungsgrundlage ist das, worauf das Gericht seine Bewertung stützt, mithin die Gesamtheit aller Informationen, die der Bewertung zugrunde liegen.

Nachdem die Bewertungsgrundlage des Gerichts bestimmt wurde, kann sich im Anschluss damit auseinandergesetzt werden, was bei der Abwägung des Gerichts zu erfolgen hat.

a) Die Bewertungsgrundlage

Zur Bestimmung der Informationen, die das Gericht in seine Bewertung miteinfließen lassen darf, gilt es einerseits erneut die Atypik der Musterfeststellungsklage und hierbei insbesondere die des Musterfeststellungsvergleiches, im Verhältnis zum regulären Zwei-Personen-Prozess zu berücksichtigen. Anderseits sind die im Musterfeststellungsverfahren geltenden Prozessgrundsätze zu beachten, welche ebenfalls dem Handeln des Gerichts Grenzen setzen. So können sich Beschränkungen der Informationsquellen nicht nur aus dem Gesetz, sondern auch aus den Prozessmaximen ergeben. Ob für den Musterfeststellungsprozess und den Musterfeststellungsvergleich die gleichen Prozessgrundsätze gelten, bzw. gelten müssen, wird im Folgenden ausführlich erörtert. Hierbei steht insbesondere in Frage, ob innerhalb der Angemessenheitsprüfung von dem im Zivilprozess grundsätzlich geltenden Beibringungsgrundsatz abgewichen wird und zugunsten des Verbraucherschutzes der Untersuchungsgrundsatz angenommen werden kann, oder ob der Beibringungsgrundsatz auch innerhalb der Angemessenheitsprüfung des Musterfeststellungsvergleichs gilt und was für Konsequenzen daraus resultieren.

aa) Die Reichweite der Informationsbeschaffung nach § 611 ZPO

Erste Anhaltspunkte für die Reichweite der Informationsbeschaffung ergeben sich aus § 611 Abs. 3 S. 2 ZPO. Danach hat das Gericht für seine Angemessenheitsprüfung den bisherigen Sach- und Streitstand zu berücksichtigen. Diese Formulierung hat nicht nur Auswirkungen auf die Auslegung des Abwägungskriteriums „Erfolgsaussichten", sondern beeinflusst auch die Bestimmung der möglichen Informationsquellen. Aus dieser Formulierung resultiert insbesondere ein Spannungsverhältnis zwischen dem Musterfeststellungsverfahren und den Folgeverfahren. Da der Musterfeststellungsvergleich die Zuteilung von Leistungen an die Verbraucher zulässt, wird im Rahmen des Vergleiches, wie bereits zuvor erwähnt, etwas geregelt, was eigentlich erst in den Folgeverfahren zu thematisieren gewesen wäre.[821] Ausgehend von dieser Formulierung stellt sich somit die nachfolgend zu erörternde Frage, ob das Gericht in seiner Angemessenheitsprüfung einzig an das Vorbringen der Parteien innerhalb des Musterfeststellungsverfahrens gebunden ist, oder ob es auch Aspekte einbeziehen darf, die nicht Gegenstand des Musterfeststellungsverfahrens waren.

(1) Wortlaut

Der Wortlaut des § 611 Abs. 3 S. 2 ZPO gibt zunächst vor, dass berücksichtigungsfähig der bisherige Sach- und Streitstand ist. Dabei versteht man unter Sachstand die unstreitigen und unter Streitstand die streitigen Tatsachenbehauptungen der Beteiligten.[822]

Konkretisiert werden muss zunächst, was innerhalb der Regelung des § 611 Abs. 3 S. 2 ZPO unter „bisherig" zu verstehen ist. Für § 91a Abs. 1 S. 1 ZPO ist unter „bisherig" der Stand des Verfahrens im Zeitpunkt der Abgabe der beidseitigen Erledigungserklärung zu verstehen.[823] Dementsprechend könnte für die gerichtliche Genehmigung des Musterfeststellungsvergleichs nach § 611 Abs. 3 S. 2 ZPO die Einreichung des Vergleiches bei Gericht durch die Parteien der maßgebliche Zeitpunkt sein. In diesem Zeitpunkt bringen die Parteien, wie bei einer übereinstimmenden Erledigungserklärung, zum Ausdruck, dass sie das Verfahren mithilfe des Vergleiches beenden wollen und ein Urteil nicht mehr gewünscht ist.

Andererseits könnte der maßgebliche Zeitpunkt auch der Moment sein, in welchem das Gericht über die Genehmigung des Vergleichs entscheidet. Zwar würde man insofern nicht an die Handlung der Parteien anknüpfen, wie es bei § 91a Abs. 1 S. 1 ZPO der Fall ist. Für ein Abstellen auf den Zeitpunkt der gerichtlichen Genehmigung sprechen jedoch gewichtige Argumente. Zunächst geht es bei der Regelung des § 611 Abs. 3 S. 2 ZPO, in welcher der Wortlaut „des bisherigen Sach- und Streitstandes" verwendet wird, gerade um die gerichtliche Genehmigung. Es wäre dementsprechend nur konsequent, wenn das Gericht bei

821 *Schneider*, BB 2018, 1986, 1995.
822 *Elzer*, in: BeckOK, ZPO, § 313 Rn. 72 u. 75; *Gräber*, in: Ratschow, FGO, § 105 Rn. 51.
823 *Flockenhaus*, in: Musielak/Voit, ZPO, § 91a Rn. 22.

seiner Entscheidung über die Genehmigung des Musterfeststellungsvergleichs alles einbeziehen könnte, was bis zum Termin der Entscheidung über die Genehmigung des Musterfeststellungsvergleichs vorgetragen wurde. Zudem stellt sich die Situation bei der beidseitigen Erledigungserklärung im Zwei-Personen-Verfahren und der gerichtlichen Genehmigung des Musterfeststellungsvergleichs als grundlegend verschieden dar, was eine unterschiedliche Anknüpfung rechtfertigt.

Mit der beidseitigen Erledigungserklärung wird die Rechtshängigkeit beendet.[824] Die Weiterführung des Prozesses hängt mithin nur von einer Entscheidung der Parteien ab. Insofern ergibt es Sinn, dass für die Kostenentscheidung nach § 91a Abs. 1 S. 1 ZPO grundsätzlich nur noch der Sach- und Streitstand bis zur übereinstimmenden Erledigungserklärung berücksichtigt wird. Die Parteien bringen mit der Erledigungserklärung zum Ausdruck, dass sie keine weitere Aufklärung des Falles wollen. Diese Entscheidung hat das Gericht grundsätzlich aufgrund des Dispositionsgrundsatzes zu respektieren.[825]

Die Einreichung des Vergleichs im Musterfeststellungsverfahren führt hingegen nicht unmittelbar zur Beendung des Prozesses; die Parteien können nicht frei über die Beendigung des Verfahrens durch Vergleich entscheiden. Der Vergleich bedarf vielmehr u.a.[826] nach der Genehmigung des Gerichts, um zu einer prozessbeendenden Wirkung zu gelangen. Von der Einreichung des Musterfeststellungsvergleichs geht somit eine vollkommen andere Rechtsfolge aus, als von der beidseitigen Erledigungserklärung. Zwar bringen die Parteien durch die Einreichung des Vergleichs vermutlich auch ihren Willen zum Ausdruck, dass sie keine weitere Sachverhaltsaufklärung begehren, mangels alleiniger Dispositionsbefugnis über die Beendigung des Verfahrens hängt die Entscheidung über die weitere Sachverhaltsaufklärung jedoch nicht nur von ihnen ab. Vielmehr können für das Gericht Informationen, die es nach der Einreichung des Vergleichs erhält, bspw. aufgrund des Vortrags zur Begründung des Vergleichsvorschlags durch die Parteien, von erheblicher Bedeutung sein.[827]

824 BGH BeckRS 2011, 11543 Rn. 5 = MDR 2011, 810; NJW 1989, 2885, 2886; *Flockenhaus,* in: Musielak/Voit, ZPO, § 91a Rn. 17.

825 *Flockenhaus,* in: Musielak/Voit, ZPO, § 91a Rn. 17.

826 Die Wirksamkeit des Musterfeststellungsvergleichs hängt nach der gerichtlichen Genehmigung noch weitergehend davon ab, ob weniger als 30 Prozent der angemeldeten Verbraucher ihren Austritt aus dem Vergleich erklären (§ 611 Abs. 5 S. 1 ZPO).

827 Siehe hierzu: S. 234 ff.

Je nach Verständnis des Wortes „bisherig" würde somit zu dem bisherigen Sach- und Streitstand entweder der gesamte unstreitige und streitige Tatsachenvortrag zählen, den die Parteien vor Einreichung des Musterfeststellungsvergleiches, oder bis zur Genehmigung des Vergleiches im Prozess kundgetan haben. Im Umkehrschluss könnte alles, was nicht bis zu diesem Zeitpunkt Gegenstand des Verfahrens war, von einer Berücksichtigung in der Angemessenheitsprüfung ausgeschlossen sein. Dafür spricht, dass der Wortlaut auch in anderen Vorschriften zumindest dahingehend einheitlich interpretiert wird, dass grundsätzlich neue Tatsachen und neue Beweismittel nicht eingebracht werden können, sofern dadurch ein erheblicher Mehraufwand betrieben werden müsste.[828] Für die Angemessenheitsprüfung des Musterfeststellungsvergleiches bedeutet das, dass weitere Beweiserhebungen zur Tatsachenaufklärung über die Feststellungsziele nicht erfolgen sollen.[829]

Allerdings könnte der Wortlaut der Vorschrift, da dieser von „unter Berücksichtigung" und nicht von „unter ausschließlicher Berücksichtigung" spricht, auch so verstanden werden, dass zwar der bisherige Sach- und Streitstand zwingend vom Gericht in seiner Angemessenheitsprüfung zu berücksichtigen ist, über den bisherigen Sach- und Streitstand hinaus aber auch weitere Umstände in der Angemessenheitsprüfung des Gerichts berücksichtigungsfähig sind.[830] Eine abschließende Berücksichtigung nur des bisherigen Sach- und Streitstandes ergibt sich aus der Formulierung zumindest nicht eindeutig.

Für eine derartige Interpretation könnte auch ein weiterer Teil des Wortlautes des § 611 Abs. 3 S. 2 ZPO sprechen, denn das Gericht muss „ihn (den Vergleich) … als angemessen … erachten". Dabei kann man die Formulierung so auslegen, dass der gesamte Vergleich vom Gericht als angemessen erachtet werden muss. Da der Inhalt des Vergleichs aber über den Gegenstand des Verfahrens und damit über den Sach- und Streitstand des Verfahrens hinausgehen kann, könnte eine Beschränkung nur auf den bisherigen Sach- und Streitstand als nicht angebracht erscheinen.

(2) Systematik

Gegen eine Berücksichtigung weiterer Umstände könnte eine systematische Auslegung der Norm sprechen. Der Wortlaut der Norm, der auch bei diversen

828 *Schultz*, in: MüKO, ZPO, § 91a Rn. 49 ff.; *Flockenhaus*, in: Musielak/Voit, ZPO, § 91a Rn. 22; *Jaspersen*, in: BeckOK, ZPO, § 91a Rn. 29.

829 *Stadler*, in: Musielak/Voit, ZPO, § 611 ZPO Rn. 11.

830 *Eggers*, 284.

anderen Vorschriften[831] Verwendung findet, wird bei diesen so ausgelegt, dass neue Tatsachen und Beweismittel in den Rechtsstreit grundsätzlich nicht mehr eingeführt werden.[832] Insofern wäre der bisherige Sach- und Streitstand des Verfahrens als Beurteilungsgrundlage für die Angemessenheitsprüfung grundsätzlich als abschließend anzusehen.

Gerade[833] bei der Angemessenheitsprüfung des Vergleiches nach § 18 KapMuG, deren Situation der des Musterfeststellungsvergleiches am nächsten kommt und weshalb dem gleichen Wortlaut besondere Bedeutung zukommen dürfte, wird die Auffassung vertreten, dass aufgrund des auf einzelne Tatsachen- und Rechtsfragen beschränkten Gegenstandes des Musterfahrens eine abschließende Bewertung der Angemessenheit einer Vergleichsregelung zur Abgeltung der in den Ausgangsverfahren geltend gemachten Einzelansprüche nicht möglich erscheint.[834] Dies sei dem geschuldet, dass eine hinreichend verlässliche Prognose der im Einzelfall bestehenden Prozessrisiken nur bei einer Betrachtung der jeweiligen Individualverfahren in Betracht käme. Da eine Prüfung des Sach- und Streitstandes der Ausgangsverfahren jedoch nicht Bestandteil der Angemessenheitsprüfung des Gerichts ist,[835] kann die Bewertung nicht sämtliche Aspekte berücksichtigen.

Bei Vergleichen nach dem KapMuG kann das Oberlandesgericht unterdessen die Höhe der Individualansprüche und den der Feststellungsziele zugrundeliegenden Lebenssachverhalt für seine Angemessenheitsprüfung berücksichtigen,[836] sodass für das Gericht die Möglichkeit besteht, die vom Musterbeklagten zu erbringenden Leistungen in Relation zu den Individualansprüchen zu setzen. Durch die Vergleichbarkeit der einzelnen Ansprüche hat das Gericht zumindest eine Orientierungshilfe dahingehend, ob die an die Beteiligten zu erbringenden Leistungen in einem gerechten Verhältnis zueinanderstehen. Diese Möglichkeit besteht für das Gericht im Musterfeststellungsverfahren gerade nicht. Anders als im KapMuG- Verfahren, sind für eine Musterfeststellungsklage keine Ausgangsverfahren notwendig, womit diese erhoben werden kann, ohne dass zuvor

---

831 Vgl. § 91a Abs. 1 S. 1 ZPO, § 269 Abs. 3 S. 3 ZPO, § 18 Abs. 1 KapMuG.

832 *Althammer*, in: Zöller ZPO, § 91a ZPO Rn. 26; *Flockenhaus*, in: Musielak/Voit, ZPO, § 91a Rn. 22.

833 Das Kapitalanleger-Musterverfahrensgesetz diente u.a. als Vorbild für die Musterfeststellungsklage; *Vollkommmer*, in: Zöller, ZPO, § 611 Rn. 1.

834 *Wigand*, in: BeckOK, KapMuG, § 18 Rn. 3.

835 *Wigand*, in: BeckOK, KapMuG, § 18 Rn. 2, 3; *Winter*, in: Wieczorek/Schütze, KapMuG, § 18 Rn. 4.

836 *Wigand*, in: BeckOK, KapMuG, § 18 Rn. 4.

überhaupt eine einzige Leistungsklage eines angemeldeten Verbrauchers erhoben wurde, für die eine Abhängigkeit von den Feststellungszielen besteht.

Gegen eine Berücksichtigung von Umständen, die sich nicht aus dem bisherigen Sach- und Streitstand ergeben, könnte auch eine Gesamtbetrachtung der Musterfeststellungsklage im Zivilprozessrecht sprechen. Die Musterfeststellungsklage wurde vom Gesetzgeber so konzipiert, dass mit ihr nur Feststellungsziele verfolgt werden können. Durch ein positives Musterfeststellungsurteil soll es den angemeldeten Verbrauchern lediglich erleichtert werden, ihre Ansprüche in einem anschließenden Individualprozess durchzusetzen. In diesen Folgeprozessen wird den Verbraucher erst, vorausgesetzt die übrigen anspruchsbegründenden Voraussetzungen liegen vor, durch das zuständige Gericht ein Schadensersatz der Höhe nach zugebilligt. Es besteht mithin grundsätzlich eine strikte Trennung zwischen den beiden Verfahren. Das für das Musterfeststellungsverfahren zuständige Gericht befasst sich prinzipiell nicht mit den individuellen Forderungen. Eine Berücksichtigung solcher Umstände, welche die Höhe der auf die angemeldeten Verbraucher zu entfallenden Leistungen beträfen, innerhalb der Angemessenheitsprüfung wäre somit eine erhebliche Abweichung von der grundsätzlichen Konzeption der Musterfeststellungsklage.

Andererseits hat der Gesetzgeber selbst durch die Implementierung von Vergleichen, die Verbrauchern Leistungen zusprechen, eine Ausnahme von der Regel gemacht, dass nur Feststellungsziele im Musterfeststellungsverfahren verfolgt werden können und die Durchsetzung der Individualansprüche in Folgeverfahren zu erfolgen hat.[837] Aufgrund dessen könnte man davon ausgehen, dass, wenn er eine solche Ausnahme schon ausdrücklich zulässt, diese Ausnahme auch miteinschließt, dass das Gericht die Umstände in Bezug auf die ausnahmsweise Abgeltung der Leistungsansprüche im Vergleich in seine Angemessenheitsprüfung miteinbeziehen darf.

Zumal mit § 611 Abs. 2 ZPO ausdrücklich vorgegeben wurde, was Gegenstand des Vergleichs werden soll und der Gesetzgeber davon ausging,[838] dass diese Angaben der Abwägung des Gerichts dienen sollen. Bei diesen Angaben, die in die Abwägung einbezogen werden sollen, handelt es sich aber um Tatsachen, die außerhalb des bisherigen Sach- und Streitstandes liegen.

837 *Halfmeier*, in: Prütting/Gehrlein, ZPO, § 611 Rn. 3.
838 Siehe: 231.

(3) *Sinn und Zweck*

Ausgehend vom Sinn und Zweck der Angemessenheitsprüfung, der Wahrung der Interessen der angemeldeten Verbraucher durch das Gericht,[839] erweist sich eine Beschränkung der in die Abwägung einzubeziehenden Informationen auf nur diejenigen, die sich aus dem bisherigen Sach- und Streitstand des Musterfeststellungsverfahrens ergeben, zunächst als schwer nachvollziehbar. Wären Inhalt des Musterfeststellungsvergleiches lediglich die geltend gemachten Feststellungsziele und damit der Gegenstand des Verfahrens, würde es sich mit anderen Worten lediglich um einen Feststellungsvergleich handeln, so bestünde zumindest eine gewisse Entscheidungsgrundlage für das Gericht. In diesem Fall beträfe der Vergleich nur das Musterfeststellungsverfahren, dessen Inhalt dem Gericht auch bekannt ist.

Zu beachten ist diesbezüglich jedoch, wie zuvor angerissen, dass der zwischen den Parteien geschlossene Vergleich auch die Zuerkennung von Leistungen aussprechen kann (§ 611 Abs. 2 Nr. 1 ZPO) und damit über das eigentliche Begehren im Musterfeststellungsverfahren, nämlich die Feststellung des Vorliegens oder Nichtvorliegens von tatsächlichen und rechtlichen Voraussetzungen für das Bestehen oder Nichtbestehen von Ansprüchen oder Rechtsverhältnissen, hinausgehen kann. Die vom Gesetzgeber im Falle eines Musterfeststellungsurteils vorgesehene Zweiteilung von der reinen Feststellung im Rahmen des Musterfeststellungsprozesses und der anschließenden individuellen Durchsetzung der eigenen Ansprüche wird durchbrochen.[840] Durch die Einbeziehung auch von Leistungen in den Vergleich soll damit etwas geregelt werden, was zuvor nicht Gegenstand des Musterfeststellungsverfahrens war.[841] Der Sach- und Streitstand des Musterfeststellungsverfahrens wird insofern wenige bis gar keine Auskünfte über die auf die angemeldeten Verbraucher entfallenden Leistungen enthalten, welche das Gericht in seiner Abwägung berücksichtigen könnte.[842] Mithin wäre eine Abwägung in Bezug auf den Inhalt des Vergleiches, welcher die auf die angemeldeten Verbraucher entfallenden Leistungen regelt, bei einer derartigen Orientierung am Wortlaut des § 611 Abs. 3 S. 2 ZPO, ausgeschlossen. Aufgrund der Situation, dass sich aus dem Musterfeststellungsverfahren keine Informationen über die geltend gemachten Ansprüche ergeben müssen, bestünde keine

---

839 *Augenhofer*, in: BeckOK, ZPO, § 611 Rn. 8, *Stadler*, in: Musielak/Voit, ZPO, § 611 Rn. 2, 9.

840 *Augenhofer*, in: BeckOK, ZPO, § 611 Rn. 7.

841 *Schneider*, BB 2018, 1986, 1995.

842 *Röthemeyer*, § 611 Rn. 33.

ausreichende Beurteilungsgrundlage für die Abwägung durch das Gericht. Das Gericht müsste die von den Unternehmen zu erbringenden Leistungen, ohne Überprüfung, als angemessen akzeptieren. Der bezweckte Schutz der Verbraucher wäre damit nicht in geeigneter Form realisierbar.

Da es aber die Intention des Gesetzgebers war mit dem Vergleich die Möglichkeit zu eröffnen, Leistungen an die angemeldeten Verbraucher zuzusprechen und dadurch eine individuelle Anspruchsdurchsetzung zu vermeiden, kann man davon ausgehen, dass auch diese Vergleiche durch das Gericht bestmöglich auf ihre Angemessenheit überprüfbar sein müssten. Eine vollumfängliche Überprüfung und damit ein umfassender Verbraucherschutz wären jedoch nur dann möglich, wenn auch solche Umstände vom Gericht berücksichtigt werden könnten, welche die durch das Unternehmen zu erbringenden Leistungen betreffen. Diese Umstände sind allerdings, wie aufgezeigt, nicht Gegenstand des Musterfeststellungsverfahrens, sodass § 611 Abs. 3 S. 2 ZPO unter Umständen teleologisch so ausgelegt werden muss, dass über den bisherigen Sach- und Streitstand hinaus auch weitere Umstände in die Prüfung miteinbezogen werden können.

(4) Historie

Innerhalb der Gesetzesbegründung spricht der Gesetzgeber nur davon, dass durch die nach § 611 Abs. 2 ZPO gemachten Angaben dem Gericht die Angemessenheitsprüfung des Vergleichs ermöglicht werden soll.[843] Bei den in § 611 Abs. 2 ZPO dargestellten Regelungen handelt es sich allerdings nur um Soll-Angaben.[844] Es steht den Parteien somit grundsätzlich zur freien Disposition, welche Angaben sie im Vergleich machen.

(5) Zwischenergebnis

Aufgrund des in der Gesetzesvorschrift des § 611 Abs. 3 S. 2 ZPO zum Ausdruck kommenden objektiven Willen des Gesetzgebers, der sich aus dem Wortlaut und dem Sinnzusammenhang ergibt,[845] ist eine Berücksichtigung weiterer Umstände, die nicht Gegenstand des Musterfeststellungsverfahrens waren, nicht ausgeschlossen. Der Wortlaut der Vorschrift, welcher die äußere Grenze der Auslegung bildet, weist nicht ausdrücklich darauf hin, dass sich die berücksichtigungsfähigen Tatsachen aus dem Gegenstand des Verfahrens ergeben müssen. Zum einen kann man den Wortlaut des § 611 Abs. 3 S. 2 ZPO bereits so

843 BT-Drs. 19/2439, 27.

844 *Mekat,* in: Nordholtz/Mekat, § 7 Rn. 9.

845 BGH NJW-RR 2018, 106/110 Rn. 40; BVerfG NJW 1952, 737 Ls. b).

interpretieren, dass dieser nicht zwingend dahingehend zu verstehen ist, dass nur der bisherige Sach- und Streitstand einbezogen werden darf. Zum anderen kann auch aufgrund des Wortes „bisherig" eine Einbeziehung von Informationen, die über den Streitgegenstand des Verfahrens hinausgehen, einbezogen werden. Zwar besteht in anderen zivilprozessualen Vorschriften das Verständnis, dass Informationen, die über die im Prozess erhaltenen Informationen hinausgehen, grundsätzlich nicht einbezogen werden sollen, die gesetzliche Ausgestaltung der Musterfeststellungsklage lässt jedoch eine davon abweichende Auffassung zu.

Insbesondere der Sinn und Zweck der Angemessenheitsprüfung gebietet eine darüberhinausgehende Einbeziehung von Umständen, die nicht Gegenstand des Verfahrens waren, da allein aufgrund des Sach- und Streitstandes des Verfahrens eine Abwägung für das Gericht schwierig wäre. Dafür spricht auch, dass bei einem Verständnis im Sinne von „unter *ausschließlicher* Berücksichtigung des bisherigen Sach- und Streitstandes", konsequenterweise die, im Rahmen der gemeinsamen Erörterung des Vergleichsvorschlags zwischen den Parteien und dem Gericht, neu erhaltenen Informationen nicht von dem Gericht bei seiner Angemessenheitsprüfung berücksichtigt werden dürften. Diese Informationen gehen regelmäßig über die streitigen und unstreitigen Tatsachenbehauptungen im Prozess hinaus, tragen jedoch maßgeblich zu der sinnvollen Abwägung des Gerichts bei.

bb) Die Informationsbeschaffung nach der übrigen ZPO

In dem Verständnis, dass eine Berücksichtigung lediglich des bisherigen Sach- und Streitstands des Musterfeststellungsverfahrens als Grundlage für eine sinnvolle Abwägung des Gerichts nicht ausreicht, ist somit weitergehend zu erforschen, welche Tatsachen neben dem bisherigen Sach- und Streitstand berücksichtigungsfähig sind.

Ein grundlegendes Problem bei diesen Überlegungen dürfte dabei die, bereits in der Einleitung zu dem Abschnitt Angemessenheitsprüfung geschilderte,[846] besondere Situation des Gerichts im Rahmen der Vergleichsgenehmigung sein. Während das Gericht sonst für die Entscheidung in streitigen Verfahren verantwortlich ist und deshalb seine Entscheidung auf dem Vortrag der Parteien und den im Zivilprozess geltenden Bestimmungen, insbesondere dem Beibringungsgrundsatz, beruht.[847] So erfolgt die Entscheidung über die gerichtliche Genehmigung über einen von den Parteien gemeinschaftlich geschlossenen Vergleich,

---

846 Siehe hierzu: 122 ff.

847 *Magnus*, NJW 2019, 3177, 3179.

in welchem von den Parteien vermutlich nichts Streitiges vorgetragen werden wird.[848] Das Gericht entscheidet bei der gerichtlichen Genehmigung anders als in einem regulären Verfahren, nicht zugunsten der einen oder der anderen Partei, sondern soll zugunsten der Interessen der Verbraucher entscheiden. Die Verbraucher selbst tragen vermutlich aber unmittelbar nichts, insbesondere keine Tatsachen oder Beweismittel, zum Vergleich bei, die den Inhalt des Vergleichs streitig stellen und das Gericht dazu veranlassen könnte, diese neuen Tatsachen und Beweise zu würdigen.[849] Mangels divergierender Auffassungen im Vergleich könnte eventuell, bei striktem Festhalten am Beibringungsgrundsatz,[850] eine tiefgehende Überprüfung des Vergleiches ausgeschlossen sein, weil es für das Gerichts zumindest nichts Streitiges zu würdigen gäbe. Das gerade Geschriebene zugrunde legend, wird deshalb vertreten, dass man für die Genehmigung des Musterfeststellungsvergleiches vom strikten Beibringungsgrundsatz abweichen und dem Gericht Befugnisse zusprechen sollte, die es bei Geltung des Untersuchungsgrundsatzes hätte.[851] Ein derartiger Ansatz würde das Gericht u.a. dazu legitimieren, eine Beweisaufnahme durchzuführen, ohne dass hierfür ein Beweisantrag der beweisbelasten Partei erforderlich wäre. Es könnte dadurch den Sachverhalt umfassend aufklären.

Der in der Zivilprozessordnung prinzipiell geltende Beibringungsgrundsatz wird aber auch innerhalb dieser (vermeintlich) nicht vollumfänglich durchgehalten, bzw. als absolut verstanden. So zeigt sich u.a. in § 56 ZPO und in den §§ 139 ff. ZPO, dass von diesem Abstand genommen wurde und dem Gericht besondere Befugnisse eingeräumt werden.[852] Ergäben sich aus diesen Vorschriften bereits ausreichende Ermittlungskompetenzen des Gerichts bezüglich des Musterfeststellungsvergleiches und wären die Vorschriften auf diesen anwendbar, so stünde dem Gericht ein Instrumentarium zur Informationsbeschaffung zur Verfügung, ohne dass es weitergehender Abweichungen vom Beibringungsgrundsatz bedürfte.

---

848 *Eggers*, 288.

849 *Stadler*, in: Musielak/Voit, ZPO, § 611 Rn. 10.

850 *Stadler*, in: Musielak/Voit, ZPO, § 611 Rn. 11.

851 Dazu ausführlich: *Eggers*, 287 ff.

852 *Greger*, in: Zöller, ZPO, § 142 Rn. 2, Vor. § 128 Rn. 10a ff.; *von Selle*, in: BeckOK, ZPO, § 144 Rn. 2.

(1) Die Instrumente der Informationsbeschaffung

Zur Erlangung einer ausreichenden Bewertungsgrundlage für die Angemessenheitsprüfung des Musterfeststellungsvergleichs werden verschiedene Ansichten vertreten. *Eggers* vertritt die Auffassung, dass man zur Lösung des Informationsdefizits des Gerichts diesem Ermittlungsbefugnisse über eine analoge Anwendung des § 56 Abs. 1 ZPO zuerkenne müsse.[853] Eine Anwendung der §§ 142 ff. ZPO schließt er hingegen aus, da diese voraussetzen sollen, dass die zu beweisenden Tatsachen streitig sind, was im Zeitpunkt des Vergleiches nicht der Fall sein wird.[854] Andere Stimmen aus der Literatur sprechen sich hingegen explizit für eine Anwendung der §§ 139 ff. ZPO aus.[855]

(a) Die Informationsbeschaffung nach § 139 ZPO

Von zentraler Bedeutung für die Schaffung einer geeigneten Entscheidungsgrundlage könnte bereits der § 139 ZPO sein. § 139 ZPO bestimmt für das Gericht eine materielle Prozessleitungspflicht. Nach § 139 Abs. 1 ZPO ist das Gericht einerseits dazu verpflichtet, das Sach- und Streitverhältnis, soweit erforderlich, mit den Parteien zu erörtern und Fragen zu stellen. Zum anderen trifft es nach § 139 Abs. 1, 2 ZPO eine Hinweispflicht gegenüber den Parteien, die dazu dienen soll, dass Entscheidungen die die Parteien überraschen könnten, vermieden werden.[856] Die Neufassung des § 139 ZPO soll „die Mitverantwortung des Gerichts für eine umfassende tatsächliche und rechtliche Klärung des Streitstoffs" hervorheben,[857] ohne allerdings dazu zu führen, dass von dem im Zivilverfahren grundsätzlich geltenden Verhandlungsgrundsatz abgekommen wird. Das Gericht soll vielmehr dazu beitragen, dass der Vortrag der Parteien vollständig ist und sich auf die wesentlichen Gesichtspunkte des Streits konzentriert.[858] Fraglich ist deshalb, ob durch die materielle Prozessleitung des Gerichts die Informationsgrundlage des Gerichts erweitert werden kann. Das Gericht also durch die materielle Prozessleitung Informationen erlangen kann, die über den bisherigen Prozessvortrag der Parteien hinausgehen.

---

853 *Eggers,* 298: Die Ausführungen beziehen sich dort allerdings auf eine Ermittlungsbefugnis des Gerichts bei Annahme eines Begründungserfordernisses der Parteien im Rahmen des Vergleiches.

854 *Eggers,* 290.

855 *Magnus,* NJW, 3177, 3179; *Stadler,* in: Musielak/Voit, ZPO, § 611 Rn. 11.

856 *Greger,* in: Zöller, ZPO, § 139 Rn. 2, 5.

857 BT-Drs. 14/4722, 77.

858 *Greger,* in: Zöller, ZPO, § 139 Rn. 1.

(aa) Die Anwendbarkeit des § 139 ZPO

Dafür müsste diese Vorschrift zunächst prinzipiell auch im Rahmen des Musterfeststellungsvergleiches Anwendung finden. Die Vorschrift befindet sich in der ZPO zwar im Abschnitt über mündliche Verhandlungen, soll indessen in jeder Verfahrenssituation, so unter anderem auch im schriftlichen Verfahren gem. § 128 Abs. 2 ZPO und im schriftlichen Vorverfahren gem. § 276 ZPO anwendbar sein.[859] Für den Musterfeststellungsvergleich ist bereits gem. § 611 Abs. 6 ZPO gesetzlich vorgeschrieben, dass dieser nicht vor dem ersten Termin der mündlichen Verhandlung erfolgen darf. Die Einigung der Parteien muss allerdings nicht in der mündlichen Verhandlung erfolgen, vielmehr können die Parteien dem Gericht auch einen schriftlichen Vergleichsvorschlag nach § 278 Abs. 6 ZPO vorlegen.[860] Der Umstand, dass die Parteien, aufgrund der Komplexität der Verfahren, wahrscheinlich eher die Variante des schriftlichen Vergleichsvorschlags wählen werden,[861] führt nicht dazu, dass die materielle Prozessleitung des Gerichts eingeschränkt wird. Zwar kann der schriftliche Vergleichsvorschlag dem Gericht auch per Schriftsatz zugehen,[862] für das Gericht besteht aber weiterhin die Möglichkeit, einen neuen Termin anzusetzen, insbesondere, um über die Genehmigungsfähigkeit des Vergleiches zu sprechen.[863]

Ein Ausschluss der Anwendbarkeit des § 139 ZPO ergibt sich auch nicht daraus, dass es sich um einen Vergleich handelt. Die Tatsache, dass der Inhalt dieses für die Parteien als unstrittig betrachtet wird, ändert an dem Bedürfnis nach Aufklärungs- und Hinweispflichten des Gerichts nichts; unabhängig davon, ob es sich um einen Vergleich im Zwei-Personen-Verfahren oder um einen Musterfeststellungsvergleich handelt.

Bereits für den Vergleich im Zwei-Personen-Verfahren, dessen Wirkungen nur die Parteien treffen, die theoretisch auf Augenhöhe verhandeln, sind solche Pflichten des Gerichts angebracht.[864] Dies ergibt sich daraus, dass die Parteien zwar grundsätzlich privatautonom den Inhalt des Vergleiches verhandeln können, das Gericht jedoch zugleich eine Prüfungskompetenz dahingehend hat, ob

859 *Nober/Ghassemi-Tabar*, NJW 2017, 3265; *Greger*, in: Zöller, ZPO, § 139 Rn. 4; *Stadler*, in: Musielak/Voit, ZPO, § 139 Rn. 3.

860 *Stadler*, in: Musielak/Voit, ZPO, § 611 Rn. 3; *Röthemeyer*, § 611 Rn. 25.

861 *Stadler*, in: Musielak/Voit, ZPO, § 611 Rn. 3.

862 *Bacher*, in: BeckOK, ZPO, § 278 Rn. 36.

863 *Röthemeyer*, § 611 Rn. 29; *Menges*, in: MüKo, ZPO, § 611 Rn. 21.

864 Die Hinweispflicht in Vergleichsverhandlungen im Zwei-Personen-Prozess bestätigend: BGH NJW 1998, 612; *Piekenbrock*, NJW 1999, 1360, 1361.

der Vergleich nicht gegen die Vorschriften § 134 BGB und § 138 BGB verstößt, ob der Vergleich aufgrund eines Irrtums nach § 119 BGB oder aufgrund arglistiger Täuschung nach § 123 BGB anfechtbar wäre.[865] Erkennt ein Gericht derartige Mängel des Vergleichsvertrages, so kann es die Parteien gem. § 139 ZPO darauf hinweisen.[866] Gleiches muss innerhalb des Musterfeststellungsvergleiches gelten.[867] Zum einen gilt die gerade genannte Prüfungskompetenz des Gerichts dort entsprechend,[868] zum anderen ergibt sich aus der Abhängigkeit der Wirksamkeit des Vergleiches von der gerichtlichen Genehmigung nach § 611 Abs. 3 S. 2 ZPO ein gesteigertes Interesse der Parteien an einem Hinweis. Eine anderweitige Handhabung wäre überdies nicht im Sinne eines effizienten Verfahrens, da ohne eine Hinweispflicht das Gericht die Genehmigung des Vergleichs ablehnen und die Ablehnung begründen müsste, die Parteien aber anschließend erneut einen Vergleichsvorschlag einreichen könnten.[869] Insofern gibt es keinen Grund, den Parteien die Möglichkeit zu nehmen, auf einen Hinweis des Gerichts hin, ihren Vergleichsvertrag anzupassen.

Dagegen spricht auch nicht, dass aufgrund des Wortlautes in § 611 Abs. 3 S. 2 ZPO: „unter Berücksichtigung des bisherigen Sach- und Streitstandes“ eine eingeschränkte Prüfung des Gerichts erfolgt. Zwar wird vertreten, dass innerhalb der Prüfung für die Kostenentscheidung nach § 91a ZPO, die denselben Wortlaut aufweist, gerichtliche Hinweise gem. § 139 ZPO nach Abgabe der Erledigungserklärung nicht mehr erforderlich sind.[870] Dieser Auffassung kann allerdings zumindest für die Prüfung im Musterfeststellungsvergleich nicht gefolgt werden. Der Grund dafür ist, dass sich die Prüfungen in der Kostenentscheidung nach § 91a Abs. 1 S. 1 ZPO und im Musterfeststellungsvergleich im Hinblick auf ihren Zeitpunkt im Verfahren in bedeutender Weise unterscheiden.

Die Prüfung der Verteilung der Kosten nach § 91a Abs. 1 S. 1 ZPO erfolgt im Anschluss an die beidseitige Erledigungserklärung der Parteien, die zur Konsequenz hat, dass die Rechtshängigkeit in der Hauptsache nicht mehr weiterbesteht.[871] Man könnte deshalb argumentieren, dass eine weitere Aufklärung

---

865 *Mülbert*, in: Staudinger, BGB, § 779 Rn. 224.

866 *Kähler*, in: Asmus/Waßmuth, § 611 Rn. 26; *Schramm*, 60 ff.; *Mülbert*, in: Staudinger, BGB, § 779 Rn. 225.

867 *Augenhofer*, in: BeckOK, ZPO, § 611 Rn. 8a.2.

868 *Kähler*, ZIP 2020, 293, 296, 297.

869 *Mekat*, in: Nordholtz/Mekat, § 7 Rn. 51.

870 *Schulz*, in: MüKO, ZPO, § 91a Rn. 49.

871 *Jaspersen*, in: BeckOK, ZPO, § 91a Rn. 25.

des Sach- und Streitverhältnisses nicht mehr gewünscht ist[872] und deshalb keine Hinweispflicht des Gerichts besteht.

Die Prüfung der Angemessenheit des Musterfeststellungsvergleichs erfolgt demgegenüber während die Rechtshängigkeit der Musterfeststellungsklage noch besteht. Die bloße Einreichung eines Vergleichsvorschlages durch die Parteien bei Gericht führt nicht zur Beendigung der Hauptsache; erst mit Wirksamkeit des Vergleiches nach § 611 Abs. 5 ZPO kann die Hauptsache enden.[873] Deshalb könnte einerseits bereits die fehlende freie Disposition der Parteien über die Beendigung des Prozesses so ausgelegt werden, dass ein theoretisch mangelndes Interesse der Parteien an Hinweisen unbeachtlich wäre.[874] Andererseits kann ein fehlendes Interesse der Parteien an Hinweisen des Gerichts nur schwerlich angenommen werden, da wie oben dargestellt, es gerade das Interesse der Parteien ist, den Vergleich genehmigt zu bekommen und sie nicht von einer Ablehnung der Genehmigung überrascht werden sollen.[875] Insoweit profitieren sie von eventuellen Hinweisen. Zumal für die Genehmigung des Vergleiches auch der Stand des Verfahrens relevant sein kann.[876] Erkennt das Gericht, insbesondere, dass die Klägerin für den Vergleich relevante Gesichtspunkte des Verfahrens übersehen oder missverstanden hat, so muss es darauf hinweisen.[877]

(bb) Der Umfang der materiellen Prozessleitung

Über die materielle Prozessleitung müsste es dem Gericht allerdings auch möglich sein, seine Informationsgrundlage zu erweitern. Wie eingangs geschildert, dient die materielle Prozessleitung vorwiegend dazu, dass das Gericht zur Vollständigkeit des Sach- und Streitverhältnisses beiträgt, ohne dabei die Parteiherrschaft zu beeinträchtigen.[878] Die Parteien sollen durch die Aufklärungs- und Hinweispflicht nicht von ihrer, aufgrund des Verhandlungsgrundsatzes grundsätzlich bestehenden, Verpflichtung zur Einführung der für den Prozess

---

872 BGH NJW-RR 2004, 394, 395; NJW 2003, 3626, 3628; *Nober/Ghassemi-Tabar,* NJW 2017, 3265, 3266.

873 *Stadler,* in: Musielak/Voit, ZPO, § 611 Rn. 4.

874 Zur Dispositionsbefugnis der Parteien siehe: 00.

875 *von Selle,* in: BeckOK, ZPO, § 139 Rn. 6.

876 Siehe: 219 ff.

877 *von Selle,* in: BeckOK, ZPO, § 139 Rn. 3.

878 *von Selle,* in: BeckOK, ZPO, § 139 Rn. 2; *Greger,* in: Zöller, ZPO, § 139 Rn. 2; *Stadler,* in: Musielak/Voit, ZPO, § 139 Rn. 1.

relevanten Tatsachen und Beweismittel entbunden werden.[879] Die materielle Prozessleitung soll nicht zu einem inquisitorischen Fragerecht führen.[880] Das bedeutet, dass Fragen des Gerichts, die keinen Bezug zum Parteivortrag haben, sondern auf eine eigenständige Sachverhaltsermittlung abzielen, nicht von § 139 ZPO erfasst sind.

Besteht jedoch eine Erörterungs- und Fragepflicht des Gerichts nach § 139 ZPO, so können die Erörterungen und Fragen logischerweise zu einer Erweiterung der Informationsgrundlage führen. Haben sich die Parteien bspw. beide nicht zu einem entscheidungserheblichen Gesichtspunkt des Verfahrens geäußert, so kann ausgehend von einer Frage des Gerichts eine Aufklärung durch die Parteien erfolgen. Bei Vorliegen einer Erörterungs- und Fragepflicht im Verfahren stellt der § 139 ZPO somit ein, wenn auch beschränktes, Mittel zur Informationsbeschaffung dar.

Wann eine Erörterungs- und Fragepflicht des Gerichts im Verfahren besteht, wird im Schrifttum allerdings unterschiedlich bewertet. Umstritten ist dabei die Frage, wie das Merkmal „Erforderlichkeit" in § 139 Abs. 1 S. 1 ZPO auszulegen ist.

Teilweise wird vertreten, dass eine Erörterung nur zu erfolgen hat, wenn ein konkreter Anlass gegeben ist. Ein solcher soll vorliegen, wenn Unklarheiten, Widersprüche oder Lücken im Vortrag existieren, sodass den Parteien die Möglichkeit gegeben werden kann, diese Mängel zu beseitigen.[881] Die Erörterungspflicht wird dadurch auf eine Hinweis- und Aufklärungspflicht reduziert.[882] Ergeben sich hingegen bspw. keine Lücken aus dem Vortrag der Parteien, so hat eine Erörterung nicht zu erfolgen.

Nach anderer Auffassung soll die Erörterungspflicht des Gerichts über eine bloße Hinweis- und Aufklärungspflicht hinausgehen. Nach diesem weiten Verständnis soll eine Erörterung des Parteivortrags generell erfolgen. Eine Erörterung könne lediglich dann unterbleiben, wenn bereits der Vortrag der Parteien von sich aus sachgerecht und umfassend ist.[883] Als Mittel zur Erörterung des Streitverhältnisses stehen dem Gericht insbesondere nach § 139 Abs. 1 S. 1 ZPO Fragen zur Verfügung. So können bspw. auch Fragen „nach Hintergründen des

---

879 *Stadler,* in: Musielak/Voit, ZPO, § 139 Rn. 1; *von Selle,* in: BeckOK, ZPO, § 139, Einleitung, Rn. 8; *Greger,* in: Zöller, ZPO, § 139 Rn. 4b; *Fritsche,* in: MüKo, ZPO, § 139 Rn. 2, 9.

880 *Stürner,* Rn. 11; dagegen: *Bomsdorf*; abl. auch *Reischl,* ZZP 116 (2003), 81, 85, 102 ff.

881 *von Selle,* in: BeckOK, ZPO, § 139 Rn. 3; *Stadler,* in: Musielak/Voit, ZPO, § 139 Rn. 1, 4, 7; *Fritsche,* in: MüKo, ZPO, § 139 Rn. 9.

882 *Gaier,* NJW 2020, 177, 179.

883 *Greger,* in: Zöller, ZPO, § 139 Rn. 3; *Gaier,* NJW 2020, 177, 179; *Spickhoff,* 66 ff., 73, 75.

Konflikts, Motiven der Parteien, wirtschaftlichen Auswirkungen und Ähnlichem" gestellt werden, „solange sie im Bezug zum Streitgegenstand stehen".[884]

Für beide Ansichten ist zunächst entscheidend, welcher Sachvortrag von den Parteien erforderlich ist. Nur so kann beurteilt werden, ob dieser Lücken aufweist oder ob er sachgerecht und umfassend ist. Zumal einhellig die Reichweite der Erörterungs- und Fragepflichten des Gerichts durch den Beibringungsgrundsatz begrenzt wird.[885]

Für den Musterfeststellungsvergleich ist bezüglich des erforderlichen Sachvortrags der Parteien zunächst auf die Regelung des § 611 Abs. 2 ZPO abzustellen. § 611 Abs. 2 ZPO bestimmt, welche Regelungen der Vergleich enthalten soll. Der Inhalt wird durch diese Vorschrift allerdings nicht zwingend vorgegeben, auch wenn ohne einen Teil der Bestimmungen aus § 611 Abs. 2 ZPO eine Vollstreckbarkeit des Vergleiches ausscheiden dürfte[886] und die Gesetzesbegründung für die Ermöglichung der Angemessenheitsprüfung gerade auf die Einbeziehung der Regelungen nach § 611 Abs. 2 ZPO abstellt.[887] Zwar muss die Ausgestaltung als „Soll-Vorschrift" sich nicht als Schwäche des Gesetzes erweisen, da den Parteien es regelmäßig daran gelegen sein wird, mithilfe des Vergleichs im besten Fall den gesamten streitigen Prozess abzuschließend. Mit Blick darauf, dass das Gericht den Inhalt und die Wirksamkeit nach § 611 Abs. 5 S. 2 ZPO feststellt und auf die Bindungswirkung nach § 611 Abs. 1, 5 S. 4 ZPO, werden die Parteien voraussichtlich aus eigenem Interesse alles nach § 611 Abs. 2 ZPO Regelungsbedürftige zum Inhalt des Vergleiches machen. Insofern folgen aus § 611 Abs. 2 ZPO zwar erste Anhaltspunkte, mangels gesetzlich geregeltem Mindestinhalt des Vergleiches kann dem § 611 Abs. 2 ZPO jedoch nicht unmittelbar der erforderliche Sachvortrag zum Musterfeststellungsvergleich entnommen werden.

Weitergehend bedeutsam für die Einordnung des erforderlichen Sachvortrags ist der § 611 Abs. 3 S. 2 ZPO, in welchem die gerichtliche Genehmigung des Vergleiches geregelt ist. Die Genehmigung erfolgt nur, wenn der Vergleich angemessen ist. Insofern ist, wie aufgezeigt, eine Abwägung durch das Gericht erforderlich.

---

884 *Greger*, in: Zöller, ZPO, § 139 Rn. 3a.

885 *Greger*, in: Zöller, ZPO, § 139 Rn. 2, vor § 128 Rn. 4a; *Stadler*, in: Musielak/Voit, ZPO, § 139 Rn. 1; *Musielak*, in: Musielak/Voit, ZPO, Einleitung Rn. 39; *Stackmann*, NJW 2007, 3521, 3522.

886 *Weinland*, Rn. 169.

887 BT-Drs. 19/2507, 26.

Zwar stellt der Inhalt des Musterfeststellungsvergleiches insoweit bereits eine erste Informationsgrundlage des Gerichts für seine Angemessenheitsprüfung dar. Alleine aufgrund des Vergleichsinhalts wird eine umfassende Abwägung des Gerichts allerdings tendenziell nicht realisierbar sein, da dieser zunächst nur den Inhalt haben wird, über den sich die Parteien geeinigt haben. Divergierende Auffassungen zu einzelnen Punkten des Vergleichs müssen genauso wenig wie Hintergrundinformationen dazu, warum die Einigung in dieser Weise erfolgte, aufgrund des fehlenden Parteigegensatzes nach Vergleichsschluss[888] zwingend aus dem Vergleichsvertrag hervorgehen. Gerade diese Punkte stellen für das Gericht jedoch die relevanten Informationen für eine Abwägung dar.

Aufgrund des § 611 Abs. 2 S. 3 ZPO könnte es deshalb erforderlich sein, dass die Parteien dem Gericht einen Sachvortrag liefern, den dieses in seiner Abwägung berücksichtigen kann.

(aaa) Die Begründungspflicht der Parteien

Innerhalb der Literatur wird, mangels ausreichender Abwägungsgrundlage, die Ansicht vertreten, dass die Parteien dazu verpflichtet sein sollten, eine Begründung bzw. Kommentierung ihres Vergleichs an das Gericht zu übermitteln, aus der hervorgehen soll, warum sie den Vergleich als angemessen erachten.[889] Die eigenen Ausführungen der Parteien würden insofern die Informationsgrundlage des Gerichts deutlich erweitern.[890] Sowohl in den USA[891] als auch in Australien[892] wird vertreten, dass das Gericht sich zur Beschaffung von Informationen an die Parteien halten soll, da die Parteien ihre eigenen Informationen angesammelt haben werden, um den Vergleich bewerten zu können. Die Parteien legen den Gerichten regelmäßig umfangreiche Stellungnahmen zum Vergleich vor, aus denen hervorgehen soll, warum der vorgelegte Vergleich angemessen ist.[893]

Für das KapMuG wird ebenfalls vertreten, dass eine Begründung oder Erläuterung des Vergleichs durch die Parteien zu erfolgen hat, auch wenn sich dies

888 *Eggers*, 263, 264.

889 *Augenhofer*, in: BeckOK, ZPO, § 611 Rn. 8b; *Eggers*, 285, 286; *Beckmann/Waßmuth*, WM 2019, 89, 91; a.A. *Kähler*, in: Asmus/Waßmuth, § 611 Rn. 18.

890 *Stadler*, in: Musielak/Voit, ZPO, § 611 Rn. 9; *Beuchler*, in: Micklitz/Stadler, 1081, der ausführt, dass in den USA grundsätzlich die Parteien beweisen müssen, dass der Vergleich fair, angemessen und vernünftig ist.

891 *Eggers*, 195 hebt ebenfalls die Begründung des Vergleichs durch die Parteien hervor; *Rothstein/Willing*, 9.

892 *Stitz*, 316.

893 *Alexander*, 9; *von Klatte*, 159.

nicht aus § 17 KapMuG ergibt. Begründet wird diese Auffassung damit, dass eine Begründung des Vergleichs zur Wahrung des rechtlichen Gehörs nach Art. 103 Abs. 1 GG der Beigeladenen notwendig sei, weil ansonsten die Beigeladenen nicht in der Lage wären, zu dem Vergleich Stellung zu nehmen. Enthält der Vergleich nicht die erforderliche Begründung, so solle das Gericht in entsprechender Anwendung des § 139 Abs. 1 ZPO von den Parteien eine Erläuterung verlangen können.[894]

Problematisch erscheint auch innerhalb des Musterfeststellungsverfahrens die Herleitung einer solchen Pflicht, da diese sich, wie gerade aufgezeigt, zumindest nicht unmittelbar aus § 611 ZPO ergibt.[895]

Eine Herleitung dieser Pflicht aus Art. 103 Abs. 1 GG, wie für das KapMuG, erscheint nicht möglich, da die angemeldeten Verbraucher nicht Beigeladene sind.[896]

Geht man allerdings davon aus, dass auch in diesem Bereich der Beibringungsgrundsatz weiterhin Anwendung finden soll,[897] so wären die aus dem streitigen Verfahren bekannten Anforderungen auf den Musterfeststellungsvergleich zu übertragen. Wie bereits oben erwähnt, obliegt es im streitigen Verfahren grundsätzlich den Parteien, diejenigen Tatsachenbehauptungen und Beweismittel in den Prozess einzuführen, auf welche sie ihre Prozessbegehren stützen und aufgrund derer das Gericht entscheidet.[898] Überträgt man den Kerngehalt dieser Aussage auf den Musterfeststellungsvergleich, so bedeutet dies, dass die Parteien die Obliegenheit haben, die Tatsachenbehauptungen und Beweismittel in den Prozess einzubringen, aufgrund derer das Gericht seine Abwägung zu treffen hat. Die gerichtliche Genehmigung des Vergleiches stellt insofern das Prozessbegehren der Parteien dar.

Für eine weitere Geltung des Beibringungsgrundsatzes nach Vergleichsschluss und eine daraus resultierende Begründungsobliegenheit der Parteien sprechen verschiedene Argumente. Bedeutend ist zunächst, dass auch der Vergleich Teil des zivilprozessualen Verfahrens ist. Der Prozessvergleich kann

894 *Kähler*, in: Asmus/Waßmuth, § 17 KapMuG Rn. 11.

895 *Augenhofer*, in: BeckOK, ZPO, § 611 Rn. 8c.

896 BT-Drs. 19/2507, 16; *Heigl/Normann*, in: Nordholtz/Mekat, § 2 Rn. 12; *Menges*, in: MüKo, ZPO, § 606 Rn. 21.

897 Eggers, 287; *Kähler*, in: Asmus/Waßmuth, § 611 Rn. 32; *Stadler*, in: Musielak/Voit, ZPO, § 611 Rn. 11.

898 *Dyck/Itter*, NJW 2021, 1633 Rn. 1; *Frische*, in: MüKo, ZPO, § 139 Rn. 9; *Hau*, ZfPW 2022, 154, 160; *Musielak*, in: Musielak/Voit, ZPO, Einführung Rn. 37; *Greger*, in: Zöller, ZPO, vor § 128 Rn. 4.

lediglich prozessbeendigende Wirkung entfalten. Zur Entfaltung dieser Wirkung muss dieser jedoch zunächst wirksam sein.[899] Im Musterfeststellungsverfahren hängt die Wirksamkeit des Vergleiches, neben der zunächst notwendigen Genehmigung des Gerichts, auch davon ab, ob gem. § 611 Abs. 5 S. 1 ZPO weniger als 30 Prozent der angemeldeten Verbraucher ihren Austritt aus dem Vergleich erklären. Bis zu seiner Wirksamkeit besteht indessen noch ein streitiges Verfahren, welches im Fall der Nicht-Genehmigung des Vergleiches von den Parteien auch grundsätzlich[900] weitergeführt werden muss.[901] Darüber hinaus unterscheidet sich die Situation des Vergleiches im Musterfeststellungsverfahren nicht wesentlich von derjenigen im Zwei-Personen-Prozess, die auf ein Urteil gerichtet ist. Sowohl beim Vergleich im Musterfeststellungsverfahren als auch im Zwei-Personen-Prozess tragen die Parteien vor, um eine für sie positive Entscheidung durch das Gericht zu erhalten. Der Umstand, dass es sich im Zwei-Personen-Prozess um ein kontradiktorisches Verfahren handelt, während bei der gerichtlichen Genehmigung die Interessen der Parteien gleichlaufen, ändert daran nichts. Der im kontradiktorischen Verfahren geltende Grundsatz, dass eine nicht beweisbelastete Partei nichts zur Sachverhaltsaufklärung, insbesondere nicht zur Aufklärung des für den Gegner positiven Sachverhalts, beitragen muss,[902] widerspricht einer Begründungsobliegenheit nicht, sondern bestätigt diese vielmehr. Gerade aufgrund des Interessengleichlaufs führt eine Sachverhaltsaufklärung durch die Parteien zu dem von beiden erwünschten Ziel, der Genehmigung des Vergleichs und grundsätzlich nicht zu einer Aufklärung zugunsten des Gegners. Insofern erscheint es als gerechtfertigt, auch im Rahmen des Vergleiches den Parteien die Verantwortung zur Aufklärung des Sachverhalts aufzubürden. Sind doch sie diejenigen, die einen Vergleich mit Bindungswirkung für die angemeldeten Verbraucher schließen wollen. Dies gilt für die qualifizierte Einrichtung umso mehr, als diese nach § 611 Abs. 1 S. 2 Nr. 3 ZPO satzungsgemäß die Verbraucherinteressen wahrnimmt und dieses auch im Vergleich tun wird.[903] Für die Entscheidung, warum sie diesen Vergleich annehmen will, wird sie eine Begründung haben. Eine Darstellung dieser Begründung,

899 Siehe unter: 88 ff.

900 Zu der Umgehung der gerichtlichen Genehmigung, durch außergerichtlichen Vergleich und Klagerücknahme: *Augenhofer*, in: BeckOK, ZPO, § 611 Rn. 8a.1.

901 *Mekat*, in: Nordholtz/Mekat, § 7 Rn. 51.

902 *Prütting*, in: MüKo ZPO, § 284 Rn. 112.

903 *Beck*, in: Husemann/Korves/Rosenkranz (Hrsg.), 417; *Augenhofer*, in: BeckOK, ZPO, § 611 Rn. 8c.1; *Waßmuth/Asmus*, ZIP 2018, 657, 659; *Beckmann/Waßmuth*, WM 2019, 89, 91; *Röß*, NJW 2020, 2068, 2070 Rn. 13.

welche die Interessen der angemeldeten Verbraucher zwangsläufig widerspiegeln muss, gegenüber dem Gericht, erscheint deshalb naheliegend.[904]

Für eine Beibringungsobliegenheit der qualifizierten Einrichtung spricht darüber hinaus ein Vergleich mit der Situation in einem regulären Zwei-Personen-Prozess. Auch in diesem kommt die Entscheidung über den Abschluss eines Vergleiches regelmäßig im Zusammenspiel von Prozessvertreter und vertretener Partei zustande. Der Prozessvertreter hat dabei die Verpflichtung, seinen Klienten über die Konsequenzen eines Vergleiches zu unterrichten und muss, im Sinne einer bestmöglichen Vertretung und ordentlichen Beratung, eine rechtliche Beurteilung vornehmen. Nichts Anderes gilt für das gesamte Musterfeststellungsverfahren, den Vergleich miteinbezogen.[905]

Ein erstes Beispiel aus der Praxis, dass eine derartige Begründung ohne Zweifel möglich ist, hat sich bereits im „Diesel-Gate" Prozess gezeigt. Zwar erfolgte dort ein außergerichtlicher Vergleich, sodass keine gerichtliche Genehmigung und damit auch keine Begründung des Musterfeststellungsvergleichs notwendig waren. Von verantwortlichen Personen der qualifizierten Einrichtung, welche die Interessen der angemeldeten Verbraucher vertreten hatten, wurde allerdings, nachdem Kritik an dem außergerichtlichen Vergleich geäußert wurde, ein Aufsatz veröffentlich, in welchem die Beweggründe für einen Vergleich näher dargestellt wurden.[906] Da in dieser Begründung die Auffassung der qualifizierten Einrichtung aus ex-ante Sicht dargestellt wird, welche gerade für die Beurteilung der Angemessenheit des Vergleichs entscheidend ist, wird deutlich, dass eine Begründung eines Musterfeststellungsvergleichs auch vor der gerichtlichen Genehmigung eines Vergleiches unproblematisch möglich ist.

Für eine weitere Geltung des Beibringungsgrundsatzes und der daraus ergehenden Obliegenheit zur Begründung des Vergleiches ist auch ein Umkehrschluss anzuführen. Würde der Beibringungsgrundsatz im Rahmen der gerichtlichen Genehmigung des Vergleiches nicht mehr gelten, so wäre, was überhaupt Auslöser der Argumentation ist, keine ausreichende Bewertungsgrundlage vorhanden.

Um überhaupt die notwendige Abwägung der betroffenen Interessen zu ermöglichen, müsste dementsprechend das Gericht eigene Nachforschungen anstellen, was insofern dem Recht bzw. der Pflicht des Gerichts bei Annahme des Untersuchungsgrundsatzes entsprechen würde. Die Alternative zur Beibehaltung

---

904 *Beckmann/Waßmuth*, WM 2019, 89, 91.

905 *Weinland*, Rn. 168.

906 *Gurkmann/Jahn*, VuR 2020, 243.

des Beibringungsgrundsatzes wäre somit die Geltung des, der ZPO grundsätzlich fremden,[907] Untersuchungsgrundsatzes im Rahmen der Vergleichsprüfung, da ohne ausreichende Informationen das Gericht schlichtweg nicht beurteilen könnte, ob es den Vergleich als angemessen erachtet.[908] Eine Abwägung einzig aufgrund des bisherigen Sach- und Streitstandes und des unbegründeten Vergleichstextes erscheint ausgeschlossen, weil dies dem Sinn und Zweck der Regelung, dem Verbraucherschutz, vollständig widersprechen würde. Bei Geltung des Untersuchungsgrundsatzes hätte das Gericht damit das Recht, eigenständig den Sachverhalt aufzuklären und Beweise zu erheben.[909] Es bestünde somit für dieses die Möglichkeit, beispielsweise im Wege der Parteienvernehmung, die gleichen Informationen von den Parteien zu erhalten, welche diese auch freiwillig und selbstständig in einer Vergleichsbegründung preisgeben könnten.

Eine Ablehnung des Beibringungsgrundsatzes würde somit zu weiterreichenden Auskunftspflichten der Parteien führen, als dies bei Annahme des Beibringungsgrundsatzes der Fall wäre. Mit dem Hintergrund, dass die Parteien sich eigentlich einig sind und deshalb weiteren Tatsachenvortrag als nicht notwendig erachten, erscheint es insofern nicht sinnvoll, vom grundsätzlich im Zivilprozess geltenden Beibringungssatz beim Vergleich abzuweichen. Da die Überprüfung eines Vergleichs immer eine für das Gericht ausreichende Entscheidungsgrundlage verlangt, wären die Parteien auch bei Ablehnung des Beibringungsgrundsatzes somit regelmäßig diejenigen, aus deren Sphäre die notwendigen Informationen stammen. Eine Ablehnung des Beibringungsgrundsatzes würde diese somit nicht besserstellen.

Es sprechen mithin viele Argumente dafür, dass der Beibringungsgrundsatz auch innerhalb der Angemessenheitsprüfung des Gerichts besteht. Mit Geltung des Beibringungsgrundsatzes obliegt es somit zunächst prinzipiell den Parteien, dem Gericht diejenigen Informationen zu verschaffen, die es benötigt, um eine sinnvolle Interessenabwägung vorzunehmen.

(bbb) Der Umfang der Begründungsobliegenheit

Sofern man der gerade vertretenen Auffassung folgt, dass aufgrund des Beibringungsgrundsatzes eine Begründungsobliegenheit der Parteien grundsätzlich besteht, stellt sich weitergehend die Frage, wann die Parteien ihre

---

907 *Musielak*, in: Musielak/Voit, ZPO, Einleitung Rn. 38.
908 *Beuchler*, in: Micklitz/Stadler, 1081.
909 *Musielak*, in: Musielak/Voit, ZPO, Einleitung Rn. 38.

Begründungsobliegenheit erfüllt haben. Mit anderen Worten, welche Argumente die Parteien im Detail dem Gericht vorzutragen haben.

Eine abschließende Antwort auf diese Frage wird man nicht geben können. Die dargestellten Abwägungskriterien für die Angemessenheit des Vergleiches stellen einen Hinweis dar, was innerhalb der Abwägung des Gerichts berücksichtigt werden könnte. Sie sind aber nicht abschließend und im Einzelfall können weitere bzw. andere Kriterien für die Angemessenheitsprüfung des Gerichts von Belang sein.

Stellt man auf das Ziel der Begründung ab, nämlich die Genehmigung des Vergleiches, so kann man zunächst zu dem unbefriedigenden Ergebnis gelangen, dass eine Erschöpfung der Begründungsobliegenheit erst erreicht ist, wenn der Vergleich genehmigt wurde.[910]

Schon aus prozesstaktischen Gründen werden die Parteien allerdings nicht sämtliche Argumente, die sie in ihre eigene Abwägung einbezogen haben, dem Gericht und dem Prozessgegner offenbaren.[911] Eine vollständige Darstellung des eigenen Abwägungsprozesses erscheint jedoch auch nicht notwendig. Es wird dem Gericht bewusst sein, dass die dem Vergleich zugrundeliegenden Interessen in verschiedene Richtungen gehen und es sich bei dem Vergleich um einen Kompromiss handelt. Das Gericht wird vielmehr anhand der Begründung der Parteien überprüfen, ob der gefundene Vergleich nachvollziehbar ist. Fehlen dem Gericht für seinen eigenen Abwägungsvorgang Informationen, die die Parteien eventuell bewusst zurückgehalten haben, so kann das Gericht die Parteien dazu befragen.

(cc) Zwischenergebnis

Nach beiden vertretenen Auffassungen besteht für das Gericht bei der Angemessenheitsprüfung des Musterfeststellungsvergleichs eine Erörterungs- und Fragepflicht nach § 139 ZPO, sofern die Parteien ihrer, aufgrund des Beibringungsgrundsatzes bestehenden, Begründungsobliegenheit des Vergleiches nicht nachkommen. Insofern besteht bei nicht ausreichender Begründung des Vergleiches, lückenhafter Sachvortrag, weshalb die Erforderlichkeit von Erörterungen und Fragen auch nach der engeren Auffassung zu § 139 ZPO angenommen werden kann.

---

910 *Eggers*, 203 stellt ebenfalls darauf ab, dass die Parteien dafür verantwortlich sind dem Gericht die Beurteilungsgrundlage zur Verfügung zu stellen.

911 *Kähler*, in: Asmus/Waßmuth, § 611 Rn. 18.

Hierbei kann festgestellt werden, dass das Gericht zwar nach § 139 ZPO die Parteien zur weiteren Aufklärung der Begründung anweisen und damit seine Informationsgrundlage erweitern kann. Der Hauptteil der für die Abwägung relevanten Information resultiert jedoch bereits aus der, von den Parteien abzugebenden, Begründung des Vergleiches. Das Gericht kann mithilfe der materiellen Prozessleitung vielmehr lediglich zur Vervollständigung der Begründung beitragen.

Entsprechend dem oben Gesagten[912] besteht für das Gericht im Hinblick auf die Begründung des Vergleiches das Recht nach § 139 Abs. 1 S. 1 ZPO Fragen zu stellen, sofern der Vortrag Lücken aufweist.

(b) Die Anwendung der §§ 141–144 ZPO

In den §§ 141–144 ZPO werden dem Gericht weitere Mittel zur materiellen Prozessleitung an die Hand gegeben, die die Maßnahmen nach § 139 ZPO ergänzen sollen. Die Maßnahmen nach den §§ 141–144 ZPO dienen dabei unstreitig, wie die Maßnahmen nach § 139 Abs. 1 ZPO, der besseren Aufklärung und der Sicherstellung des richtigen Verständnisses des, auch unstrittigen,[913] Sach- und Streitstandes.[914] Hierbei gelten für die in den §§ 141–144 ZPO geregelten Maßnahmen die gleichen Grenzen, wie für diejenigen nach § 139 ZPO. Eine freie Sachverhaltsermittlung durch das Gericht, entsprechend einer Geltung des Amtsermittlungsgrundsatzes, wird demnach auch durch die §§ 141–144 ZPO nicht ermöglicht. Auch für die §§ 141–144 ZPO ist der Beibringungsgrundsatz prinzipiell zu beachten. Das Gericht ist mithin, was den Sachvortrag anbelangt, zunächst an das Vorbringen der Parteien gebunden und soll nur eine eigene Informationsbeschaffung betreiben, wenn bspw. die eigene Sachkunde nicht ausreicht, um den von den Parteien vorgetragenen Sachverhalt richtig eigenständig bewerten zu können.[915]

Die Informationsbeschaffung durch das Gericht wird durch die §§ 141–144 ZPO mithin ebenfalls nur eingeschränkt erweitert. So besteht für das Gericht

---

912 Siehe: 235 ff.

913 *von Selle*, in: BeckOK, ZPO, § 144 Rn. 1; *Wöstmann*, in: Saenger, ZPO, § 144 Rn. 1; *Stadler*, in: Musielak/Voit, ZPO, § 144 Rn. 1.

914 BT-Drs. 14/4722, 78; *Fritsche*, in: MüKo, ZPO, § 142–144, Rn. 1; *Goldkamp*, ZAP 2019, 355.

915 BGH GRUR 2010, 314, 317; *Fritsche*, in: MüKo, ZPO, § 142–144, Rn. 1; *Greger*, in: Zöller, ZPO, § 142 Rn. 1; *Stadler*, in: Musielak/Voit, ZPO, § 142 Rn. 1; *von Selle*, in: BeckOK, ZPO, § 142 Rn. 1.

bspw. nach § 142 ZPO die Möglichkeit, sich eine Vertragsurkunde vollständig vorlegen zu lassen, anstelle sich nur mit einem vorgelegten Auszug des Dokuments begnügen zu müssen. Ebenfalls kann es nach § 144 auf Sachverständige zurückgreifen, um mithilfe dieser die für das Verständnis des Vortrags der Parteien notwendige Sachkunde zu gewinnen.[916]

Gerade die Hinzuziehung eines Sachverständigen kann hierbei für die Beurteilung der Angemessenheit des Vergleiches für das Gericht von Bedeutung sein. Treffen die Parteien in ihrer Vergleichsbegründung zu komplexen tatsächlichen Problemen des Verfahrens, bspw. zur Ermittlung der konkreten Schäden der Verbraucher, Bewertungen, für deren Nachvollziehbarkeit dem Gericht die notwendige Sachkunde fehlt, so kann es dieses Defizit mit Hilfe des § 144 ZPO lösen.

Problematisch wird die Hinzuziehung eines Sachverständigen allerdings, wenn in der Vergleichsbegründung bereits, von einer Partei oder beiden beauftragte, Sachverständigengutachten enthalten sind, auf die sich die Parteien für ihre Bewertung stützen. In diesem Fall könnte die notwendige Sachkunde durch die beigefügten Sachverständigengutachten eigentlich geschaffen werden, sodass für eine Anwendung des § 144 ZPO kein Raum wäre. Besteht aufgrund des bereits vorliegenden Sachverständigengutachtens das Verständnis des Sachvortrags bei dem Gericht, ist das Gericht allerdings nicht von den in den Sachverständigengutachten getroffenen Feststellungen überzeugt, so würde eine Anwendung des § 144 ZPO über eine bloße Informationsbeschaffung zum Verständnis des Vortrags hinausgehen. In diesem Fall würde eine Anwendung des § 144 ZPO vielmehr zur Würdigung des Sachvortrags beitragen und damit dem Beweis dienen. Zur Frage, ob die §§ 142–144 ZPO auch dem Beweis dienen und der damit einhergehenden Bedeutung für die Angemessenheitsprüfung des Gerichts, wird nachfolgend, bei der noch zu erörternden Frage des Beweisrechts, ausgeführt.[917]

(c) Die Analoge Anwendung des § 56 Abs. 1 ZPO

Eine analoge Anwendung des § 56 Abs. 1 ZPO zur Schaffung einer ausreichenden Entscheidungsgrundlage ist hingegen abzulehnen. Eine analoge Anwendung einer Vorschrift setzt „eine planwidrige Regelungslücke und eine vergleichbare Interessenlage des geregelten und zu regelnden Sachverhalts voraus". Es ist dementsprechend zunächst durch Auslegung zu ermitteln, ob das betroffene Gesetz, im Hinblick auf den beabsichtigten Regelungsgehalt, unvollständig ist.[918]

916 *Fritsche,* in: MüKo, ZPO, § 142–144, Rn. 1, 24; *Stamm,* ZZP 124 (2011), 433, 437, 441.
917 Siehe hierzu: 252.
918 *Danwerth,* ZfPW 2017, 230, 233 m.w.N., 239.

Eine analoge Anwendung des § 56 Abs. 1 ZPO ist somit bereits aufgrund des zuvor zu den §§ 139 ff. ZPO Geschriebenen, mangels planwidriger Regelungslücke abzulehnen. Bereits wegen der Geltung des Beibringungsgrundsatzes innerhalb der Angemessenheitsprüfung und der Maßnahmen nach den §§ 139 ff. ZPO wird es dem Gericht ermöglicht, eine Informationsgrundlage für seine Abwägung zu gewinnen, sodass keine Regelungslücke zur Informationsbeschaffung besteht.

Die analoge Anwendung des § 56 Abs. 1 ZPO würde nicht dazu führen, dass das Gericht Informationen erlangen könnte, die über die Informationen hinausgehen, die das Gericht bereits aufgrund des Beibringungsgrundsatzes und der Anwendung der §§ 139 ff. ZPO bereits bekommen kann. § 56 Abs. 1 ZPO regelt zwar, dass das Gericht das Vorliegen einiger Zulässigkeitsvoraussetzungen von Amts wegen zu berücksichtigen hat. Die Prüfung von Amts wegen ist aber nicht mit dem im Strafprozess geltenden Untersuchungsgrundsatz gleichzusetzen. Die Prüfung von Amts wegen bedeutet nur, dass das Gericht auf Grundlage des Prozessstoffes darüber entscheidet, ob die Zulässigkeitsvoraussetzungen gegeben sind, ohne dass eine Partei sich hierauf berufen müsste,[919] nicht hingegen, dass das Gericht den Sachverhalt selbstständig zu ermitteln hat.[920]

Die (analoge) Anwendung des § 56 Abs. 1 ZPO wäre somit nur weiterführend, wenn sich aus dem Vergleichsinhalt oder aus der Begründung des Vergleiches unmittelbar Gründe ergeben würden, warum die Angemessenheit abzulehnen wäre, weil dann das Gericht die Genehmigung verweigern könnte. In diesem Fall bedürfte es einer analogen Anwendung aber ebenfalls nicht, da bereits dem § 611 Abs. 3 S. 2 ZPO zu entnehmen ist, dass der Vergleich abzulehnen ist, sofern er nicht angemessen ist.

(d) Zwischenergebnis

Festgestellt werden kann mithin an dieser Stelle, dass sich bereits aus dem allgemein in der Zivilprozessordnung geltenden Beibringungsgrundsatz grundsätzlich die Obliegenheit der Parteien ergibt, diejenigen Tatsachen und Beweise in den Prozess einzubringen, die es dem Gericht ermöglichen sollen die

---

919 BGH NJW 1991, 3095/3096; *Althammer*, in: Zöller, ZPO, § 56 Rn. 4; *Engelmann-Pilger*, NJW 2005, 716; *Hille*, DS 2015, 181, 187.

920 BGH GRUR 2010, 996 Rn. 22; *Althammer*, in: Zöller, ZPO, § 56 Rn. 4; *Bacher*, in: BeckOK, ZPO, § 253 Rn. 10; *Greger*, in: Zöller, ZPO, vor § 128 Rn. 12; *Heinrich*, in: Musielak/Voit, ZPO, § 1 Rn. 16; *Musielak*, in: Musielak/Voit, ZPO, Einleitung Rn. 44; *Weth*, in: Musielak/Voit, ZPO, § 56 Rn. 2.

Angemessenheit des Vergleiches zu beurteilen. Geschieht dies nicht, so wird das Gericht zunächst die Parteien nach § 139 ZPO auf Lücken im Vortrag hinweisen und Nachfragen zu unzureichenden Angaben vornehmen. Eine eigenständige Ermittlung der, der Abwägung der Interessen zugrundeliegenden Tatsachen, hat hingegen zu unterbleiben. Auch mithilfe der §§ 141–144 ZPO ist dem Gericht eine vollständige Aufklärung des Sachverhalts grundsätzlich nur innerhalb der Grenzen der Parteiherrschaft möglich.

Unterbleibt eine Begründung der Parteien zur Angemessenheit des Vergleiches vollständig, oder werden die Lücken im Vortrag der Parteien nicht geschlossen, so wird das Gericht den Vergleich, mangels ausreichender bzw. vorhandener Bewertungsgrundlage, ablehnen müssen.

(2) Der Beweis

Einen Schritt weiter geht die Frage, ob das Gericht über den Vortrag der Parteien hinaus eigenständige Sachverhaltsaufklärung betreiben und Beweise erheben darf. Eine solche Notwendigkeit vermag sich bereits daraus zu ergeben, dass die Parteien nach dem Abschluss des Vergleiches das gleichgerichtete Interesse an dessen Genehmigung haben und dementsprechend regelmäßig beiderseitig so vortragen werden, als sei der Vergleich angemessen.[921] Zwar wird im Fall eines ordnungsgemäßen Musterfeststellungsverfahrens, auch im Rahmen des Musterfeststellungsvergleiches davon auszugehen sein, dass durch die qualifizierte Einrichtung die Interessen der Verbraucher im besten Sinne wahrgenommen wurden und daher der Vergleich für diese eine angemessene Lösung darstellt.[922] Die Angemessenheitsprüfung soll aber gerade dazu dienen, die ordnungsgemäße Interessenvertretung sicherzustellen und Missbrauch zu verhindern. Müsste das Gericht den Vortrag als wahrheitsgemäß hinnehmen und wäre es an diesen gebunden, so wäre ein vom Normalzustand abweichendes, insbesondere kollusives Verhalten der am Vergleich Beteiligten zum Nachteil der Verbraucher schwer aufzudecken.[923]

Problematisch wirkt die Herleitung eines solchen Beweisrechts des Gerichts. Das sich aus dem Wortlaut des § 611 Abs. 3 S. 2 ZPO ergebende Verständnis, dass eine weitergehende Beweiserhebung auszubleiben hat,[924] dürfte sich zwar nur auf die Tatsachen aus dem Musterfeststellungsprozess beziehen.[925] Ein

921 *Beuchler*, in: Micklitz/Stadler, 1081; *Stadler*, in: Musielak/Voit, ZPO, § 611 Rn. 11.

922 *Mekat*, in: Nordholtz/Mekat, § 7 Rn. 39.

923 *Röthemeyer*, § 611 Rn. 34; *Magnus*, NJW 2019, 3177, 3179.

924 Siehe: 165.

925 Siehe: 00.

Beweisrecht des Gerichts könnte jedoch aufgrund der besonderen Situation des Musterfeststellungsvergleiches, des regelmäßig fehlenden streitigen Vortrags der Parteien, ausgeschlossen sein. Insofern könnte eine Beweiserhebung unter Umständen gegen das im Zivilprozess geltende Prinzip verstoßen, dass eine Tatsache nur beweisbedürftig ist, wenn sie bestritten ist.[926]

(a) Die Beweislast der Parteien

Die eigentlich aufgrund der Geltung des Beibringungsgrundsatzes bestehende Aufgabe der Parteien, den Beweis über Tatsachen zu erbringen, wäre somit in Reihen des Musterfeststellungsvergleiches wegen der nicht bestrittenen Behauptungen nach § 138 Abs. 3 ZPO und der daraus eigentlich folgenden nicht bestehenden Beweisbedürftigkeit dieser Behauptungen,[927] nicht vorhanden. Das Gericht müsste diese vielmehr als wahr unterstellen und könnte seine Angemessenheitsprüfung nur auf diese Angaben stützen.

Es stellt sich für den Musterfeststellungsvergleich jedoch die Frage, ob die von den Parteien vorgetragenen Behauptungen, auch wenn diese nicht von einer Partei bestritten wurden, als strittig angesehen werden könnten, sodass eine Beweisbedürftigkeit bestünde. Anlass für eine derartige Betrachtungsweise könnte, wie bereits in der Argumentation zur Beibehaltung des Beibringungsgrundsatzes ausgeführt,[928] das Begehren der Parteien an der gerichtlichen Genehmigung sein. Im regulären Zwei-Personen-Prozess ist die Partei, welche die subjektive Beweislast trägt, dazu angehalten, den Beweis über eine streitige Tatsache zu führen, um nicht den Prozess zu verlieren.[929] Die Notwendigkeit der Beweisführung über strittige Tatsachen resultiert deshalb daraus, dass die beweisbelastete Partei, ohne Beweisführung den Prozess verlieren würde. Stellt man insofern auf diesen Zweck der Beweisführung ab, so wäre auch im Musterfeststellungsvergleich die Partei beweisbelastet, die ein Unterliegen im Prozess vermeiden möchte. Da für den Musterfeststellungsvergleich beide Parteien die gerichtliche Genehmigung begehren, könnte man die Nicht-Genehmigung für diese als Unterliegen im Prozess werten, sodass sich daraus die Beweislast beider Parteien begründen lassen könnte.

---

926 *Bacher*, in: BeckOK, ZPO, § 284 Vorbemerkung; *Dölling*, NJW 2013, 3121; *Greger*, in: Zöller, ZPO, § 284 Rn. 1.

927 *Prütting*, in: MüKo, ZPO, § 284 Rn. 93.

928 Siehe: 240 ff.(aaa) Die Begründungspflicht der Parteien.

929 *Prütting*, in: MüKo ZPO, § 286 Rn. 101.

Die Beweisführungsobliegenheit wäre mithin wie die Begründungsobliegenheit unmittelbar aus dem Beibringungsgrundsatz herzuleiten.

Dass es innerhalb der Zivilprozessordnung nicht unmöglich ist, dass von den Parteien unbestrittene, als strittige Tatsachen angesehen werden können, zeigt sich anhand des Geständnisses nach § 288 Abs. 1 ZPO. Nach § 288 Abs. 1 ZPO ist ein Gericht grundsätzlich an die zugestandenen und damit unstrittigen Tatsachen gebunden, selbst wenn das Geständnis bewusst wahrheitswidrig abgegeben wurde.[930] Die Bindung an das, aufgrund des Geständnisses, unstreitige Vorbringen der Parteien findet allerdings seine Grenzen, soweit die Parteien kollusiv zum Nachteil eines Dritten zusammenwirken.[931]

Um ein Geständnis einer Partei als unbeachtlich zu werten und damit eine Tatsache als streitig zu behandeln, wäre es allerdings erforderlich, dass das Gericht von dem kollusiven Verhalten der Parteien überzeugt ist. Besteht für dieses nicht das erforderliche volle Maß an Überzeugung, dass ein betrügerisches Zusammenspiel der Parteien vorliegt, so ist das Vorbringen der Parteien weiterhin als unstreitig und damit als wahr zu berücksichtigen.[932] Aus dem Umstand, dass zwischen den Parteien möglicherweise ein kollusives Verhalten zum Nachteil eines Dritten vorliegt, ergibt sich jedoch kein eigenständiges Beweisrecht des Gerichts, welches diesem die Aufklärung des in Frage stehenden Verhaltens ermöglichen würde.

In einem Musterfeststellungsvergleich müssten sich demnach hinreichende Anhaltspunkte befinden, die das Gericht davon überzeugen, dass ein kollusives Verhalten der Parteien zum Nachteil der angemeldeten Verbraucher vorliegt. Dass eine solche Überzeugung bei dem Gericht zustande kommt, erscheint allerdings aufgrund der Komplexität der Abwägung der Interessen zur Bestimmung eines angemessenen Vergleichs (gerade auch für die Klägerin), als schwer vorstellbar.

Das Verständnis zu § 288 Abs. 1 ZPO zeigt somit, dass Tatsachen, auch wenn diese von den Parteien nicht bestritten werden, als strittig angesehen werden können. Für eine Übertragung der in § 288 Abs. 1 ZPO enthaltenen Wertung, dass eine Parteidisposition dort unbeachtlich ist, wo sie kollusiv zum Nachteil

---

930 BGH NJW 1962, 1395; BGH NJW 1995 1142/1433; *Hille*, DS 2015, 181, 182; *Huber*, in: Musielak/Voit, ZPO, § 288 Rn. 9.

931 BGH NJW 1962, 1395; OLG NJW-RR 1998, 606; *Hille*, DS 2015, 181, 182; *Huber*, in: Musielak/Voit, ZPO, § 288 Rn. 10.

932 OLG NJW-RR 1998, 606.

eines Dritten erfolgt, ist es jedoch erforderlich, dass ein Handeln zum Nachteil eines Dritten zur Überzeugung des Gerichts besteht.

Nimmt man eine Beweislast aufgrund des oben dargestellten Ansatzes an[933], so hätten die Parteien die Gelegenheit, ihre Behauptungen zu beweisen. Wird das Gericht von der Wahrheit der Tatsachenbehauptung überzeugt,[934] so sollte diese Überzeugung für eine gerichtliche Genehmigung des Vergleiches ausreichend sein. Ist das Gericht hingegen nicht von der Wahrheit einer Tatsachenbehauptung aufgrund der angebotenen Beweismittel der Parteien überzeugt, so stellt sich die weitergehende Frage nach einem eigenen Beweisrecht des Gerichts.

(b) Das Beweisrecht aus den § 141 ff. ZPO

Die Vorschriften der §§ 141 ff. ermöglichen es, neben der besseren Aufklärung des Sachverhaltes,[935] dass das Gericht unabhängig von dem Beweisantritt einer Partei eine eigenständig Beweisaufnahme vornehmen kann.[936] Es besteht insofern die wohl herrschende Meinung[937], dass die Regelungen der §§ 141–144 ZPO zum einen ein Hilfsmittel für das Gericht darstellen, um Informationen zu sammeln und dadurch den Prozessstoff zu verstehen,[938] zum anderen jedoch auch dem Gericht zum Beweis dienen sollen.[939] § 141 ZPO soll hingegen ausschließlich als Mittel der materiellen Prozessleitung zur Aufklärung des tatsächlichen Parteivorbringens beitragen und kein Beweismittel darstellen,[940] was allerdings nicht ausschließt, dass das Gericht die durch die persönliche Anhörung gewonnenen Informationen im Rahmen seiner freien Beweiswürdigung nach § 286 Abs. 1 S. 1 ZPO einbezieht.[941]

---

933 Die Parteien sind zum Beweis verpflichtet, weil sie es sind, die eine gerichtliche Genehmigung des Vergleichs begehren.

934 *Prütting*, in: MüKo ZPO, § 286 Rn. 7, 28 f.

935 Siehe: 246 ff.

936 BT-Drs. 14/4722, 78 f.

937 *von Selle*, in: BeckOK, ZPO, § 144 Rn. 1.

938 BGH GRUR 2010, 314/317.

939 BGH NJW 2007, 155 Rn. 5; *Fritsche*, in: MüKo, ZPO, §§ 142–144 Rn. 1; *Stadler*, in: Musielak/Voit, ZPO, § 142 Rn. 1; *von Selle*, in: BeckOK, ZPO, § 144 Rn. 1; *Wöstmann*, in: Saenger, ZPO, § 144 Rn. 1; a.A. *Gruber/Kießling*, ZZP 116 (2003), 305, 314.

940 BGH NJW 2002, 2247/2249; *Fritsche*, in: MüKo, ZPO, § 141 Rn. 2; *von Selle*, in: BeckOK, ZPO, § 141 Rn. 1; *Stadler*, in: Musielak/Voit, ZPO, § 141 Rn. 2.

941 *von Selle*, in: BeckOK, ZPO, § 141 Rn. 1, 3; *Fritsche*, in: MüKo, ZPO, § 141 Rn. 5; *Stadler*, in: Musielak/Voit, ZPO, § 141 Rn. 2.

Problematisch erscheint die Anwendung der §§ 141 ff. ZPO im Hinblick auf das Beweisrecht des Gerichts allerdings bei unstreitigen Tatsachen. Auch für die §§ 141 ff. ZPO besteht das, ebenfalls aus dem Prinzip der Beweisbedürftigkeit resultierende, grundsätzliche Verständnis, dass mithilfe dieser nur eine Aufklärung bestrittener Behauptungen erfolgen kann[942] und insbesondere das Gericht den Beweismitteln nichts entnehmen darf, was im Widerspruch zum unstreitigen Parteivorbringen steht, oder von den Parteien im Prozess noch nicht vorgetragen wurde.[943] Eine Beweiserhebung von Amts wegen darf demnach grundsätzlich nur erfolgen, sofern eine Tatsache bestritten und damit beweisbedürftig ist. Wertet man die Behauptungen der Parteien zum Vergleich als unstrittig, so scheidet eine Anwendung der §§ 141 ff. ZPO aus.

Besteht deshalb die, innerhalb der Ausführungen zur Informationsbeschaffung beschriebene, Situation, dass aufgrund übereinstimmender Sachverständigengutachten die erforderliche Sachkunde zur Würdigung des Verfahrensergebnisses beim Gericht vorliegt,[944] so hätte das Gericht nicht das Recht einen Beweis zu erheben.[945]

(c) Das Beweisrecht aufgrund der Prüfung von Amts wegen

Lehnt man den zuvor dargestellten Ansatz ab, dass sich eine Beweislast der Parteien aufgrund ihres Interesses an der gerichtlichen Genehmigung ergibt, so kann man eine Beweislast der Parteien jedoch damit begründen, dass es sich bei der Angemessenheitsprüfung um eine Prüfung von Amts wegen handelt.[946] Insoweit liegt eine Abweichung von dem Prinzip vor, dass eine Tatsache nur beweisbedürftig ist, wenn sie bestritten ist.[947] Bei von Amts wegen zu prüfenden Prozessvoraussetzungen entfällt die Beweisbedürftigkeit von Tatsachen nicht, selbst wenn diese zugestanden sind. Das Gericht muss diese somit nicht als wahr behandeln.[948] Besteht eine Prüfung von Amts wegen, so können die Parteien

---

942 *Stadler*, in: Musielak/Voit, ZPO, § 142 Rn. 2; *Fritsche*, in: MüKo, ZPO, §§ 142–144 Rn. 1; *Stackmann*, NJW 2007, 3521, 3524.

943 BGH BeckRS 2014, 13727 Rn. 28; *Greger*, in: Zöller, ZPO, § 142 Rn. 1; *von Selle*, in: BeckOK, ZPO, § 142 Rn. 11.

944 Anders, wenn die erforderliche Sachkunde fehlt. Siehe: S. 246.

945 *Beck*, ZIP 2018, 1915, 1919.

946 *Augenhofer*, in: BeckOK, ZPO, § 611 Rn. 10; *Kähler*, in: Asmus/Waßmuth, § 611 Rn. 21; *Röthemeyer*, § 611 Rn. 27; *Stadler*, in: Musielak/Voit, ZPO, § 611 Rn. 9; *Vollkommer*, in: Zöller, ZPO, § 611 Rn. 4.

947 *Bacher*, in: BeckOK ZPO, § 284 Rn. 8.

948 *Althammer*, in: Zöller, ZPO, § 56 Rn. 4 f., 8; *Huber*, in: Musielak/Voit, ZPO, § 288 Rn. 10.

nicht über die zu prüfenden Tatsachen disponieren. Das Gericht ist demnach unabhängig davon, ob bspw. die Prozessfähigkeit des Klägers vom Beklagten bestritten wurde, zu einer Prüfung verpflichtet, sofern sich hinreichende Anhaltspunkte ergeben, die auf eine Prozessunfähigkeit des Klägers schließen lassen.[949]

Für die gerichtliche Genehmigung innerhalb des Musterfeststellungsprozesses bedeutet dies, dass das Gericht den Vergleich anhand der Begründung der Parteien auf seine Angemessenheit überprüft, unabhängig davon, ob etwas Strittiges zum ihm vorgetragen wird oder nicht.

Bestehen Zweifel an den von Amts wegen zu prüfenden Behauptungen der Parteien zum Vergleich, so ist den Parteien zunächst die Gelegenheit zu geben, diese auszuräumen.[950] Gelingt es den Parteien nicht, dem Gericht die aufgetretenen Zweifel zu nehmen, so muss das Gericht grundsätzlich eigenständig den Sachverhalt aufklären. Hierzu kann es von Amts wegen Beweise erheben, ohne an formelle Beweismittel gebunden zu sein. Es gilt nach h.M. der Grundsatz des sog. Freibeweisverfahrens.[951] Ist das Gericht, nachdem es sämtliche in Betracht kommenden Erkenntnisquellen erschöpft hat, nicht davon überzeugt, dass der Vergleich angemessen ist, so ergeht eine Entscheidung nach der objektiven Beweislast.[952] Die objektive Beweislast trifft hinsichtlich der gerichtlichen Genehmigung nach § 611 Abs. 3 S. 2 ZPO die Parteien, da eine Genehmigung nur erfolgt, sofern der Vergleich angemessen ist. Insofern unterbleibt die gerichtliche Genehmigung, soweit das Gericht nach Erschöpfung sämtlicher Erkenntnisquellen nicht von der Angemessenheit des Vergleichs überzeugt ist.

(d) Zwischenergebnis

Es kann an dieser Stelle festgehalten werden, dass das Gericht, aufgrund der Angemessenheitsprüfung von Amts wegen, grundsätzlich das Recht hat, die Angemessenheit des Vergleiches unter Ausschöpfung sämtlicher in Betracht

---

949 *Hübsch,* in: BeckOK, ZPO, § 56 Rn. 1, 3; *Weth,* in: Musielak/Voit, ZPO, § 56 Rn. 2; *Lindacher/Hau,* in: MüKo, ZPO, § 56 Rn. 2; *Plum,* JR 2018, 483.

950 BGH, NJW 1989, 2064, 2065; NJW-RR 2006, 937 f.; *Althammer,* in: Zöller, ZPO, § 56 Rn. 8; *Hübsch,* in: Musielak/Voit, ZPO, § 56 Rn. 4; *Weth,* in: Musielak/Voit, § 56 Rn. 6.

951 stRspr, BGHZ 143, 122, 124 = NJW 2000, 289, 290; BGHZ 176, 74, 78 = NJW 2008, 2125; BGH NJW 1996, 1059, 160; 2011, 778; *Althammer,* in: Zöller, ZPO, § 56 Rn. 8; *Hübsch,* in: Musielak/Voit, ZPO, § 56 Rn. 4; *Plum,* JR 2018, 483; *Weth,* in: Musielak/Voit, § 56 Rn. 5; für Geltung des Strengbeweises: *Lindach/Lau,* MüKo, ZPO, § 56 Rn. 3.

952 BGHZ 143, 122, 124 = NJW 2000, 289, 290; *Hübsch,* in: Musielak/Voit, ZPO, § 56 Rn. 5; *Weth,* in: Musielak/Voit, § 56 Rn. 6.

kommender Beweismittel zu überprüfen, sofern sich Anhaltspunkte aus dem Vortrag der Parteien ergeben, die das Gericht an der Angemessenheit zweifeln lassen.

cc) Die Einschränkung der Bewertungsgrundlage

Das Gericht hat aufgrund des Zusammenspiels der Begründungsobliegenheit bezüglich des Vergleichs durch die Parteien, der Vorschriften §§ 139 ff. ZPO und der Prüfung der Angemessenheit von Amts wegen, weitreichende Möglichkeiten zur Schaffung einer geeigneten Bewertungsgrundlage für die Abwägung. Schöpft das Gericht seine bestehende Kompetenz vollständig aus, so liegt faktisch eine Amtsermittlung der Bewertungsgrundlage vor. Das Gericht kann durch sein Fragerecht nach § 139 ZPO die Informationen, die es von den Parteien erhalten möchte, gezielt steuern und im Fall, dass es von den Informationen der Parteien nicht überzeugt ist, aufgrund der Prüfung von Amts wegen, sogar selbständig Beweise erheben.

Die Möglichkeit zur Schaffung und die Nutzung einer umfassenden Bewertungsgrundlage liegen hierbei, zumindest vordergründig, im Interesse der angemeldeten Verbraucher. Ohne eine ausreichende Informationsgrundlage kann eine Abwägung der Interessen der Verbraucher für oder wider einen Vergleich durch das Gericht nicht sinnvoll erfolgen.

Der Gesetzgeber entschied sich jedoch zur Einschränkung des Umfangs der Bewertungsgrundlage, auch wenn dadurch der mit der Angemessenheitsprüfung verfolgte Zweck, die Wahrung der Interessen der angemeldeten Verbraucher, ebenfalls nur beschränkt berücksichtigt wird. Wie zuvor ausführlich dargestellt, ergibt sich aus der Formulierung: „unter Berücksichtigung des bisherigen Sach- und Streitstands“ in § 611 Abs. 3 S. 2 ZPO, dass auch bei der Angemessenheitsprüfung des Gerichts der Verfahrensökonomie Rechnung getragen werden muss.[953] Insofern muss neben der geeigneten Wahrung der Interessen der angemeldeten Verbraucher auch die Verfahrensökonomie bei der Angemessenheitsprüfung berücksichtigt werden. Eine eingeschränkte Ermittlung der Entscheidungsgrundlage dient einerseits der Praxistauglichkeit[954] der Angemessenheitsprüfung und andererseits den Verbrauchern, weil in kürzerer Zeit eine befriedigende Wirkung durch den Vergleich eintreten kann.

Aus der Formulierung: „unter Berücksichtigung des bisherigen Sach- und Streitstands“ ist somit zu schließen, dass das Gericht von seinen bestehenden

953 Vgl. 165 ff., 179 ff.

954 *Jaspersen*, in: BeckOK, ZPO, § 91a Rn. 29.

Kompetenzen nur eingeschränkt Gebrauch machen soll, um die Prozessökonomie zu fördern.

Wo die Grenzen zwischen der erforderlichen Ermittlung von Informationen zur Wahrung der Interessen der Verbraucher und der, die Prozessökonomie schädigenden, Ermittlung einer zu umfassenden Bewertungsgrundlage ist, soll nachfolgend versucht werden, zu ermitteln.

(1) Grundsätzliches

Innerhalb des § 91a Abs. 1 S. 1 ZPO besteht das Verständnis, dass bei der Prüfung des bisherigen Sach- und Streitstandes grundsätzlich eine summarische Prüfung zu erfolgen hat und es damit für die Beantwortung von Streitfragen ausreicht, wenn das Gericht die Richtigkeit/Wahrheit oder Unrichtigkeit/Unwahrheit von Streitfragen für überwiegend wahrscheinlich hält.[955]

Überträgt man dieses Verständnis auf die Angemessenheitsprüfung nach § 611 Abs. 3 S. 2 ZPO, so kann dies bedeuten, dass es auch bei der Angemessenheitsprüfung ausreicht, wenn das Gericht die Wahrheit einer Tatsachenbehauptungen im Rahmen der Begründung des Vergleichs für überwiegend wahrscheinlich hält.

Aufgrund des geringeren Beweismaßes tritt insofern bereits eine generelle Einschränkung der erforderlichen Ermittlung ein. Muss das Gericht nicht die vollständige Überzeugung von der Wahrheit einer Tatsachenbehauptung haben, hat auch keine weitergehende Ermittlung von Informationen zu erfolgen, sofern es die Wahrheit der Tatsachenbehauptung für überwiegend wahrscheinlich hält.

Generell entscheidend für die Einschränkung der eigenständigen Beweiserhebung durch das Gericht dürfte darüber hinaus sein, dass im Rahmen der gerichtlichen Genehmigung weiterhin der Beibringungsgrundsatz gilt. Zwar stehen dem Gericht faktisch die Mittel zur Verfügung, die Bewertungsgrundlage selbst zu erweitern; aufgrund der Geltung des Beibringungsgrundsatz sollte sich die Tätigkeit des Gerichts jedoch grundsätzlich nicht zur Amtsermittlung ausweiten.

(2) Die Einschränkung der Beweiserhebung

Sowohl die notwendigen Informationen für die Bewertungsgrundlage als auch die Beweismittel, die die Tatsachenbehauptungen der Parteien tragen sollen, werden grundsätzlich aufgrund der Begründungsobliegenheit des Vergleichs

---

955 BGH NZI 2020, 1043 Rn. 13; NJW 1994, 256, 257; *Jaspersen,* in: BeckOK, ZPO, § 91a Rn. 30.

von den Parteien bereitgestellt. Eine weitergehende eigene Ermittlung von Informationen durch das Gericht hat grundsätzlich zu unterbleiben, weshalb die Informationsbeschaffung im Sinne der Prozessökonomie erfolgt. Im Hinblick auf die Beweiswürdigung ist das Gericht hingegen nicht an die Beweise der Parteien gebunden, sondern kann eigeständig Beweise erheben. Zwar reicht es aus, wenn das Gericht die Wahrheit einer Tatsachenbehauptung als überwiegend wahrscheinlich hält, weshalb eigene Beweiserhebungen nicht häufig sein müssen. Die eigenständige Beweiserhebung läuft jedoch generell der Prozessökonomie zuwider.

Die für § 91a Abs. 1 S. 1 ZPO vertretene Ansicht, dass auf eine weitere Beweisaufnahme generell verzichtet werden soll,[956] kann auf die Angemessenheitsprüfung nach § 611 Abs. 3 S. 2 ZPO eigentlich nicht übertragen werden,[957] weil sich aufgrund der Prüfung von Amts wegen gerade ergibt, dass das Gericht die Pflicht hat, weitere Beweismittel zu verwenden, wenn es an den Behauptungen der Parteien zweifelt. Ein vollständiger Ausschluss der eigenständigen Beweiserhebung erscheint deshalb ausgeschlossen. Umgekehrt kann allerdings ebenfalls nicht vertreten werden, dass das Gericht sämtliche in Betracht kommenden Beweismittel ausschöpfen soll, weil dies dem Gedanken der Prozessökonomie widersprechen würde.

Man befindet sich insofern in einem vergleichbaren Dilemma zu § 91a Abs. 1 S. 1 ZPO. Während dort die Zwecke der Vorschrift, „Kostengerechtigkeit" und „Prozessökonomie", schwierig miteinander zu vereinbaren sind,[958] besteht bei § 611 Abs. 3 S. 2 ZPO das Problem der Vereinbarkeit der „Wahrung der Interessen der angemeldeten Verbraucher" mit der „Prozessökonomie".

Ein Ansatz, der zur Einschränkung der Beweiserhebung in Betracht kommt, ist zwischen einer Beweiserhebung zu Tatsachen, die den Gegenstand des Musterfeststellungsverfahrens betreffen und einer Beweiserhebung zu Tatsachen, die den Gegenstand der Individualverfahren betreffen, zu unterscheiden.

(a) Die Beweiserhebung über Feststellungsziele

Vertreten wird insofern, dass zumindest keine weitere Beweiserhebung zu den Feststellungszielen der Musterfeststellungsklage durchzuführen ist. Begründet wird dies mit dem Wortlaut des § 611 Abs. 3 S. 2 ZPO. Das Gericht habe sich am bisherigen Sach- und Streitstand zu orientieren, weshalb eine weitere

956 *Jaspersen*, in: BeckOK, ZPO, § 91a Rn. 29.

957 A.A. *Stadler*, in: Musielak/Voit, ZPO, § 611 Rn. 11.

958 *Jaspersen*, in: BeckOK, ZPO, § 91a Rn. 29.

Beweiserhebung ausgeschlossen sei.[959] Diese Auffassung dürfte darauf beruhen dass der Formulierung „unter Berücksichtigung des bisherigen Sach- und Streitstands" in § 611 Abs. 3 S. 2 ZPO dieselbe Bedeutung beigemessen wird, wie der Formulierung in § 91a Abs. 1 S. 1 ZPO. Nicht einbezogen worden sein dürfte hingegen, dass das Gericht grundsätzlich die Pflicht zur Beweiserhebung hat, wenn es an den Behauptungen der Parteien zweifelt.

Ein Ausschluss der Erhebung von Beweisen zu den Feststellungszielen erscheint jedoch auch aufgrund der Folgen einer Beweiserhebung zu den Feststellungszielen begründet.

Würde das Gericht eigenständig Beweise zu den Feststellungszielen erheben, würde es faktisch ein Urteil über die Musterfeststellungsziele fällen, was mit dem Vergleich nicht gewollt ist. Insofern dürfte im Ergebnis eine Beweiserhebung über die Feststellungsziele des Musterfeststellungsverfahrens auszubleiben haben.

(b) Die Beweiserhebung zu den Individualverfahren

Ausgehend von der Konzeption und dem Zweck der Musterfeststellungsklage erweist sich eine eigenständige Beweiserhebung zu den Tatsachenbehauptungen die die, eventuell vorhandenen, rechtshängigen Individualverfahren betreffen, ebenfalls als schwierig. Auch wenn der Wortlaut: „unter Berücksichtigung des bisherigen Sach- und Streitstands" die Berücksichtigung von Umständen in der Angemessenheitsprüfung zulässt, die außerhalb des Streitgegenstands der Musterfeststellungsklage liegen[960], erscheint eine eigenständige Beweiserhebung zu Tatsachen, die die Individualverfahren betreffen, weitestgehend als ausgeschlossen.

Der Grund hierfür ist, dass der Angemessenheitsprüfung des Gerichts auch durch die Ausgestaltung der Musterfeststellungsklage[961] Grenzen gesetzt werden. Zunächst ist zu beachten, dass der Gesetzgeber sich bewusst für ein zweistufiges Verfahren entschieden hat. Müsste das Gericht umfassende Beweise zu den Individualverfahren erheben, so übernähme das Musterfeststellungsklagegericht jedoch die Aufgabe sämtlicher Gerichte der Individualverfahren, was grundsätzlich nicht die Aufgabe des Musterfeststellungsgerichts sein sollte. Hätte der Gesetzgeber gewollt, dass eine umfassende Würdigung der Individualverfahren durch das Gericht erfolgt, so hätte er anstelle einer Musterfeststellungsklage eine Sammelklage einführen können.

---

959 *Stadler*, in: Musielak/Voit, ZPO, § 611 Rn. 11.

960 Siehe hierzu: 231 ff.

961 *Weinland*, Rn. 15.

Weiter ist zu beachten, dass bei der Musterfeststellungsklage, als Verfahren der kollektiven Rechtsdurchsetzung, nicht der individuelle Anspruch, sondern die Klärung von Feststellungszielen, die alle angemeldeten Verbraucher betreffen, im Vordergrund steht.[962] Die Kausalität zwischen einem pflichtwidrigen Verhalten und einem Schaden, sowie die Schadenshöhe können wegen ihres individuellen Bezugs beispielsweise grundsätzlich nicht Gegenstand der Musterfeststellungsklage sein.[963] Dieser Leitgedanke der Musterfeststellungsklage ist auch auf die Angemessenheitsprüfung des Gerichts zu übertragen. Die Angemessenheitsprüfung soll den Vergleich insgesamt betrachten, nicht jedoch für Einzelfallgerechtigkeit sorgen. Nicht notwendig und auch nicht gewollt ist es somit, die Umstände jedes einzelnen Verfahrens in die Abwägung mit einzubeziehen.

Eine Erhebung von Beweisen zu Tatsachenbehauptungen, die die Individualverfahren betreffen, sollte insofern nur möglich sein, sofern die Tatsachenbehauptungen eine Vielzahl angemeldeter Verbraucher betreffen.

(3) Zwischenergebnis

Die, aufgrund des Zusammenspiels von Beibringungsgrundsatz, den §§ 139 ff. ZPO und der Angemessenheitsprüfung von Amts wegen, theoretisch bestehende weitreichende Kompetenz zur eigenständigen Schaffung einer geeigneten Bewertungsgrundlage erfährt zur Wahrung der Prozessökonomie eine starke Einschränkung. Generell nicht möglich ist es dem Gericht, Beweise zu den Feststellungszielen der Musterfeststellungsklage zu erheben, da dies dem Sinn und Zweck eines Musterfeststellungsvergleichs widersprechen würde. Eine Beweiserhebung zu einer Tatsache, die die Individualverfahren betrifft, ist nur möglich, wenn eine Vielzahl von Verbrauchern von dieser Tatsache betroffen ist. Unabhängig von der Möglichkeit der Beweiserhebung sollte eine Beweiserhebung des Gerichts allerdings die Ausnahme bilden, da auch bei der Angemessenheitsprüfung grundsätzlich der Beibringungsgrundsatz gilt.

dd) Ergebnis

Die für die gerichtliche Genehmigung erforderliche Entscheidungsgrundlage resultiert somit im Kern aus dem Vortrag der Parteien zum Musterfeststellungsvergleich. Aus dem, auch in diesem Stadium des Prozesses, weiterhin geltenden Beibringungsgrundsatz leitet sich die Obliegenheit der Parteien her, den Vergleich zu begründen. Besteht für das Gericht der Anlass an der Wahrheit der

---

962 *Weinland*, Rn. 63; BT-Drs. 19/2439, 20.
963 *Weinland*, Rn. 65.

Tatsachenbehauptungen der Parteien zu zweifeln, so kann es sich die Begründungen zunächst weitergehend erläutern lassen und auch eine eigenständige Beweiserhebung vornehmen.

Das Recht des Gerichts zu einer eigenständigen Beweiserhebung ergibt sich aus dem Umstand, dass es sich bei der Angemessenheitsprüfung um eine Prüfung von Amts wegen handelt. Aufgrund dessen ist das Gericht nicht an unstreitiges Vorbringen der Parteien gebunden, sondern kann grundsätzlich nach den Regeln des Freibeweises den Sachverhalt ermitteln. Das Recht zur eigenständigen Beweiserhebung wird allerdings für die Angemessenheitsprüfung des Vergleichs, nach dem Willen des Gesetzgebers, zur Wahrung der Prozessökonomie, stark eingeschränkt. Eine selbständige Beweiserhebung des Gerichts ist dementsprechend nur möglich, sofern Zweifel des Gerichts in Bezug auf Tatsachenbehauptungen der Parteien bestehen, die einerseits die Individualverfahren und andererseits eine Vielzahl von angemeldeten Verbrauchern betreffen. Eine Beweiserhebung des Gerichts zu den Feststellungszielen des Musterfeststellungsverfahrens ist hingegen ausgeschlossen.

Die Ausgestaltung der Schaffung der Entscheidungsgrundlage trägt insoweit im besten Sinne zur Prozessökonomie bei. Die grundsätzliche Beibehaltung des Beibringungsgrundsatzes und die daraus folgende Aufklärung des Sachverhalts durch die Parteien erweist sich als logische Konsequenz, da diese die notwendigen Informationen besitzen werden und aus Eigeninteresse zur Darstellung der Gründe der Angemessenheit des Vergleiches bereit sein werden. Zumindest die qualifizierte Einrichtung als Klägerin wird vor Abschluss des Vergleiches das Interesse der Verbraucher an dem Vergleich, gegenüber dem Interesse der Verbraucher an der Weiterführung des Verfahrens, durchdacht haben, sodass eine Darlegung dieser Gründe ohne zeitliche Verzögerung möglich sein wird. Das bestehende Risiko eines kollusiven Zusammenwirkens zum Nachteil der Verbraucher wird durch das Recht des Gerichts zur eigenen Beweiserhebung aufgefangen. Insoweit erfolgt keine generelle Amtsermittlung, vielmehr sind nur eigenständig Beweise durch das Gericht zu erheben, sofern sich aus dem Vortrag der Parteien Anhaltspunkte ergeben, die gegen die Angemessenheit des Vergleiches sprechen.

b) Die Abwägung/Bewertung

Übergeordnet kann zunächst festgestellt werden, dass ein Vergleich angemessen ist, wenn eine Abwägung ergibt, dass das Interesse der angemeldeten Verbraucher am Abschluss eines Vergleiches das Interesse an einem Musterfeststellungsurteil und einer anschließenden Verfolgung der Ansprüche im Individualverfahren überwiegt.[964]

Das Gericht hat jedoch weiterhin zu beachten, dass im Fall eines Vergleiches nicht nur ein Interessenkonflikt zwischen Nicht-Abschluss und Abschluss des Vergleiches bestehen kann, sondern auch zwischen den jeweiligen Interessen der einzelnen Verbraucher.[965] Zwar überschneiden sich die Interessen der angemeldeten Verbraucher an der Musterfeststellungsklage dahingehend, dass deren Ansprüche oder Rechtsverhältnisse von den mit der Musterfeststellungsklage verfolgten Feststellungszielen abhängen müssen. Die jeweiligen Ansprüche oder Rechtsverhältnisse sind aber regelmäßig nicht identisch. Insofern kann es passieren, dass die Interessen von Verbrauchergruppen im Musterfeststellungsvergleich im Widerspruch zu den Interessen von anderen Verbrauchergruppen stehen.[966] Und selbst bei identischen Ansprüchen oder Rechtsverhältnissen ist zu berücksichtigen, dass die hinter den Ansprüchen stehenden Individuen unterschiedliche Ansichten in Bezug auf die Durchsetzung ihrer Ansprüche oder Rechtsverhältnisse haben.[967] So wird ein Teil der Verbraucher eventuell eine Weiterführung der Musterfeststellungsklage und die anschließende Verfolgung des Anspruchs im Individualverfahren bevorzugen, sofern sie sich dadurch eine höhere Kompensation versprechen. Andere dagegen werden sich mit geringeren Leistungen zufriedengeben, sofern sie sich dadurch keinem weiteren Prozessrisiko aussetzen müssen.[968]

Für die qualifizierte Einrichtung als Klägerin wird es regelmäßig unmöglich sein, die unterschiedlichen Risikoaffinitäten der angemeldeten Verbraucher nachzuvollziehen. Je größer die Zahl der angemeldeten Verbraucher desto schwieriger wird es. Und selbst bei Kenntnis der allgemeinen Einstellung zur Vergleichsbereitschaft bzw. zum Willen zur weiteren Durchsetzung der eigenen Ansprüche und Rechtsverhältnisse der einzelnen Verbraucher müsste die qualifizierte Einrichtung eine Vergleichslösung finden, die allen Verbraucherinteressen gerecht wird. Die qualifizierte Einrichtung sollte dementsprechend die Verbraucher als risikoneutral einstufen.[969] D.h. sie sollte weder eine überproportionale

964 Mit demselben Verständnis: *Schmidt,* in: Anders/Gehle, ZPO, § 611 Rn. 7; Ähnlich auch: *Eggers,* 174, 239.

965 *Bruns*, NJW 2018, 2754; *Stitz,* 334 ff.

966 *Haider*, 150.

967 *Beck,* 418 f.

968 *Haider,* 155.

969 *Coffee,* Columbia Law Review 2000, 370, 390; *Haider,* 155.

Bereitschaft noch eine Ablehnung jedweder weiteren Durchsetzung der eigenen Ansprüche und Rechtsverhältnisse annehmen. Gleiches gilt für das Gericht. Eine Betrachtungsweise dahingehend, dass Verbraucher grundsätzlich besser mit einem Vergleich stehen, weil sie sich dadurch keinen weiteren Risiken aussetzen, ist abzulehnen.[970]

Problematisch wird die Abwägung ebenfalls, wenn eine der Gruppen der angemeldeten Verbraucher im Vergleich sachwidrig bessergestellt wird als die übrigen Gruppen. Mit anderen Worten ein Teil der angemeldeten Verbraucher erhält Leistungen, zu denen sie zumindest in der Höhe eigentlich nicht berechtigt sind.[971] Diese Situation kann eintreten, wenn ein Teil der Verbraucher aufgrund der festgelegten Kriterien einer Gruppe zugeordnet ist, die Leistung an diesen abgrenzbaren Teil jedoch höher ausfällt als an den Rest der Gruppe.

In diesem Fall kann der Vergleich vom Gericht trotz einer derartigen Ungleichbehandlung genehmigt werden, wenn sich die Besserstellung der einen Gruppe nicht nachteilig auf die übrigen Gruppen auswirkt.[972] Erhalten sämtliche angemeldeten Verbraucher eine ausreichende Leistung, so stellt eine Überkompensation von Teilen der angemeldeten Verbraucher keinen Grund dar, die Angemessenheit des Vergleichs insgesamt zu verneinen.

Die Schwierigkeit der Abwägungsentscheidung, sowohl im Hinblick auf die Interessen der angemeldeten Verbraucher am Abschluss eines Vergleichs als auch der widerstreitenden Interessen unter den angemeldeten Verbrauchern, besteht für das Gericht darin, festzulegen, wann ein Vergleich als angemessen anzusehen ist.

aa) Der Streit über die Anforderungen an die Angemessenheitsprüfung

Bereits innerhalb des KapMuG-Vergleiches ist sich die Literatur nicht einig, welche Anforderungen an das Gericht im Hinblick auf die Angemessenheitsprüfung zu stellen sind. Während teilweise eine positive Feststellung der Angemessenheit gefordert wird, vertreten andere,[973] dass die bloße Einigung der Parteien die Angemessenheit des Vergleichs vermuten lässt.[974] Weitergehend wird für den

---

970 *Stadler*, in: Musielak/Voit, ZPO, § 611 Rn. 9.

971 Eine derartige Konstellation trat in den Niederlanden auf. Der Gerechtshof billigte den Vergleich: Gerechtshof Amsterdam, beschikking v. 13.07.2018, ECLI:NL:GHAMS:2018:2422 (Fortis II), Rn. 5.57 f.; *Eggers*, 243.

972 So auch: *Eggers*, 242 f.

973 *Kähler*, in: Asmus/Waßmuth, § 18 KapMuG Rn. 7.

974 *Halfmeier*, DB 2012, 2145, 2150.

KapMuG-Vergleich vertreten, dass sich die Angemessenheitsprüfung „auf eine Missbrauchskontrolle am Maßstab der Generalklauseln nach §§ 138, 242 BGB beschränken könne“,[975] weil eine umfassendere Prüfung durch das Gericht, aufgrund der fehlenden notwendigen Informationen, nicht möglich sei.[976]

Innerhalb der Literatur zur Angemessenheit des Musterfeststellungsvergleichs herrscht derselbe Diskurs. Auch hier variieren die zu diesem Problem vertretenen Ansichten stark. Genauso wie für die Angemessenheit des KapMuG-Vergleiches wird für die Angemessenheit des Musterfeststellungsvergleiches teilweise vertreten, dass vermutet werden könne, dass dem Gericht keine unverhältnismäßigen Vergleiche vorgelegt werden.[977] Andere hingegen plädieren auch innerhalb des Musterfeststellungsverfahrens dafür, dass das Gericht die Angemessenheit des Vergleichs positiv festzustellen habe.[978] Für eine Pflicht zur positiven Feststellung der Angemessenheit soll die Gesetzesbegründung sprechen,[979] wonach das Gericht die gerichtliche Genehmigung nur erteilen darf, „wenn das Gericht den Vergleich als angemessen erachtet“[980].

Die positive Feststellung der Angemessenheit solle allerdings nicht erfordern, dass es sich bei dem Vergleich um die optimale Lösung für die angemeldeten Verbraucher handelt. Aufgabe der Parteien sei es nur, mit dem Vergleich eine Lösung zu finden, die akzeptabel sei. Die Angemessenheit erfordere insofern, dass die Interessen der angemeldeten Verbraucher und des beklagten Unternehmens gleichmäßig berücksichtigt werden[981] und nicht nur, dass das „rechtsethische Minimum“ gewahrt wird.[982]

bb) Stellungnahme

Für eine Vermutung der grundsätzlichen Angemessenheit eines Musterfeststellungsvergleiches spricht die Ausgestaltung des Musterfeststellungsverfahrens. Aufgrund der Beschränkung der Klagebefugnis auf qualifizierte Einrichtungen,

---

975 *Wigand*, in: Vorwerk/Wolf, KapMuG, § 18 Rn. 4; so auch *Reuchle*, in: KK-KapMuG, § 17 Rn. 27, § 18 Rn. 3; *von Katte*, 409; *Wigand*, AG 2012, 845, 850; *Wigand*, ZBB 2012, 194, 203; *Winter*, in: Wieczorek/Schütze, ZPO, § 17 KapMuG Rn. 27.

976 *Wigand*, in: Vorwerk/Wolf, KapMuG, § 18 Rn. 2 ff.

977 *Augenhofer*, in: BeckOK, ZPO, § 611 Rn. 8a; *Mekat*, in: Nordholtz/Mekat, § 7 Rn. 39, *Weinland*, Rn. 175 f.

978 *Kähler*, in: Asmus/Waßmuth, § 611 Rn. 98; *Stitz*, 341.

979 *Stitz*, 341.

980 BT-Drs. 19/2507, 26.

981 *Stadler*, in: Musielak/Voit, ZPO, § 611 Rn. 9.

982 *Kähler*, in: Asmus/Waßmuth, § 611 Rn. 99.

deren satzungsgemäße Aufgabe nach § 606 Abs. 1 S. 2 Nr. 3 ZPO es sein muss, Verbraucherinteressen wahrzunehmen, ist davon auszugehen, dass die Interessen der angemeldeten Verbraucher auch innerhalb der Vergleichsverhandlungen bestmöglich wahrgenommen wurden.

Diese Vermutung kann das Gericht jedoch nicht von seiner Aufgabe befreien, die Angemessenheit des Vergleichs selbstständig positiv festzustellen. Die Angemessenheitsprüfung des Gerichts dient gerade dazu, dass ein weiterer Schutz zugunsten der vom Vergleich betroffenen, aber nicht in die Vergleichsverhandlungen miteinbezogenen, angemeldeten Verbraucher besteht.[983] Würde man die Vermutung der Angemessenheit ausreichen lassen, so läge der verfahrensrechtliche Sicherungsmechanismus durch die Überprüfung des Gerichts, der die Interessen der Verbraucher wahren soll, nicht vor. Zumal es auch der Angemessenheitsprüfung nicht bedurft hätte, wenn bereits die Vermutung der Angemessenheit für die Genehmigung des Vergleichs ausreichen würde. Insofern kann bereits aus dem Bestehen der Angemessenheitsprüfung der Umkehrschluss gezogen werden, dass eine Vermutung der Angemessenheit nicht ausreicht.

Wie bereits insgesamt aus den Ausführungen dieser Arbeit hervorgeht, wird in dieser Arbeit vertreten, dass es sich bei der Angemessenheitsprüfung nicht lediglich um eine reine Missbrauchskontrolle handelt, auch wenn die Prüfung der Angemessenheit zweifelsfrei auch der Verhinderung von Missbrauch dient. Die Angemessenheitsprüfung stellt jedoch darüber hinaus eine von dem Gericht eigenständig durchzuführende Interessensabwägung dar,[984] die die Interessen der angemeldeten Verbraucher wahren soll.

Insgesamt gilt für diese Abwägung, dass es sich hierbei um eine Wertentscheidung handelt.[985] Der Wert der einzelnen Bewertungskriterien ist für die Bewertung, abhängig vom jeweiligen Musterfeststellungsverfahren, individuell zu bestimmen, sodass nicht abstrakt vorhergesagt werden kann, wie eine Entscheidung auszufallen hat. Eine Entscheidung kann sich nur aus den konkreten Umständen des Einzelfalls ergeben. Wie ausgeführt geht es bei der Abwägungsentscheidung primär darum, dass der Entscheidung ein Abwägungsprozess zugrunde liegt, der nachvollziehbar und überprüfbar ist,[986] denn der eigentlichen Entscheidung kann die subjektive Komponente des Entscheidenden nicht entzogen werden.

---

983 BT-Drs. 19/2507, 26.

984 Mit dem gleichen Ergebnis auch *Eggers*, 164.

985 Vgl. 00; So auch: *Eggers*, 261 f.

986 Siehe: 00 ff.

Der gerade genannte Zweck der Abwägungsentscheidung gilt hierbei jedoch nicht nur für das Gericht, sondern auch für die Parteien, die den Vergleich aushandeln. Auch die Parteien treffen eine Wertentscheidung, die nachvollziehbar und überprüfbar sein muss. Insofern hat der Umstand, dass das Gericht bei seiner Abwägung ein Informationsdefizit gegenüber den Parteien hat,[987] auch nur eine untergeordnete Rolle bei der Entscheidung des Gerichts. Das Gericht sollte seine Abwägung grundsätzlich auf die Begründung des Vergleichs durch die Parteien stützen. Insofern versetzt sich das Gericht in die Position der Parteien, die für den Abschluss des Vergleichs maßgeblich war. Das Gericht hat anhand der von den Parteien zur Verfügung gestellten Bewertungskriterien zu überprüfen, ob die Entscheidung der Parteien (insbesondere die Entscheidung der Klägerin), dass das Interesse der Verbraucher am Abschluss eines Vergleichs das Interesse an der Weiterführung des Verfahrens überwiegt, nachvollziehbar und überprüfbar ist.

Die eigenständige Abwägung des Gerichts stellt insofern eine erweiterte Plausibilitätsprüfung dar. Das Gericht hat zu überprüfen, ob die mit dem Vergleich zum Ausdruck kommende Behauptung der Parteien, dass der Inhalt des Vergleichs den Interessen der angemeldeten Verbraucher entspricht, nachvollziehbar und überprüfbar ist. Hierbei kann das Gericht wie aufgezeigt, die Begründung des Vergleichs und damit auch den Abwägungsvorgang hinterfragen und von den Parteien erläutern lassen.[988] Insoweit geht die Prüfung über eine reine Plausibilitätsprüfung hinaus, weil das Gericht eigene Erwägungen in den Abwägungsvorgang einbeziehen und die Informationen der Parteien überprüfen kann. Die Einwirkungsmöglichkeit des Gerichts ist notwendig, weil es sich mit der Einigung der Parteien über den Inhalt des Vergleichs nicht mehr um ein kontradiktorisches Verfahren handelt; es werden von den Parteien dementsprechend regelmäßig keine Argumente, die gegen die Angemessenheit des Vergleichs sprechen, aufgeführt werden.[989]

Ist der Abwägungsprozess der Parteien für das Gericht, trotz weiterer Ausführungen der Parteien, nicht nachvollziehbar, so hat das Gericht die Genehmigung zu verweigern. Hierbei hat das Gericht allerdings zu berücksichtigen, dass es sich bei der Entscheidung der Parteien für einen Vergleich ebenfalls um eine Wertentscheidung handelt. Auch die Parteien können nur versuchen, sich in die

---

987 *Stitz*, 341 f.

988 Siehe: 235 ff.

989 *Stitz*, 325.

Position der angemeldeten Verbraucher zu versetzen, um zu beurteilen, wie die Interessen der angemeldeten Verbraucher aussehen.

Insofern kann man der Auffassung *Kählers* zustimmen, dass der Vergleich kein optimales Ergebnis fordert.[990] Ein solches zu bestimmen, erscheint bereits ausgeschlossen. Zwar könnte man das optimale Ergebnis darin sehen, dass die angemeldeten Verbraucher das zugesprochen bekämen, was sie auch in den Folgeverfahren erhalten würden. Eine derartige Bestimmung würde jedoch der Bedeutung des Vergleichs widersprechen und wäre realitätsfremd. Der Vergleich ist davon geprägt, dass der Streit oder die Ungewissheit der Parteien im Wege gegenseitigen Nachgebens der Parteien beseitigt wird.[991] Eine Kompensation der angemeldeten Verbraucher, wie bei einem positiven Ausgang der Folgeverfahren, erscheint insofern zumindest unwahrscheinlich.

Die Bestimmung des optimalen Ergebnisses würde damit voraussichtlich dem Gericht obliegen. Dieses trifft, wie aufgezeigt, allerdings ebenfalls nur eine Wertentscheidung, sodass das von diesem gefundene Ergebnis nicht als optimal bezeichnet werden kann. Vielmehr lässt die Wertentscheidung einen Beurteilungsspielraum zu, in welchem mehrere Ergebnisse als angemessen zu erachten sein können.[992]

Dieses Verständnis der Abwägung sollte auch in die Entscheidung der gerichtlichen Genehmigung des Musterfeststellungsvergleichs einfließen. Das Gericht hat bei seiner Überprüfung darauf zu achten, dass die Parteien sämtliche relevanten Bewertungskriterien in ihre Abwägung einbezogen haben und die gefundenen Ergebnisse nachvollziehbar sind. Im Hinblick auf die im Vergleich gefundenen Ergebnisse steht den Parteien jedoch ein gewisser Freiraum zu. Das Gericht soll seine Auffassung eines geeigneten Vergleichs nicht an die Stelle der Auffassung der Parteien setzen.

Die gerichtliche Genehmigung des Musterfeststellungsvergleichs soll nur dazu dienen, die defizitäre Stellung der Verbraucher im Prozess auszugleichen. Sie kann und soll hingegen nicht den einzelnen Verbraucher von seiner eigenverantwortlichen Entscheidung befreien. Sowohl die Parteien als auch das Gericht können in ihrer Abwägung nur versuchen, die Interessen der angemeldeten Verbraucher korrekt einzubeziehen. Eine sichere Aussage darüber, ob der Vergleich auch tatsächlich die eigenen Interessen richtig widerspiegelt, können nur

990 *Kähler,* in: Asmus/Waßmuth, § 611 Rn. 99.

991 Vgl. § 779 Abs. 1 BGB.

992 *Eggers,* 163; *Mekat,* in: Nordholtz/Mekat, § 7 Rn. 39; *Weinland,* Rn. 174, *Wigand,* ZBB 2012, 194, 203.

die einzelnen Verbraucher selbst vornehmen. Dies zeigt sich auch am Austrittsrecht der angemeldeten Verbraucher im Anschluss an die gerichtliche Genehmigung. Die gerichtliche Genehmigung des Vergleiches und damit die Stärkung des Schutzes der Verbraucher darf nicht dazu führen, dass den Verbrauchern die Mündigkeit im Musterfeststellungsprozess abgesprochen wird.

cc) Fazit

Innerhalb der Angemessenheitsprüfung hat das Gericht abzuwägen, ob das Interesse der angemeldeten Verbraucher am Abschluss eines Vergleiches, das Interesse an einem Musterfeststellungsurteil und einer anschließenden Verfolgung der Ansprüche im Individualverfahren überwiegt.

Für diese Abwägung stützt sich das Gericht primär auf die Begründung des Vergleichs der Parteien. Es nimmt anhand der Begründung des Vergleichs eine eigeständige Abwägung vor. Die Aufgabe des Gerichts ist es, hierbei zu überprüfen, ob die Auffassung der Parteien, dass das Interesse der angemeldeten Verbraucher an einem Vergleich überwiegt, nachvollziehbar und überprüfbar ist. Es handelt sich insofern um eine erweiterte Plausibilitätsprüfung, weil das Gericht auf weitere Erläuterungen zum Abwägungsvorgang bestehen und eigene Erwägungen miteinbeziehen kann. Ist der Abwägungsprozess der Parteien für das Gericht, trotz eigener Mitwirkung, nicht nachvollziehbar, so wird es die Genehmigung des Vergleichs verweigern. Das Gericht hat bei seiner Prüfung allerdings zu beachten, dass es sich bei dem von den Parteien gefundenen Ergebnissen um eine Wertentscheidung handelt, sodass die Parteien bei ihrer Beurteilung einen gewissen Spielraum haben.

D. Fazit zur gerichtlichen Genehmigung des Musterfeststellungsvergleichs

Abschließend kann für die gerichtliche Genehmigung des Musterfeststellungsvergleichs das Fazit gezogen werden, dass das Gericht im Hinblick auf die gerichtliche Genehmigung des Musterfeststellungsvergleichs vor ungewohnte, aber nicht unlösbare Aufgaben gestellt wird. Die für die Genehmigung des Vergleichs von dem Gericht vorzunehmende Prüfung kann zunächst unterteilt werden in die Prüfung der Genehmigungsfähigkeit und die Prüfung der Angemessenheit des Musterfeststellungsvergleichs. Innerhalb der Prüfung der Genehmigungsfähigkeit des Musterfeststellungsvergleichs hat das Gericht einerseits, wie bei jedem gerichtlichen Vergleich, zu prüfen, ob keine Unwirksamkeitsgründe vorliegen und andererseits, ob die im Musterfeststellungsverfahren gewählte Vergleichsart überhaupt genehmigungsfähig ist. Die Genehmigungsfähigkeit der

Vergleichsart stellt zwar eine Besonderheit des Musterfeststellungsvergleichs dar, weil sich die Problemstellung der Genehmigungsfähigkeit erst aus der Konzeption des Musterfeststellungsverfahrens ergibt. Die Lösung dieses Problems resultiert jedoch entweder aus zivilprozessualen Grundsätzen, die auch im Musterfeststellungsverfahren weitergelten dürften oder aus den Vorschriften zur Musterfeststellungsklage.

Als neu, aber der Institution Gericht nicht fremd, erweist sich die vom Gericht vorzunehmende Angemessenheitsprüfung. Der Gesetzgeber hat den Gerichten bei der Ausfüllung des unbestimmten Rechtsbegriffs „angemessen" zwar nur wenig Hilfestellung gegeben. Die Ausgestaltung der Vorschriften zum Musterfeststellungsverfahren und die mit dem Gesetz zur Einführung einer zivilprozessualen Musterfeststellungsklage verfolgten Zwecke, setzen der Auslegung des Begriffs „angemessen" jedoch Grenzen.

Die Entscheidung über die Angemessenheit eines Vergleiches im Musterfeststellungsverfahren stellt wie die Entscheidung über die Angemessenheit im Verfassungsrecht eine Wertungsentscheidung dar. Insofern besteht prinzipiell die gleiche Gefahr, die auch im Verfassungsrecht erkannt wurde. Die in der Angemessenheitsprüfung des Vergleichs notwendige Abwägung der Interessen kann von Außenstehenden als rein intuitive Entscheidung wahrgenommen werden. Bei der Abwägung von Grundrechten wird aufgezeigt und verhindert, dass es sich nicht um eine rein intuitive Entscheidung handelt, indem der vollständige Begründungsprozess der Entscheidung dargestellt wird.

Der Entscheidende muss darstellen, was Gegenstand seiner Bewertung war, welche Kriterien er zur Bewertung herangezogen hat und weshalb er diese Bewertungskriterien, im konkreten Fall, in dieser Weise bewertet hat. Der Argumentations-/Bewertungsprozess bleibt damit ein objektiver Prozess, der nachvollziehbar und überprüfbar ist, auch wenn der Bewertung, als solcher, die subjektive Komponente nicht entzogen werden kann.

Gleiches gilt grundsätzlich auch für die Angemessenheitsprüfung im Musterfeststellungsverfahren. Für die Angemessenheitsprüfung des Vergleichs im Musterfeststellungsverfahren ist der Gegenstand der Abwägung dem Grunde nach vorgegeben. Der Gegenstand der Abwägung resultiert aus der Ausgestaltung der Musterfeststellungsklage.[993] Die Ausgangssituation im Musterfeststellungsvergleich stellt stets dieselbe dar. Abgewägt werden muss das Interesse der angemeldeten Verbraucher am Abschluss eines Vergleichs

993 Siehe hierzu: 131 ff.

gegen das Interesse der angemeldeten Verbraucher an der Weiterführung des Musterfeststellungsverfahrens.

Aufgrund der grundsätzlich immer gleichen Ausgangssituation im Musterfeststellungsvergleichs ist es möglich, die Kriterien, die zur Bewertung der Angemessenheit herangezogen werden und aus denen sich die Entscheidung über die Angemessenheit des Musterfeststellungsvergleichs ergibt, wenn auch nicht abschließend, zu katalogisieren. Die Verwendung dieser einheitlichen Bewertungskriterien trägt zur Nachvollziehbarkeit und Überprüfbarkeit der anschließenden Wertungsentscheidung bei.

Für die Genehmigung des Musterfeststellungsvergleich ist allerdings zu beachten, dass das Gericht nach § 611 Abs. 3 S. 2 ZPO „lediglich" die Aufgabe hat, den Vergleich auf seine Angemessenheit zu überprüfen. Die Angemessenheit des Vergleichs stellt einen, von den Parteien zu schaffenden, Zustand dar. Von dem Gericht wird grundsätzlich nur überprüft, ob dieser Zustand vorliegt. Es obliegt nicht dem Gericht, sondern den Parteien, insbesondere der Klägerin, dafür zu sorgen, dass der Vergleich angemessen ist. Die qualifizierte Einrichtung als Klägerin und Vertreterin der Interessen der angemeldeten Verbraucher hat innerhalb der Vergleichsverhandlungen darauf zu achten, dass die Interessen der angemeldeten Verbraucher bestmöglich gewahrt werden.

Insofern ist es auch konsequent, den Parteien die Pflicht aufzulegen, gegenüber dem Gericht zu begründen, warum der Vergleich in ihren Augen angemessen ist. Die Parteien wollen die gerichtliche Genehmigung ihres ausgehandelten Vergleichs und wissen, dass eine Genehmigung nur möglich ist, wenn das Gericht den Vergleich als angemessen erachtet. Bei der Verhandlung des Vergleichs werden die Parteien dementsprechend die Kriterien, die auch von dem Gericht für die Beurteilung der Angemessenheit des Vergleichs herangezogen werden, selbstständig in ihre Abwägung einbeziehen. Ihren Abwägungsprozess haben die Parteien in der Begründung des Vergleichs darzulegen. Diese Begründung stellt die primäre Entscheidungsgrundlage des Gerichts dafür dar, ob der Vergleich den Interessen der angemeldeten Verbraucher entspricht.

Der Umfang der Prüfung der Angemessenheit des Vergleichs durch das Gericht ist durch die Konzeption des Musterfeststellungsgesetzes determiniert. Der Gesetzgeber hat in der Regelung des § 611 Abs. 3 S. 2 ZPO zum Ausdruck gebracht, dass bei der gerichtlichen Überprüfung des Musterfeststellungsvergleichs auch prozessökonomische Erwägungen einzufließen haben. Durch die Verwendung der, aus dem § 91a Abs. 1 S. 1 ZPO bekannten, Formulierung: „unter Berücksichtigung des bisherigen Sach- und Streitstands", wurde festgelegt, dass zugunsten der Prozessökonomie nur eine eingeschränkte Prüfung der Angemessenheit zu erfolgen hat.

Die, von dem Gericht, zu tätigende Überprüfung des Vergleichs auf seine Angemessenheit, stellt dementsprechend eine erweiterte Plausibilitätsprüfung dar. Das Gericht wägt anhand der Argumente (Bewertungskriterien) der Parteien in der Begründung des Vergleichs ab, ob das Interesse der angemeldeten Verbraucher an dem Vergleich, deren Interesse an der Weiterverfolgung des Musterfeststellungsverfahrens überwiegt. Hierbei liegt der Fokus des Gerichts darauf, zu überprüfen, ob die Argumente nachvollziehbar und überprüfbar sind. Das Gericht hat das Recht, die Argumente der Parteien zu hinterfragen und kann, bei Zweifeln zu Tatsachenbehauptungen der Parteien, eingeschränkt eigene Beweise erheben, um dem Missbrauchsrisiko noch besser entgegenzuwirken. Die Bewertungskriterien dienen dazu den Abwägungsvorgang des Gerichts zu strukturieren[994] und zu erleichtern. Beziehen die Parteien einzelne Kriterien in ihre Abwägung nicht ein, oder weichen die zu den Kriterien gefundenen Ergebnisse zu stark von der Auffassung des Gerichts ab, so kann das Gericht zunächst auf die Parteien einwirken, um die Angemessenheit des Vergleichs sicherzustellen und im Notfall die Genehmigung des Vergleichs verweigern. Im Hinblick auf die, von den Parteien in der Abwägung, gezogenen Schlüsse, steht diesen jedoch ein gewisser Beurteilungsspielraum zu, da es sich bei der Abwägung um eine Wertentscheidung handelt. Dies gilt umso mehr, als es sich bei dem gefundenen Vergleich um einen Kompromiss handelt. Der Vergleich ist das Ergebnis gegenseitigen Nachgebens. Die Parteien versuchen grundsätzlich in dem Vergleich das Bestmögliche für die jeweilige Seite herauszuholen und einigen sich, wenn sie eine für beide Seiten vertretbare Lösung gefunden haben.

Die Angemessenheitsprüfung dient deshalb insbesondere dazu, zu überprüfen, ob die qualifizierte Einrichtung als Klägerin ihre Aufgaben bei den Verhandlungen des Musterfeststellungsvergleichs ordnungsgemäß wahrgenommen hat, indem sie die Interessen der Verbraucher bestmöglich vertreten hat. In der Ausgestaltung als erweiterte Plausibilitätsprüfung schafft die Angemessenheitsprüfung es, einen notwendigen Einklang in die zwei, mit der Angemessenheitsprüfung verfolgten, entgegengesetzten gesetzgeberischen Ziele zu bringen. Eine erweitere Plausibilitätsprüfung ermöglicht einen geeigneten Schutz der Interessen der angemeldeten Verbraucher und dient gleichzeitig der Prozessökonomie.

994 So auch: *Eggers*, 261.

Teil IV: Die gerichtliche Genehmigung bei anderen Parteidispositionen

Ausgehend vom Zweck der gerichtlichen Genehmigung des Musterfeststellungsvergleichs, dem Schutz der Interessen der angemeldeten Verbraucher, stellt sich die Frage, ob auch für andere Dispositionsmöglichkeiten der Parteien im Musterfeststellungsverfahren das Bedürfnis einer gerichtlichen Genehmigung besteht. Während der Verzicht nach § 306 ZPO gemäß § 610 Abs. 5 S. 2 ZPO ausdrücklich ausgeschlossen ist, sind andere Dispositionsmöglichkeiten der Parteien nach § 610 Abs. 5 S. 1 ZPO (eigentlich) zulässig.[995]

A. Das Anerkenntnis

Für das Anerkenntnis nach § 307 ZPO wird vertreten, dass ein solches im Musterfeststellungsverfahren ausgeschlossen sein soll, sofern es durch die Musterklägerin erfolgt.[996]

Die Möglichkeit eines Anerkenntnisses durch die Musterklägerin kommt grundsätzlich nur dann in Betracht, wenn man eine Widerklage des beklagten Unternehmens als statthaft ansieht.[997] In diesem Fall könnte das beklagte Unternehmen eine Widerklage in Form einer negativen Feststellungsklage erheben, mit welcher das beklagte Unternehmen (neue) anspruchsausschließende Umstände feststellen lassen könnte.[998]

Ein Anerkenntnis dieser negativen Feststellungsziele durch die qualifizierte Einrichtung zulasten der nicht beteiligten, angemeldeten Verbraucher müsse jedoch ausgeschlossen werden. Dafür spreche insbesondere die

---

995 *Röß*, NJOZ 2021, 1569.

996 *de Lind van Wijngaarden*, in: Nordholtz/Mekat, § 6 Rn. 108 f.

997 Ob das beklagte Unternehmen eine Widerklage erheben kann, ist streitig. Für die Zulässigkeit einer Widerklage: *de Lind van Wijngaarden*, in: Nordholtz/Mekat, § 6 Rn. 66; *Stadler*, in: Musielak/Voit, ZPO, § 610 Rn. 8. Gegen die Zulässigkeit der Widerklage: *Hettenbach*, WM 2019, 557, 579; *Röthemeyer*, § 610 Rn. 70 f. (m.w.N. zu dem Streit).

998 *Stadler*, in: Musielak/Voit, ZPO, § 610 Rn. 8.

„grundsätzlich gewollte Einschränkung der Dispositionsbefugnis der klagenden qualifizierten Einrichtung“.[999]

Diese Auffassung überzeugt. Für einen generellen Ausschluss eines Anerkenntnisses spricht die von dem Anerkenntnis ausgehende Rechtsfolge. Sofern die qualifizierte Einrichtung die, mit der negativen Feststellungsklage geltend gemachten anspruchsausschließenden, Umstände anerkennen könnte, wäre sie dazu imstande auf die Rechtslage der angemeldeten Verbraucher einzuwirken, wie bei einem Verzicht.[1000] Dieser ist jedoch ausdrücklich nach § 610 Abs. 5 S. 2 ZPO ausgeschlossen. Dafür, dass ein Anerkenntnis der qualifizierten Einrichtung nach § 307 ZPO, wie ein Verzicht nach § 306 ZPO, eigentlich nach § 610 Abs. 5 S. 2 ZPO ausgeschlossen sein müsste, kann auch das nachfolgende Argument angeführt werden. Die qualifizierte Einrichtung wäre nämlich grundsätzlich dazu in der Lage, dieselben negativen Feststellungsziele, die vom beklagten Unternehmen in Form der Widerklage eingebracht werden könnten, mit der Musterfeststellungsklage feststellen zu lassen.[1001] Wären die negativen Feststellungsziele allerdings Gegenstand der Musterfeststellungsklage der qualifizierten Einrichtung, so könnte die qualifizierte Einrichtung nicht über das Bestehen dieses prozessualen Anspruchs entscheiden, weil ein Verzicht ausgeschlossen ist. Es erscheint insofern nicht plausibel, warum die qualifizierte Einrichtung über denselben prozessualen Anspruch disponieren können soll, nur weil dieser von dem beklagten Unternehmen in das Verfahren eingebracht worden ist. Insofern spricht vieles dafür, dass ein Anerkenntnis der qualifizierten Einrichtung nach § 307 ZPO aufgrund einer analogen Anwendung des § 610 Abs. 5 S. 2 ZPO ausgeschlossen sein müsste.

Würde man das Anerkenntnis allerdings zulassen, so bestünde das Bedürfnis einer gerichtlichen Genehmigung, da die von dem Anerkenntnis ausgehende Rechtsfolge grundsätzlich nachteilig für die angemeldeten Verbraucher ist.

Für das Anerkenntnis des beklagten Unternehmens dürfte eine gerichtliche Genehmigung demgegenüber nicht notwendig sein. Die von diesem Anerkenntnis ausgehende Rechtsfolge wäre für die angemeldeten Verbraucher

---

999 *de Lind van Wijngaarden*, in: Nordholtz/Mekat, § 6 Rn. 109; Die eingeschränkte Dispositionsbefugnis der qualifizierten Einrichtung kommt in § 610 Abs. 5 S. 2 ZPO zum Ausdruck.

1000 BGH NJW RR 2014, 831, Rn. 6; *Elzer*, in: BeckOK, ZPO, § 307 Rn. 2: „Das Anerkenntnis ist von seiner Rechtsnatur her mit dem sein prozessuales Gegenstück bildenen Verzicht gem. § 306 ZPO vergleichbar.“

1001 *Stadler*, in: Musielak/Voit, ZPO, § 610 Rn. 8.

grundsätzlich eine positive. Erkennt das beklagte Unternehmen gegen es geltend gemachte Ansprüche ganz oder zum Teil an, so werden die Interessen der angemeldeten Verbraucher niemals beeinträchtigt, weil sie durch das Anerkenntnis das erreichen, was sie durch die Klage begehren. Eine Beeinträchtigung durch das Anerkenntnis kann auch nicht dann angenommen werden, wenn die Parteien außergerichtlich vereinbaren, dass das beklagte Unternehmen einen Anspruch oder mehrere Ansprüche anerkennt und dafür die Klägerin andere Ansprüche zurücknimmt. Insofern ist die Wirkung des Anerkenntnisses für sich genommen immer noch eine positive, eine Beeinträchtigung, die eine gerichtliche Genehmigung erforderlich machen könnte, könnte jedoch, wie nachfolgend erörtert werden wird, von der Klagerücknahme ausgehen.

B. Die Klagerücknahme

I. Die Zulässigkeit der Klagerücknahme

Die Klagerücknahme nach § 269 ZPO wird für die Musterfeststellungsklage überwiegend[1002] und dem Willen des Gesetzgebers entsprechend[1003] als zulässig erachtet. Begründet wird dies zum einen damit, dass die Klagerücknahme anders als der Verzicht nach § 306 ZPO nicht explizit durch § 610 Abs. 5 S. 2 ZPO ausgeschlossen wurde, sodass man im Umkehrschluss von der Zulässigkeit der Klagerücknahme ausgehen kann. Zum anderen komme auch ein genereller Entzug der Dispositionsbefugnis nicht in dem Ausschluss des Verzichts zum Ausdruck. Dass eine Disposition der Klägerin durch Klagerücknahme, im Unterschied zum Verzicht, zulässig ist, kann mit den unterschiedlichen Rechtsfolgen begründet werden. Während durch den Verzicht eine Rechtsbehauptung aufgegeben werden würde und die angemeldeten Verbraucher nach § 613 Abs. 1 ZPO an das ergehende Verzichtsurteil gebunden wären, wird durch die Klagerücknahme nur das Rechtsschutzgesuch zurückgezogen. Wird die Klage zurückgenommen, so ist der Rechtsstreit nach § 269 Abs. 3 S. 1 ZPO als nicht anhängig anzusehen, sodass auch die Wirkung der Rechtshängigkeit rückwirkend entfällt.[1004] Es ergeht keine Entscheidung in der Sache.[1005] Da keine Entscheidung in der Sache

1002 *de Lind van Wijngaarden*, in: Nordholtz/Mekat, § 6 Rn. 50 f.; *Gurkmann/Jahn*, VuR 2020, 243 f.; *Fölsch*, DAR-Extra 2018, 736, 737; *Waßmus/Asmus*, ZIP 2018, 657, 663; a.A. *Lutz*, in: BeckOK, ZPO, § 610 Rn. 18.

1003 BT-Drs. 19/2507, 25 f.

1004 *Bacher*, in: BeckOK, ZPO, § 269 Rn. 7; *Becker-Eberhard*, in: MüKo, ZPO, § 269 Rn. 37.

1005 *Bacher*, in: BeckOK, ZPO, § 269 Rn. 8; *Becker-Eberhard*, in: MüKo, ZPO, § 269 Rn. 37.

ergeht, besteht für die angemeldeten Verbraucher nach § 610 Abs. 1 S. 2 ZPO die Möglichkeit, eine neue Musterfeststellungsklage zu erheben, deren Streitgegenstand identisch ist mit derjenigen, die zuvor zurückgenommen wurde.[1006]

Die Gegenauffassung, die eine Klagerücknahme nach dem Schluss des Anmeldeverfahrens ablehnt, stellt hingegen darauf ab, dass der Streitgegenstand des Musterfeststellungsverfahrens mit der Bekanntmachung der Anträge im Zeitpunkt der ersten mündlichen Verhandlung feststünde, sodass eine anschließende Disposition durch die Klägerin nicht mehr möglich sei. Dies ergäbe sich auch aus dem Ausschluss des Verzichtsurteils nach § 610 Abs. 5 ZPO.[1007] Diese Meinung verweist auch auf das KapMuG, bei welchem aufgrund des Charakters des Musterverfahrens als Vorlageverfahren den einzelnen Beteiligten die Dispositionsfreiheit in diesem Zusammenhang ebenfalls abgesprochen wird.[1008]

Überzeugender erscheinen die Argumente für die grundsätzliche Zulässigkeit der Klagerücknahme im Musterfeststellungsverfahren. Neben den bereits vorgetragenen Argumenten, ist gegen die Gegenauffassung weiter anzuführen, dass sich das KapMuG- Verfahren und das Musterfeststellungsverfahren in einem hier wesentlichen Punkt unterscheiden. Wie auch vom BGH für das KapMuG-Verfahren erklärt, ist eine Klagerücknahme möglich, „wenn sämtliche Beteiligten übereinstimmend erklären, dass sie das Verfahren beenden wollen (§ 13 Abs. 5 S. 1 KapMuG).“[1009] Im Musterfeststellungsverfahren stellen die angemeldeten Verbraucher jedoch ausdrücklich keine Beteiligten am Verfahren dar,[1010] sodass eine Klagerücknahme nur, wie im regulären Zwei-Personen Prozess, der Einwilligung des Beklagten bedarf.[1011]

II. Die Genehmigungsbedürftigkeit der Klagerücknahme

Die Gründe, die für die Zulässigkeit der Klagerücknahme sprechen, korrespondieren mit den Gründen, warum die Klagerücknahme nicht einer gerichtlichen Genehmigung bedarf. Durch die Rücknahme der Klage werden die Verbraucher so behandelt, als sei die Musterfeststellungsklage niemals erhoben worden. Von der Klagerücknahme geht somit keine Wirkung aus, die vergleichbar wäre mit

---

1006 Vgl. *Fölsch,* DAR-Extra 2018, 736, 737.

1007 *Lutz,* in: BeckOK, ZPO, § 610 Rn. 18.

1008 BGH NJW 2017, 3777, 3783 Rn. 69 m.w.N.; *Kotschy,* in: Vorwerk/Wolf, KapMuG § 13 Rn. 1.

1009 BGH NJW 2017, 3777, 3783 Rn. 69.

1010 BT-Drs. 19/2507 S. 16.

1011 *Becker-Eberhard,* in: MüKo, ZPO, § 269 Rn. 21.

der eines Musterfeststellungsvergleiches. Die vom Musterfeststellungsvergleich nach § 611 Abs. 1, Abs. 5 S. 4 ZPO ausgehende Bindungswirkung betrifft unmittelbar die Rechte der angemeldeten Verbraucher.[1012]

Mit dem Musterfeststellungsvergleich kann beispielsweise über das Bestehen und die Höhe etwaiger Ansprüche der angemeldeten Verbraucher entschieden werden, ohne dass die Verbraucher auf die Verhandlungen Einfluss nehmen könnten. Wird der Vergleich genehmigt und wirksam, so sind die Verbraucher nach § 611 Abs. 1, Abs. 5 S. 4 ZPO an diesen gebunden, selbst wenn dieser nachteilig für sie ist.

Demgegenüber hat die Klagerücknahme keinen Einfluss auf die Rechte der angemeldeten Verbraucher. Erfolgt die Klagerücknahme durch die Klägerin, so werden die Ansprüche oder Rechtsverhältnisse der Verbraucher, die von den Feststellungszielen abhängen, nicht beeinträchtigt. Für die Verbraucher besteht weiterhin die Möglichkeit, die Ansprüche oder Rechtsverhältnisse im Individualverfahren zu verfolgen.[1013]

Eine Beeinträchtigung in dem Sinne, dass die angemeldeten Verbraucher durch die Klagerücknahme unter Umständen dazu gezwungen werden, eine Individualklage zu erheben, weil eine erneute Musterfeststellungsklage nicht erhoben wird, rechtfertigt das Bedürfnis einer gerichtlichen Genehmigung nicht. Die Verbraucher haben gegen die qualifizierte Einrichtung weder einen Anspruch auf die Erhebung einer Musterfeststellungsklage noch einen Anspruch auf die Durchführung der Klage, sofern eine Musterfeststellungsklage erhoben wurde. Mithin können die angemeldeten Verbraucher durch die Rücknahme der Klage insoweit nicht in ihren Rechten verletzt sein.[1014]

C. Die einseitige und übereinstimmende Erledigungserklärung

I. Die einseitige Erledigungserklärung

Die einseitige Erledigungserklärung, bei der es sich nach h.M. um eine, regelmäßig nach § 264 Nr. 2 ZPO zulässige, Klageänderung handelt,[1015] erscheint im

---

1012 *Kähler*, in: Asmus/Waßmuth, § 611 Rn. 166.

1013 *Fölsch*, DAR-Extra 2018, 736, 737.

1014 Nach a.A. sollte zur Wahrung des Gruppeninteresses auch die Klagerücknahme vom Gericht kontrolliert werden, vgl. *Micklitz/Stadler*, Gutachten 2004, 1219.

1015 BGH NJW 2008, 2580 Rn. 8; Bergenfurth NJW 1992, 1655, 1658; *Flockenhaus*, in: Musielak/Voit, ZPO, § 91a Rn. 29; *Jaspersen*, in: BeckOK, ZPO, § 91a Rn. 48;

Musterfeststellungsverfahren nicht genehmigungsbedürftig. Unabhängig von der Frage, ob eine Musterfeststellungsklage sich überhaupt erledigen kann, auf welche mangels weiterführender Bedeutung für diese Arbeit nicht eingegangen werden soll, wäre Gegenstand der neuen Klage die Feststellung, dass die Klage vor dem erledigenden Ereignis zulässig und begründet gewesen ist.[1016] Das Gericht hätte insofern bei der neuen Feststellungsklage die gleiche Prüfung durchzuführen, insbesondere in Bezug auf die Begründetheit des Antrages,[1017] die es bei der ursprünglichen Musterfeststellungsklage durchzuführen gehabt hätte, sodass durch eine einseitige Erledigungserklärung keine Beeinträchtigung für die angemeldeten Verbraucher droht.

II. Die übereinstimmende Erledigungserklärung

Für die Frage des Bedürfnisses einer gerichtlichen Genehmigung einer übereinstimmenden Erledigungserklärung, die ebenfalls als zulässig erachtet wird,[1018] kann auf die Ausführungen zur Klagerücknahme verwiesen werden. Von der übereinstimmenden Erledigungserklärung geht nach der h.M.[1019] die gleiche Wirkung aus, wie von der Klagerücknahme,[1020] sodass sich an der Beurteilung zum Bedürfnis der gerichtlichen Genehmigung nichts ändert im Vergleich zur Klagerücknahme.

D. Die Antragsänderung und Antragserweiterung

Antragsänderungen und Antragserweiterungen sind nur unter den Voraussetzungen der §§ 263 ff. ZPO zulässig. Erforderlich ist, dass der Beklagte ausdrücklich einwilligt, rügelos verhandelt oder, dass das Gericht die Klageänderung für sachdienlich erachtet.[1021]

Schultz, in: MüKo, ZPO, § 91a Rn. 80; *Vollkommer,* in: Zöller, ZPO, § 91a Rn. 34 m.w.N. zum Meinungsstand; *Wilk,* ZJS 2014, 365, 367.

1016 *Schulz,* in: MüKo, ZPO, § 91a Rn. 80.

1017 BVerfG NJW 1993, 1060, 1061.

1018 *de Lind van Wijngaarden,* in: Nordholtz/Mekat, § 6 Rn. 50.

1019 BGH NJW 1991, 2280, 2281; OLG Köln NJW RR 1994, 917, 918; *Althammer,* in: Zöller, § 91a Rn. 34; *Flockenhaus,* in: Musielak/Voit, ZPO, § 91a Rn. 28; *G. Lüke,* FS Friedrich Weber, 1975, 323, 325 f.; *Bergerfurth* NJW 1992, 1655, 1657.

1020 Vgl. *Schultz,* in: MüKo, ZPO, § 91a Rn. 37, 39.

1021 *de Lind van Wijngaarden,* in: Nordholtz/Mekat, § 6 Rn. 54; *Weinland,* Musterfeststellungsklage, Rn. 108; *Waßmuth/Asmus,* ZIP 2018, 657, 663.

Sofern keine ausdrückliche Einwilligung oder ein rügeloses Verhandeln des Beklagten vorliegt, kann das Gericht über die Sachdienlichkeitsprüfung feststellen, ob eine Änderung oder Erweiterung des Streitgegenstandes den Interessen der angemeldeten Verbraucher entspricht. Sachdienlichkeit liegt vor, wenn durch die Änderung oder Erweiterung eine vollständige Ausräumung des sachlichen Streits erfolgt und ein neuer Prozess vermieden wird.[1022] In die Sachdienlichkeitsprüfung ist neben prozessökonomischen Erwägungen einzubeziehen, dass die angemeldeten Verbraucher sich gem. § 608 Abs. 3 ZPO nach dem Ablauf des Tages des Beginns der mündlichen Verhandlung in der ersten Instanz nicht mehr von dem Verfahren lösen können.[1023] Bei einer Änderung oder Erweiterung der Klage sind die angemeldeten Verbraucher somit einem Urteil ausgesetzt, dessen Bindungswirkung sich auf Feststellungsziele erstreckt, von denen die Verbraucher bei der Anmeldung ihrer abhängigen Ansprüche keine Kenntnis hatten. Ob die erweiterte Bindungswirkung den Interessen der angemeldeten Verbraucher entspricht, ist für das Gericht nur bedingt absehbar. Deshalb wird vertreten, dass eine Sachdienlichkeit der Antragsänderung oder Antragserweiterung, zumindest nach der ersten mündlichen Verhandlung, regelmäßig abzulehnen sei.[1024] Die Sachdienlichkeitsprüfung des Gerichts kann somit für die Klageänderung und Klageerweiterung eine vergleichbare Funktion einnehmen, wie die der Angemessenheitsprüfung bei der gerichtlichen Genehmigung des Musterfeststellungsvergleichs. Eine weitere gerichtliche Genehmigung ist somit nicht notwendig.

Etwas Anderes kann sich für die Klageänderung oder Klageerweiterung mit Einwilligung oder rügelosem Verhandeln des Beklagten ergeben. Eine gerichtliche Genehmigung kann hier für den Schutz der angemeldeten Verbraucher erforderlich sein, da es in diesem Fall der Sachdienlichkeit nicht bedarf.[1025] Erfolgt die Klageänderung oder Klageerweiterung nach der mündlichen Verhandlung, so könnte aufgrund der erweiterten Bindungswirkung des Urteils und der fehlenden Austrittsmöglichkeit eine Schutzbedürftigkeit der angemeldeten Verbraucher gegeben sein. Die mögliche Schutzbedürftigkeit soll in einem theoretischen und einem praktischen Beispiel verdeutlicht werden:

1022 BGH NJW 2007, 2414, 2415; Vgl. *De Lind van Wijngaarden*, in: Nordholtz/Mekat, § 6 Rn. 58.

1023 *Röthemeyer*, MDR 2019, 7.

1024 Vgl. *de Lind van Wijngaarden*, in: Nordholtz/Mekat, § 6 Rn. 59; *Weinland*, Rn. 109 ff.; *Röthemeyer*, Musterfeststellungsklage, § 610 Rn. 73.

1025 *Becker-Eberhard*, in: MüKo, ZPO, § 263 Rn. 31.

Theoretischer Fall:

Die Parteien wirken kollusiv zusammen und vereinbaren im Bewusstsein, dass die Klägerin in der Musterfeststellungsklage unterliegen wird, die Erweiterung der Anträge. Das beklagte Unternehmen will damit erreichen, dass auch über die neuen Feststellungsziele zu seinen Gunsten entschieden wird. Die Bindungswirkung des Musterfeststellungsurteils verhindert, dass ein Gericht in einem Individualverfahren aufgrund der erweiterten Feststellungsziele ein Urteil erlassen kann, das von den Feststellungen im Musterfeststellungsurteil abweicht.

Praktischer Fall:

A ist Klägerin und beantragte die Feststellung, dass eine Kündigung der angemeldeten Verbraucher zum 31.03.2020 wirksam war. Der Großteil der angemeldeten Verbraucher hatte hilfsweise auch zum 31.05.2020 gekündigt. Die Kündigung zum 31.05.2020 wurde jedoch nicht Gegenstand der Musterfeststellungsklage. Das Gericht gibt den Hinweis, dass die Kündigung zum 31.03.2020 wahrscheinlich unwirksam ist. Der vom Gericht angegebene Grund der voraussichtlichen Unwirksamkeit der Kündigung zum 31.03.2020 würde auch zur Unwirksamkeit der Kündigung zum 31.05.2020 führen. Die Parteien wirken kollusiv zusammen, sodass die Klägerin die Klage dahingehend erweitert, dass auch festgestellt werden soll, dass die Kündigung zum 31.05.2020 wirksam war. Das beklagte Unternehmen willigt in die Erweiterung ein. Das Gericht erlässt ein Urteil, indem sowohl die Kündigung zum 31.03.2020, als auch die Kündigung zum 31.05.2020 als unwirksam festgestellt wird.

Wäre die Klage nicht erweitert worden, so hätte ein Gericht in einem Individualverfahren die Wirksamkeit der Kündigung zum 31.05.2020 annehmen können. Durch die Klageerweiterung ist dies ausgeschlossen.

Festzustellen ist zunächst, dass die Bindungswirkung an das Musterfeststellungsurteil nach einer Klageerweiterung oder Klageänderung und die fehlende Austrittsmöglichkeit nach dem ersten Tag der mündlichen Verhandlung eine andere Schutzbedürftigkeit, als die Schutzbedürftigkeit der angemeldeten Verbraucher bei einem Musterfeststellungsvergleich begründet.

Während nämlich bei einer Klageänderung oder Klageerweiterung stets das Gericht über die neuen Anträge entscheidet und damit die Bindungswirkung auf einem legitimen Urteil des Gerichts beruht, würde bei einem Vergleich, der ohne gerichtliche Genehmigung erfolgen würde, die Bindungswirkung durch die alleinige Entscheidung der Parteien eintreten.

Es stellt sich somit die Frage, ob allein die Entscheidung der Klägerin, die Klage zu ändern oder zu erweitern, eine Schutzbedürftigkeit der angemeldeten Verbraucher begründet, die eine gerichtliche Genehmigung erforderlich macht.

Nach teilweise vertretener Auffassung sind die §§ 263 f. ZPO uneingeschränkt anwendbar,[1026] da häufig erst mit der mündlichen Verhandlung der Prozessgegenstand konkretisiert wird, und deshalb erst zu diesem Zeitpunkt eine Änderung des ursprünglichen Antrags notwendig wird.[1027] Die Änderungen ergingen zu diesem Zeitpunkt zudem regelmäßig auf den Hinweis des Gerichts hin, sodass von einer Änderung im Interesse der angemeldeten Verbraucher ausgegangen werden könnte.[1028]

Andere Stimmen in der Literatur unterscheiden zwischen § 263 ZPO und § 264 ZPO. Bei Einführung eines neuen Streitgegenstandes gem. § 263 ZPO soll eine Änderung im Musterfeststellungsverfahren nicht zulässig sein, weil in diesem Fall ein neues Anmeldeverfahren geboten ist.[1029] Erweiterungsanträge nach § 264 Nr. 2 ZPO analog sollen hingegen möglich sein, sofern die Änderungen im Klagesachverhalt angelegt sind.[1030]

Vertreten wird weiter, dass bereits aufgrund der Konsequenzen einer Klageerweiterung oder Klageänderung und der fehlenden Austrittsmöglichkeit für die angemeldeten Verbraucher das Gericht Klageerweiterungen oder Klageänderungen zurückweisen kann bzw. sogar muss, selbst wenn eine Einwilligung des beklagten Unternehmens erfolgte. Begründet wird diese Auffassung teilweise mit der sonst drohenden Verletzung des Anspruchs auf rechtliches Gehör der angemeldeten Verbraucher nach Art. 103 Abs. 1 GG.[1031] Andere stellen auf die Vorschrift des § 610 Abs. 4 ZPO ab, aus der sich die Unzulässigkeit einer Klageänderung nach dem ersten Tag der mündlichen Verhandlung ergeben soll. Da das Gericht nach § 610 Abs. 4 ZPO spätestens im ersten Termin zur mündlichen Verhandlung auf sachdienliche Klageanträge hinzuwirken hat, sollen Änderungen im Anschluss an diesen Termin nicht mehr möglich sein.[1032]

Sieht man in der Möglichkeit einer Klageänderung oder Klageerweiterung durch die Klägerin nach dem ersten Tag der mündlichen Verhandlung eine

---

1026 *DAV*, Stellungnahme, 13; *vzbv*, Stellungnahme, 6; mit Bedenken in Bezug auf Verfahrensverschleppung: *Schneider*, BB 2018, 1986, 1992; *Salger*, jurisPR-BKR 10/2018 Anm. 1.

1027 Oehring, 337.

1028 *Oehring*, 337; *Weinland*, Rn. 111.

1029 *Röß*, NJOZ 2021, 1569, 1571 f.

1030 *Lutz*, in: BeckOK, ZPO, § 610 Rn. 8 ff.; *Rathmann*, in: Saenger, ZPO, § 606 Rn. 10.

1031 *Röthemeyer*, § 610 Rn. 73; Ausführlich zum Anspruch auf rechtliches Gehör in der Musterfeststellungsklage: *Röthemeyer*, MDR 2019, 6–11.

1032 BR-Drs. 176/1/18, S. 9 f.; *Schmidt*, in: Baumbach/Lauterbach/Albers u.a. (Hrsg.), ZPO, Beilage zur 77. Aufl., § 610 Rn. 9, *Oehring*, 338.

Verletzung des rechtlichen Gehörs der angemeldeten Verbraucher und damit eine Grundrechtsverletzung, so würde auch eine gerichtliche Genehmigung den Anspruch der angemeldeten Verbraucher auf rechtliches Gehör nicht wahren. Eine Klageänderung oder Klageerweiterung nach dem ersten Tag der mündlichen Verhandlung wäre dann verfassungswidrig, könnte allerdings durch eine Erweiterung des Austrittsrechts der Verbraucher[1033] oder die Einführung eines neuen Anmeldeverfahrens für Klageänderungen[1034] zur Verfassungskonformität gelangen.

Wird hingegen unterstellt, dass der Anspruch auf rechtliches Gehör der angemeldeten Verbraucher nicht verletzt ist[1035] und wird von der Verfassungskonformität der Normen des Musterfeststellungsverfahrens ausgegangen, was bis zu einer anderweitigen Feststellung des Bundesverfassungsgerichts getan werden muss, so stellt sich weiter die Frage nach der Erforderlichkeit einer gerichtlichen Genehmigung.

Für ein solches Bedürfnis spricht das fehlende Austrittsrecht der angemeldeten Verbraucher. Unabhängig davon, ob eine Klageänderung oder Klageerweiterung ohne Austrittsmöglichkeit verfassungswidrig ist, besteht grundsätzlich eine Schutzbedürftigkeit der Verbraucher,[1036] wenn sie an die Prozesshandlungen der Klägerin gebunden werden, ohne auf den Prozess selbst Einfluss nehmen zu können.[1037] In dieser Hinsicht könnte die Schutzbedürftigkeit der angemeldeten Verbraucher bei einer Klageänderung oder Klageerweiterung nach dem ersten Tag der mündlichen Verhandlung sogar als höher anzusehen sein als bei einem Musterfeststellungsvergleich, weil bei einem Musterfeststellungsvergleich das Austrittsrecht nach § 611 Abs. 4 S. 2 ZPO gesetzlich vorgeschrieben ist, obwohl zuvor eine gerichtliche Genehmigung des Vergleiches erfolgt ist.

Gegen eine Genehmigungsbedürftigkeit sprechen die tatsächlichen Folgen, die von einer Klageänderung ausgehen. Die Klageänderung führt zur Änderung des Streitgegenstandes.[1038] Insofern resultiert aus der Klageänderung nur, dass

---

1033 Siehe: *Röthemeyer,* MDR 2019, 9.

1034 *Windau,* jM 2019, 404, 408.

1035 Eine tiefergehende Auseinandersetzung mit dem Anspruch auf rechtliches Gehör der angemeldeten Verbraucher im Musterfeststellungsverfahren unterbleibt mangels weiterer Relevanz für diese Arbeit. Dazu ausführlich: *Oehring,* 134 ff., *Röthemeyer,* MDR 2019, 6 ff.

1036 *Amrhein,* 147 ff.

1037 So auch *Röß,* NJOZ 2021, 1569, 1575.

1038 *Becker-Eberhard,* in: MüKo, ZPO, § 263 Rn. 7, *Foerse,* in: Musielak/Voit, ZPO, § 263 Rn. 2.

eine gerichtliche Entscheidung über einen geänderten Streitgegenstand erfolgt. Anders als durch einen Musterfeststellungsvergleich können dementsprechend durch eine Klageänderung die der Musterfeststellungsklage zugrundeliegenden Ansprüche oder Rechtsverhältnisse der angemeldeten Verbraucher nicht beeinträchtigt werden. Aus der Abänderung der gerichtlichen Entscheidung aufgrund des Wirkens der Parteien in Form der Klageänderung folgt deshalb keine Schutzbedürftigkeit der angemeldeten Verbraucher, die eine gerichtliche Genehmigungsbedürftigkeit erfordern würde.

Sofern die gerichtliche Beurteilung im Musterfeststellungsverfahren im Hinblick auf die neuen Feststellungsziele nämlich ordnungsgemäß erfolgte, greift der Einwand nicht, dass ein Individualgericht anders hätte entscheiden können. Ist das Urteil des Musterfeststellungsgerichts korrekt, so ist einerseits davon auszugehen, dass das Individualgericht ebenfalls so entschieden hätte. Andererseits ist im theoretischen Falle einer unrichtigen Entscheidung des Individualgerichts davon auszugehen, dass das beklagte Unternehmen Berufung einlegen würde. Zudem besteht kein Anspruch und damit auch keine Schutzbedürftigkeit im Hinblick auf ein falsches Urteil. Das Interesse der angemeldeten Verbraucher nur an die Feststellungsziele gebunden zu werden, die auch im letztmöglichen Austrittszeitpunkt Gegenstand der Klage waren, scheint dementsprechend vernachlässigbar.

Eine Klageänderung oder Klageerweiterung, die das Verfahren unnötig verzögern und dementsprechend dem Interesse der Verbraucher zuwiderlaufen würde, wird regelmäßig auch nicht dem Interesse des beklagten Unternehmens entsprechen, sodass keine Einwilligung erfolgen wird. Ein etwaiges Zusammenwirken der Parteien zum Nachteil der angemeldeten Verbraucher dürfte eine gerichtliche Genehmigung ebenfalls nicht erforderlich machen. Zwar kann aufgrund einer Verzögerung des Verfahrens eine Beeinträchtigung der Interessen der angemeldeten Verbraucher bestehen. Die Gefahr dieser Beeinträchtigung wird eine Genehmigungsbedürftigkeit allerdings wohl nicht begründen können. Durch die Verzögerung des Verfahrens ist die Rechtsposition der angemeldeten Verbraucher nicht in vergleichbarer Weise betroffen, wie bei einem Musterfeststellungsvergleich, durch welchen auf die Rechte der Verbraucher unmittelbar eingewirkt wird.

Anders stellt sich die Situation dar, wenn die Klageänderung zu einer quantitativen Klagebeschränkung nach § 264 Nr. 2 ZPO führt. In diesem Fall hat das Gericht nach § 139 ZPO aufzuklären, ob durch die Beschränkung gleichzeitig ein Verzicht, eine Erledigungserklärung oder eine Klagerücknahme in Bezug auf den alten Antrag gewollt ist.[1039] Handelt es sich um eine Klagerücknahme

1039 *Becker-Eberhard*, in: MüKo, ZPO, § 264 Rn. 22; *Foerste*, in: Musielak/Voit, ZPO, § 264

oder um eine Erledigungserklärung, so ist die Zulässigkeit der Klagebeschränkung aufgrund der oben dargestellten Gründe nicht zu beanstanden. Kommt das Gericht hingegen zu dem Ergebnis, dass der Kläger verzichtet, so wäre die Klagebeschränkung aufgrund der Regelung des § 610 Abs. 5 S. 2 ZPO unzulässig.

Dazu folgendes Beispiel:

Die Klägerin beantragte ursprünglich festzustellen, dass die Kündigung der angemeldeten Verbraucher zum 01.04.2020 wirksam war. Nachdem die angemeldeten Verbraucher nicht mehr aus der Musterfeststellungsklage austreten können, ändert die Klägerin den Antrag dahingehend, dass die Kündigung erst zum 01.10.2020 wirksam gewesen sein soll.

Sofern aus dem Vortrag der Klägerin nicht hervorgeht, dass die Klage teilweise zurückgenommen wird oder teilweise für erledigt erklärt werden soll, würde es sich um einen teilweisen Verzicht handeln, der nach § 610 Abs. 5 S. 2 ZPO unzulässig wäre.

Auch wenn die gerichtliche Genehmigung des Musterfeststellungsvergleichs grundsätzlich dem Schutz der Interessen der angemeldeten Verbraucher dient, ist Voraussetzung für einen Schutz durch das Gericht, dass den angemeldeten Verbrauchern auch ein bestimmtes Maß an Schutzbedürftigkeit zugesprochen werden kann.[1040] Eine dem Musterfeststellungsvergleich vergleichbare Schutzbedürftigkeit der angemeldeten Verbraucher kann für eine Klageänderung oder Klageerweiterung nicht erkannt werden. Während bei einem Musterfeststellungsvergleich die Parteien bindend über die Rechtspositionen der angemeldeten Verbraucher disponieren und diese auch einschränken können, ändert sich durch eine Klageänderung nichts an der Rechtsposition der Verbraucher. Die Klageänderung kann lediglich dazu führen, dass über die Rechte der Verbraucher weitergehend gerichtlich entschieden wird, als die Verbraucher dies bei der Klageerhebung absehen konnten, oder dazu, dass die Verbraucher einzelne Feststellungsziele in einer neuen Feststellungsklage oder im Individualverfahren weiterverfolgen müssen. Das Bestehen oder Nichtbestehen der Verbraucherrechte wird durch eine Klageänderung nicht beeinträchtigt. Das Recht zur Klageänderung führt vielmehr dazu, dass die Rechte der Verbraucher umfangreicher gerichtlich festgestellt werden können.

Letztlich geht aus der Regelung des § 610 Abs. 5 ZPO, sowie aus der Ausgestaltung der Musterfeststellungsklage als zivilprozessuale Klage der gesetzgeberische Wille hervor, dass die Dispositionsmaxime, sofern nicht wie beispielsweise in § 610 Abs. 5 S. 2 ZPO oder § 611 Abs. 3 S. 1 ZPO anderweitig geregelt, auch

Rn. 6; *Saenger*, in: Saenger, ZPO, § 264 Rn. 6.

1040 Zustimmend: *Röß*, NJOZ 2021, 1569, 1576.

im Musterfeststellungsverfahren gilt. Eine Abweichung von diesem Prozessgrundsatz wird nur in Betracht kommen können, sofern Gründe vorliegen, die auch den Gesetzgeber von dieser Prozessmaxime abweichen ließen. Der Wille des Gesetzgebers zur grundsätzlich uneingeschränkten Geltung der §§ 263, 264 ZPO geht auch aus dem Gesetzgebungsverfahren hervor. Obwohl sich der Bundesrat mit einer Einschränkung der §§ 263 ff. ZPO beschäftigt hatte und den Bundestag um eine Prüfung gebeten hatte,[1041] ob die Regelungen ohne Einschränkungen übernommen werden sollten, äußerte sich der Bundestag nicht zu dem Bedürfnis einer Beschränkung der §§ 263 ff. ZPO. Zudem wurde, trotz der Regelungen zur Erweiterung (§ 15 KapMuG) und Rücknahme (§ 13 KapMuG) von Anträgen im KapMuG, auf vergleichbare Regelungen bei der Konzeption des Musterfeststellungsverfahrens verzichtet. Da das KapMuG als Vorbild für das Musterfeststellungsverfahrensgesetz diente,[1042] ist insofern von einem bewussten Verzicht auf eine Beschränkung der Antragsänderung oder Antragserweiterung auszugehen.[1043]

E. Das gerichtliche Geständnis

Für das gerichtliche Geständnis nach § 288 ZPO ist die Frage des Bedürfnisses einer Genehmigung durch das Gericht ebenfalls von Relevanz. Unabhängig davon, ob ein gerichtliches Geständnis, bei Ergehen eines Musterfeststellungsurteils, auch Wirkung in den anschließenden Individualverfahren hat,[1044] kann das gerichtliche Geständnis erhebliche Auswirkungen auf das Musterfeststellungsurteil haben. So führt das gerichtliche Geständnis einer Partei nach § 288 ZPO dazu, dass eine behauptete und für sie ungünstige Tatsache nicht mehr des Beweises bedarf und damit als wahr gilt. Die zugestandenen Tatsachen sind insofern, entsprechend dem Geständnis, vom Gericht in seine Urteilsgrundlage einzubeziehen und zu verwerten, ohne dass es einer weiteren gerichtlichen Überzeugungsbildung bedürfte.[1045] Die Wirkung des Geständnisses und damit auch die Bindung des Gerichtes an dieses tritt selbst dann ein, wenn das Geständnis

1041 Das Vorliegen einer derartigen Bitte geht aus einer Stellungnahme der Bundesregierung hervor: BT-Drs. 19/2701, 8, zu Nr. 6.

1042 BT-Drs. 19/2439, 16 (4. Abs.), 22 (2. Abs. zu § 606).

1043 Vgl. *Röß*, NJOZ 2021, 1569, 1572.

1044 Siehe: 112.

1045 Vgl. *Prütting*, in: MüKo, ZPO, § 288 Rn. 1, 32; *Bacher*, in: BeckOK, ZPO, § 288 Rn. 14; *Huber*, in: Musielak/Voit, ZPO, § 288 Rn. 9.

bewusst unwahr erfolgt.[1046] Auch deutliche Indizien oder eine bereits durchgeführte Beweisaufnahme, die gegen den Wahrheitsgehalt des Geständnisses sprechen, ändern nichts an der Bindungswirkung für das Gericht.[1047] Zwar tritt eine Bindungswirkung u.a.[1048] nicht ein, wenn die Parteien zum Nachteil eines Dritten zusammenwirken,[1049] erforderlich ist allerdings, dass das kollusive Verhalten nach der erforderlichen Überzeugung des Gerichts feststeht.[1050]

Die unmittelbare Rechtsfolge des gerichtlichen Geständnisses ist damit die Bindungswirkung für das Gericht, welche sich auf alle Instanzen des laufenden Prozesses erstreckt.[1051] Ob die Bindungswirkung eines im Musterfeststellungsverfahren abgegebenen Geständnisses auch in den, dem Musterfeststellungsurteil folgenden, Individualprozessen weiterbesteht, soll an dieser Stelle deshalb offenbleiben, weil das Geständnis bereits im Musterfeststellungsverfahren erhebliche negative Auswirkungen für die angemeldeten Verbraucher haben kann.

Während ein gerichtliches Geständnis des beklagten Unternehmens, wie ein Anerkenntnis des beklagten Unternehmens, grundsätzlich nur vorteilhaft für die angemeldeten Verbraucher ist und damit keiner gerichtlichen Genehmigung bedarf, erscheint die Situation eines gerichtlichen Geständnisses der Klägerin demgegenüber als äußerst problematisch in Bezug auf den Schutz der Interessen der angemeldeten Verbraucher.

So resultiert aus dem gerichtlichen Geständnis der Klägerin die Gefahr, dass die Klägerin zum Nachteil der angemeldeten Verbraucher Tatsachen dem Streit entzieht und dem Gericht verbindlich als wahr vorgibt, obwohl der Klägerin bewusst ist, dass die zugestandenen Tatsachen unwahr sind. Ein unwahres gerichtliches Geständnis der Klägerin kann damit im schlimmsten Fall dazu führen, dass das Gericht, aufgrund einer falschen Entscheidungsgrundlage, ein Musterfeststellungsurteil zu Lasten der angemeldeten Verbraucher erlässt,

---

1046 *Bacher*, in: BeckOK, ZPO, § 288 Rn. 14; *Huber*, in: Musielak/Voit, ZPO, § 288 Rn. 9; *Prütting*, in: MüKo, ZPO, § 288 Rn. 35.

1047 Vgl. *Bacher*, in: BeckOK, ZPO, § 288 Rn. 14; *Leipold*, in: Stein/Jonas, ZPO, § 288 Rn. 33; *Prütting*, in: MüKo, ZPO, § 288, Rn. 36.

1048 Keine Bindungswirkung tritt ebenfalls ein, sofern die zugestandenen Tatsachen unmöglich sind oder ihr Gegenteil offenkundig ist.

1049 OLG Düsseldorf, NJW-RR 1998, 606; OLG Schleswig NJW-RR 2000, 356; Vgl. *Huber*, in: Musielak/Voit, ZPO, § 288 Rn. 10; *Bacher*, in: BeckOK, ZPO, § 288 Rn. 15; *Prütting*, in: MüKo, ZPO, § 288, Rn. 36.

1050 OLG Düsseldorf, NJW-RR 1998, 606.

1051 *Bacher*, in: BeckOK, ZPO, § 288 Rn. 16; *Huber*, in: Musielak/Voit, ZPO, § 288 Rn. 9; *Wulf*, in: BeckOK, ZPO, § 535 Rn. 1 ff.

welches nach § 613 Abs. 1 S. 1 ZPO die Gerichte in den Individualverfahren bindet.

Stellt man den Musterfeststellungsvergleich dem gerichtlichen Geständnis der Klägerin gegenüber, so bestehen einige Gründe, die für das Bedürfnis einer gerichtlichen Genehmigungspflicht eines gerichtlichen Geständnisses der Klägerin sprechen könnten.

Zwar bestünde die Bindungswirkung des gerichtlichen Geständnisses für die Folgeverfahren nur mittelbar über das Musterfeststellungsurteil, während der Musterfeststellungsvergleich nach § 611 Abs. 1, Abs. 5 S. 4 ZPO unmittelbar für und gegen die angemeldeten Verbraucher wirkt. Eine unmittelbare Bindungswirkung für die Verbraucher geht allerdings von dem gerichtlichen Geständnis für das laufende Verfahren aus. Auch wenn die Bindungswirkung des Geständnisses grundsätzlich für das Gericht besteht, sind die Verbraucher diejenigen, die von dem Geständnis der Klägerin tatsächlich betroffen sind, ohne eine Möglichkeit zu haben, auf das gerichtliche Geständnis Einfluss nehmen zu können. Insofern befinden sich die angemeldeten Verbraucher in derselben Situation, in der sie sich auch bei einem Musterfeststellungsvergleich befinden würden,[1052] sodass bei einem gerichtlichen Geständnis der Klägerin bereits aus diesem Grund eine Schutzbedürftigkeit der Verbraucher anzunehmen ist.

Die Schutzbedürftigkeit der angemeldeten Verbraucher kann beim gerichtlichen Geständnis der Klägerin sogar als höher eingeschätzt werden, als beim Musterfeststellungsvergleich. Während beim Musterfeststellungsvergleich der Schutz der Verbraucher sichergestellt werden soll, indem der Vergleich nach § 611 Abs. 3 S. 2 ZPO durch das Gericht auf seine Angemessenheit hin überprüft wird, dem Verbraucher die Möglichkeit gegeben wird, auch noch nach der gerichtlichen Genehmigung aus dem Vergleich auszutreten und zudem der genehmigte Vergleich nach § 611 Abs. 5 S. 1 ZPO nur wirksam wird, wenn weniger als 30 Prozent der angemeldeten Verbraucher ihren Austritt aus dem Vergleich erklärt haben, besteht beim gerichtlichen Geständnis der Klägerin keine Möglichkeit für den Verbraucher, sich von diesem zu lösen. Die angemeldeten Verbraucher können nach § 608 Abs. 3 ZPO ihre Anmeldung lediglich bis zum Ablauf des Tages des Beginns der mündlichen Verhandlung in der ersten Instanz zurücknehmen. Erfolgt das gerichtliche Geständnis der Klägerin nach diesem Zeitpunkt, so können sich die Verbraucher nicht mehr durch die Rücknahme der Anmeldung von dem Geständnis lösen und werden an ein später ergehendes Urteil gebunden.

1052 Siehe: 146.

Die Tatsache, dass ein gerichtliches Geständnis der Klägerin keine Wirkung entfalten würde, sofern ein kollusives Verhalten der Parteien vorliegt, stellt einen schwachen Trost für die angemeldeten Verbraucher dar, weil, wie zuvor ausgeführt, das Gericht zunächst vom kollusiven Verhalten der Parteien überzeugt sein muss, um dem gerichtlichen Geständnis der Klägerin die Wirkung abzusprechen. Das Gericht hat jedoch, anders als beim Musterfeststellungsvergleich, bei welchem es die Angemessenheit des Vergleiches von Amts wegen ermitteln muss, keine Pflicht, das gerichtliche Geständnis auf seine Wahrheit zu überprüfen.

Für die angemeldeten Verbraucher, die nur eingeschränkt in das Musterfeststellungsverfahren einbezogen sind,[1053] bestünde die theoretische Möglichkeit, das Gericht auf ein kollusives Verhalten hinzuweisen. Voraussetzung dafür wäre jedoch, dass das nach § 160 Abs. 3 Nr. 3 ZPO zu protokollierende gerichtliche Geständnis unter die Vorschrift des § 607 Abs. 3 S. 1 ZPO zu subsumieren ist, sodass eine Bekanntgabe des gerichtlichen Geständnisses im Klageregister erfolgen müsste. Auch wenn ein gerichtliches Geständnis der Klägerin im Klageregister veröffentlicht werden würde, dürfte dadurch kein ausreichender Verbraucherschutz bestehen. Die Auswirkungen des gerichtlichen Geständnisses der Klägerin dürften für die angemeldeten Verbraucher, bei denen es sich regelmäßig um juristische Laien handelt, nicht offensichtlich sein. Und selbst wenn das richtige Verständnis bestehen würde, müsste aus dem Geständnis der Klägerin erkennbar sein, dass es unwahr ist und die Parteien bewusst zum Nachteil für die angemeldeten Verbraucher zusammengewirkt haben. Von den angemeldeten Verbrauchern, deren Informationsgrundlage betreffend das Musterfeststellungsverfahren nicht sonderlich ergiebig ist, dürften insofern nicht erwartet werden, dass sie für ihren eigenen Schutz sorgen.

Im Ergebnis sprechen damit viele Argumente für das Bedürfnis einer gerichtlichen Genehmigung des gerichtlichen Geständnisses der Klägerin. Aufgrund der von dem gerichtlichen Geständnis der Klägerin ausgehenden Wirkung, das ähnliche Rechtsfolgen wie der Verzicht nach § 306 ZPO oder das Anerkenntnis nach § 307 ZPO hat, könnte man allerdings ebenfalls argumentieren, dass auch das gerichtliche Geständnis nach § 288 ZPO im Musterfeststellungsverfahren vollständig ausgeschlossen sein sollte. Ein vollständiger Ausschluss des gerichtlichen Geständnisses wäre ebenfalls über eine analoge Anwendung des § 610 Abs. 5 S. 2 ZPO möglich.

1053 *Stadler*, in: Musielak/Voit, ZPO, § 607 Rn. 5.

F. Fazit zur gerichtlichen Genehmigung anderer Parteidispositionen

Innerhalb der Musterfeststellungsklage besteht ein Spannungsverhältnis zwischen der im Verfahren bestehenden Dispositionsfreiheit der Parteien und den schutzwürdigen Interessen der angemeldeten Verbraucher. Der Gesetzgeber hat durch die Ausgestaltung der Musterfeststellungsklage als kontradiktorisches zivilprozessuales Verfahren zum Ausdruck gebracht, dass die Parteien auch im Musterfeststellungsverfahren grundsätzlich autonom über die Verfahrenshandlungen entscheiden können. Durch die Genehmigungsbedürftigkeit des Musterfeststellungsvergleiches, sowie des Ausschlusses des Verzichts nach § 610 Abs. 5 S. 2 ZPO hat der Gesetzgeber allerdings zugleich ausdrücklich aufgezeigt, dass die Freiheiten der Parteien im Hinblick auf die Prozessvereinbarungen nicht vollumfänglich gewährleistet sind. Über diese Beschränkung der Prozessfreiheiten der Parteien hinaus, könnte man aufgrund eines Umkehrschlusses der bestehenden Regelungen annehmen, dass eine weitere Einschränkung der Dispositionsfreiheit nicht intendiert ist.

Die vorangegangenen Ausführungen machen jedoch deutlich, dass zumindest in Bezug auf das Anerkenntnis und das gerichtliche Geständnis der Klägerin eine weitergehende Beschränkung mit Blick auf die Wahrung der Interessen der angemeldeten Verbraucher geboten ist.[1054]

Im Falle eines Anerkenntnisses nach § 307 ZPO und eines gerichtlichen Geständnisses nach § 288 ZPO der Klägerin besteht eine Schutzbedürftigkeit der angemeldeten Verbraucher, die zumindest eine gerichtliche Genehmigung dieser Dispositionen notwendig erscheinen lässt. Aufgrund der von diesen Handlungen der Klägerin ausgehenden rechtlichen Auswirkungen für die angemeldeten Verbraucher, erscheint es auch vertretbar einen generellen Ausschluss des Anerkenntnisses und des gerichtlichen Geständnisses, in analoger Anwendung des § 610 Abs. 5 S. 2 ZPO, anzunehmen.

1054 *Schlosser*, 45; *Würthwein*, 107.

Teil V: De lege ferenda

Die vorangegangenen Ausführungen haben aufgezeigt, dass das geltende Recht zur Musterfeststellungsklage in einigen Bereichen Defizite aufweist, die nachbesserungswürdig sind. Im diesem Abschnitt soll der Versuch unternommen werden, Regelungen zu entwerfen, die geeignet sind, die gefundenen Mängel der Musterfeststellungsklage zu beseitigen. In einem noch zu erlassenden Gesetz könnten die ausgearbeiteten Regelungen dazu dienen, dass die gefundenen Mängel behoben werden.

A. Teilvergleiche und Teilgruppenvergleiche

Die nach geltendem Recht aufgrund von § 611 Abs. 5 S. 1 ZPO bestehende Undurchsetzbarkeit von Teilvergleichen und Teilgruppenvergleichen bedarf aufgrund allgemein geltender zivilprozessualer Grundsätze einer Änderung.

Zwar besteht für den Musterfeststellungsvergleich das sich in § 611 Abs. 5 S. 1 ZPO ausdrückende grundsätzliche Bedürfnis, die Wirksamkeit des Vergleiches von der Akzeptanz der angemeldeten Verbraucher abhängig zu machen. Letztlich ist die Akzeptanz, nach hier vertretener Ansicht, der stärkste Indikator für die Angemessenheit des Vergleiches, da diese unmittelbar widerspiegelt, ob das Interesse der Verbraucher an dem Vergleich besteht.

Zu berücksichtigen ist jedoch auch, dass bezüglich der einzelnen Feststellungsziele nicht zwangsläufig für alle angemeldeten Verbraucher eine Abhängigkeit besteht. Durch § 606 Abs. 2 Nr. 2, Abs. 3 Nr. 2 ZPO wird nur sichergestellt, dass von jedem einzelnen Feststellungsziel[1055] die Ansprüche oder Rechtsverhältnisse von mindestens zehn Verbrauchern abhängen. Bei einem angemeldeten Verbraucher, dessen Anspruch beispielsweise von einem bestimmten Feststellungsziel abhängt, muss theoretisch nicht zugleich die Abhängigkeit bezüglich eines anderen Feststellungsziels bestehen.

Die geltende Regelung des § 611 Abs. 5 S. 1 ZPO führt dazu, dass die Wirksamkeit des Vergleiches stets von der Zustimmung von über 70 Prozent der Gesamtheit der angemeldeten Verbraucher abhängt, obwohl Vergleichssituationen gegeben sein können, in denen faktisch nur ein Teil der Verbraucher betroffen ist. Liegt ein Fall der objektiven Klagehäufung vor und die Abhängigkeit bezüglich eines Feststellungsziels liegt nur bei einem abgrenzbaren Teil der

1055 BGH, Beschl. v. 30.07.2019 – VI ZB 59/18, Leitsatz.

Verbraucher vor, bei den Übrigen jedoch nicht, so darf die Wirksamkeit des Vergleiches nicht von den Verbrauchern verhindert werden können, für die das Feststellungsziel keine Bedeutung hat. Wäre ein derartiges Feststellungsziel nämlich Streitgegenstand in einer eigenständigen Musterfeststellungsklage, so könnten über die Wirksamkeit eines Vergleiches nur diejenigen entscheiden, deren Ansprüche oder Rechtsverhältnisse nach §§ 606 Abs. 2 S. 1 Nr. 2, 608 Abs. 1 ZPO von dem Feststellungsziel abhängen.

Um das Defizit der Regelung des § 611 Abs. 5 S. 1 ZPO auszugleichen, könnte man die Formulierung dahingehend ändern, dass es heißt: „Der genehmigte Vergleich wird wirksam, wenn weniger als 30 Prozent der angemeldeten *und betroffenen* Verbraucher ihren Austritt aus dem Vergleich erklärt haben."

Durch die Änderung des Wortlautes wird der notwendige Bezug der Verbraucher zu dem Vergleich hergestellt, der implizieren soll, dass für die Wirksamkeit des Vergleiches nur der Austritt derjenigen relevant werden kann, in deren Person auch der Grund für den Vergleich veranlagt ist. Durch die Betroffenheit wird gleichzeitig das, wenn auch nur theoretische, Problem der fehlerhaften Anmeldungen behoben, da Anmeldungen die generell nicht zu berücksichtigen sind, ausgeschlossen werden.

Für die praktische Umsetzung würde der neue Wortlaut bedeuten, dass von den Parteien nachgewiesen und erklärt werden muss, dass eine Betroffenheit nur bezüglich eines Teils der angemeldeten Verbraucher besteht. Die angemeldeten Verbraucher, die ihren Austritt aus dem Vergleich anschließend erklären, müssten nachweisen, dass sie von diesem betroffen waren, um die Wirkung des § 611 Abs. 5 S. 1 ZPO auszulösen. Eine solche Verpflichtung dürfte sowohl für die Parteien als auch für die betroffenen austretenden Verbraucher keine unangemessene Regelung darstellen. Für die Parteien bestünde so zumindest eine fairere Chance einen Teilvergleich zu schließen. Und auch für die Verbraucher ist eine derartige Verpflichtung nicht unangemessen, sofern an den Nachweis der Betroffenheit keine zu hohen Anforderungen gestellt werden. In die Abwägung, ob ein solcher Nachweis zumutbar ist, muss einfließen, dass durch den Austritt die Interessen der übrigen Verbraucher, die die Wirksamkeit des Vergleichs herbeiführen wollen, beeinflusst werden. Zu der Austrittswirkung nach § 611 Abs. 5 S. 1 ZPO darf es nur kommen, wenn ein legitimes Interesse des austretenden Verbrauchers am Austritt gegeben ist.

B. Die Anwaltsvergütung

Bei dem in den Bewertungskriterien dargestellten Defizit der Anwaltsvergütung,[1056] handelt es sich nicht um ein reines Problem des Vergleiches, sondern um eines des gesamten Musterfeststellungsverfahrens. Innerhalb des Musterfeststellungsvergleiches stellt die Anwaltsvergütung allerdings ein Problem dar, von dem besondere Gefahr für die angemeldeten Verbraucher ausgeht. Wie zuvor dargestellt, kann das Interesse der angemeldeten Verbraucher und des Prozessvertreters am Abschluss eines Vergleiches erheblich divergieren, weshalb das Risiko einer Kollusion zwischen dem beklagten Unternehmen und dem Prozessvertreter im Raum steht.

Will der deutsche Gesetzgeber dem System der Musterfeststellungsklage treu bleiben, so sollte zumindest eine gesetzliche Vergütungsregelung geschaffen werden, die den Aufwand der anwaltlichen Vertretung ausreichend berücksichtigt und dadurch das Missbrauchsrisiko im Vergleich verringert. Am vielversprechendsten, sowohl zur ausreichenden Vergütung des Prozessvertreters als auch zum Schutz der Verbraucherinteressen, erscheint für die Vergütung ein Erfolgshonorarmodell.[1057]

Die Vergütung des Prozessvertreters sollte sich nach dem Erfolg im Musterfeststellungsvergleich richten und anteilig aus der Vergleichssumme gezahlt werden. Je höher die Leistungen an die angemeldeten Verbraucher ausfallen, desto höher sollte die Vergütung des Prozessvertreters sein. Die genaue Vergütung sollte dabei, vergleichbar mit der Gebührentabelle des RVG, gesetzlich gestaffelt und prozentual nach der Gesamthöhe der Vergleichssumme erfolgen und nicht individuell verhandelbar sein. Die Vergütung des Prozessvertreters wirkt sich dabei ebenfalls prozentual auf die Höhe der, an die Verbraucher auszuzahlenden, Leistungen aus.

Zur Verdeutlichung folgendes Beispiel:

Ein Musterfeststellungsvergleich wurde geschlossen, in welchem den Verbrauchern eine Gesamtvergleichssumme von 100.000 € zugesprochen wurde.

Die Gesamtvergleichssumme verteilt sich folgendermaßen: 5 angemeldete Verbraucher erhalten 10.000 €, 5 angemeldete Verbraucher erhalten 5.000 €, 10 angemeldete Verbraucher erhalten 2.000 € und 5 angemeldete Verbraucher erhalten 1.000 €.

1056 Siehe hierzu: 205 ff.

1057 Für ein Erfolgshonorarmodell in der Musterfeststellungsklage insgesamt: *Halfmeier*, FAZ vom 18.02.2020, Nr. 41, 22; Argumente für ein Erfolgshonorarmodell: *Stadler*, ZHR 2018, 623, 640.

Bei einer Gesamtvergleichssumme von 100.000 € würde dem Prozessvertreter nach der im RVG neu einzuführenden Tabelle zur Vergütung im Musterfeststellungsvergleich, bspw. 10 Prozent der Gesamtvergleichssumme als Vergütung zustehen.

In diesem Fall würden nur 90.000 € an die Verbraucher ausgeschüttet werden. Da sich die Gesamtvergleichssumme um 10 Prozent reduziert, reduziert sich auch die an die angemeldeten Verbraucher ausgezahlte Leistung um 10 Prozent. Dementsprechend würden 5 angemeldete Verbraucher 9.000 € erhalten, 5 angemeldete Verbraucher 4.500 €, 10 angemeldete Verbraucher 1.800 € und 5 angemeldete Verbraucher 900 €.

Durch die Vereinbarung eines Erfolgshonorars können die Interessen der angemeldeten Verbraucher und des Prozessvertreters in bester Weise angeglichen werden.[1058] Das Erfolgshonorar sorgt dafür, dass der Prozessvertreter ein gesteigertes eigenes wirtschaftliches Interesse an einem Vergleich hat, in welchem den angemeldeten Verbrauchern hohe Leistungen zugesprochen werden.[1059]

Die derzeit eingeschränkte Möglichkeit zum Abschluss eines Erfolgshonorars sollte der Gesetzgeber für den Musterfeststellungsvergleich neu regeln. Zum jetzigen Zeitpunkt ist die Vereinbarung eines Erfolgshonorars nur in Ausnahmefällen möglich. Neben den nicht in Betracht kommenden neu geschaffenen Ausnahmen nach § 4a Abs. 1 S. 2 Nr. 1 und Nr. 2 RVG,[1060] soll nach § 4a Abs. 1 S. 2 Nr. 3 RVG eine Vereinbarung über ein Erfolgshonorar nur zulässig sein, wenn der der Auftraggeber im Einzelfall bei verständiger Betrachtung ohne die Vereinbarung eines Erfolgshonorars von der Rechtsverfolgung abgehalten würde.[1061] Ein Erfolgshonorar soll nach § 4a RVG somit nur in Einzelfällen möglich sein, sofern der Rechtssuchenden aufgrund seiner wirtschaftlichen Verhältnisse, insbesondere aufgrund der Übernahme des Kostenrisikos, von der Rechtsverfolgung abgehalten werden könnte.[1062] Dieser Ausnahmetatbestand greift im Falle des Musterfeststellungsvergleiches eigentlich nicht. Die Durchführung des Musterfeststellungsverfahrens erfolgt ohne Kostenrisiko für die angemeldeten Verbraucher, sodass eigentlich die Möglichkeit zur Rechtsverfolgung für die Verbraucher verbessert wurde.

1058 So auch BVerfG, Beschl. v. 12.12.2006 – 1 BVR 2576/04, Rn. 66; *Haider,* 343.

1059 Bundesministerium der Justiz in seiner Stellungnahme zum Beschluss des Bundesverfassungsgerichts aus dem Jahr 2006 (BVerfG, Beschl. v. 12.12.2006, 1 BVR 2576/04, Rn. 32); *Haider,* 343.

1060 *Meller-Hannich,* NZM 2022, 353, 357.

1061 § 4a RVG.

1062 § 4a RVG; *Blattner,* AnwBl. 2012, 562, 564; *Kilian,* NJW 2008, 1905, 1908.

Man könnte zwar bereits argumentieren, dass auch im Fall des Musterfeststellungsvergleiches für die Wahrnehmung und Durchsetzung von Rechten im Rechtsstaat aus Gründen der Chancen und Waffengleichheit[1063] eine Ausnahme vom Verbot der Vereinbarung eines Erfolgshonorars zu machen ist, sodass es einer eigenen Regelung eines Erfolgshonorars im Musterfeststellungsverfahrens gar nicht bedarf. Einerseits, weil die Durchsetzung der Rechte der Verbraucher auch mithilfe des Vergleiches fortgesetzt wird; das Erfolgshonorar verbessert, wie oben aufgezeigt, die Interessenvertretung durch den Prozessvertreter im Vergleich. Andererseits, aufgrund der Tatsache, dass den angemeldeten Verbrauchern ohne einen Vergleich nur die Durchsetzung ihrer Rechte in einem Folgeverfahren bliebe. Von der Durchführung dieses Folgeverfahrens könnten die Verbraucher aber gerade aufgrund des weiteren Kostenrisikos abgehalten werden.[1064] Der Vergleich trägt insofern ebenfalls zur Wahrung und Durchsetzung der Verbraucherrechte bei.

Sinnvoller erscheint es jedoch, eine ausdrückliche neue Regelung zur Vereinbarung eines Erfolgshonorars für den Musterfeststellungsvergleich im RVG zu implementieren. Die hier vorgeschlagene Regelung dürfte weder gegen das grundsätzliche Verbot der Vereinbarung eines Erfolgshonorars[1065] sprechen, noch mit den Prinzipien des Musterfeststellungsverfahrens unvereinbar sein.

Der mit dem Verbot der Vereinbarung eines Erfolgshonorars verfolgte Zweck, die Verhinderung eines Preiswettbewerbes und damit der gleiche Zugang zum Recht,[1066] wird durch ein Erfolgshonorar für den Musterfeststellungsvergleich nicht gefährdet. Innerhalb des Musterfeststellungsverfahrens besteht keine Konkurrenzsituation mehr zwischen verschiedenen Anwälten. Zudem soll nach dem vertretenen Ansatz keine freie Vereinbarung eines Erfolgshonorars möglich sein, sondern die Vergütung gesetzlich vorgeschrieben sein.

Des Weiteren werden durch das Erfolgshonorar auch die Prinzipien des Musterfeststellungsverfahrens eingehalten. Insbesondere spricht nichts gegen die Vergütung des Anwalts aus der Gesamtvergleichssumme. Die Stärkung der Verbraucherrechte durch die Musterfeststellungsklage sieht lediglich vor, dass diese keinem Kostenrisiko durch die Beteiligung ausgesetzt sind.[1067] Dies bedeutet allerdings nicht, dass eine Kostenbeteiligung an der Vergütung des Anwalts

1063 BVerfG, Beschl. v. 12.12.2006 – 1 BvR 2576/04, Rn. 100.

1064 *Haider,* 349.

1065 § 49 Abs. 2 S. 1 BRAO; *Meller-Hannich,* NZM 2022, 353, 357.

1066 BT-Drs. 12/4993, 31; *Meller-Hannich,* NZM 2022, 353, 357.

1067 BT-Drs. 19/2507, 15, 24.

ausscheiden muss. Vielmehr stellt eine solche Beteiligung eine gerechte Lösung dar. Zwar kann grundsätzlich im Musterfeststellungsvergleich, wie auch in einem regulären Vergleich, die Kostentragungslast individuell vereinbart werden, sodass das beklagte Unternehmen auch die vollständige Vergütung übernehmen könnte. Die Vergütung durch das beklagte Unternehmen stellt allerdings nur vermeintlich, wie zuvor ausführlich dargestellt,[1068] einen Vorteil für die angemeldeten Verbraucher dar. Da zu vermuten ist, dass die Vergütung für den Klägeranwalt ebenfalls in die Kalkulation des beklagten Unternehmens einbezogen werden würde, würde sich diese Zahlung ebenfalls auf die Vergleichssumme für den jeweiligen angemeldeten Verbraucher auswirken; die Zahlung der Vergütung würde insofern mittelbar ohnehin durch den angemeldeten Verbraucher erfolgen. Eine Vergütung des Prozessvertreters entsprechend dem Erfolg im Musterfeststellungsvergleich durch die angemeldeten und vom Vergleich profitierenden Verbraucher würde auch dem Sinn der Angemessenheitsprüfung entsprechen. Sowohl durch den wirtschaftlichen Anreiz an dem Abschluss eines Vergleiches mit höheren Leistungen als auch durch die Verhinderung der Vergütung durch das beklagte Unternehmen werden die Interessen der angemeldeten Verbraucher grundsätzlich besser geschützt. Es ist davon auszugehen, dass der Klägeranwalt, aus eigenem Interesse, einen besonderen Aufwand betreiben würde, um die maximal möglichen Leistungen für die Verbraucher zu erstreiten.

Für die Einführung eines Erfolgshonorars im Musterfeststellungsverfahren spricht darüber hinaus, die Regelung in Nr. 1000 VV RVG. Nach § 1000 VV RVG erhält ein Rechtsanwalt eine zusätzliche Vergleichsgebühr, sofern aufgrund seiner Mitwirkung der angestrebte Erfolg (der Vergleich) eintritt. Insofern kennt die Rechtsordnung Regelungen, die trotz des generell bestehenden Verbots anwaltlicher Erfolgshonorare, im Ergebnis zu einer erfolgsbezogenen Vergütung führen.[1069] Aus der Regelung der Nr. 1000 VV RVG kann deshalb zum einen der Schluss gezogen werden, dass der Gesetzgeber eine Ausnahme von diesem Verbot nicht nur zur verbesserten Rechtsverfolgung zulässt, sondern auch andere Wertungsgesichtspunkte einbezieht.[1070] Im Fall des Vergleichs bspw. die schnelle Schaffung des Rechtsfriedens und die Entlastung der Justiz. Zum anderen kann

1068 Siehe: 208.

1069 BVerfG, Beschl. v. 12.12.2006 – 1 BVR 2576/04, Rn. 86; *Haider*, 354.

1070 Bei der Einführung der § 4a Abs. 1 S. 2 Nr. 1 und Nr. 2 RVG spricht der Gesetzgeber in diesem Kontext von einer generalisierten Betrachtungsweise, BT-Drs. 19/27673, 37; die wirtschaftlichen Verhältnisse sind nicht mehr ausschlaggebend, *Grunewald*, NJW 2021, 3696, 3697.

man daraus folgern, dass der Gesetzgeber, weil er für den regulären Vergleich aus Wertungsgründen eine zusätzliche Vergleichsgebühr zugelassen hat, auch im Fall eines Musterfeststellungsvergleiches eine, über Nr. 1000 VV RVG hinausgehende, angemessene erfolgsbezogene Vergütung zulassen könnte.

C. Die Einbeziehung der Verbraucher vor der gerichtlichen Genehmigung

Das Versäumnis der Möglichkeit zur Einbeziehung der von dem Vergleich betroffenen Verbraucher im Hinblick auf die gerichtliche Genehmigung des Vergleiches[1071] stellt ein weiteres Defizit des Musterfeststellungsgesetzes dar und ist deshalb verbesserungswürdig. Zwar handelt es sich bei der Angemessenheitsprüfung um eine Prüfung von Amts wegen, weshalb bei der Angemessenheitsprüfung die Grundsätze des Freibeweisverfahrens gelten;[1072] das Beweisverfahren und die genutzten Beweismittel stehen damit im Ermessen des Gerichts.[1073] Eine Einbeziehung der angemeldeten Verbraucher in die gerichtliche Genehmigung des Vergleichs ist somit nicht vollständig ausgeschlossen. Voraussetzung für die Beweiserhebung durch das Gericht ist allerdings, dass bereits Tatsachen von den Parteien vorgebracht wurden, über die Beweis erhoben werden kann.[1074] Insofern kann eine Würdigung von Zeugenaussagen losgelöst von dem Parteivorbringen nicht erfolgen. Noch bedeutender ist jedoch, dass die angemeldeten Verbraucher zur generellen Informationsbeschaffung für das Gericht nicht zur Verfügung stehen.[1075]

Eine Berücksichtigung der Meinungen der Verbraucher zu dem Vergleichsvorschlag durch Stellungnahmen, Anhörungen oder andere nicht formale Beteiligungsmöglichkeiten, wie bspw. eine Abstimmung mit vorgegebenen Auswahlmöglichkeiten zum Vergleichsinhalt, würden die Angemessenheitsprüfung des Gerichts erleichtern und effektiver gestalten. Das Gericht könnte dadurch bei der Ermittlung der Bewertungskriterien und beim eigentlichen Abwägungsvorgang von den Verbrauchern unterstützt werden. Dass eine Beteiligung der angemeldeten Verbraucher im Gros der Fälle voraussichtlich gering ausfallen

1071 Siehe: 214 ff.

1072 BGH NJW 1997, 3319; BGH NJW-RR 1992, 1338, 1339; *Prütting*, in: MüKo, ZPO § 284 Rn. 28; *Saenger*, in: Saenger, ZPO, § 24.

1073 *Prütting*, in: MüKo, ZPO § 284 Rn. 26.

1074 *Engelmann-Pilger*, NJW 2005, 716.

1075 *Stadler*, in: Musielak/Voit, ZPO, § 611 Rn. 10; *G. Vollkommer*, in: Zöller, ZPO, § 611 Rn. 4.

wird,[1076] sollte nicht dazu führen, dass die Möglichkeit der Einbeziehung der angemeldeten Verbraucher vollständig entfällt. Selbst die Beteiligung eines Einzelnen angemeldeten Verbrauchers kann der Angemessenheitsprüfung des Gerichts dienen, wenn dadurch auf einen wichtigen Aspekt der nicht berücksichtigt wurde, aufmerksam gemacht wird.

Eine ausreichende Informationsgrundlage, die für eine sinnvolle Beteiligung der Verbraucher notwendig ist, wird durch die Begründung des Vergleiches durch die am Musterfeststellungsverfahren Beteiligten geschaffen. Dass diese Begründung zu diesem Zweck ausreicht, wird durch das Gericht gewährleistet werden, welches seine eigene Entscheidung ebenfalls hauptsächlich auf die Begründung des Vergleiches stützen wird.

Um dem Gericht das Recht zur Einbeziehung der Verbrauchermeinungen in seine Angemessenheitsprüfung zu verschaffen, ist es dementsprechend notwendig, dass eine Änderung des Gesetzes erfolgt. Eine Änderung könnte bspw. innerhalb des § 611 Abs. 3 ZPO durch die Einfügung eines neuen Satzes drei eingefügt werden, der sich an § 17 Abs. 1 S. 2 KapMuG orientiert und wie folgt lautet:

S. 1: Der Vergleich bedarf der Genehmigung durch das Gericht.

S. 2: Das Gericht genehmigt den Vergleich, wenn es ihn unter Berücksichtigung des bisherigen Sach- und Streitstandes als angemessene gütliche Beilegung des Streits oder der Ungewissheit über die angemeldeten Ansprüche oder Rechtsverhältnisse erachtet.

S. 3: Das Gericht kann den angemeldeten Verbrauchern Gelegenheit zur Stellungnahme geben.

S. 4: Die Genehmigung ergeht durch unanfechtbaren Beschluss.

1076 *Eggers*, 246.

Teil VI: Zusammenfassung

A. Die Problemstellung

Der Ausgangspunkt dieser wissenschaftlichen Arbeit war, dass die Aufgaben des Gerichts im Hinblick auf die gerichtliche Genehmigung des Musterfeststellungsvergleichs nicht vollständig ergründet waren. Das wohl größte Problem der gerichtlichen Genehmigung des Musterfeststellungsvergleichs ist hierbei darin zu sehen, dass eine Genehmigung nur erfolgen darf, sofern das Gericht den Vergleich als angemessen erachtet. Der Inhalt des unbestimmten Rechtsbegriffs „angemessen" wurde jedoch, da es sich bei der Musterfeststellungsklage um eine recht neue Klageart handelt, bislang nicht abschließend festgestellt. Zwar gibt es in anderen Rechtsordnungen, die über einen größeren Erfahrungsschatz im kollektiven Rechtsschutz verfügen, bereits detaillierte Darstellungen, welche Anforderungen an ein Gericht vor der Genehmigung eines Kollektivvergleichs gestellt werden, sodass für die gerichtliche Genehmigung des Musterfeststellungsvergleichs Parallelen gezogen werden können. Welche Prüfung das Gericht vor der gerichtlichen Genehmigung des Musterfeststellungsvergleichs jedoch tatsächlich zu vollziehen hat, ist nur anhand einer Auslegung des deutschen Rechts bestimmbar. Hierbei stellt sich nicht nur die Frage, welche Voraussetzungen ein Musterfeststellungsvergleich erfüllen muss, damit eine gerichtliche Genehmigung erfolgen kann, sondern insbesondere auch, wie das Gericht die Erfüllung dieser Voraussetzungen überprüfen kann bzw. muss.

Der Verfasser hat sich deshalb in dieser wissenschaftlichen Arbeit das Ziel gesetzt, primär mithilfe eines rechtsdogmatischen Ansatzes, die konkreten Aufgaben des Gerichts im Falle der gerichtlichen Genehmigung eines Musterfeststellungsvergleichs zu ermitteln.

B. Die Zusammenfassung der gefundenen Ergebnisse

Die Aufgabe des Gerichts im Hinblick auf die gerichtliche Genehmigung des Vergleichs teilt sich auf in die Überprüfung der generellen Genehmigungsfähigkeit des Vergleichs[1077] und die Überprüfung der Angemessenheit des Vergleichs.[1078]

1077 Siehe: 94 ff.
1078 Siehe: 122 ff.

Der erste Teil der Genehmigungsprüfung des Gerichts beschränkt sich darauf, zu überprüfen, ob der Vergleich genehmigungsfähig ist.

Ein Musterfeststellungsvergleich ist prinzipiell nur genehmigungsfähig, wenn er die allgemein für einen Vergleich geltenden Anforderungen erfüllt. Wie jeder Vergleich darf ein Musterfeststellungsvergleich bspw. nicht gegen ein Verbotsgesetz verstoßen (§ 134 BGB).[1079]

Ein Feststellungsvergleich, d.h. ein Vergleich im Musterfeststellungsverfahren, der den angemeldeten Verbrauchern keine Leistungen zuspricht, sondern sich lediglich auf eine Feststellung beschränkt, ist nur zulässig, sofern durch den Feststellungsvergleich der Streit oder die Ungewissheit über zumindest ein Rechtsverhältnis beigelegt wird. Ein Vergleich, in welchem die Parteien versuchen, die Ungewissheit über eine reine Rechtsansicht oder über eine Tatsache beizulegen, scheidet indessen aus.[1080]

Teilvergleiche und Teilgruppenvergleiche sind zumindest zulässig, sofern über den, dem Musterfeststellungsvergleich zugrundeliegenden, prozessualen Anspruch abgetrennt vom übrigen Musterfeststellungsverfahren entschieden werden kann. Aufgrund der Regelung des § 611 Abs. 5 S. 1 ZPO wird eine vergleichsweise Lösung, die nur einen geringen Teil der angemeldeten Verbraucher betrifft, allerdings voraussichtlich nicht zur Wirksamkeit gelangen.[1081]

Der zweite Teil der Genehmigungsprüfung stellt den Schwerpunkt der gerichtlichen Prüfung dar. Das Gericht muss prüfen, ob der Vergleich angemessen ist.

Bei der Angemessenheitsprüfung handelt es sich um einen Abwägungsprozess des Gerichts, der nachvollziehbar und überprüfbar sein soll. Dies soll erreicht werden, indem das, worauf die Abwägung letztlich beruht, nämlich auf einem methodischen Argumentationsprozess, durch den Entscheidenden offengelegt werden muss. Der Entscheidende muss darstellen, was Gegenstand seiner Bewertung war, welche Kriterien er zur Bewertung herangezogen hat und weshalb er diese, im konkreten Fall, in dieser Weise bewertet hat. Der Argumentations-/Bewertungsprozess bleibt damit ein objektiver Prozess, der nachvollziehbar und überprüfbar ist, auch wenn es sich bei der eigentlichen Bewertung dann um eine Wertentscheidung handelt.[1082]

Der Gegenstand der Bewertung innerhalb der Angemessenheitsprüfung des Musterfeststellungsvergleichs sind einzig die Interessen der angemeldeten

1079 Siehe: 119.
1080 Siehe: 112.
1081 Siehe: 118.
1082 Siehe: 00.

Verbraucher. Die Abwägung beschränkt sich auf die Interessen der angemeldeten Verbraucher, weil sich eine vergleichbare Schutzbedürftigkeit, die der Grund für die Angemessenheitsprüfung des Gerichts ist,[1083] für andere Personen nicht ergibt.[1084] Das Gericht hat vor der gerichtlichen Genehmigung des Vergleichs abzuwägen, ob das Interesse der angemeldeten Verbraucher am Abschluss eines Vergleiches, das Interesse der angemeldeten Verbraucher an einem Musterfeststellungsurteil und einer anschließenden Verfolgung der Ansprüche im Individualverfahren überwiegt.[1085]

Das beklagte Unternehmen ist nicht schutzbedürftig, weil der Inhalt des Vergleichs durch eine freie und informierte Entscheidung des beklagten Unternehmens zustande kommt.[1086] Ein Vergleichsschluss entgegen dem tatsächlichen Willen des beklagten Unternehmens, aufgrund einer Zwangslage, wie dies in den USA der Fall sein kann, erscheint im deutschen Recht als ausgeschlossen.[1087] Zum Schutz des beklagten Unternehmens trägt auch eine inhaltliche Prüfung der Klageschrift vor der öffentlichen Bekanntmachung der Musterfeststellungsklage im Klageregister bei. Das Gericht muss aufgrund der Angaben und Nachweise der Klägerin davon überzeugt sein, dass die Klägerin nach § 606 Abs. 2 S. 1 ZPO klagebefugt ist und von jedem einzelnen Feststellungsziel mindestens zehn Ansprüche oder Rechtsverhältnisse von Verbrauchern abhängen, um die Klage im Klageregister veröffentlichen zu dürfen.[1088]

Die Kriterien zur Bewertung stellen für das Gericht die für seine Bewertung maßgeblich zu berücksichtigenden Argumente dar.[1089] Die Bewertungskriterien können in zwei Kategorien eingeteilt werden; formelle Beurteilungskriterien[1090] und materielle Beurteilungskriterien.[1091] Die in dieser Arbeit dargestellten Bewertungskriterien stellen jedoch keinen abschließenden Kriterienkatalog dar. Aufgrund der Tatsache, dass es sich bei jeder Angemessenheitsprüfung eines Musterfeststellungsvergleichs stets um eine Einzelfallentscheidung handelt, kann es im individuellen Musterfeststellungsverfahren notwendig sein, dass das Gericht weitere Kriterien in die Abwägung miteinbezieht.[1092]

1083 Siehe: 132.
1084 Siehe: 146.
1085 Siehe: 00.
1086 Siehe: 143.
1087 Siehe: 142.
1088 Siehe: 82.
1089 Siehe: 148.
1090 Siehe: 150 ff.
1091 Siehe: 153 ff.
1092 Siehe: 148 ff.

Bei den formellen Beurteilungskriterien sticht die Vergleichsabwicklung als Kriterium, welches zur Unangemessenheit des Vergleichs führen kann, hervor.[1093] Das Gericht sollte insbesondere darauf achten, dass das Streitpotential in dem Verteilungsverfahren geringgehalten wird. Im besten Fall sollte die Verteilung der Leistungen so durchdacht sein, dass keine weitere Auslegung der Regelungen zur Verteilung im Verteilungsverfahren notwendig ist. Die Ausgestaltung des Verteilungsverfahrens darf nicht dazu führen, dass die angemeldeten Verbraucher, die berechtigt wären, eine Leistung zu erhalten, aufgrund des Verteilungsverfahrens von diesem Recht abgehalten werden.[1094]

Innerhalb der materiellen Beurteilungskriterien stellen regelmäßig die, den angemeldeten Verbrauchern, zugesprochenen Leistungen das relevanteste Kriterium dar.[1095] Ausgangspunkt für die Bewertung einer angemessenen Leistung (-shöhe) an die Verbraucher sind die hypothetischen „individuellen" Leistungshöhen angemeldeter Verbraucher bzw. Verbrauchergruppen. Durch die Feststellung der maximal in einem Folgeverfahren möglichen Leistungen und damit den, in jedem Fall, objektiv angemessenen Leistungen, besteht für das Gericht erst die Möglichkeit, abzuwägen, ob ein Leistungsvergleich, der eine geringere Leistung zuspricht, noch dem Interesse der Verbraucher entspricht.[1096] Ausgehend von diesen Leistungen kann das Gericht anhand weiterer Bewertungskriterien beurteilen, ob die in dem Vergleich zugesprochenen Leistungen noch angemessen sind.

In die Beurteilung, ob ein Abweichen von den objektiv angemessenen Leistungen noch im Interesse der angemeldeten Verbraucher liegt, sind die Erfolgsaussichten des Verfahrens einzubeziehen. Hierbei erfolgt jedoch keine eigenständige Bestimmung der Erfolgsaussichten durch das Gericht.

Eine Prüfung der Erfolgsaussichten durch das Gericht ist in der Angemessenheitsprüfung aus Gründen der Prozessökonomie nicht möglich. Aufgrund der Formulierung „unter Berücksichtigung des bisherigen Sach- und Streitstands" in § 611 Abs. 3 S. 2 ZPO soll innerhalb der Angemessenheitsprüfung grundsätzlich nur eine summarische Prüfung erfolgen. Der aus der summarischen Prüfung resultierende eingeschränkte Prüfungsumfang erlaubt es allerdings regelmäßig nicht, die Erfolgsaussichten der Musterfeststellungsklage zu bestimmen.[1097] Sofern bei Vergleichsschluss noch offene Rechtsfragen bestehen, soll

1093 Siehe: 152 ff.
1094 Siehe: 152 f.
1095 Siehe: 155.
1096 Siehe: 160 f.
1097 Siehe: 197 f.

eine weitergehende Prüfung der Rechtsfragen durch das Gericht unterbleiben, weshalb die Erfolgsaussichten durch dieses nicht bestimmt werden können. Kommt es zu einem Vergleichsschluss bei dem nur Tatsachenfragen ungeklärt sind, kommt es darauf an, ob diese Fragen bereits entscheidungsreif sind, oder ob eine notwendige Beweisaufnahme zu diesem Zeitpunkt noch nicht erfolgt ist. Im zweiten Fall können die Erfolgsaussichten durch das Gericht ebenfalls nicht bestimmt werden.[1098]

Eine Berücksichtigung der Erfolgsaussichten erfolgt jedoch aufgrund der Obliegenheit der Parteien zur Begründung des Vergleichs.[1099] Innerhalb der Vergleichsbegründung werden die Parteien ihre Einschätzungen der Erfolgsaussichten des Verfahrens darstellen, sodass für das Gericht die Möglichkeit besteht, die Auffassung der Parteien auf ihre Plausibilität und Stringenz hin zu überprüfen.[1100]

Das Prozessrisiko stellt ein eigenes Bewertungskriterium dar, welches teilweise in Abhängigkeit zu den Erfolgsaussichten steht. Das Prozessrisiko variiert je nach Aussicht des Erfolgs des Verfahrens. Je besser die Chancen zur Durchsetzung der abhängigen Ansprüche oder Rechtsverhältnisse einzuschätzen sind, desto besser ist die Stellung der angemeldeten Verbraucher im Vergleich. Allerdings ist ebenfalls zu berücksichtigen, dass das Prozessrisiko, selbst bei guten Erfolgsaussichten, hoch einzuschätzen ist, wenn sich die Beweissituation der angemeldeten Verbraucher in den Folgeverfahren als schlecht darstellt.[1101]

Die im Musterfeststellungsvergleich den angemeldeten Verbrauchern zugesprochene Leistung muss keine Geldleistung sein, sondern kann auch eine Sachleistung sein. Insofern hat das Gericht ebenfalls zu überprüfen, ob die anderweitige Leistung faktisch auch denselben Wert bzw. Nutzen hat, wie eine Leistung in Geld.[1102]

Die bis dato mangelnde Ausgestaltung der Vergütung der Prozessvertretung auf Seiten der Klägerin, insbesondere beim Musterfeststellungsvergleich,[1103] nötigt dem Gericht auch eine Einbeziehung der Vergütung der Prozessvertreter in die Angemessenheitsprüfung ab. Aufgrund der fehlenden gesetzlichen Regelung zur angemessenen Vergütung der Prozessvertreter im Falle eines Vergleichs,

1098 Siehe: 188.
1099 Siehe: 240 ff.
1100 Siehe: 197 f.
1101 Siehe: 203.
1102 Siehe: 203.
1103 Siehe: 205 ff.

wird eine Vergütung regelmäßig durch das beklagte Unternehmen erfolgen. Die Höhe der Vergütung kann hierbei grundsätzlich frei festgelegt werden. Die Vergütung des Prozessvertreters durch das beklagte Unternehmen kann allerdings den Interessen der angemeldeten Verbraucher zuwiderlaufen, weil die dadurch entstehenden Kosten vom beklagten Unternehmen auch bei der Höhe der Kompensation der Verbraucher berücksichtigt werden und die Gefahr einer Kollusion erhöht wird.[1104]

Ein weiteres relevantes Kriterium innerhalb der Abwägung des Gerichts ist die Unterteilung der angemeldeten Verbraucher in Vergleichsgruppen/Untergruppen. Eine Unterteilung der angemeldeten Verbraucher hat in einer Vielzahl von Angemessenheitsprüfungen zu erfolgen, weil die den Feststellungszielen zugrundeliegenden Ansprüche oder Rechtsverhältnisse regelmäßig nicht gleich sind, sodass eine differenzierte Betrachtung im Hinblick auf die Höhe der im Vergleich den Verbrauchern zugesprochen Leistungen geboten ist. Das Gericht wird bei der Unterteilung der angemeldeten Verbraucher im Vergleich, die durch die Parteien erfolgt, darauf achten müssen, dass einerseits die Unterscheidungsmerkmale zwischen den verschiedenen Gruppen eine Differenzierung der Gruppen rechtfertigt und andererseits, dass keine weitere Differenzierung erforderlich ist, um Nachteile für einige Verbrauchergruppen zu vermeiden.[1105]

Die Resonanz der angemeldeten Verbraucher auf den Inhalt des Musterfeststellungsvergleichs stellt kein Kriterium zur Bewertung des Vergleichs dar. Eine Einbeziehung der angemeldeten Verbraucher in die gerichtliche Genehmigung des Vergleichs ist, obwohl dies internationalem Standard entspricht, nicht vorgesehen.[1106]

Von erheblicher Bedeutung ist weitergehend der Umfang des Verzichts auf Rechte, welchem die Verbraucher mit Wirksamkeit des Vergleiches zustimmen würden. Das Gericht hat zunächst grundsätzlich darauf zu achten, dass ein Verzicht auf die von den Feststellungszielen abhängigen Ansprüche oder Rechtsverhältnisse begrenzt ist. Ein darüberhinausgehender Verzicht ist unangemessen. Innerhalb dieses Kriteriums ist auch die Seite des beklagten Unternehmens zu berücksichtigen. Erfolgt auf Seiten des beklagten Unternehmens ebenfalls ein Verzicht, so kann sich dies unmittelbar auf die Angemessenheit des Vergleichs auswirken, weil, aufgrund des gegenseitigen Verzichts, die Höhe der zugesprochenen Leistungen geringer ausfallen kann.[1107]

1104 Siehe: 209 f.
1105 Siehe: 211 ff.
1106 Siehe: 214 ff.
1107 Siehe: 217 ff.

Der Stand des Verfahrens stellt insoweit ein Bewertungskriterium dar, als dieser sich auf weitere Bewertungskriterien, insbesondere die Erfolgsaussichten auswirken kann. Ist das Verfahren bis zu einem gewissen Punkt fortgeschritten, bspw. weil die Ergebnisse einer Beweisaufnahme bereits vorliegen oder weil das Gericht eine vorläufige Einschätzung seiner Sicht zu Sach- oder Rechtsfragen abgegeben hat, so sind diese Ereignisse auch in den Vergleich einzubeziehen. Das Gericht kann insofern überprüfen, ob der Inhalt des Vergleichs im Widerspruch zu den Erkenntnissen des Verfahrens steht.[1108]

Bei der Abwägung der Angemessenheit eines Feststellungsvergleichs sind die gegenüber dem Musterfeststellungsvergleich, der Leistungen zuspricht, bestehenden Besonderheiten von dem Gericht zu beachten. Das Gericht hat in seine Abwägung miteinzubeziehen, dass ein Feststellungsvergleich nicht zur abschließenden Beilegung der, der Musterfeststellungsklage zugrundeliegenden, Streitigkeiten führen muss. Besteht nicht nur Streit über das, mit dem Vergleich geregelte, Rechtsverhältnis, sondern ebenfalls über Ansprüche der angemeldeten Verbraucher, so kann ein reiner Feststellungsvergleich unangemessen sein. Besondere Relevanz erlangt in diesem Zusammenhang auch der Verzicht auf Rechte, der zu weit gehen kann, wenn die angemeldeten Verbraucher in einem Feststellungsvergleich ebenfalls auf Ansprüche verzichten.[1109]

Der Wert eines Bewertungskriteriums kann nicht abstrakt bestimmt werden. Die Bedeutung eines Kriteriums ist vielmehr anhand der konkreten Umstände des Einzelfalls zu beurteilen.[1110]

Die für die gerichtliche Genehmigung erforderliche Entscheidungsgrundlage resultiert im Kern aus dem Vortrag der Parteien zum Musterfeststellungsvergleich. Bis zum Zeitpunkt der gerichtlichen Genehmigung des Vergleichs gilt der Beibringungsgrundsatz. Die Parteien haben insofern die Obliegenheit, den Vergleich zu begründen, wenn sie ihn genehmigt haben möchten.[1111] Lässt die Begründung der Parteien das Gericht an der Angemessenheit des Vergleichs zweifeln, bzw. hat es Anlass an der Wahrheit der, in der Begründung enthaltenen, Tatsachenbehauptungen der Parteien zu zweifeln, so kann sich das Gericht die Begründung von den Parteien weitergehend erläutern lassen und notfalls auch eigenständige Beweiserhebungen vornehmen. Das Recht des Gerichts zu einer eigenständigen Beweiserhebung ergibt sich aus dem Umstand, dass es sich

1108 Siehe: 219 ff.
1109 Siehe: 221.
1110 Siehe: 223 ff.
1111 Siehe: 248.

bei der Angemessenheitsprüfung um eine Prüfung von Amts wegen handelt, insofern spielt es keine Rolle, dass der Vortrag der Parteien unstrittig ist.[1112] Das Beweisrecht des Gerichts wurde allerdings zur Förderung der Prozessökonomie eingeschränkt. Eine Beweiserhebung des Gerichts ist nur möglich zu Tatsachenbehauptungen, die die Individualverfahren und eine Vielzahl von angemeldeten Verbrauchern betreffen. Eine Beweiserhebung zu den Feststellungszielen des Musterfeststellungsverfahrens ist ausgeschlossen.[1113]

Bei der Abwägung des Gerichts, ob das Interesse der angemeldeten Verbraucher am Abschluss eines Vergleiches, das Interesse an einem Musterfeststellungsurteil und einer anschließenden Verfolgung der Ansprüche im Individualverfahren überwiegt, stützt sich das Gericht dementsprechend primär auf die Begründung des Vergleichs der Parteien. Es nimmt anhand der Begründung des Vergleichs eine eigeständige Abwägung vor. Die Aufgabe des Gerichts ist es hierbei zu überprüfen, ob die Auffassung der Parteien, dass das Interesse der angemeldeten Verbraucher an einem Vergleich überwiegt, nachvollziehbar und überprüfbar ist. Es handelt sich insofern um eine erweiterte Plausibilitätsprüfung, weil das Gericht auf weitere Erläuterungen zum Abwägungsvorgang bestehen kann und eigene Erwägungen miteinbeziehen kann. Ist der Abwägungsprozess der Parteien für das Gericht, trotz eigener Mitwirkung, nicht nachvollziehbar, so wird es die Genehmigung des Vergleichs verweigern. Das Gericht hat bei seiner Prüfung allerdings zu beachten, dass es sich bei dem von den Parteien gefundenen Ergebnissen um eine Wertentscheidung handelt, sodass die Parteien bei ihrer Beurteilung einen gewissen Spielraum haben.[1114]

Die Schutzbedürftigkeit der angemeldeten Verbraucher, die im Hinblick auf einen Musterfeststellungsvergleich die Angemessenheitsprüfung des Gerichts notwendig macht, besteht mindestens im gleichen Maß im Falle eines Anerkenntnisses nach § 307 ZPO und eines gerichtlichen Geständnisses nach § 288 ZPO der Klägerin im Musterfeststellungsverfahren.[1115] Insofern wäre es grundsätzlich notwendig, auch die Wirksamkeit eines gerichtlichen Geständnisses der Klägerin von der gerichtlichen Genehmigung des Gerichts abhängig zu machen. In Bezug auf andere Parteidispositionen besteht eine Schutzbedürftigkeit, die vergleichbar wäre mit der der angemeldeten Verbraucher angesichts eines Musterfeststellungsvergleichs, hingegen nicht.[1116]

1112 Siehe: 249 ff.

1113 Siehe: 259.

1114 Siehe: 267.

1115 Siehe: 271 ff.

1116 Siehe: 287.

Teil VII: Abschließendes Fazit zur gerichtlichen Genehmigung des Musterfeststellungsvergleichs

Es ist zunächst positiv hervorzuheben, dass der Gesetzgeber in der Art und Weise, wie die gerichtliche Genehmigung des Musterfeststellungsvergleichs durch das Gesetz zur Einführung einer Musterfeststellungsklage in die ZPO implementiert wurde, kaum Nachbesserungsbedarf hat. Die gerichtliche Genehmigung des Musterfeststellungsvergleichs harmonisiert mit der bewährten ZPO und profitiert von den Prozessmaximen. Der Gesetzgeber hat mit der im Zentrum der gerichtlichen Genehmigung stehenden Angemessenheitsprüfung gewährleistet, dass der notwendige Schutz der Interessen der angemeldeten Verbraucher, aufgrund der defizitären Stellung der Verbraucher im Musterfeststellungsprozess, sichergestellt wird. Die von dem Gericht geforderte Prüfung reduziert sich hierbei auf das, was von dem Gericht sinnvollerweise verlangt werden kann; eine erweiterte Plausibilitätsprüfung der Begründung des Vergleichs der Parteien. Eine weitreichendere Prüfung würde der Prozessökonomie erheblich zuwiderlaufen und könnte vermutlich keine besseren Ergebnisse liefern, denn auch das Gericht kann keine sichere Prognose zu den Interessen der angemeldeten Verbraucher abgeben. Insofern kommt dem Austrittsrecht der angemeldeten Verbraucher eine besondere Bedeutung zu. Durch das Recht zum Austritt haben die Parteien es selbst in der Hand, zu entscheiden, ob der getroffene Vergleich ihren Interessen entspricht. Diese Entscheidung ist möglich, sofern sie ihre Entscheidung auf die Begründung des Vergleichs stützen können. Haben die angemeldeten Verbraucher eine derartige, ausreichende, Informationsgrundlage, so stellt die mit dem Austritt oder Nichtaustritt verbundene Entscheidung das einzige „Werturteil von Wert“ dar.

Die Überprüfung des Abwägungsvorgangs der Parteien durch das Gericht trägt somit dazu bei, dass den angemeldeten Verbrauchern eine Entscheidung aufgrund einer geeigneten Informationsgrundlage möglich ist. Können die angemeldeten Verbraucher eine informierte Entscheidung über den Vergleich treffen, dann hat die Angemessenheitsprüfung ihren Zweck vollständig erfüllt. Die defizitäre Stellung der angemeldeten Verbraucher im Musterfeststellungsverfahren wurde durch die Angemessenheitsprüfung ausgeglichen. Die eigenverantwortliche Entscheidung, ob ihre Interessen ausreichend gewahrt sind, kann den angemeldeten Verbrauchern mit der Angemessenheitsprüfung allerdings nicht abgenommen werden.

Die in der Theorie grundsätzlich gelungene Umsetzung des Schutzes der Interessen der angemeldeten Verbraucher für den Fall eines Musterfeststellungsvergleiches trägt in der Praxis allerdings nur bedingt Früchte.

Bereits aus den Erfahrungen mit dem KapMuG-Verfahren konnte man die Erkenntnis gewinnen, dass die gerichtliche Genehmigung ein abschreckender Faktor für die Parteien im Hinblick auf den Abschluss eines Vergleichs innerhalb des Verfahrens sein kann. So wurde, soweit ersichtlich,[1117] nur einmal ein KapMuG-Verfahren, das Verfahren *Schmid u.a. v. Constantin Medien AG* (vormals *EM.TV Vermögensverwaltung AG) u.a.*,[1118] durch einen gerichtlich genehmigten Vergleich beendet. Sofern sich die Parteien eines KapMuG-Verfahrens vergleichen wollten, erfolgten die Vergleichsschlüsse stattdessen außergerichtlich als materiell-rechtliche Verträge nach § 779 BGB oder als gerichtliche Vergleiche in einem Zweipersonenprozess nach § 278 Abs. 6 ZPO.[1119]

Dieser Trend wurde auch im Rahmen des Musterfeststellungsverfahrens fortgeführt. Die Musterfeststellungsklage des vzbv gegen VW endete ebenfalls nicht durch einen gerichtlichen Vergleich, sondern aufgrund eines außergerichtlichen Vergleich nach § 779 BGB, indem verabredet wurde, dass die Klägerin die Klage zurücknehmen würde.[1120]

Die vorangegangenen Fälle zeigen, dass den Parteien regelmäßig nicht daran gelegen ist, die Wirksamkeit eines von ihnen gefunden Vergleichs von einer gerichtlichen Genehmigung abhängig zu machen. Der Vorteil, der aus einem wirksamen Musterfeststellungsvergleich resultiert, die Bindung der Gesamtheit der angemeldeten Verbraucher an den Vergleich, scheint regelmäßig kein ausreichender Anreiz für die Parteien zu sein, um ihren Vergleich vom Gericht überprüfen zu lassen. Die größte Schwäche der gerichtlichen Genehmigung des Vergleichs stellt damit ihre einfache Umgehungsmöglichkeit dar.

Die, wenn auch relative kurze Vergangenheit, des kollektiven Rechtsschutzes in Deutschland hat bewiesen, dass auch die besten Schutzinstrumente wertlos sind, wenn sie keine Anwendung finden.

1117 Siehe *DSW*, Stellungnahme, 4.

1118 OLG München, Beschl. v. 12.11.2014 – KAP 2/09, abrufbar unter: https://www.bundesanzeiger.de/pub/de/suchergebnis?7 (zuletzt abgerufen am: 24.10.2021).

1119 Vgl. *Peter*, 118.

1120 *Hirsch*, VuR 2020, 454 f.

Teil VIII: Ausblick

Die Weiterentwicklung des kollektiven Rechtsschutzes pausierte auch während der Ausfertigung dieser Dissertation nicht. Nach dem Beginn der eigenen Forschung zu dem Thema dieser Arbeit im August 2019 wurde auf europäischer Ebene erneut der kollektive Rechtsschutz in den Fokus genommen und eine Richtlinie erlassen, die Auswirkungen auf den Inhalt dieser Arbeit haben wird. Aufgrund der fehlenden Umsetzung auf nationaler Ebene bis zu dem Zeitpunkt der Abgabe der Dissertation wurden diese Entwicklungen allerdings zunächst nicht in die Arbeit einbezogen. Da mittlerweile die konkrete Umsetzung auf nationaler Ebene jedoch voraussichtlich feststeht, soll in diesem nachträglich eingefügten Teil die zwischenzeitliche Entwicklung skizziert und ein kurzer Ausblick auf die kommende Rechtslage im Hinblick auf die gerichtliche Genehmigung eines Vergleiches gegeben werden.

Am 25.11.2020 wurde die Richtlinie (EU) 2020/1828 des Europäischen Parlaments und des Rates über Verbandsklagen zum Schutz der Kollektivinteressen der Verbraucher und zur Aufhebung der Richtlinie 2009/22/EG erlassen. Primärer Zweck der Richtlinie war es nach Art. 1 Abs. 1 sicher zu stellen, dass in allen Mitgliedsstaaten ein Verfahren für Verbandsklagen zum Schutz der Kollektivinteressen der Verbraucher bei gleichzeitiger Festlegung angemessener Schutzmaßnahmen zur Verhinderung von Klagemissbrauch besteht. Durch die Angleichung bestimmter Aspekte der Rechts- und Verwaltungsvorschriften der Mitgliedstaaten mit Bezug auf Verbandsklagen sollte ein hohes Verbraucherschutzniveau geschaffen werden, welches zu einem ordnungsgemäßen Funktionieren des Binnenmarktes beiträgt.

Die größte Bedeutung der Richtlinie ergab sich für den deutsche kollektiven Rechtsschutz daraus, dass nach Art. 1 Abs. 2 der Richtlinie die Mitgliedsstaaten sicherstellen müssen, dass mindestens ein Verfahren zur Erhebung von Verbandsklagen, das es den qualifizierten Einrichtungen ermöglicht, Verbandsklagen zur Erwirkung von Unterlassungsentscheidungen als auch von Abhilfeentscheidungen zu erheben, den Anforderungen dieser Richtlinie entspricht.

Der deutsche Gesetzgeber wurde insofern durch die Richtlinie verpflichtet, den erst durch die Musterfeststellungsklage erweiterten kollektiven Rechtsschutz in Deutschland erneut zu überarbeiten, da im deutschen Recht bislang, insbesondere durch die Musterfeststellungsklage, keine Abhilfeentscheidungen entsprechend Art. 9 Abs. 1 der Richtlinie möglich waren.

Zwar hätte nach Art. 24 Abs. 1 der Richtlinie der deutsche Gesetzgeber bis zum 25.12.2022 die erforderlichen Rechts- und Verwaltungsvorschriften, um dieser Richtlinie nachzukommen, erlassen und veröffentlichten müssen, der deutsche Gesetzgeber ließ diese Frist allerdings verstreichen. Erstmals beriet der Bundestag am Donnerstag, 27.04.2023, den Gesetzesentwurf der Bundesregierung zur Umsetzung der Richtlinie (EU) 2020/1828 über Verbandsklagen zum Schutz der Kollektivinteressen der Verbraucher und zur Aufhebung der Richtlinie 2009/22/EG und überwies die Vorlage anschließend an den federführenden Rechtsausschuss. Erst am 07.07.2023 wurde dann das Verbandsklagerichtlinienumsetzungsgesetz (VRUG) verabschiedetet, welches allerdings aufgrund der notwendigen Beteiligung des Bundesrates auch Mitte Oktober 2023 noch nicht in Kraft getreten war.

Der Kern des neu verabschiedeten Gesetzes bildet die Einführung einer neuartigen Verbandsklage, die auf Leistung gerichtet ist und neben die Musterfeststellungsklage tritt, die sogenannte Abhilfeklage.

Der deutsche Gesetzgeber entschied sich dazu, die Regelungen über Abhilfeklagen in einem eigenem Stammgesetz, dem Verbraucherrechtedurchsetzungsgesetz (VDuG), gebündelt zu regeln. In dieses sollen auch die bestehenden Regelungen der Zivilprozessordnung über die Musterfeststellungsklage integriert werden;[1121] das Buch 6 der ZPO wird aufgehoben.[1122]

Aufgrund der Aufhebung des sechstens Buches der ZPO und damit der §§ 606 ff. ZPO wird ein Teil der Ausführungen, auch dem rechtsdogmatischen Ansatz der Forschung geschuldet, zukünftig nur noch rechtshistorische Bedeutung haben. Der Gesetzesentwurf zum VDuG zeigt jedoch, dass auch die Regelungen zur gerichtlichen Genehmigung eines Vergleiches nach dem VDuG (§§ 9, 10, 17 VDuG-E) Interpretationsspielraum lassen und eine gerichtliche Genehmigung von der Angemessenheit des Vergleichs abhängt (§ 9 Abs. 2 VDuG-E). Insofern ist davon auszugehen, dass ein Großteil der Forschungsergebnisse dieser Arbeit auch für die Auslegung der Regelungen zur gerichtlichen Genehmigung für Vergleiche nach dem VDuG von Bedeutung sein werden.

1121 BT-Drs. 20/7631, 1.

1122 BT-Drs. 20/7631, 46.

Literaturverzeichnis

Alexander, Janet Cooper: An Introduction to class action Procedure in the United States, Genf 2000.

Alexy, Robert: Theorie der Grundrechte, 2. Aufl., Frankfurt 1994.

Allgemeine Deutsche Automobilclub e.V. (ADAC): Gesetzesentwurf zur Einführung einer Musterfeststellungsklage – Stellungnahme des ADAC e.V., 24.04.2018 (zitiert: *ADAC*, Stellungnahme).

Althammer, Christoph/Löhning, Martin: Billige Kostentragung bei Erledigung der Hauptsache nach Aufrechnung durch den Beklagten, NJW 2004, 3077 ff.

Amrhein, Anna: Die Musterfeststellungsklage – Streitgegenstand, Rechtshängigkeit, Musterfeststellungsurteil, Berlin 2020.

Anders, Monika/Gehle Burkhard (Hrsg.): ZPO. Kommentar, 80. Aufl. München 2022 (zitiert *Bearbeiter*, in: Anders/Gehle, ZPO).

Arbeitsgemeinschaft Mittelstand: Positionspapier zur geplanten Einführung einer Musterfeststellungsklage, Berlin März 2018 (zitiert: *AG Mittelstand*, Positionspapier).

Arens, Peter: Besprechung von M. Wolf, Das Anerkenntnis im Prozeßrecht, ZZP 83 (1975), 1 ff.

Asmus, Thomas/Waßmuth, Guido: Beck'scher Kurz-Kommentar, Kollektiver Rechtsschutz – KapMuG, §§ 606–614 ZPO und EU-Verbandsklage-Richtlinie, München 2022 (zitiert: *Bearbeiter*, in: Asmus/Waßmuth).

Augenhofer, Susanne: Musterfeststellungsklage – offene Fragen zur Verjährung, VuR 2019, 83 ff.

Dies.: Die Reform des Verbraucherrechts durch den „New Deal" – ein Schritt zu einer effektiven Rechtsdurchsetzung?, EuZW 2019, 5 ff.

Dies.: Die neue Verbandsklage-Richtlinie – effektiver Verbraucherschutz durch Zivilprozessrecht, NJW 2021, 113 ff.

Balke, Michaela/Liebscher, Thomas/Steinbrück, Ben: Der Gesetzesentwurf zur Einführung einer Musterfeststellungsklage – ein zivilprozessualer Irrweg, ZIP 2018, 1321 ff.

Basedow, Jürgen: Trippelschritte zum kollektiven Rechtsschutz, EuZW 2018, 609 ff.

Battis, Ulrich/Krautzberger, Michael/Löhr, Rolf-Peter (Hrsg.): BauGB. Kommentar, 15. Aufl. 2022 (zitiert: *Bearbeiter,* in: Battis/Krautzberger/Löhr, BauGB).

Baumgärtel, Gottfried: Wesen und Begriff der Prozeßhandlung einer Partei im Zivilprozeß, Köln 1972.

Baur, Fritz: Vereinbarung der Parteien über präjudizielle Rechtsverhältnisse im Zivilprozeß, FS Bötticher, Berlin1969, 1 ff.

BeckOGK BGB: Beck'scher Online-Großkommentar zum Zivilrecht, Stand 01.07.2022 (zitiert: *Bearbeiter*, in: BeckOGK, BGB).

BeckOGK AktG: Beck'scher Online-Großkommentar zum Aktiengesetz, Stand 01.07.2022 (zitiert: *Bearbeiter*, in: BeckOGK, AktG).

Beck, Lukas: Musterfeststellungsverfahren und einheitliche Tatsachenfeststellung, ZIP 2018, 1915 ff.

Ders.: Die Musterfeststellungsklage – kollektiver Rechtsschutz bei Massengeschäften, in: Husemann/Korves/Rosenkranz, et al., Strukturwandel und Privatrecht, Baden-Baden 2019.

Beckmann, Martin J./Waßmuth, Guido: Die Musterfeststellungsklage – Teil I –, WM 2019, 45 ff.

Dies.: Die Musterfeststellungsklage – Teil II –, WM 2019, 89 ff.

Behrens, Jost: Die zivilprozessuale Musterfeststellungsklage, ZJS 2018, 514 ff.

Bellinghausen, Rupert/Erb, Mirjam: Kollektiver Rechtsschutz in Deutschland – neue Instrumente nötig? Anwaltsblatt 2018, 698 ff.

Bergerfurth, Bruno: Erledigung der Hauptsache im Zivilprozess, NJW 1992, 1655 ff.

Beuchler, Holger: Class Actions und Securities Class Actions in den Vereinigten Staaten von Amerika, Baden-Baden 2008.

Billen, Gerd: Kollektive Rechtsdurchsetzung für mehr Fairness und Effizienz im Verbraucherschutz, abrufbar unter: www.bmjv.de/SharedDocs/Reden/DE/2015/09282015_StBillen_vzbv.html.

Blattner, Jessica: Die output-basierte Vergütung – worauf es beim Erfolgshonorar ankommt – Die neuen Möglichkeiten bei der Honorarvereinbarung, Anwaltsblatt 7/2012, 562 ff.

Bonin, Paul: Der Prozeßvergleich unter besonderer Berücksichtigung seiner personellen Erstreckung, in: Rudolf Bruns (Hrsg.), Beiträge zum Zivilrecht und Zivilprozeß, 8. Heft, Stuttgart 1957.

Blomeyer, Arwed: Zum Urteilsgegenstand im Leistungsprozeß, FS Lent, München 1957, 43 ff.

Ders.: Zivilprozeßrecht, 2. Aufl. Berlin 1985.

Bomsdorf, Falk: Prozeßmaxime und Rechtswirklichkeit, Berlin 1971.

Bork, Reinhard: Der Vergleich, Berlin 1988.

Braunroth, Anna: Die zivilprozessuale Musterfeststellungsklage – ein Instrument zur kollektiven Durchsetzung des AGG?, VuR 2018, 455 ff.

Brock, Ina/Hierl, Mareike: Beweiswürdigung bleibt ureigenste Aufgabe der Mitgliedstaaten – Entscheidung des Gerichtshofs der Europäischen Union zum Kausalitäts- und Fehlernachweis, PharmR 2018, 225 ff.

Brox, Hans: Zur Erledigung der Hauptsache im Zivilprozeß, JA 1983, 289 ff.

Bruns, Jan: Instrumentalisierung des Zivilprozesses im Kollektivinteresse durch Gruppenklagen?, NJW 2018, 2753 ff.

Ders.: Aktuelles zur Haftung wegen vorsätzlicher sittenwidriger Schädigung im Diesel-Skandal, NJW 2019, 2211.

Bundesverband Deutscher Inkasso- Unternehmen e.V.: Stellungnahme zum Gesetzesentwurf der Bundesregierung zur Einführung einer Zivilprozessualen Musterfeststellungsklage, Berlin, Juni 2018 (zitiert: *BDIU*, Stellungnahme).

Bundesverband E-Commerce und Versandhandel Deutschland e.V.: Stellungnahme zum Entwurf eines Gesetzes zur Einführung einer zivilprozessualen Musterfeststellungsklage, Berlin, April 2018 (zitiert: *bevh,* Stellungnahme).

Casper, Matthias/Janssen, André/Pohlmann, Petra/Schulze, Reiner (Hrsg.): Rechtsökonomische Aspekte der Sammelklage, München 2009, 17 ff. (zitiert: *Bearbeiter*, in: Casper/Janssen/Pohlmann/Schulze (Hrsg.).

Coffee, John C. Jr.: Class Wars: The Dilemma of the Mass Tort Class Action, Columbia Law Review, Volume 95, 1995, 1343 ff.

Ders.: Class Action Accountability: Reconciling Exit, Voice, and Loyalty in Representative Litigation, Columbia Law Review, Volume 100, 2000, 370 ff.

Danwerth, Christopher: Analogie und teleologische Reduktion – zum Verhältnis zweier scheinbar ungleicher Schwestern, ZfPW 2017, 230 ff.

Deiß, Johannes/Graf, Johanna/Salger, Louisa: Rechtsmissbräuchliche Anmeldungen zum Klageregister einer Musterfeststellungsklage, BB 2019, 1674 ff.

Deutscher Anwaltsverein: Stellungnahme Nr. 20/2018 durch die Ausschüsse Bank- und Kapitalmarktrecht, Zivilrecht und Zivilverfahrensrecht zum Gesetzesentwurf der Bundesregierung für ein Gesetz zur Einführung einer zivilprozessualen Musterfeststellungsklage, Berlin, Mai 2018 (zitiert: *DAV*, Stellungnahme).

Deutscher Reiseverband e.V. (DRV): Stellungnahme des DRV zum Gesetzesentwurf eines Gesetzes zur Einführung einer Musterfeststellungsklage, 03.04.2018 (zitiert: *DRV*, Stellungnahme).

Deutsche Schutzvereinigung für Wertpapierbesitz e.V. (DSW): Stellungnahme zur Verbändeanhörung des BMJV zum Kapitalanleger-Musterverfahrensgesetz (KapMuG), 13.09.2019 (zitiert: *DSW*, Stellungnahme).

Die Deutsche Kreditwirtschaft: Stellungnahme zum Regierungsentwurf eines Gesetzes zur Einführung einer zivilprozessualen Musterfeststellungsklage, Berlin, Mai 2018 (zitiert: *Die Deutsche Kreditwirtschaft,* Stellungnahme).

Ditler, Erika: Streitgegenstand und Prozessvergleich des KapMuG, Baden-Baden 2019.

Dölling, Birger: Die Voraussetzungen der Beweiserhebung im Zivilprozess, NJW 2013, 3121 ff.

Dyck, Laura/Itter, Thomas: Das Sachvortragsverwertungsverbot – Einordnung und Abgrenzung im zivil- und arbeitsrechtlichen Verfahren, NJW 2021, 1633 ff.

Eggers, Alexander: Gerichtliche Kontrolle von Vergleichen im kollektiven Rechtsschutz, Veröffentlichungen zum Verfahrensrecht, Tübingen 2020.

Eichholtz, Stephanie: Die US-amerikanische Class Action und ihre deutsche Funktionsäquivalente, Tübingen, 2002.

Elzer, Oliver/Nissen, Moritz: Kostenfeststellung trotz Erledigung?, NJW 2019, 1116 ff.

Engelmann-Pilger, Jens: Parteifähigkeit und Amtsprüfung, NJW 2005, 716 ff.

Erichsen, Hans-Uwe/Ehlers, Dirk (Hrsg.): Allgemeines Verwaltungsrecht, 13. Aufl. 2005 (zitiert: *Bearbeiter,* in: Erichsen/Ehlers).

Feldhusen, Claire: Zur Effektivität des Musterfeststellungsverfahrens – Ein Zwischenruf, ZIP 2020, 2377 ff.

Felgentreu André/Gängel Andreas: Zur Klagebefugnis eines Verbraucherverbandes im Musterfeststellungsverfahren, VuR 2019, 323 ff.

Fiebig, Andre: The Reality of U.S. Class Actions, GRUR Int. 2016. 313 ff.

Fölsch, Peter: Einzelne Aspekte zur Musterfeststellungsklage aus richterlicher Sicht, DAR-Extra 2018, 736 ff.

Fölsing, Phillip: Zusätzliches Anwaltshonorar für Musterfeststellungsvergleich – Fragen rund um die Klageindustrie, Gebühreninteresse und Quersubventionierung, BB 2020, 1555 ff.

Frankenstein, Hans: Der Feststellungsvertrag, Heidelberg 1933.

Fuhrmann, Lambertus/Kurka, Antonia: Musterfeststellungsklage – Risiken und Fallstricke bei der Wahl des Klagevehikels, NJW 2020, 3414 ff.

Gaier, Reinhard: Erweiterte Prozessleitung im zivilgerichtlichen Verfahren – Strukturierung und Abschichtung nach § 139 I 3 ZPO, NJW 2020, 177 ff.

Geiger, Caroline: Kollektiver Rechtsschutz im Zivilprozess – Die Gruppenklage zur Durchsetzung von Massenschäden und ihre Auswirkungen, Tübingen 2015.

Geissler, Dennis: Die geplante (deutsche) Musterfeststellungsklage und die (europäische) Sammelklage: Fluch oder Segen für die deutsche Industrie?, GWR 2018, 189 ff.

Geissler, Dennis/Ströbel, Lukas: Datenschutzrechtliche Schadensersatzansprüche im Musterfeststellungsverfahren, NJW 2019, 3414 ff.

Georgiades, Apostolos S.: Die Anspruchskonkurrenz im Zivilrecht und im Zivilprozessrecht, München 1968.

Ghassemi-Tabar, Nima/Eckner, David: Die Nichtfeststellungsklage als zulässiges Mittel zur Klärung der (Nicht-) Kündbarkeit eines Gewerberaummietvertrages?, NZM 2011, 869 ff.

Giesberts, Ludger/Reinhardt, Michael (Hrsg.): Beck'scher Online-Kommentar, Umweltrecht, 63. Edition Stand 01.01.2021 (zitiert: *Bearbeiter*, in: BeckOK, BImSchG).

Gludig, Katja Viktoria: Kollektiver und überindividueller Rechtsschutz im Zivil- und Verwaltungsprozessrecht – Eine übergreifende Betrachtung unter Einbeziehung der Musterfeststellungsklage, Baden-Baden 2020.

Goldkamp, Tobias: Akteneinsicht beim Gegner? Die Urkundenvorlegung nach § 142 ZPO, ZAP 2019, 355 ff.

Groh, Gunnar: Creifsfeld, Rechtswörterbuch 24. Edition 2020.

Grzeszick, Bernd: Die rückwirkende Verjährungshemmung bei der Musterfeststellungsklage aus verfassungsrechtlicher Sicht, NJW 2019, 3269 ff.

Gruber, Peter/Kießling, Erik: Die Vorlagepflicht der §§ 142 ff. ZPO nach der Reform 2002 – Elemente der „discovery" im neuen deutschen Gerichtsverfahren?, ZZP 116 (2003), 305 ff.

Grunsky, Wolfgang: Prozeß- und Sachurteil, zu Bruno Rimmelspacher: „Zur Prüfung von Amts wegen im Zivilprozeß", ZZP 80 (1967), 55 ff.

Ders.: Grundlagen des Verfahrensrechts, 2. Aufl., Bielefeld 1974.

Grunewald, Barbara: Schadensersatzansprüche der Anspruchsinhaber bei Musterfeststellungsklagen und mit Erfolgshonoraren vergüteten Inkassodienstleistungen, BB 2021, 2442 ff.

Dies.: Die Entwicklung des anwaltlichen Berufsrechts, NJW 2021, 3696 ff.

Gsell, Beate: Rechtsgutachterliche Stellungnahme zum Umgang mit strategischer Verhinderung ober- und revisionsgerichtlicher Entscheidungen im Zivilprozess, 27.09.2019 (zitiert: *Gsell*, Stellungnahme).

Dies.: Europäische Verbandsklagen zum Schutz kollektiver Verbraucherinteressen – Königs- oder Holzweg, BKR 2021, 521 ff.

Gsell, Beate/Meller-Hannich, Caroline: Die Umsetzung der neuen Verbandsklagerichtlinie – Gutachten über die Umsetzung der europäischen Richtlinie über

Verbandsklagen zum Schutz der Kollektivinteressen der Verbraucher (RL (EU) 2020/1828) ins deutsche Recht, 04.02.2021 (zitiert: *Gsell/Meller-Hannich*).

Guggenberg, Leonid/Guggenberg, Nikolas: Die Musterfeststellungsklage – Staat oder privat?, MMR 2019, 8 ff.

Gurkmann, Jutta: Durchsetzung der Verbraucherrechte auf dem Zivilrechtsweg – Eine Erfolgsgeschichte mit Zukunft, in: Brönneke/Willburger/Bietz (Hrsg.), Verbraucherrechtsvollzug 2020, 69 ff.

Gurkmann, Jutta/Jahn, Ronny: Außergerichtlicher Vergleich im Rahmen einer Musterfeststellungsklage – Am Beispiel des Vergleiches zwischen VW und vzbv, VuR 2020, 243 ff.

Habbe, Julia Sophia/Gieseler, Konrad: Einführung einer Musterfeststellungsklage – Kompatibilität mit zivilprozessualen Grundlagen, BB 2017, 2188 ff.

Dies.: Der Vorschlag der EU-Kommission zur Einführung von Musterklagen aus deutscher Perspektive, GWR 2018, 227 ff.

Haider, Jasmin: Das Prinzipal-Agent Problem im kollektiven Rechtsschutz, Baden-Baden 2020.

Hakenberg, Michael: Die neue Verbandsklagen-Richtlinie der Europäischen Union, NJOZ 2021, 673 ff.

Handelsverband Deutschland: Stellungnahme zu dem Regierungsentwurf der Bundesregierung zur Einführung einer zivilprozessualen Musterfeststellungsklage, Berlin, Mai 2018 (zitiert: *HDE*, Stellungnahme).

Häsemeyer, Ludwig: Parteivereinbarungen über präjudizielle Rechtsverhältnisse – zur Fragwürdigkeit der Parteidisposition als Urteilsgrundlage, ZZP 85 (1972), 207 ff.

Hau, Wolfgang: Informationsverantwortung im Zivilprozess, ZfPW 2022, 154 ff.

Hay, Bruce/Rosenberg, David: "Sweetheart" and "Blackmail" Settlements in Class Actions: Reality and Remedy, Notre Dame Law Review 2000, Volume 75, 1377 ff.

Halfmeier, Axel: Zur Neufassung des KapMuG und zur Verjährungshemmung bei Prospekthaftungsansprüchen, DB 2012, 2145 ff.

Ders.: Nicht gut, aber besser als nichts, ZRP 2017, 201 ff.

Ders.: Zu den Voraussetzungen einer Musterfeststellungsklage bezüglich Schadensersatzansprüchen von Käufern abgasmanipulierter Diesel-Pkw, EWIR 2019, 737.

Halfmeier, Axel/Rott, Peter: Verbandsklage mit Zähnen? – Zum Vorschlag einer Richtlinie über Verbandsklagen zum Schutz der Kollektivinteressen der Verbraucher, VuR 2018, 243 ff.

Hartmann, Peter: Drei Hauptmerkmale im neuen Musterfeststellungsverfahren, VersR 2019, 528 ff.

Henssler, Martin/Strohn, Lutz (Hrsg.): Gesellschaftsrecht. Kommentar, 5. Aufl., München 2021 (zitiert *Bearbeiter*, in Hennsler/Strohn, AktG).

Heese, Michael: Was der Dieselskandal über die Rechtsdurchsetzung, deren Protagonisten und die Funktion des Privatrechts verrät, NZV 2019, 273 ff.

Ders.: Die Musterfeststellungsklage und der Dieselskandal – Stationen auf dem langen deutschen Weg in die prozessuale Moderne, JZ 2019, 429 ff.

Ders.: Nutzungsentschädigung zugunsten der Hersteller manipulierter Diesel-Kraftfahrzeuge, VuR 2019, 123 ff.

Ders.: Herstellerhaftung für manipulierte Diesel-Kraftfahrzeuge, NJW 2019, 257 ff.

Hegler, August: Beiträge zur Lehre vom prozessualen Anerkenntnis und Verzicht, Tübingen und Leipzig 1903.

Heidenberger, Peter: Der amerikanische Juryprozess in Produkthaftungsfällen, RIW 1982, 872 ff.

Henckel, Wolfram: Parteilehre und Streitgegenstand im Zivilprozeß, Heidelberg 1961.

Hergenröder, Curt Wolfgang: Zivilprozessuale Grundlagen richterlicher Rechtsfortbildung, Tübingen 1995.

Hettenbach, Dieter: Negative Musterfeststellungsklage, WM 2019, 577 ff.

Hille, Peter: Zulässigkeit und Grenzen der Anordnung einer Begutachtung von Amts wegen, DS 2015, 181 ff.

Hirsch, Günter: Revision im Interesse der Partei oder des Rechts, VersR 2012, 929 ff.

Ders.: Die Abwicklung des VW-Vergleichs im Ombudsverfahren, VuR 2020, 454 ff.

Hohl, Julia M.: Die US-amerikanische Sammelklage im Wandel, Berlin 2008.

Holzhammer, Richard: Der Prozessvergleich, FS Hans Schima, Wien 1969, 217 ff.

Höpfner, Clemens/Rüthers, Bernd: Grundlagen einer europäischen Methodenlehre, AcP 209. Bd, 2009, 1 ff.

Horn, Simon: Grenzüberschreitende Musterfeststellungsklagen, ZVglRWiss, 118, 2019, 314 ff.

Huber, Michael: Grundwissen – Zivilprozessrecht: Prozessvergleich, JuS 2017, 1058 ff.

Hufen, Christian: Ermessen und unbestimmter Rechtsbegriff, ZJS 2010, 606 ff.

Jacobs, Matthias: Der Gegenstand des Feststellungsverfahrens, Rechtsverhältnisse und rechtliche Interessen bei Feststellungsstreitigkeiten vor Zivil- und Arbeitsgerichten, Tübingen 2005.

Jahn, Ronny: Erste Erfahrungen mit der Musterfeststellungsklage, in: Brönneke/Willburger/Bietz (Hrsg.), Verbraucherrechtsvollzug, 2020, 141 ff.

Jauernig, Othmar/Hess, Burkhard: Zivilprozessrecht, München 2011.

Keßler, Jürgen: Verbraucherschutz reloaded – Auf dem Weg zu einer deutschen Kollektivklage? ZRP 2016, 2 ff.

Kilian, Matthias: Das Gesetz zur Neuregelung des Verbots der Vereinbarung von Erfolgshonoraren, NJW 2008, 1905 ff.

Ders.: Musterfeststellungsklage – Meinungsbild der Anwaltschaft, ZRP 2018, 72 ff.

Klatt, Matthias (Hrsg.): Prinzipientheorie und Theorie der Abwägung, Tübingen 2013 (zitiert: *Bearbeiter*, in: Klatt).

Klever, Lukas/Schwamberger, Sebastian: Kollektiver Rechtsschutz in Europa – quo vadis, GVRZ 2019, 4 ff.

Klose, Bernhard: Entwicklungen bei der außergerichtlichen Streitbeilegung, NJ 2018, 12 ff.

Kion, Hans-Jürgen: Eventualverhältnisse im Zivilprozeß, Berlin 1971.

Klöhn, Lars: Beweislastumkehr beim Verbrauchsgüterkauf (§ 476 BGB), NJW 2007, 2811 ff.

Knöringer, Dieter: Die Erledigung der Hauptsache im Zivilprozess, JuS 2010, 569 ff.

Koch, Raphael: Die Musterfeststellungsklage – Überblick über die und Bewertung der neuen Regelungen, MDR 2018, 1409 ff.

Koniak, Susan P./Cohen, George M.: Under Cloak of Settlement, Virginia Law Review 1996, Volume 82, 1051 ff.

Kraft, Julia: Das prozessuale Nachweiserfordernis des Bagatellquorums im Freigabeverfahren, NZG 2016, 1370 ff.

Kranz, Dagmar: Der Diskussionsentwurf zur Muster-Feststellungsklage – ein stumpfes Schwert?, NZG 2017, 1099 ff.

Krausbeck, Elisabeth: Kollektiver Rechtsschutz im Zivilprozess – Zusammenfassung und Bewertung des Gutachtens für den Deutschen Juristentag 2018 vor dem Hintergrund von Musterfeststellungsklage und „New Deal", VuR 2018, 287 ff.

Kruis, Ferdinand: Beseitigungsanspruch nach § 8 UWG statt Musterfeststellungsklage? – Hard cases make bad law, ZIP 2019, 393 ff.

Kutschaty, Thomas/Freudenberg, Tobias/Gerhard, Rudolf: „Wir brauchen eine verbraucherrechtliche Musterfeststellungsklage", ZRP 2017, 27 ff.

Kähler, Lorenz: Zur Angemessenheit eines Vergleichs in der Musterfeststellung, ZIP 2020 293 ff.

Langheid, Theo: Muster ohne Wert – Die Musterfeststellungsklage im Praxistest, VuR 2020, 789 ff.

Laumen, Hans-W.: Die „Beweiserleichterung bis zur Beweislastumkehr" – Ein beweisrechtliches Phänomen, NJW 2002, 3739 ff.

Lehmann, Heinrich: Der Prozessvergleich, München 1911.

Leupold, Petra: Tauwetter im kollektiven Rechtsschutz, VuR 2018, 201 ff.

Looschelders, Dirk/Roth, Wolfgang: Juristische Methodik im Prozeß der Rechtsanwendung, Berlin 1996.

Lühmann, Tobias: Kollektiver Rechtsschutz – Ein aktueller Überblick, NJW 2020, 1706 ff.

Lüke, Gerhard: Grundsätze des Verwaltungsprozesses, JuS 1961, 41 ff.

Ders.: Zur Erledigung der Hauptsache, FS Friedrich Weber, Berlin 1975, 323 ff.

Magnus, Robert: Rechtskraft und Tatsachenpräklusion, ZfPW 2019, 283 ff.

Ders.: Die Wirkungen des Vergleichs im Musterfeststellungsverfahren, NJW 2019, 3177 ff.

Ders.: Anmerkung zu BGH, Urt. v. 29.07.2021 – VI ZR 1118/20, BGH NJW 2021, 3250 ff.

Madaus, Stephan: Keine Effektivität einer Europäischen class action ohne „amerikanische Verhältnisse" bei deren Finanzierung, ZEuP 2012, 99 ff.

Mallmann, Roman/Erne, Sarah: Musterfeststellungsklage und Kartellschadensersatz, NZKart 2019, 77 ff.

Mansel, Heinz-Peter: Musterfeststellungsklage: Keine Verjährungshemmung bei Rechtsmissbrauch, WM 2019, 1621 ff.

Maunz, Theodor/Dürig, Günter: GG, Kommentar, 87 El. März 2019 (zitiert: *Bearbeiter*, in: Maunz/Dürig, GG).

Mekat, Martin: Bekanntmachung der Musterfeststellungsklage, GWR 2019, 92 ff.

Mekat, Martin/Nordholtz, Christian: Die Flucht in die Musterfeststellungsklage – Prozesstaktische Überlegungen zu Individualklagen bei Musterfeststellungsverfahren, NJW 2019, 411 ff.

Meller-Hannich, Caroline: Kollektiver Rechtsschutz im Zivilprozess, Baden-Baden 2008 (zitiert: *Meller-Hannich*).

Dies.: Sammelklagen, Gruppenklagen, Verbandsklagen – bedarf es neuer Instrumente des kollektiven Rechtsschutzes im Zivilprozess?, NJW-Beil 2018, 29 ff.

Dies.: Die Musterfeststellungsklage im Mietrecht, WuM 2021, 1 ff.

Dies.: Wenn die Klage sich nicht lohnt – Effektiver Rechtsschutz bei geringen Streitwerten, NZM 2022, 353 ff.

Meller-Hannich, Caroline/Krausbeck, Elisabeth: Kollektiver Rechtsschutz in der EU – Die Entwicklung der letzten Jahre, der „New Deal for Consumers" und die deutsche Musterfeststellungsklage, DAR-Extra 2018, 721 ff.

Mellisinos, Gerassimos: Die Bindung des Gerichts an die Parteianträge nach § 308 I ZPO (ne eat iudex ultra petita partium), Berlin 1982.

Merkt, Hanno/Zimmermann, Jennifer: Die neue Musterfeststellungsklage: Eine erste Bewertung, VuR 2018, 363 ff.

Micklitz, Hans-W./Stadler, Astrid: Das Verbandsklagerecht in der Informations- und Dienstleistungsgesellschaft – Gutachten im Auftrag des BMVEL, Münster 2005 (zitiert: *Bearbeiter*, in: Micklitz/Stadler).

Mom, Andreas: Kollektiver Rechtsschutz in den Niederlanden, Tübingen 2011.

Mrozynski, Peter: Sozialgesetzbuch. Kommentar, Allgemeiner Teil, 6. Aufl., München 2019 (zitiert: *Bearbeiter*, in: Mrozynski, SGB I).

Müller, Friedrich/Mastronardi, Phillipe (Hrsg.): Abwägung – Herausforderung für eine Theorie der Praxis, Berlin 2014 (zitiert: *Bearbeiter*, in: Müller/Mastronardi).

Müller, Matthias J.: Zivilprozessuale Musterfeststellungsklage: Sperrwirkung nach § 610 III ZPO und Forderungszession, GWR 2019, 399 ff.

Münchener Kommentar zum Aktiengesetz, 5. Aufl., München 2019 (zitiert: *Bearbeiter*, in: MüKo, AktG).

Münchener Kommentar zum BGB, 8. Aufl. München 2020 (zitiert: *Bearbeiter*, in: MüKo, BGB).

Münchener Kommentar zur ZPO, 6. Aufl., München 2020 (zitiert: *Bearbeiter*, in: MüKo, ZPO).

Musielak, Hans-Joachim/Voit, Wolfgang: ZPO. Kommentar, 22. Aufl., München 2022 (zitiert: *Bearbeiter*, in: Musielak/Voit, ZPO).

Netzwerk Compliance e.V.: Anhörung der Verbände zum überarbeiteten Gesetzesentwurf über die Einführung der Musterfeststellungsklage am 28.03.2018 im Bundesministerium der Justiz und für Verbraucherschutz, 29.03.2018 (zitiert: *Netzwerk Compliance*, Anhörung).

Neuner, Robert: Privatrecht und Prozeßrecht, Mannheim/Berlin/Leipzig 1925.

Nierwetberg, Rüdiger: Die Beweislast für Sollbeschaffenheit und Qualitätsabrede im Sachmängelprozeß, NJW 1993, 1745 ff.

Niese, Werner: Doppelfunktionelle Prozeßhandlungen, Göttingen 1950.

Nober, Robert/Ghasemmi-Tabar, Nima: Die Hinweispflicht im Zivilprozess – Eine nicht zu unterschätzende praktische Herausforderung aus Richter- und Anwaltssicht, NJW 2017, 3265 ff.

Nordholtz, Christian/Mekat, Martin (Hrsg.): Musterfeststellungsklage – Einführung, Beratung, Gestaltung, 1. Aufl., Baden-Baden 2019 (zitiert: *Bearbeiter*, in: Nordholtz/Mekat).

Dies.: Die Flucht in die Musterfeststellungsklage – Prozesstaktische Überlegungen zu Individualklagen bei Musterfeststellungsverfahren, NJW 2019, 411 ff.

Oehmig, Adrian E.: Die Rechtsstellung des angemeldeten Verbrauchers in der Musterfeststellungsklage, Baden-Baden 2021.

Oertmann, Paul: Der Vergleich im gemeinen Zivilrecht, Berlin 1895.

Ostermann, Gregor-Julius: Transparenz und öffentlicher Meinungsbildungsprozess, Tübingen 2019.

Palandt, Otto: BGB. Beck'scher Kurz-Kommentar, 77. Aufl. München 2018 (zitiert: *Bearbeiter*, in: Palandt).

Pape, Gerhard/Notthoff, Martin: Die Erledigung der Hauptsache im Zivilprozeß, JuS 1995, 1016 ff.

Peter, Matthis: Zivilprozessuale Gruppenvergleichsverfahren: Einvernehmliche Streitbeilegung im kollektiven Rechtsschutz, Tübingen 2018.

Piekenbrock, Andreas: Umfang und Bedeutung der richterlichen Hinweispflicht, NJW 1999, 1360 ff.

Plum, Martin: Die Amtsprüfung der Prozessfähigkeit nach § 56 Abs. 1 ZPO, JR 2018, 483 ff.

Prütting, Hanns/Gehrlein, Mark: ZPO. Kommentar, 13. Aufl. Köln 2021 (zitiert: *Bearbeiter*, in: Prütting/Gehrlein).

Rechenberg, Wolf-Georg Frhr. von/Ludwig, Rüdiger: Kölner Handbuch Handels und Gesellschaftsrecht, 4. Aufl. 2017, (zitiert: Bearbeiter, in: KHHG).

Reischl, Klaus: Der Umfang der richterlichen Instruktionstätigkeit – ein Beitrag zu § 139 Abs. 1 ZPO, ZZP 116 (2003), 81 ff.

Reiter, Julius/Methner, Olaf/Schenkel, Bénédict: Die neue Musterfeststellungsklage: Ein Feld anwaltlicher Beratung?, DAR-Extra 2018, 733 ff.

Riesner, Sabine: Sisyphusaufgabe: Vereinbarkeit von effektivem kollektiven Verbraucherschutz mit der Vermeidung einer kommerziellen Klageindustrie?, ZIP 2019, 1507 ff.

Rimmelspacher, Bruno: Materieller Anspruch und Streitgegenstandsprobleme im Zivilprozeß, Göttingen 1970.

Ring, Gerhard: Der Hinweisbeschluss des BGH vom 08.01.2019 – erste Ansätze einer rechtlichen Bewertung des VW-Abgasskandals durch Karlsruhe, SVR 2019, 161 ff.

Rosenberg, Leo: Die Beweislast auf der Grundlage des Bürgerlichen Gesetzbuches und der Zivilprozeßordnung, 5. Aufl., München 1965.

Rosenberg, Leo/Schwab, Karl Heinz/Gottwald, Peter: ZPO. Kommentar, 18. Aufl. 2018 (zitiert: *Bearbeiter*, in: Rosenberg/Schwab/Gottwald)

Roth, Herbert: Materielle Rechtskraft und Qualifikationen, ZZP 124 (2011), 3 ff.

Rothstein, Barbara J./Willing, Thomas E.: Managing Class Action Litigation: A Pocket Guide for Judges, Federal Judicial Center 2005.

Rotter, Klaus: 14 Jahre KapMuG – Ein etabliertes Instrument zur Bewältigung von Massenschäden am Kapitalmarkt – Rückschau und Ausblick – Vergleich zur Musterfeststellungsklage, VuR 2019, 283 ff.

Rupp, Susanne: Die Beweisführung mit privaten elektronischen Dokumenten. Eine Untersuchung der §§ 144, 371, 371a ZPO sowie der Vorschriften der eIDAS-Verordnung über Vertrauensdienste, Schriften zum Prozessrecht, Baden-Baden 2018.

Rüsing, Christian: (Rückwirkende) Verjährungshemmung durch Musterfeststellungsklagen und Rechtsmissbrauch, NJW 2020, 2588 ff.

Röthemeyer, Peter: Musterfeststellungsklage – Spezialkommentar zum 6. Buch ZPO, Baden-Baden 2019.

Ders.: Musterfeststellungsklage und Individualanspruch – Zur Kritik und zu den Entwicklungsmöglichkeiten, VuR 2019, 87 ff.

Ders.: Das rechtliche Gehör im Musterfeststellungsverfahren – Die Stellung des Anmelders und die Notwendigkeit eines „gehörsfreundlichen" richterlichen Prozessmanagements, MDR 2019, 6 ff.

Ders.: Die Leistungsphase nach dem Musterfeststellungsurteil – Praktische Probleme und Lösungsvorschläge, MDR 2019, 1421 ff.

Ders.: Befugnis zur Musterfeststellungsklage: Der Narrativ der Klageindustrie, seine Folgen und Überlegungen zur Überwindung, VuR 2020, 130 ff.

Ders.: Quo vadis Ampel? – Weiterentwicklung der Musterfeststellungsklage auch gegen Verfahrensfluten, jM 2022, 178 ff.

Röß, Simon: Die Bindung der angemeldeten Verbraucher an einen Kollektivvergleich, NJW 2020, 2068 ff.

Ders.: Die Auswirkungen einer Zession auf das Verhältnis von Musterfeststellungs- und Individualverfahren, NJW 2020, 953 ff.

Ders.: Schadensersatzansprüche der Verbraucher bei mangelhafter Prozessführung im Musterfeststellungsverfahren, NJW 2021, 1495 ff.

Ders.: Die Klageänderung im Musterfeststellungsverfahren, NJOZ 2021, 1569 ff.

Saenger, Ingo (Hrsg.): Zivilprozessordnung. Familienverfahren; Gerichtsverfassung; Europäisches Verfahrensrecht. Handkommentar, 9. Aufl., München 2021 (zitiert: *Bearbeiter*, in: Saenger).

Saenger, Ingo/Uphoff, Lisanne: Erstattungsfähigkeit anwaltlicher Zeithonorare, NJW 2014, 1412 ff.

Salger, Carsten: Das Musterfeststellungsgesetz – Stärkung des kollektiven Rechtsschutzes in Deutschland?, jurisPR-BKR 10/2018 Anm. 1.

Schack, Haimo: Einführung in das US-amerikanische Zivilprozessrecht, München 2011.

Schäfer, Hans-Bernd: Anreizwirkungen bei der Class Action und der Verbandsklage, in: Basedow/Hopt/Kötz/Baetge (Hrsg.), Die Bündelung gleichgerichteter Interessen im Prozess. Verbandsklage und Gruppenklage, Tübingen 1999, 67 ff.

Schiedermair, Gerhard: Vereinbarungen im Zivilprozeß, Bonn 1935.

Schilken, Eberhard: Zum Handlungsspielraum der Parteien beim prozessualen Anerkenntnis, ZZP 90 (1977), 157 ff.

Schlehofer, Horst: Juristische Methodologie und Methodik der Fallbearbeitung, JuS 1992, 572 ff.

Schlosser, Peter: Einverständliches Parteihandeln im Zivilprozeß, Tübingen 1968.

Schmidt-Kessel, Martin: Stellungnahme zum Entwurf eines Gesetzes zur Einführung einer zivilprozessualen Musterfeststellungsklage zur Anhörung im Rechtsausschuss am 08.06.2018, Bayreuth (zitiert: *Schmidt-Kessel*, Stellungnahme).

Schmitt, Olaf: Verfahrensbeendigung durch Prozessvergleich, NZS 2020, 649 ff.

Schneider, Burkhard: Die zivilprozessuale Musterfeststellungsklage, BB 2018, 1986 ff.

Schneider, Hilka: Class actions – rechtspolitische Fragen in den USA und Anerkennung in Deutschland, Münster 1999.

Scholl, Bernd: Die Musterfeststellungsklage nach §§ 606 ff. ZPO – Eine kritische Würdigung mit Bezügen zum französischen, niederländischen und US-amerikanischen Recht, ZfPW 2019, 317 ff.

Schöpflin, Martin: Die Verfahrensökonomie – eine Prozessmaxime?, JR 2003, 485 ff.

Schramm, Lennart Friedemann: Richterliche Pflichten und Haftung beim Prozessvergleich der ZPO, Berlin 2015.

Schütt, Rüdiger: Sammelklagen aus U.S.-Sicht, WuW 2018, 66 ff.

Schwemmer, Sophia: Präjudizvermeidung im Zivilprozess – Problematik und Gegenstrategie, ZfPW 2022, 41 ff.

Sievers, Alexander: Die zivilprozessuale Musterfeststellungsklage: Eine neue Klageart ward geboren, DAR-Extra 2018, 730 ff.

Spickhoff, Andreas: Richterliche Aufklärungspflicht und materielles Recht: Ein Beitrag zum Verhältnis von Zivilprozessrecht, Sachrecht und internationalem Privatrecht, Stuttgart 1999.

Stackmann, Nikolaus: Richterliche Anordnungen versus Parteiherrschaft im Zivilprozess?, NJW 2007, 3521.

Ders.: Wie lassen sich Massenverfahren bewältigen? ZRP 2021, 189 ff.

Stadler, Astrid: Musterfeststellungsklage im deutschen Verbraucherrecht?, VuR 2018, 83 ff.

Dies.: Collective Redress Litigation – A New Challenge for Courts in Europe, in: Bruns, Alexander/Kern, Christoph/Münch, Joachim/Piekenbrock, Andreas/Stadler, Astrid/Tsikrikas, Dimitrios (Hrsg.), Festschrift für Rolf Stürner zum 70. Geburtstag, Tübingen 2013, 1801 ff.

Dies.: Die Umsetzung der Kommissionsempfehlung zum kollektiven Rechtsschutz, ZfPW 2015, 61 ff.

Dies.: Kollektiver Rechtsschutz – Chancen und Risiken, ZHR 2018, 623 ff.

Dies.: Grenzüberschreitende Wirkung von Vergleichen und Urteilen im Musterfeststellungsverfahren, NJW 2020, 265 ff.

Dies.: Pyrrhussieg für den Verbraucherschutz – vzbv umgeht durch Vereinbarung mit VW gesetzliche Sicherungsmechanismen, VuR 2020, 163 ff.

Stamm, Jürgen: Zur Rechtstellung des Sachverständigen im Zivilprozess und den daraus resultierenden Möglichkeiten zur Verbesserung der Zusammenarbeit mit dem Gericht, ZZP 2011, 433 ff.

Stein, Friedrich/Jonas, Martin: Kommentar zur Zivilprozessordnung, 23. Aufl., Tübingen, 2018 (zitiert: *Bearbeiter*, in: Stein/Jonas, ZPO).

Stitz, Fabian: Class actions in Australien – Class closure und Vergleichsgenehmigung als Perspektive für Deutschland, Berlin 2019.

Stürner, Rolf: Die richterliche Aufklärung im Zivilprozess, Tübingen 1982.

Tägert, Hans: Beiträge zur Theorie des Feststellungsvertrages, Breslau 1934.

Tempel, Otto: Der Prozessvergleich – Die Bedeutung seiner Rechtsnatur für den Abschluß und seine Wirkung, FS Gerhard Schiedermair, München 1976, S. 517 ff.

Thiery, Claus/Schlingmann, Matthias: Musterfeststellungsklage: „Wilder Westen“ oder alles halb so wild?, DB 2018, 2550 ff.

Thole, Christoph: Die Haftung bei unberechtigten Nacherfüllungsverlangen und sonstigen Fällen von schädigender Rechtsverfolgung, AcP 209. Bd., 2009, 498 ff.

Ders.: Musterfeststellungsklage zwecks Forderungsfeststellung im Insolvenzverfahren?, NZI 2020, 411 ff.

Tiffe, Achim: Unwirksamkeit der Zinsanpassungsregelungen für Sparverträge „S-Prämiensparen flexibel", VuR 2020, 306 ff.

Tolani, Madeleine: Verjährungshemmung durch Feststellungsklage, NJW 2019, 2751 ff.

Dies.: Parteiherrschaft und Richtermacht – die Verhandlungs- und Dispositionsmaxime im Lichte divergierender Prozessmodelle, Tübingen 2019.

Thomas, Heinz/Putzo, Hans: ZPO. Kommentar, 39. Aufl., München 2018 (zitiert: *Bearbeiter*, in: Thomas/Putzo, ZPO).

Trzaskalik, Christoph: Die Rechtsschutzzone der Feststellungsklage im Zivil- und Verwaltungsprozeß, Berlin 1978.

Ullrich, Volker: Plenarprotokoll 19/37 vom 08.06.2018, 3604 ff.

Verband der Automobilindustrie (VDA): Position zum BMJV-Entwurf eines Gesetzes zur Einführung einer Musterfeststellungsklage, April 2018 (zitiert: *VDA*, Position zum BMJV-Entwurf).

Verbraucherzentrale Bundesverband: Eine für alle – Musterfeststellungsklage in Sicht – Stellungnahme zum Gesetzesentwurf der Bundesregierung zur Einführung einer zivilprozessualen Musterfeststellungsklage, Berlin Juni 2018 (zitiert: *vzbv*, Stellungnahme).

Voit, Moritz: Musterfeststellungsklage: Die Klagebefugnis der Verbände und die Sorge vor der Klageindustrie: Anmerkung zu BGH, Urt. v. 17.11.2020 – XI ZR 171/19, JR 2022, Band 2, 73 ff.

Vollkommer, Gregor: Musterfeststellungsverfahren: Fehlende Klagebefugnis einer Schutzgemeinschaft: Anmerkung zu OLG Frankfurt, Urt. v. 05.11.2021 – 24 MK 1/18, MDR 2022, 482 ff.

Ders.: Musterfeststellungsklage: Ablehnung der öffentlichen Bekanntmachung: Anmerkung zu OLG Braunschweig, Beschl. v. 12.12.2018 – 4 MK 2/18, MDR 2019, 536 ff.

von Katte, Friedrich: Der Vergleich im Kapitalanlegermusterverfahrensgesetz – Reformansatz für ein de lege lata nicht tragfähiges Konzept, Hamburg 2018.

von Rechenberg, Ludwig: Kölner Handbuch Handels- und Gesellschaftsrecht, 4. Aufl. 2017.

von Staudinger, Julius: BGB. Kommentar, §§ 241–243, Neubearbeitung, Berlin 2019 (zitiert: *Bearbeiter*, in: Staudinger, BGB).

von Staudinger, Julius: BGB. Kommentar, §§ 779–782, Neubearbeitung, Berlin 2020 (zitiert: *Bearbeiter*, in: Staudinger, BGB).

Vorwerk, Volkert/Wolf, Christian: KapMuG. Kommentar, 2. Aufl., München 2020, (zitiert: *Bearbeiter*, in: Vorwerk/Wolf, KapMuG).

Waclawik: Die Musterfeststellungsklage, NJW 2018, 2921 ff.

Wagner, Gerhard: Prozessverträge, Privatautonomie im Verfahrensrecht, Tübingen 1998.

Wais, Hannes: Kollektiver Rechtsschutz und das auf unerlaubte Handlungen anwendbare Recht, IPRax 2022, 141 ff.

Walz, Christian: Das Ziel der Auslegung und die Rangfolge der Auslegungskriterien, ZJS 2010, 488 ff.

Waßmuth, Guido/Asmus, Thomas: Der Diskussionsentwurf des BMJV zur Einführung einer Musterfeststellungsklage, ZIP 2018, 657 ff.

Weber, Franziska/van Boom, Willem: Neue Entwicklungen in puncto Sammelklage – in Deutschland, in den Niederlanden und an der Grenze, VuR 2017, 290 ff.

Weinland, Alexander: Die neue Musterfeststellungsklage – Einführung, München 2019.

Weiss, Elliot J./Beckerman, John S.: Let the Money Do the Monitoring: How Institutional Investors Can Reduce Agency Costs in Securities Class Actions, The Yale Law Journal, 1995, Volume 104, 2053 ff.

Wernicke, Stephan: Recht ist kein Investitionsobjekt – zu den Risiken der Musterfeststellungsklage, BB 2017, Heft 11, Umschlagteil, I.

Wieczorek, Bernhard/Schütze, Rolf (Hrsg.): ZPO. Großkommentar, 4. Aufl., München 2018 (zitiert: *Bearbeiter*, in: Wieczorek/Schütze, ZPO).

Wigand, Johannes: Zur Reform des Kapitalanleger-Musterverfahrensgesetzes (KapMuG), AG 2012, 845 ff.

Ders.: Kollektiver Rechtsschutz auf dem Gebiet des Kapitalmarktrechts – Regierungsentwurf zur Reform des Kapitalanleger-Musterverfahrensgesetz (KapMuG), ZBB 2012, 194 ff.

Wilk, Felix M.: Einführung in das Kostenrecht der ZPO, ZJS 2014, 365 ff.

Witte, Johannes/Wetzig, Marc: Die Musterfeststellungsklage: Placebo oder Allheilmittel für den deutschen Verbraucherschutz? – Ein Kommentar zur Einführung der Musterfeststellungsklage aus rechtsvergleichender Sicht, WM 2019, 52 ff.

Windau, Benedikt: Spannung im „Dreiecksverhältnis" der Musterfeststellungsklage, jM 2019, 404 ff.

Wolf, Christian/Freudenberg, Tobias: Die Schlüssel zu einem effizienten Zivilprozessrecht, ZRP 2018, 183 ff.

Wolf, Manfred: Das Anerkenntnis im Prozeßrecht, Bad Homburg 1969.

Woopen, Herbert: Kollektiver Rechtsschutz – Ziele und Wege, NJW 2018, 133 ff.

Würtenberger, Gert/Freischem, Stephan: Stellungnahme der GRUR zum Diskussionsentwurf eines Gesetzes zur Einführung einer Musterfeststellungsklage, GRUR 2017, 1101 ff.

Würthwein, Martin: Umfang und Grenzen des Parteieinflusses auf die Urteilsgrundalgen im Zivilprozess, Berlin 1977.

Zeising, Jörg: Rechtsfrieden durch Vergleich? – Voraussetzungen und Wirksamkeit von Prozessvergleichen, NJ 2011, 353 ff.

Zeuner, Albrecht: Anmerkung zu BAG, Urt. v. 14.07.1960 – 2 AZR 152/60 = AP Nr. 8 zu § 794 ZPO, in: AP Nr. 8 zu § 794 ZPO (zitiert: *Zeuner* zu AP § 794 ZPO Nr. 8).

Zimmer, Mark/Weigl Veronika: Massenklagen – auch für Arbeitnehmer?, BB 2019, 183 ff.

Zirngibl, Eva: Kollektiver Rechtsschutz im Zivilprozess in den USA und Deutschland, Baden-Baden, 2006.

Zöller, Richard: ZPO. Kommentar, 34. Aufl., Köln 2022 (zitiert: *Bearbeiter*, in: Zöller, ZPO)

Zöllner, Wolfgang: Materielles Recht und Prozeßrecht, AcP 190 (1990), 471 ff.

Zott, Christine: Aktive Informationen des Staates im Internet – Mittelalterlicher Pranger oder modernes Steuerungsinstrument?, Baden-Baden 2016.

www.ingramcontent.com/pod-product-compliance
Ingram Content Group UK Ltd.
Pitfield, Milton Keynes, MK11 3LW, UK
UKHW021836290926
8980IPUK00004B/483

9 783631 914601